제2판 투자론과 파생금융상품

투자론과 파생금융상품

Investments and Financial Derivatives

02

second edition

주상룡 지음

율곡출판사

제2판

들어가는 글

Investments and Financial Derivatives
second edition preface

우리나라 금융산업은 증권화 · 겸업화 · 자율화 · 국제화와 같은 세계적인 추세로 인해 과거에는 산업자본의 자본 조달 역할이 주된 기능이었으나, 현재는 독자적인 부가가치 산업으로 성장하고 있으며, 이에 따라 금융산업의 영향력이 점점 증대되고 있다. 특히 금융자산 위험관리의 효율적인 수단인 파생금융상품들은 다양한 형태로 비약적인 발전을 하여 이에 대한 이해 없이는 금융을 이해할 수 없을 정도가 되었다. 이러한 금융산업 발전의 중심에 증권산업이 있다. 그러나 우리나라 금융산업의 경우 주식, 채권 등과 같은 위험자산 위주의 증권산업이 대출과 같은 안전자산 위주의 은행산업에 비하여 상대적으로 발전이 저조하며, 이러한 금융산업의 불균형이 국가 경쟁력 제고에 걸림돌이 되고 있다. 정부에서도 이러한 인식 하에 자본시장 관련 법들을 통합하여 2009년 자본시장통합법을 제정 · 시행하였으며, 향후 증권산업은 우리나라 금융산업 발전에 중요한 역할을 할 것으로 기대된다.

『투자와 파생금융상품』은 이러한 시대적 요구에 부응하기 위하여 다년간 강의한 내용을 근거로 증권 및 파생금융상품에 대한 핵심 개념 위주로 작성되었으며, 학부 학생과 일반인들이 이해하기 쉽도록 구성되었고, 다음과 같은 점에서 기존의 투자론 혹은 파생금융상품론 교재와 차별화된다.

첫째, 기존 투자론 교재들은 다루는 범위가 넓고 내용도 많아서 한 학기에 모든 내용을 학생들에게 강의하기 힘든 반면, 본 교재는 학부 학생들이 반드시 알아야 할 핵심 내용 위주로 작성되어서 한 학기에 교재 내용을 대부분 강의할 수 있다.

둘째, 투자론과 파생금융상품론은 서로 연관성이 많음에도 불구하고 기존의 투자론과 파생금융상품론은 대부분 별도 교재로 강의가 이루어지고 있어서 교수 및 학생들 입장에서 두 과목을 강의 혹은 수강 시 두 권의 교재를 모두 보아야 하는 불편함이 있었는데, 본 교재는 두 분야의 핵심 내용을 모두 망라한 관계로 본 교재를 가지고 두 강의의 주교재 또는 부교재로 모두 사용이 가능하다. 예를 들어 기존에 나온 대부분의 투자론 교재에는 파생상품에 관한 내용에 스왑 및 위험관리 분야가 포함되어 있지 않지만 본 교재에는 포함시켰다.

셋째, 학부 학생들이 이해하기 힘들어 하거나 중요한 개념인 경우 자세한 설명과 함께 이해하기 쉬운 예를 곁들였다.

넷째, 자본시장통합법 등 자본시장 관련 제도와 펀드 등과 같은 자본시장 관련 자료들은 최신 자료를 사용하여 증권시장의 최신 동향을 파악하는 데 도움이 되도록 하였다.

이 책은 다음과 같이 구성되어 있다.

제1장부터 제15장까지는 투자론, 제16장부터 제20장까지는 파생금융상품, 제21장은 투자성과 평가를 다루고 있다.

제1장은 투자에 대한 기본을 설명하였고, 제2장, 제3장, 제4장은 증권시장에 대한 이해를 증진하기 위하여 금융시장과 증권시장, 주식과 채권의 발행시장과 유통시장, 증권시장지표와 펀드에 대해서 소개하였다. 제5장은 수익률에 대한 정의와 위험

관계를 설명하였다. 제6장, 제7장, 제8장, 제9장은 현대투자론의 핵심인 효용이론, 효율적 포트폴리오, 최적 포트폴리오와 CAPM에 대한 설명을 하였다. 제10장은 시장효율성과 시장이례현상을 설명하였다.

제11장, 제12장, 제13장은 전통적 투자분석 방법인 기본적 분석과 기술적 분석에 대해서 설명하였다. 제14장, 제15장은 채권이론과 투자전략을 소개하였다.

제16장은 파생상품에 대한 기본개념을 소개하였고, 제17장은 선물, 제18장, 제19장은 옵션, 제20장은 스왑과 파생상품 관리, 제21장은 투자성과 평가에 대해서 설명하였다.

본 교재의 2판에서는 이와 같은 1판 내용에 그동안 본인이 강의하면서 느낀 점과 변화된 국내외 금융시장의 현황을 최대한 반영하고자 노력하였다.

특히 투자론 과목의 주 대상인 주식 · 채권 시장에서의 한국 위상 변화를 많이 반영하였다.

이 책 2판이 출간되기까지 많은 분들의 도움이 있었다. 그동안 투자론과 파생금융상품 과목을 수강하였던 학생들, 홍익대 상경대학 교수님들, 박사 과정의 한국CSR 평가 김정래 대표이사, 율곡출판사의 박기남 사장님, 신재혁 과장님, 차은지 씨, 한국거래소의 하종원 부장, 허영주 씨께 감사를 드린다. 끝으로 이 책이 나오기까지 격려와 인내를 아끼지 않은 가족들에게도 고마움을 전한다. 이 책이 격변하는 금융환경 속에서 증권투자 및 파생금융상품에 대한 이해를 증진시켜 우리나라 증권시장이 진일보하는 데 조금이나마 도움이 되기를 바란다.

본 저서의 부족한 점이나 오류는 전적으로 저자에게 있음을 밝히며 독자 여러분의 많은 조언을 부탁드린다.

2016년 2월

저자 씀

초판
들어가는 글

Investments and Financial Derivatives
first edition *preface*

우리나라 금융산업은 증권화 · 겸업화 · 자율화 · 국제화와 같은 세계적인 추세로 인해 과거에는 산업자본의 자본조달 역할이 주된 기능이었으나, 현재는 독자적인 부가가치 산업으로 성장하고 있으며, 이에 따라 금융산업의 영향력이 점점 증대되고 있다. 특히 금융자산 위험관리의 효율적인 수단인 파생금융상품들은 다양한 형태로 비약적인 발전을 하여 이에 대한 이해 없이는 금융을 이해할 수 없을 정도가 되었다. 이러한 금융산업 발전의 중심에 증권산업이 있다. 그러나 우리나라 금융산업의 경우 주식, 채권 등과 같은 위험자산 위주의 증권산업이 대출과 같은 안전자산 위주의 은행산업에 비하여 상대적으로 발전이 저조하며 이러한 금융산업의 불균형이 국가 경쟁력 제고에 걸림돌이 되고 있다. 정부에서도 이러한 인식 하에 자본시장 관련 법들을 통합하여 2009년 자본시장통합법을 제정 · 시행하였으며, 향후 증권산업은 우리나라 금융산업 발전에 중요한 역할을 할 것으로 기대된다.

『투자론과 파생금융상품』은 이러한 시대적 요구에 부응하기 위하여 다년간 강의한 내용을 근거로 증권 및 파생금융상품에 대한 핵심 개념 위주로 작성되었으며, 학부 학생과 일반인들이 이해하기 쉽도록 구성되었고, 다음과 같은 점에서 기존의 투자론 혹은 파생금융상품론 교재와 차별화된다.

첫째, 기존 투자론 교재들은 다루는 범위가 넓고 내용도 많아서 한 학기에 모든 내용을 학생들에게 강의하기 힘든 반면, 본 교재는 학부 학생들이 반드시 알아야 할 핵심 내용 위주로 작성되어서 한 학기에 교재 내용을 대부분 강의할 수 있다.

둘째, 투자론과 파생금융상품론은 서로가 연관성이 많음에도 불구하고 기존의 투자론과 파생금융상품론은 대부분 별도 교재로 강의가 이루어지고 있어서 교수 및 학생들 입장에서 두 과목을 강의 혹은 수강 시 두 권의 교재를 모두 보아야 하는 불편함이 있었는데, 본 교재는 두 분야의 핵심 내용을 모두 망라한 관계로 본 교재를 가지고 두 강의의 주교재 또는 부교재로 모두 사용이 가능하다. 예를 들어, 기존의 투자론 교재에서는 대부분 파생상품에 관한 내용에 스왑 및 위험관리 분야가 포함되어 있지 않지만 본 교재에는 포함시켰다.

셋째, 학부 학생들이 이해하기 힘들어 하거나 중요한 개념인 경우 자세한 설명과 함께 이해하기 쉬운 예를 곁들였다.

넷째, 자본시장통합법 등 자본시장 관련 제도와 펀드 등과 같은 자본시장 관련 자료들은 최신 자료를 사용하여 증권시장의 최신 동향을 파악하는 데 도움이 되도록 하였다.

이 책은 다음과 같이 구성되어 있다.

제1장부터 제15장까지는 투자론, 제16장부터 제20장까지는 파생금융상품, 제21장은 투자성과 평가를 다루고 있다.

제1장은 투자에 대한 기본을 설명하였고, 제2장, 제3장, 제4장은 증권시장에 대한 이해를 증진하기 위하여 금융시장과 증권시장, 주식과 채권시장의 발행시장과 유통시장, 증권시장지표와 펀드에 대해서 소개하였다. 제5장은 수익률에 대한 정의

와 위험 관계를 설명하였다. 제6장, 제7장, 제8장, 제9장은 현대투자론의 핵심인 효용이론, 효율적 포트폴리오, 최적 포트폴리오와 CAPM에 대한 설명을 하였다. 제10장은 시장효율성과 시장이례현상을 설명하였다.

제11장, 제12장, 제13장은 전통적 투자분석 방법인 기본적 분석과 기술적 분석에 대해서 설명하였다. 제14장, 제15장은 채권이론과 투자전략을 소개하였다.

제16장은 파생상품에 대한 기본개념을 소개하였고, 제17장은 선물, 제18장, 제19장은 옵션, 제20장은 스왑과 파생상품 관리, 제21장은 투자성과 평가에 대해서 설명하였다.

이 책이 출간되기까지 많은 분들의 도움이 있었다. 그동안 투자론과 파생금융상품 과목을 수강하였던 학생들, 홍익대 상경대학 교수님들, 교재 원고를 검토하고 좋은 의견을 준 박사과정의 김정래 TGV Asset 대표, 원고 워드작업을 해준 이옥섭 군, 율곡출판사의 박기남 사장님, 방조일 주간님, 한근석 부장님, 신재혁 과장님께 감사를 드린다. 끝으로 이 책이 나오기까지 격려와 인내를 아끼지 않은 가족들에게도 고마움을 전한다. 이 책이 격변하는 금융환경 속에서 증권투자 및 파생금융상품에 대한 이해 증진을 통하여 우리나라 증권시장이 진일보하는 데 조금이나마 도움이 되기를 바라면서, 본 저서의 부족한 점이나 오류는 전적으로 저자에게 있음을 밝히며 독자 여러분의 많은 조언을 부탁드린다.

2012년 2월

저자 씀

차 례

Investments and Financial Derivatives
second edition Contents

제2판 들어가는 글 / iv

초 판 들어가는 글 / viii

제1장 투자론의 개요

1. 투자의 의의 ··· 2
2. 증권가격 결정과정 ··· 4
3. 투자의 3요소와 기대수익률과 위험과의 관계 ··· 7
4. 투자관리 과정 ··· 9

연습문제/14

part I 증권시장의 이해

제2장 금융시장과 증권시장

1. 금융시장 ··· 20
2. 증권시장 ··· 23
3. 증권시장의 기능 ··· 24
4. 주식의 개념과 종류 ··· 25
   - 4.1. 주식의 개념/25
   - 4.2. 주식의 종류/25

5. 채권의 개념과 종류 ········ 26
5.1. 채권의 개념/26 5.2. 채권의 종류/27
5.3. 채권의 특성과 장점/33
6. 증권관련 기관과 자본시장통합법 ········ 34
6.1. 한국거래소/34 6.2. 한국예탁결제원/35
6.3. 코스콤/35 6.4. 한국증권금융/35
6.5. 한국금융투자협회/35
6.6. 금융위원회, 증권선물위원회, 금융감독원/36
6.7. 증권회사/36 6.8. 자본시장통합법/37
연습문제/41

제3장 주식과 채권의 발행시장, 유통시장, 증권관련 제도

1. 발행시장 ········ 44
1.1. 주식발행시장/45 1.2. 채권발행시장/54
2. 유통시장 ········ 58
2.1. 주식유통시장/58 2.2. 채권유통시장/62
2.3. 파생상품시장/65 2.4. 신상품/66
3. 주식매매거래제도 ········ 68
3.1. 매매거래의 절차/69 3.2. 매매거래 단위/70
3.3. 매매주문 유형/71 3.4. 매매체결 방법/72
3.5. 매매거래의 관리/74 3.6. 대량매매/76
4. 청산 및 결제 제도 ········ 77
4.1. 청산/77 4.2. 결제/78
5. 상장 · 공시 · 심리 · 감리 제도 ········ 79
5.1. 상장제도/79 5.2. 공시제도/84
5.3. 불공정거래, 심리 및 감리 제도/89
6. 세계거래소 인수 · 합병 동향과 대체거래소 ········ 91
6.1. 세계거래소 인수 · 합병 동향/91 6.2. 대체거래소 : 새로운 거래 플랫폼/92
연습문제/93

제4장 증권시장 지표와 펀드

1. 주가지수 ············ 96

1.1. 우리나라 주가지수/98
1.2. 해외 주가지수/105
1.3. 글로벌 주가지수/105

2. 주식투자지표 ············ 106

2.1. 주식시세표/106
2.2. 거래현황 지표/108
2.3. 장세지표/108
2.4. 증시자금 지표/109

3. 채권지수 ············ 110

4. 펀드 ············ 111

4.1. 펀드의 정의/111
4.2. 펀드의 종류/111

연습문제/124

제5장 수익률과 위험

1. 수익률 ············ 128

1.1. 보유기간수익률/129
1.2. 산술평균수익률/129
1.3. 기하평균수익률/130
1.4. 가치가중수익률/131
1.5. 시간가중수익률/131
1.6. 기대수익률/132

2. 위험 ············ 133

2.1. 불확실성과 위험/133

3. 위험과 기대수익률의 상충관계 ············ 135

연습문제/137

part II 효율적 포트폴리오, 최적 포트폴리오

제6장 기대효용과 평균-분산모형

1. 효용이론 ·· 142

1.1. 효용이론/142

2. 평균-분산모형 ·· 149

연습문제/152

제7장 포트폴리오 이론, 효율적 포트폴리오, 최적 포트폴리오

1. 포트폴리오 수학 ·· 156

1.1. 기대값/156 1.2. 분산/157

1.3. 포트폴리오 기대수익률과 위험/158

2. 포트폴리오 효과 ·· 160

2.1. 두 위험자산으로 구성된 포트폴리오 효과/161

2.2. 포트폴리오 구성종목수에 따른 포트폴리오 효과/164

3. 효율적 포트폴리오 ·· 168

3.1. 위험자산으로 구성된 효율적 포트폴리오/168

3.2. 무위험자산도 포함할 경우의 효율적 포트폴리오/169

4. 최적 포트폴리오 ·· 172

연습문제/176

part III 단일지수모형과 자본자산가격결정모형

제8장 단일지수모형

1. 단일지수모형의 의의 ······ 184
2. 증권특성선 ······ 185
3. 단일지수모형에 의한 기대수익률과 위험 ······ 187
   3.1. 단일지수모형에 의한 개별증권 기대수익률과 위험/187
   3.2. 포트폴리오 기대수익률, 분산, 공분산, 위험감소 효과/188
4. 단일지수모형의 한계점 ······ 189
5. 마코비츠모형과 단일지수모형의 비교 ······ 189
6. 단일지수모형의 응용 ······ 190
   6.1. 인덱스펀드/190　6.2. 다지수모형/191

연습문제/192

제9장 자본자산가격결정모형

1. 자본자산가격결정모형의 의의 ······ 196
2. 자본자산가격결정모형의 가정 ······ 196
3. 자본시장선 ······ 197
4. 증권시장선 ······ 200
5. 자본시장선과 증권시장선의 비교 ······ 203
6. 증권시장선의 응용 ······ 204
   6.1. 불확실성 하에서의 자본예산/204　6.2. 자기자본비용의 추정/204
   6.3. 증권의 과대 · 과소 평가/204

연습문제/207

part IV 효율적 증권시장

제10장 효율적 시장

1. 효율적 시장가설 ········· 214
1.1. 효율적 자본시장의 정의 및 종류/214
2. 효율적 시장검증 ········· 218
2.1. 약형 효율적 시장검증/218
2.2. 준강형 효율적 시장검증/220
2.3. 강형 효율적 시장검증/222
3. 시장이례현상과 행동재무학 ········· 224
3.1. 시장이례현상/224
3.2. 행동재무학/225
4. 효율적 시장과 투자전략 ········· 226
4.1. 효율적 시장과 투자전략/226
4.2. 효율적 시장과 증권분석가/227
연습문제/228

part V 주식투자

제11장 기본적 분석

1. 경제분석 ········· 232
1.1. 경기변동/232
1.2. 주요 경제지표/233
1.3. 경제정책/237
2. 산업분석 ········· 240
2.1. 산업구조분석/240
2.2. 제품수명주기 이론/242
2.3. 산업의 수요와 공급분석/243
3. 기업분석 ········· 244
3.1. 계량적 분석/244
3.2. 비계량적(질적) 분석/263
연습문제/264

제12장 기술적 분석

1. 기술적 분석의 의의, 가정, 장점 및 한계 ······ 268
   1.1. 기술적 분석의 의의 및 가정/268   1.2. 기술적 분석의 장점과 한계/268
2. 이론 ······ 269
   2.1. 다우이론/269   2.2. 파동이론/271
3. 도표분석 ······ 272
4. 지표분석 ······ 274
   4.1. 이동평균선/274   4.2. 이격도/276
   4.3. 삼선전환도/277   4.4. 등락선/277
   4.5. 투자심리선/277   4.6. OBV 지표/277
   4.7. 거래량비율/278   4.8. 번한지표/278
   4.9. 역시계곡선/279

연습문제/280

제13장 주식평가모형

1. 현금흐름할인법 ······ 282
   1.1. 배당할인모형/282   1.2. 이익평가모형/285
   1.3. 현금흐름할인법의 적용 한계/288
2. 상대가치평가법 ······ 288
   2.1. 주가이익비율/290   2.2. 주당순자산비율/293
   2.3. 주가매출액비율/296
3. 옵션가치평가법 ······ 299
   3.1. 자기자본가치평가/299   3.2. 블랙-숄즈 옵션가격결정모형/299
   3.3. 기업가치 변동성 변화에 따른 자기자본가치와 부채가치 변화/301
   3.4. 옵션가치평가법의 한계 및 적용 시 주의사항/301

연습문제/302

part VI 채권투자

제14장 채권이론

1. 채권가격과 채권수익률 ······ 308
1.1. 채권가격/308 1.2. 채권수익률/310
1.3. 채권수익률 결정요인/313
2. 채권가격정리 ······ 314
3. 채권수익률의 기간구조 ······ 317
3.1. 수익률곡선과 채권수익률의 기간구조/317
3.2. 현물이자율, 선도이자율/317 3.3. 기간구조이론/321
4. 채권수익률의 위험구조 ······ 326
4.1. 약속수익률, 기대수익률, 실현수익률/326
4.2. 채권등급 평가/328
연습문제/330

제15장 채권투자 전략

1. 듀레이션과 볼록성 ······ 334
1.1. 듀레이션/334 1.2. 볼록성/337
2. 소극적 채권투자 전략 ······ 340
2.1. 채권지수펀드/341 2.2. 면역화/341
2.3. 사다리형 만기구성 전략/344 2.4. 바벨형 만기구성 전략/344
2.5. 만기보유 전략/344
3. 적극적 채권투자 전략 ······ 344
3.1. 이자율 예측에 의한 채권 포트폴리오 투자계획기간분석 전략/344
3.2. 수익률곡선 타기 전략/345 3.3. 채권교체 전략/346
3.4. 조건부 면역 전략/346
연습문제/347

part VII 파생상품투자

제16장 파생상품의 기초

1. 파생상품의 정의 ………………………………………………………………… 354
2. 계약형태에 의한 분류 ………………………………………………………… 354
2.1. 선도거래/354 2.2. 선물거래/355
2.3. 옵션거래/355 2.4. 스왑거래/355
2.5. 2차 파생금융상품/357
3. 기초자산에 의한 분류 ………………………………………………………… 358
3.1. 통화/358 3.2. 금리/358
3.3. 주식/359 3.4. 상품/359
4. 시장 특성에 의한 분류 ………………………………………………………… 359
4.1. 장내거래/359 4.2. 장외거래/359
5. 기능 ……………………………………………………………………………… 360
5.1. 헤지 수단 제공/361 5.2. 가격 예측 정보 제공/361
5.3. 자산운용수익 제고 및 거래비용 절감/361
5.4. 자금흐름 탄력성 제고/361
5.5. 기업 자금운용 혁신 수단 제공/361 5.6. 금융시장 유동성과 효율성 증대/362
5.7. 금융시장 구조 혁신/362 5.8. 기업가치 평가에의 응용/362
5.9. 실물옵션에의 적용/362
연습문제/364

제17장 선물

1. 선도계약과 선물계약 ········ 366
1.1. 선도거래와 선물거래의 차이/367
1.2. 선물거래와 선도거래에 따른 현금흐름의 비교/367
2. 선물거래 손익 ········ 368
3. 선물거래의 종류 ········ 368
4. 선물의 기능 ········ 369
4.1. 위험전가 기능/369
4.2. 가격 예시 기능/370
4.3. 자본형성 기능/370
4.4. 자원배분 효율성 증대/370
5. 선물거래의 구성요소 ········ 370
5.1. 기초상품 또는 기초자산/370
5.2. 선물만기일/371
5.3. 선물가격 표시방식/371
6. 선물거래의 역사와 현황 ········ 373
6.1. 일본 도지마의 쌀 거래소/373
6.2. 미국 시카고의 상품거래소/374
6.3. 세계 파생상품 거래현황과 세계 주요 파생상품거래소/376
7. 선물거래의 특징 ········ 378
7.1. 청산소/378
7.2. 증거금제도/378
7.3. 일일정산제도/380
7.4. 최종결제제도/381
7.5. 고객(투자자)/382
7.6. 매매계약 체결방법/383
8. 선물거래 투자전략 ········ 383
8.1. 헤지거래/383
8.2. 차익거래와 스프레드 거래/392
8.3. 투기거래/394
8.4. 헤징거래, 차익거래, 투기거래의 관계/394
8.5. 합성선물/394
9. 선물가격결정이론 ········ 395
9.1. 보유비용모형/395
9.2. 선물가격과 기대현물가격 설명 가설/401
10 KOSPI200 선물 투자전략 ········ 403
10.1. 헤지거래/403
10.2. 투기거래/403

10.3. 차익거래/404 10.4. 스프레드 거래/405

연습문제/407

제18장 옵션의 기초

1. 옵션의 개념 …… 412

2. 옵션의 종류 …… 412

2.1. 기초자산/413 2.2. 선택권 행사형태/413

2.3. 권리행사 가능시기/415 2.4. 거래장소/415

2.5. 옵션 표준화 정도/416

3. 옵션의 기원, 역사 …… 418

3.1. 옵션의 기원/418 3.2. 옵션의 역사/419

3.3. 우리나라 옵션 상장현황/419

4. 옵션의 손익 …… 421

4.1. 콜옵션 매수의 경우/421 4.2. 콜옵션 매도의 경우/421

4.3. 풋옵션 매수의 경우/422 4.4. 풋옵션 매도의 경우/422

5. 옵션거래의 구조 …… 423

5.1. 발행자와 매수자/423 5.2 증거금/424

5.3. 세부 거래조건/424

6. 옵션의 기능 …… 428

6.1. 이득획득 기회와 손실위험의 분리 : 손익구조의 비대칭성/428

6.2. 다양한 투자전략 제공 : 거래기법의 다양성/429

6.3. 저렴한 투자비용/429

7. 옵션투자 전략 …… 429

7.1. 순수 포지션/429 7.2. 헤지 포지션/431

7.3. 스프레드 포지션/433 7.4. 결합 포지션/435

7.5. 합성옵션/436

8. 풋-콜 패리티 …… 437

연습문제/441

제19장 옵션평가와 옵션의 운용

1. 옵션가격과 옵션가격 결정요인 ······ 446

1.1. 옵션가격과 옵션가치/446　1.2. 옵션가격 결정요인/449

1.3. 옵션의 가격형성 가능영역/452

2. 옵션가격결정모형 ······ 458

2.1. 이항 옵션가격결정모형/459　2.2. 블랙-숄즈 옵션가격결정모형/470

3. 옵션의 응용 ······ 480

3.1. 포트폴리오 보험/480　3.2. 자기자본의 평가/480

3.3. 신주인수권부사채 및 신주인수권 평가/482

3.4. 전환사채 평가/484

3.5. 후순위채권(subordinated bond) 가격결정/487

3.6. ELW/487

연습문제/493

제20장 스왑, 신용파생상품, 금융혁신, 파생상품 관리

1. 스왑 ······ 500

1.1. 의의 및 역사/500　1.2. 동기/501

1.3. 종류/502　1.4. 스왑거래의 위험/514

2. 신용파생상품과 기타 파생상품 ······ 514

2.1. 신용파생상품/514　2.2. 기타 파생상품/518

3. 금융혁신 ······ 518

3.1. 정의/518　3.2. 금융혁신의 원인과 기능/519

4. 파생금융상품 관리방안 ······ 522

4.1. 파생금융상품거래 사고의 유형 및 사례/522

4.2. 리스크 관리방안/523

4.3. 파생금융상품 운용에 대한 시사점/526

연습문제/528

part VIII 투자성과 평가

제21장 투자성과 평가

1. 투자성과 평가방법 ······ 534

1.1. 포트폴리오 성과 평가과정/534　　1.2. 투자성과 평가기법/534

2. 투자성과 평가 분해 ······ 543

2.1. 투자성과 평가 분해/543　　2.2. 분산투자 효과에 대한 평가/547

3. 투자성과 평가방법의 한계 ······ 547

3.1. CAPM과 CML의 구조적 결함(misspecification)에 의한 문제점/547

3.2. 시장 포트폴리오 비효율성어 의한 문제점/549

3.3. 기타 문제점/549

연습문제/551

부록 ······ 553

1. 행동재무학/554

2. 현재 · 미래가치계산표/574

3. 표준정규분포표/582

연습문제 해답 ······ 583

찾아보기/601

chapter 01

투자론의 개요

1. 투자의 의의 | **2.** 증권가격 결정과정
3. 투자 3요소와 기대수익률과 위험과의 관계 | **4.** 투자관리 과정

투자론은 투자에 대한 체계적인 관리를 통해 최소의 투자위험으로 최대의 투자수익을 얻을 수 있도록 하는 이론체계이다. 투자대상에 따라 실물자산 투자와 금융자산 투자로 나눌 수 있으나 투자론에서는 금융자산(증권) 투자를 주 분석대상으로 한다. 본 장에서는 투자론의 기본개념인 투자의 의의, 증권가격 결정과정, 투자수익과 위험과의 관계, 투자관리 과정에 대해서 설명한다.

1. 투자의 의의

투자란 불확실한 미래수익을 위해 확실한 현재소비를 희생시켜 금융자산이나 실물자산을 취득하는 행위를 말하며, 비교적 장기간에 걸쳐서 투자대상 가치의 증대를 노린다. 이에 반해 저축, 투기, 도박은 현재의 확실한 소비를 희생한다는 점에서는 투자와 비슷한 개념이지만 다음과 같은 점에서는 투자와 차별화된다. 즉, 저축은 확실한 미래 수익을 위해 확실한 현재소비를 희생하는 것이고, 투기는 투자대상의 가치증대 없이 단기간의 시세차익을 목적으로 하며, 도박은 투자대상의 가치증대 없이 최단기간의 시세차익을 목적으로 하며 참여자 손익의 합은 제로가 되는 제로섬게임의 특성을 갖는다는 것이다.

투자자산의 종류는 여러 가지 기준으로 분류할 수 있지만 크게 실물자산과 금융자산으로 구분된다. 실물자산은 공장건물, 시설투자, 재고자산과 같이 이익창출능력을 보유한 자산이고, 금융자산은 발행주체에 대해 이익이나 재산에 대한 청구권을 행사할 수 있는 자산으로, 금융자산에 대한 투자는 실물자산에 대한 간접적인 투자가 된다. 증권시장에서 의미하는 금융자산은 가격이 수시로 변동되고 거래가 자유로운 주식과 채권을 말한다. 주식은 배당청구권, 채권은 이자청구권을 갖는다. 〈표 1-1〉은 재무상태표(과거 대차대조표)와 금융자산을, 〈표 1-2〉는 실물자산과 금융자산의 차이점들을 보여주고 있다. 재무상태표(장부가 기준)의 차변은 자산, 대변은 부채와 자본으로 구성되며 자산은 부채와 자본의 합이 된다. 재무상태표가 시장가치로 표시되면 장부가 기준과 마찬가지로 '자산가치 = 부채가치 + 자본가치'가 된다. 자산가치는 자산으로부터 발생하는 미래 현금흐름의 현가합(= 기업가치), 부채가치는 부채 성격상 액면가치와 시장가치가 거의 차이가 없으므로 부채의 장부가로 볼 수 있고, 자본가치는 주가 × 주식수를 의미한다. 따라서 주식수의 변동이 없으면 주가 변동을 통해 자산가치 변동을 알 수 있다. 즉, 주가를 보면 기업가치를 알 수 있게 된다.

표 1-1 **재무상태표와 금융자산**

표 1-2 **실물자산과 금융자산**

실물자산	금융자산
직접적으로 사회적 부를 창조함	간접적으로 사회적 부를 창조함
재무상태표 왼쪽에 표시됨	재무상태표 양쪽에 표시됨*
자연적으로 소멸됨	계약 만료로 인위적으로 소멸됨
선 · 후진국 차이가 없음	선진국일수록 발달함
개인투자가 불가능함	개인투자가 가능함
쪼개어 분리투자하지 못함	분리투자가 가능함

* 다른 기업의 유가증권 투자는 재무상태표 왼쪽에 표시됨

2. 증권가격 결정과정

주가는 앞에서 설명한 것처럼 장기적으로는 기업가치를 반영하지만 단기적으로는 투기 등으로 인해 기업가치와의 괴리가 발생할 수 있다. 본 절에서는 〈그림 1-1〉, 〈그림 1-2〉, 〈그림 1-3〉, 〈표 1-3〉을 통해 '주가는 어떤 과정으로 결정되는가?, 주식가격에 영향을 주는 요인들은 무엇인가?, 투기는 어떤 단계를 거쳐 진행되는가?, 투기는 어떤 역사를 갖고 있는가?' 의 질문들에 대한 설명을 보여주고 있다.

그림 1-1 증권가격과 거래과정

자료 : "株式賣買システムと株價變動", 『證券經濟』, 1993.9

그림 1-2 주가형성에 영향을 미치는 요소

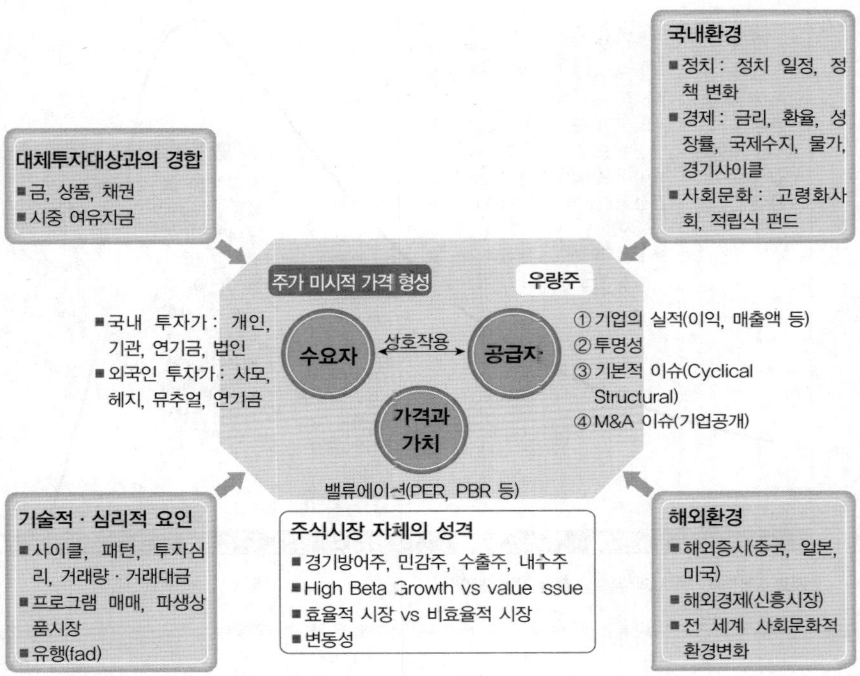

그림 1-3 투기의 단계와 주요 변화과정

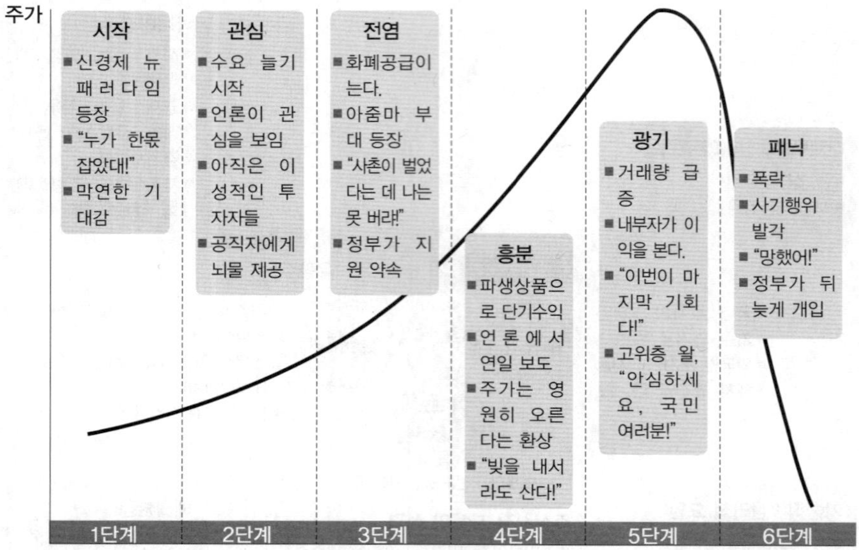

자료 : 장득수, 『투자의 유혹』, 흐름출판, 2006

표 1-3 투기와 거품의 역사

종류	기간	상승국면 상승률(%)	상승기간 (개월)	고점 이후 하락률(%)	하락기간 (개월)
네덜란드 튤립	1634~1637	5,900	36	−93	10
프랑스 미시시피 주식	1719~1721	6,200	13	−99	13
영국 남해회사	1719~1720	1,000	18	−84	6
미국 주식	1923~1932	345	71	−87	33
홍콩 주식	1970~1974	1,200	28	−92	20
한국 건설주식	1975~1980	5,258	42	−77	22
멕시코 주식	1978~1981	785	30	−73	18
미국 은	1979~1982	710	12	−88	24
쿠웨이트 주식	1978~1986	7,000	36	−98	30
타이완 주식	1986~1990	1,168	40	−80	12
일본 주식	1965~1992	3,720	288	−63	32
미국 나스닥	1982.8~2002.10	3,036	211	−78	31
한국 코스닥	1998.10~2004.8	365	16	−89	52

자료 : 장득수, 『투자의 유혹』, 흐름출판, 2006

3. 투자의 3요소와 기대수익률과 위험과의 관계

앞에서 설명한 것처럼 다양한 요인들에 의해서 영향을 받는 위험자산의 투자에 대한 의사결정을 할 때는 여러 사항들을 고려해야 한다. 그 중에서 투자의 3요소인 수익성, 위험, 유동성을 분석하는 것이 일반적이다.

첫째, 수익성

투자수익이 클수록 좋은 투자대상이다.

증권투자 수익은 주식의 경우 배당, 자본이득이 되고, 채권의 경우 이자, 이자재투자 수익, 자본이득, 원금이 된다. 주식수익률은 주식투자 수익을 매수 시 주가로 나눈 것으로 자본이득에 의한 주가수익률과 배당수익률로 구성된다. 채권수익률은 채권을 현재가격으로 매수해 만기까지 보유했을 때 얻을 수 있는 수익률로 만기수익률이라고도 한다. 증권수익률은 증권이 위험자산인 관계로 불확실한 미래수익률의 평균치인 기대수익률로 표시된다.

둘째, 위험

미래 가격이 불확실한 위험자산은 투자대상 가격(투자수익률)의 변동성을 위험으로 정의하며 실현수익률과 기대수익률과의 차이의 변동성으로 분산 혹은 표준편차를 사용하여 표시된다. 같은 수익성 하에서 위험이 작을수록(클수록), 좋은(나쁜) 투자대상이다.

셋째, 유동성

유동성은 투자자금의 환금성을 말하며 유동성이 클(작을)수록 좋은(나쁜) 투자대상이 된다.

투자결정의 3요소 중 수익성과 위험은 한쪽이 좋으면 다른 쪽이 나빠지는 식의 서로가 상충되는 개념이다. 수익성과 위험 간에는 다음과 같은 특성이 존재한다.

첫째, 투자자들은 수익을 좋아하고 위험을 싫어한다.

둘째, 위험이 큰(낮은) 증권의 수익률은 높은(낮은) 위험을 선택한 대가로 높은(낮은) 수익률을 보인다. 투자자들은 위험이 큰 투자안일수록 위험에 대한 높은 보상을 요구해 무위험자산수익률과 위험보상률의 합으로 구성되는 요구수익률(투자자가 투자에서 기대하는 최소한의 수익률)은 커지게 된다. 무위험자산수익률은 투자성과를 위해 기다리는 시간에 대한 보상을, 위험보상률은 기업 영업수익의 불확실성으로 인한 영업위험, 투자자금 조달방법에 의한 재무위험, 환금성 부족으로 인한 유동성 위험 등에 대한 보상을 수익률로 표시한 것이다(〈그림 1-4〉 참조).

그림 **1-4** **기대수익률과 위험의 상관관계**

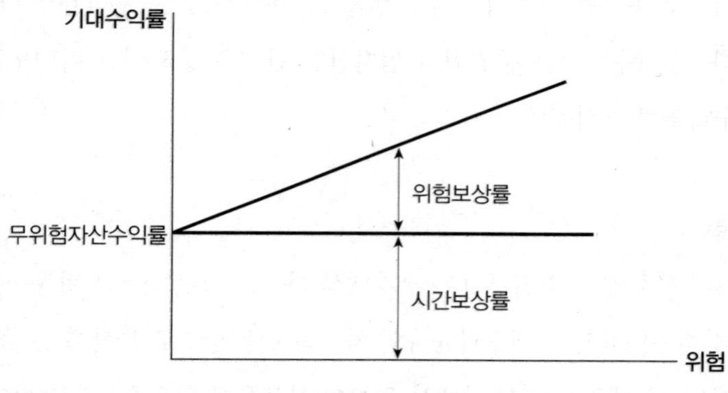

만약 위험이 높음에도 불구하고 상대적으로 낮은 기대수익률을 갖는 증권이 존재하면 차익거래에 의해서 기대수익률이 높아지게 된다. 차익거래란 순투자 없이 무위험으로 양의 투자수익을 얻는 거래로 저평가증권 매수, 고평가증권 매도 형태를 취해 무위험차익을 얻는 거래를 말한다. 예를 들어, 주식 A의 가치는 1,000원이나, 800원에 거래되고, 주식 B의 가치는 1,200원이나, 1,300원에 거래된다고 할 때, 고평가된 주식 B를 공매도하고, 이 금액으로 저평가된 주식 A를 매수한 후 주식 A가 적정 평가

될 때 매도하면 이 거래는 순투자없이 무위험으로 양의 수익을 얻을 수 있는 차익거래가 된다.

따라서 높은 투자수익, 낮은 투자위험을 지속적으로 만족시키는 투자대상은 현실적으로 존재하지 않는다. 예를 들어, 주식은 수익성이 높으나 위험하고, 채권은 안정성이 높으나 주식보다 수익성이 낮다. 따라서 금융시장에서는 투자자들이 요구하는 다양한 수익성과 위험을 수반하는 여러 종류의 증권들이 발행되고 있다. 〈그림 1-5〉는 다양한 수익과 위험을 수반하는 증권을 보여주고 있다.

그림 1-5 증권별 기대수익률과 위험의 관계

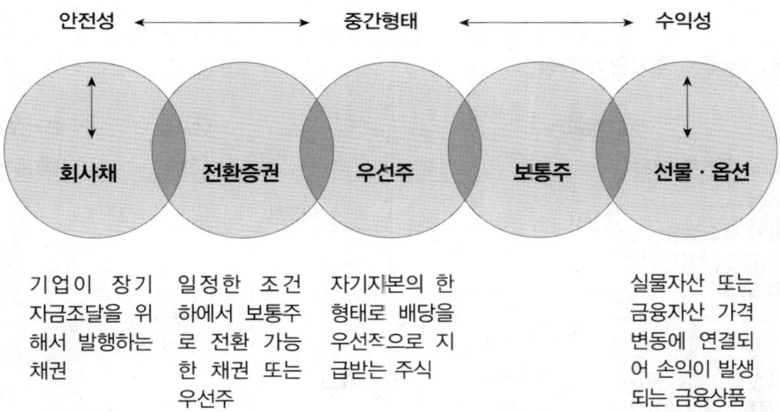

4. 투자관리 과정

성공적인 증권투자의 목표는 증권을 지속적으로 적정가격보다 싸게 매수해서 비싸게 매도해 높은 수익률을 얻는 데 있다. 증권의 적정가격은 증권발행기업의 기대수익과 이 수익을 현가로 할인하는 할인율에 의해서 결정된다.

할인율은 해당 기업의 위험이 클수록 커지므로 같은 기대수익을 갖는 경우, 위험이 커지면 할인율이 커져서 적정가격은 작아진다. 이와 같이 위험은 증권의 적정가격

평가 및 투자수익률에 중요한 영향을 미친다. 투자대상이 여러 기업들의 증권들로 구성된 포트폴리오의 경우, 포트폴리오 위험은 개별증권 위험(수익률 분산)뿐만 아니라 포트폴리오 구성증권들의 수익률 상관관계에 의해서도 영향을 받는다.

따라서 성공적인 증권투자를 위해 증권투자자들은 개별증권들의 기대수익률, 위험과 함께 투자된 증권수익률 간의 상관관계를 정확히 측정해야 하고, 자신들의 특성(개인투자자, 기관투자자, 위험회피도, 투자기간 등)에 맞는 기대수익률과 위험을 갖는 포트폴리오 혹은 증권을 선택해야 한다.

이와 같은 목표 아래서 증권투자를 효율적으로 관리하기 위해서는 〈그림 1-6〉과 같은 계획, 실행, 수정평가의 3단계를 거친다.

그림 1-6 투자관리 과정

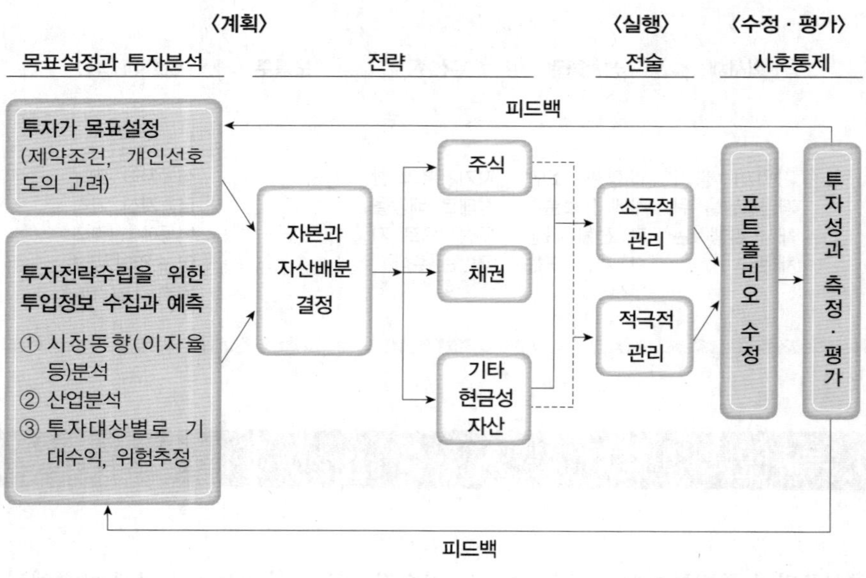

구체적인 증권투자 과정은 다음과 같다.

첫째, 투자계획 단계

1) 투자목표 설정

높은 수익률이 최우선 투자목표이지만 수익률이 커지면 위험도 커지게 되므로 투자자의 특성(기관투자자, 개인, 위험선호도)에 따라 목표수익률뿐만 아니라 위험, 유동성, 투자기간 등의 제약조건들을 고려해야만 한다.

① **투자기간** : 1년 이내면 단기투자, 1년 이상이면 장기투자로 분류된다. 주식은 장기투자일수록 수익률이 높아진다.
② **목표수익률** : 벤치마킹 수익률 $+\alpha$로 표시하며 α가 클수록 허용위험도 커진다. 벤치마크는 투자성과를 측정할 때 운용성과를 비교하는 기준을 말한다. 주식형인 경우는 코스피지수, 채권형인 경우는 채권지수나 국고채 3년물 등을 사용한다.
③ **허용위험** : 투자수익률 변동성의 최대치를 의미하며 목표수익률과 함께 고려되어야 한다.
④ **유동성** : 유동성이 작은 투자자산일수록 가격할인으로 인한 높은 기대수익률이 요구되므로 높은 유동성 프리미엄이 요구된다.

이런 투자목표를 설정하기 위해서는 시장동향, 산업분석과 투자대상 분석이 이루어져야 한다. 투자대상 분석은 개별 투자대상의 미래수익률 분포(기대수익률, 위험)를 추정하는 것을 말한다.

투자목표가 설정되면 자본배분비율과 자산배분비율을 결정하는 투자전략을 수립한다.

2) 자본배분 결정

투자목표가 설정되면 투자자금을 무위험자산과 위험자산에 나누어서 두 자산 간 적정 투자비율을 정한다.

3) 자산배분 결정

무위험자산과 위험자산 간의 적정 투자비중을 정한 후 주식, 채권, 주가지수선물, 옵션 등 위험자산에 대한 투자비율을 결정해야 한다.

둘째, 투자실행(투자전술) 단계

4) 증권선택

증권선택은 증권분석을 통해 얻은 자료를 이용해 개별 증권들을 선택해 포트폴리오를 구성하는 것을 의미한다. 증권선택을 위한 증권분석방법은 적극적 투자관리와 소극적 투자관리로 구분된다. 적극적 투자관리는 증권시장이 비효율적임을 전제로 투자수익률 극대화를 목표로 하여 저평가 증권 발굴을 위한 기본적 분석과 증권매매 시점을 위한 기술적 분석을 사용한다. 소극적 투자관리는 증권시장이 효율적이라는 전제 하에 평균수익률 달성 또는 손실 최소화를 목표로 한다. 효율적 증권시장이란 투자자가 주가에 영향을 주는 정보를 이용해 기준수익률 이상의 초과수익을 얻지 못하는 시장을 말한다. 효율적 시장에 대한 자세한 설명은 10장에서 한다.

5) 최적 포트폴리오 선택

최적 포트폴리오는 효율적 포트폴리오 조합 중 투자자의 효용(만족도)을 극대화하는 포트폴리오로 투자자의 기대효용 무차별곡선과 효율적 포트폴리오 조합이 서로 접하는 점에서 결정된다. 효율적 포트폴리오는 투자기회 집합(포트폴리오의 수익률 기대값과 위험의 집합) 중 지배원리를 만족하는 투자 자산을 말한다. 지배원리란 투자자가 위험회피 효용함수를 갖는다는 가정 하에 주어진 위험(수익률 변동성) 하에서 기대수익률이 높은 투자안을, 주어진 기대수익률 하에서 위험이 작은 투자안을 선택하는 원리이다. 효율적 포트폴리오를 구성하기 위해서는 포트폴리오 구성종목들의 기대수익률, 위험뿐만 아니라 구성종목 간의 수익률 상관관계를 고려해야 한다.

셋째, 포트폴리오 수정과 투자성과 평가 단계

6) 포트폴리오 수정

포트폴리오 수정은 포트폴리오 구성 후 미래 투자상황이 바뀌거나, 예측이 잘못된 경우 기존 포트폴리오를 재구성하는 것을 말하며, 포트폴리오 업그레이딩(Portfolio Upgrading)과 포트폴리오 리밸런싱(Portfolio Rebalancing)이 있다. 포트폴리오 업그레이딩은 종목을 교체해서라도 더 효율적인 포트폴리오로 이행하는 것을, 포트폴리오 리밸런싱은 원래 구성한 포트폴리오 내의 각 자산 투자비율을 그대로 유지하기 위해 새로운 종목의 추가없이 기존의 종목을 주가가 변함에 따라 매각 또는 추가매입을 통해 항상 각 구성자산 간의 투자비율을 유지하려는 것을 말한다.

7) 투자성과의 측정과 평가

투자실행 후 투자성과 측정과 평가가 이루어진다. 목표기간 동안의 실제수익률이 위험수준에 비해서 적절한지, 목표수익률과 괴리가 있다면 그 원인은 무엇인지 알아보고 벤치마크 수익률과 비교해 성과평가를 하게 된다.

연습문제

I. 다음을 설명하시오.

01. 투자의 3요소

02. 투자와 저축의 차이점

03. 위험보상률

04. 기대수익률과 위험의 관계

05. 투자관리 과정

06. 실물자산과 금융자산의 차이점

07. 기업가치

08. 기업가치와 주가와의 관계

II. 다음 문장의 진위를 답하시오.

09. 기업가치는 해당 기업 총자산의 시장가치이다.

10. 금융시장은 사회적 부 창조에 간접적으로 영향을 미친다.

11. 적정 증권가격은 해당 기업의 수익에 의해서 영향을 받고 위험과는 관계가 없다.

12. 포트폴리오 업그레이딩을 하면 포트폴리오 구성자산 비율은 유지된다.

part I

증권시장의 이해

02장 금융시장과 증권시장
03장 주식과 채권의 발행시장, 유통시장, 증권관련 제도
04장 증권시장 지표와 펀드
05장 수익률과 위험

I편
개요

I편에서는 금융시장과 증권시장, 증권시장의 주된 상품인 주식과 채권의 발행시장 · 유통시장 및 증권관련 제도, 증권시장 전체 흐름을 나타내는 증권시장 지표, 간접투자 대상으로 많은 인기를 얻고 있는 펀드, 증권투자의 기본요소인 수익률과 위험을 설명한다.

chapter **02**

금융시장과 증권시장

1. 금융시장 | **2.** 증권시장 | **3.** 증권시장의 기능 | **4.** 주식의 개념과 종류
5. 채권의 개념과 종류 | **6.** 증권관련 기관과 자본시장통합법

2장에서는 금융시장과 증권시장에 대해서 설명하고, 투자론에서 주 대상이 되는 증권시장의 기능, 주식과 채권의 개념과 종류와 증권관련 기관 및 2009년 증권관련법들을 통합해 제정되어 시행하고 있는 자본시장통합법에 대해서 알아본다.

1. 금융시장

금융(finance)이란 자금 흑자부문에서 자금 적자부문으로 자금이 유통되는 것을 말하며, 금융시장(financial market)이란 가계, 기업, 정부 등이 자금공급자와 자금수요자로서 금융거래가 조직적으로 이루어지는 구체적 공간 혹은 추상적 장소를 말한다. 금융거래가 이루어지기 위해서는 금융수단(financial instrument)인 금융자산 또는 금융상품이 필요하다. 금융자산은 현재 또는 미래 현금흐름에 대한 청구권을 나타내는 증서로 예금증서, 어음, 주식, 채권 등이 있다. 금융거래에는 직접금융거래와 간접금융거래가 있다. 직접금융거래는 자금수요자가 자기 명의로 발행한 증권(직접증권)을 자금공급자에게 매도하여 자금을 직접 조달하는 거래로 주식, 채권 등이 대표적인 거래 수단이다. 따라서 자금 최종수요자가 자금의 공급자가 누구인지 알 수 있다. 간접금융거래는 은행과 같은 금융중개기관(financial intermediaries)을 통해 자금공급자에게서 자금수요자로 자금이 이전되는 거래로 두 단계를 거쳐 자금거래가 발생하기 때문에 자금의 최종수요자는 자금공급자가 누구인지 알 수 없다. 간접금융거래에서 금융기관은 적자주체로부터 직접증권을 매입하고 흑자주체에 대해서는 금융중개기관 자신에 대한 청구권(간접증권)을 발행한다. 은행예금이 대표적인 간접증권이라고 할 수 있다. 〈그림 2-1〉은 직 · 간접 금융시장을 통해 자금공급 부문에서 자금수요 부문으로 자금이 이전되는 모습을 보여주고 있다.

그림 2-1 금융시장과 자금흐름

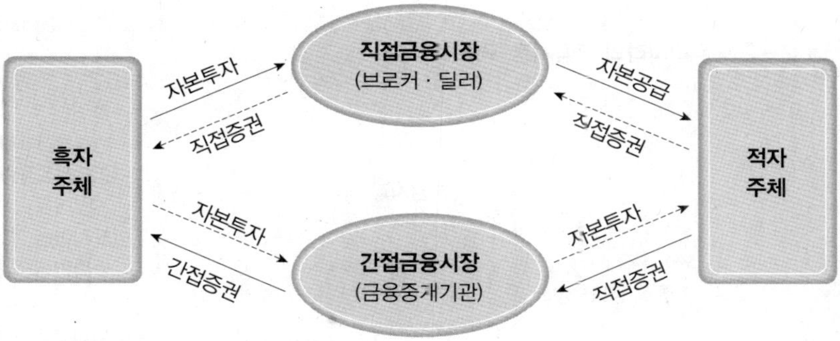

자료 : 증권과 투자 따라잡기, 한국거래소

금융시장의 기능으로는 가계의 여유자금을 기업으로 이전시킴으로써 국민경제의 생산력을 향상시키고, 소비주체인 가계에 적절한 자산 운용 및 차입 기회를 제공하고, 다양한 금융상품 제공을 통한 위험분산, 금융자산 보유자에게 유동성 제공, 금융거래에 필요한 정보를 수집하는 데 필요한 비용과 시간절약, 주식가격과 채권가격 변동을 통한 시장규율 등을 들 수 있다.

우리나라 금융시장은 전통적 금융시장, 외환시장, 파생금융상품시장으로 크게 구분된다. 전통적 금융시장은 자금의 만기가 1년 이내인 콜, 환매채(RP : Repurchase Agreement), 양도성예금증서(CD : Certificate of Deposit), 기업어음, 표지어음, 통화안정증권 등과 같은 단기금융상품을 취급하는 자금시장(화폐시장)과 만기가 1년 이상인 장기금융시장으로 구분된다. 장기금융시장은 금융기관이 자금의 공급자인 예금자로부터 조달한 자금을 장기자금 수요자에게 대출하는 장기대출시장과 주식, 채권 등을 통해 자금을 직접 조달하는 증권시장으로 구분된다. 외환시장은 환율을 매개로 이종통화가 거래되는 시장으로 점두시장으로 운영되며 은행 간 외환매매가 이루어지는 은행간 시장(inter-bank market), 은행과 고객 간 거래가 이루어지는 대고객시장(customer market)으로 구분된다. 파생금융상품시장은 전통적 금융시장이나 외환시장에서의 거래로부터 발생하는 위험을 관리하기 위해서 활용되는 시장으로 최근에는 주가지수 선물 및 옵션, 채권 선물 시장 등 거래수단이 다양화되고 있다.

그림 2-2 우리나라의 금융시장 구조

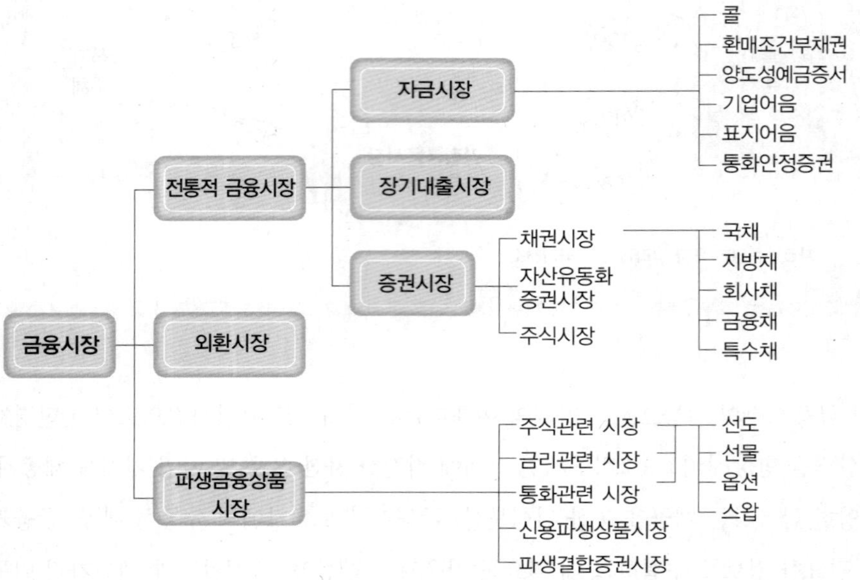

금융(중개)기관은 금융시장에서 개별 경제주체들의 금융거래 비용절감, 차입 및 대출과 관련된 정보생산, 만기 및 금액 변환, 상품의 다양화를 통한 위험의 감소 및 유연성 제공, 지급 결제 수단 제공 등의 기능수행을 통해서 금융이 원활하게 이루어지도록 하는 역할을 한다. 금융기관은 통화 창출 기능 유무에 따라 통화금융기관과 비통화금융기관, 기타 기관으로 구분된다. 통화금융기관은 현금통화를 창출하는 중앙은행과 예금통화를 창출하는 예금은행으로 구분된다. 그러나 최근에는 금융기관 간의 경계가 없어지고 있는 추세이다.

〈표 2-1〉은 국내 금융기관 분류표이다.

표 2-1 금융기관의 분류

구분			금융기관명
통화금융기관	중앙은행		한국은행
	예금은행	일반은행	시중은행, 지방은행, 외국은행 국내지점
		특수은행	중소기업은행, 농업협동조합, 수산업협동조합
비통화금융기관	개발기관		한국산업은행, 한국수출입은행
	투자기관		종합금융회사, 자산운용회사, 증권금융회사
	저축기관		상호금융, 신용협동조합, 새마을금고, 체신예금
	보험기관		생명보험회사, 손해보험회사, 체신보험
기타 기관	증권관련 기관		증권회사
	신용보증기관		신용보증기금, 기술신용보증기금
	여신전문기관		할부금융회사, 리스회사, 신기술사업금융회사, 신용카드회사
	기타		선물회사, 자금중개회사

자료 : 한국은행(2007년 3월)

2. 증권시장

증권시장은 자금을 필요로 하는 자금의 수요자가 주식이나 채권과 같은 유가증권의 형태로 자금을 조달하는 직접금융시장이다. 증권시장은 거래대상이 되는 유가증권의 종류에 따라 주식시장과 채권시장으로 구분되며 각 시장은 발행시장과 유통시장으로 구성된다.

발행시장은 자본을 필요로 하는 발행주체가 증권을 발행해 이를 일반투자자에게 매각함으로써 장기적인 자본을 조달하는 시장으로 1차시장 혹은 본원적 시장(primary market)이라고 한다.

유통시장은 이미 발행된 증권을 매매하는 시장으로 기업의 자금조달과는 직접 관련이 없지만 증권발행 규모와 조건, 시기 등에 영향을 주어 기업의 자금조달을 간접적으로 도와주는 보완적 기능을 가진 시장이다. 우리나라 유통시장은 한국거래소에 개설된 유가증권시장과 코스닥시장, 한국금융투자협회에 개설된 프리보드시장과 비조직적 추상적인 점두시장(OTC : over-the-counter market)이 있다.

그림 2-3 증권시장의 구분

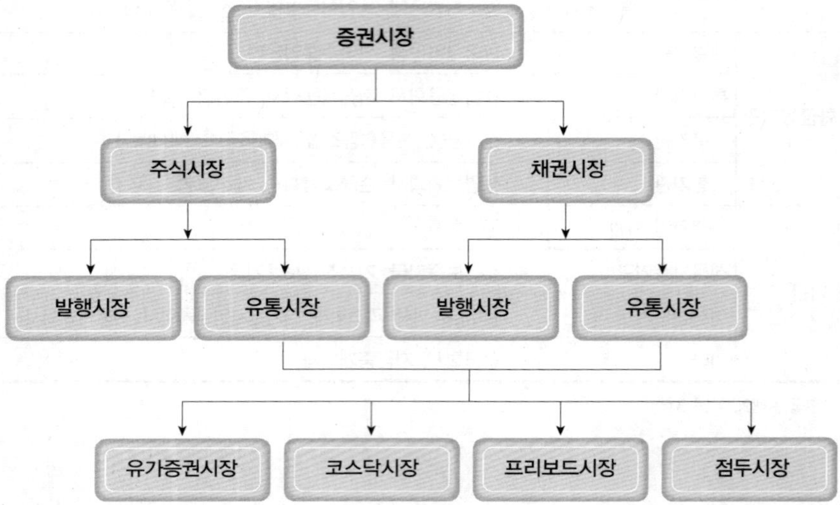

자료 : 증권시장의 이해, 한국거래소

3. 증권시장의 기능

첫째, 기업의 산업자본 조달

기업운영에 필요한 시설과 자금에 대한 투자는 회수가 불확실할 뿐 아니라 장기간이 소요된다. 증권시장은 이러한 장기자본 조달창구 역할을 수행한다.

둘째, 경제주체 유휴자금의 자금운용

각 경제주체들이 유휴자금을 증권에 투자해 배당, 이자 및 자본 이득(capital gain)을 얻을 수 있다. 증권투자는 저축보다는 위험이 크지만 평균적인 수익률은 일반적으로 저축보다 높다.

셋째, 정부의 재정금융정책 실현

정부의 주요 정책수행에는 막대한 재정자금이 소요된다. 이 경우 정부는 부족한 자금을 채권발행을 통해 조달할 수 있다. 또한 재정자금의 잉여가 발생하면 기존에 발행된 채권을 매입해 재정자금을 조절한다.

넷째, 자본의 효율적 배분

증권시장을 통해 증권가격이 기업가치를 적절히 반영하게 되면 투자자금이 성장성이 있고 부가가치를 창출하는 기업에 효율적으로 배분된다.

다섯째, 경제적 민주주의 실현의 장

국민들이 주식의 일부를 소유함으로써 부의 소유와 배분이 특정 자본가에서 일반대중으로 분산되어 평등한 경제적 민주주의가 달성된다.

4. 주식의 개념과 종류

4.1 주식의 개념

1602년에 설립된 네덜란드 동인도 회사로부터 시작된 주식회사제도에서 유래된 주식은 주식회사의 지분을 유가증권화한 것이며 주권은 이를 나타내기 위해 발행되는 유가증권이다.

4.2 주식의 종류

주식의 종류에는 우선주와 보통주가 있다. 우선주는 이익배당이나 잔여재산 청구권에 있어서 보통주보다 우선적 지위를 가지는 주식이다. 보통주는 주식회사의 경영에 참여할 수 있는 권리와 경제적 이익을 얻을 수 있는 권리를 가진다. 의결권 유무에 따라 의결권주와 무의결권주로 구분된다. 의결권주는 주주총회에 상정된 의결사항에 대해 결정권을 가지는 주식이며 우리나라에서 보통주는 의결권주가 된다. 무의결권주는 기업의 의결사항에 참여할 수 없는 대신 고정적 우선배당액이 지급되는 주식이다. 이 주식은 보통주와 우선주의 혼합형태로, 이익분배의 순서는 우선주보다 늦지만 다른 보통주보다는 빠르다. 무의결권주가 배당을 받지 못했을 때에는 의결권을 행사할 수 있다. 주권 액면가액 표시 유무에 따라서 액면주와 무액면주로 구분된다. 액면주는 주권에 액면가액이 표시되어 있는 주식으로, 동일 회사에서 발행된 액면주식의 금액은 균일해야 하며 100원 이상이어야 한다. 미국과 같은 선진국에서는 주권에 액면가액이 표시되어 있지 않은 무액면주식이 보편화되어 있다. 기명주식은 주주의 성명이 주권이나 주주명부상에 기재되어 있는 것으로 우리나라 상법에서는 기명주식을 원칙으로 한다.

5. 채권의 개념과 종류

5.1 채권의 개념

채권이란 주식회사나 정부, 공공단체, 특수법인이 일반투자자로부터 자금을 조달하고, 조달한 자금에 대해 일정기간 동안 정기적으로 이자를 지급하고 만기 시에는 원금을 상환한다는 조건을 명시한 차용증서를 유가증권화한 것이다. 채권을 발행할 수 있는 주체는 법률로 정해져 있으며 유통시장을 통해서 양도가 자유롭다. 채권은 일정기간 후에 얼마의 이익을 얻을 수 있는가 하는 수익성, 원금과 이자를 확실하게 받을 수 있는가 하는 안정성, 만기 전에 증권회사 등을 통해 현금화가 가능한가 하는 유동성을 갖고 있다.

5.2 채권의 종류

5.2.1 발행주체에 따른 분류

1) 회사채

회사채는 주식회사가 장기차입을 할 때 발행하는 채권으로 3년 만기가 일반적이다. 회사채는 주식과 달리 배당지급에 대한 압력이나 경영권 위협 없이 장기자금을 조달할 수 있고, 상환일과 이자가 확정적이라는 장점이 있지만 항상 일정한 이자를 지급해야 하며 재무구조 악화를 초래할 수 있다는 단점이 존재한다.

2) 국채

국채는 국가가 특수한 목적으로 국회의 동의를 얻어 발행하며 정부가 원리금을 보증하고 국고채권, 재정증권, 국민주택채권, 보상채권으로 분류된다. 국고채권은 정부가 재정융자 등 공공목적에 필요한 자금을 확보, 공급하고 국채의 발행 및 상환 등을 효율적으로 관리하기 위해 설치한 공공자금관리기금을 근거로 발행하는 채권이다. 국고채권은 국고채권 전문딜러 제도에 의한 경쟁입찰매매 방식에 의해 발행되며 만기는 3~20년이다. 재정증권은 국고금관리법에 근거해 국고금 출납상 일시 부족자금의 조달 및 통화관리의 목적으로 발행된다. 국민주택채권은 국민주택건설을 위한 재원마련을 위해 발행되는 채권으로 주택법에 의해 강제 첨가소화되는 채권이다. 보상채권은 공익사업을 위한 토지 등의 취득 및 보상에 관한 법률에 근거해 공익사업 시행자가 만기 5년 이내, 표면이율 3년 만기 정기예금 금리를 갖는 1년 단위 복리채로 발행한다.

3) 지방채

지방채는 지방자치단체에서 발행하는 채권으로 지역개발공채, 도시철도채권, 지하철공채 등이 있다.

4) 특수채

특수채는 특별법에 의해서 설립된 특별법인이 발행한 채권으로 토지개발채, 전력공사채 등이 있다.

5) 금융채

금융채는 특수채 중 하나로 발행주체가 금융기관인 채권으로 산업금융채, 중소기업은행채 등이 있다.

5.2.2 이자지급 방법에 따른 분류

1) 이표채

이표채(coupon bond)는 채권의 권면에 이표(coupon)가 붙어 있어 이자 지급일에 이것으로 일정 이자를 지급받는 채권으로 국고채, 회사채, 금융채 일부가 해당된다.

2) 할인채

할인채(discount bond)는 액면금액에서 상환기일까지의 이자를 공제한 금액으로 매출하는 채권으로 통화안정증권, 산업금융채권 등 금융채 일부가 해당된다.

3) 복리채

복리채(compound bond)는 이자가 복리로 재투자되어 만기 시에 원금과 이자가 지급되는 채권으로 국민주택채권, 지역개발채권, 금융채 중 일부가 이에 해당된다.

5.2.3 이자지급 변동에 따른 분류

1) 확정금리부채권

확정금리부채권은 시장에서의 이자율에 관계없이 약속기일에 확정된 이자를 지급하는 채권으로 국공채와 회사채의 대부분이 해당된다.

2) 금리연동부채권

금리연동부채권은 일정기간 동안은 계약된 확정이자율로 이자를 지급하지만 일정기간 경과 후에는 기준금리에 연동되어 지급이자율이 변동되는 채권으로 금융채와 회사채 일부가 해당된다.

3) 수익사채

수익사채는 원금의 지급은 보장이 되지만 이자지급은 수익에 따라 변동하는 채권이다.

4) 이익참가부사채

이익참가부사채는 확정이자를 지급하고 기업의 이익수준이 양호할 경우 추가해서 이익의 일정률 혹은 액면금액의 일정률을 지급하는 사채이다.

5.2.4 보증유무에 따른 분류

1) 보증채

보증채(Guaranteed bond)는 정부 또는 금융기관이 원리금 지급이행을 보증하는 채권으로 정부보증채, 일반보증채(시중은행, 보증보험, 신용보증기금 등)가 있다.

2) 담보부채권

담보부채권(Mortgage bond)은 원리금의 상환을 보증하기 위해서 채권발행 시 부동산이나 유가증권과 같은 담보물이 필요한 채권으로 금융채, 회사채 중 일부가 해당된다.

3) 무보증채

무보증채(Non-guaranteed bond)는 발행자의 신용도에 따라 발행되어 유통되는 채권으로 이자율이 보증채보다 일반적으로 높으며 기간이 단기인 것이 특징이다.

5.2.5 만기에 따른 분류

1) 단기채

단기채는 만기가 1년 이하인 채권으로 통화안정증권 등이 있다.

2) 중기채

중기채는 만기가 1년에서 5년 미만인 채권으로 국고채권, 외국환평형기금채권, 회사채 등이 있다.

3) 장기채

장기채는 만기가 5년 이상인 채권으로 국민주택채권, 도시철도채권 등이 있다.

5.2.6 발행가액에 따른 분류

1) 액면발행

사채의 발행이율($\frac{이자}{액면}$)이 투자자가 기대하는 수익률과 일치하는 경우에 발행가액을 액면가액으로 하는 발행방법이다.

[증명]

이표채에서 P : 채권가격(발행가액), n : 만기, C : 이자, r : 수익률, F : 액면(가액)라 하면 액면발행은 발행이율($\frac{C}{F}$) = 투자자 기대수익률(=r)이므로 $P = \Sigma \frac{C}{(1+r)^t} + \frac{F}{(1+r)^n}$ 로부터

$$P = \frac{Fr}{(1+r)} + \frac{Fr}{(1+r)^2} + \cdots + \frac{F}{(1+r)^n}$$

$$= Fr\left[\frac{1}{(1+r)} + \frac{1}{(1+r)^2} + \cdots + \frac{1}{(1+r)^n}\right] + \frac{F}{(1+r)^n}$$

$$= Fr\left[\frac{1-\frac{1}{(1+r)^n}}{r}\right]+\frac{F}{(1+r)^n} = F\left[1-\frac{1}{(1+r)^n}\right]+\frac{F}{(1+r)^n}$$
$$= F$$

가 된다.

2) 할인발행

사채 발행이율이 투자자가 기대하는 수익률보다 낮은 경우, 사채의 발행가액을 액면가액 이하로 발행하는 방법이다.

3) 할증발행

사채 발행이율이 투자자가 기대하는 수익률보다 높은 경우, 사채의 발행가액을 액면가액 이상으로 발행하는 방법이다.

5.2.7 기타 채권

1) 중도상환채권

중도상환채권은 만기 전에 상환이 자유로운 채권을 말한다.

2) 주식관련 채권

① 신주인수권부사채(BW : bond with warrant)

신주인수권부사채는 채권보유자가 일정요건이 충족되었을 때 일정 수의 금액에 해당하는 신주를 매입할 수 있는 권리가 부여된 채권이다.

② 전환사채(CB : convertible bcnd)

전환사채는 채권에서 발행회사의 주식으로 전환할 수 있는 권리가 부여된 채권이다.

③ 교환사채(EB : exchange bond)

채권을 발행한 회사가 보유하고 있는 타회사 주식과 교환을 청구할 수 있는 권리가 부여된 채권이다.

표 2-2 **신주인수권부사채와 전환사채의 비교**

	구분	신주인수권부사채	전환사채
유사점	투자매력	사채로서의 안정성 및 주식으로서의 투기성	
	발행조건	발행회사에 유리(보통사채보다 낮은 이자율, 상환기간은 장기)	
	신주의 가격	사채발행 시의 주가를 기준으로 미리 정해짐	
	권리행사 시	사채발행회사의 발행주식수가 증가하고 사채권자는 주주로 됨	
차이점	사채에 부여된 권리	신주인수권	전환권
	권리행사	▪ 신주인수권 행사 후에도 사채는 존속 ▪ 신주인수권 행사를 위한 신규자금이 필요	▪ 전환권 행사 후 사채 소멸 ▪ 전환권 행사에 신규자금 필요 없음
	권리의 이전	분리형의 경우 사채와는 별도로 신주인수권만 유통이 가능	사채와 함께만 가능

표 2-3 **교환사채와 전환사채의 비교**

구분	교환사채	전환사채
발행회사의 요건	상장법인	상장법인이나 등록법인
대상증권	발행회사가 소유하고 있는 타회사의 주식	발행회사의 신주식
사채에 부여된 권리	교환권	전환권
권리행사 후 사채권자의 지위	사채권자 지위 상실, 타회사 주주의 지위 취득	사채권자 지위 상실, 발행회사 주주의 지위 취득
주주가 되는 시기	교환을 청구한 때	전환을 청구한 때
주주의 우선인수권	규정 없음	규정 있음
발행한도의 특례	규정 없음(상법상의 사채 발행한도 내에서 발행)	규정 있음(상법상의 사채 발행한도 초과발행 가능)

3) 자산유동화채권(ABS : asset backed securities)

자산유동화채권은 금융기관이나 기업 등이 보유하고 있는 자산을 담보로 발행하여 제3자에게 매각하는 증권으로, 주택저당대출을 대상으로 한 주택저당담보부채권(MBS : mortgage backed securities), 자동차할부금융, 신용카드대출, 리스대출 등을 담보로 하는 채권 등이 있다.

4) 국제채(international bond)

국제채는 외국에서 유통되거나 외화로 표시되어 있는 채권으로 발행주체의 자국이 아닌 특정 외국에서 발행국가의 통화로 유통되는 외국채(foreign bond), 발행국가의 통화가 아닌 제3국가 통화로 발행되는 유로채(euro bond)가 있다. 외국채는 발행국가에 따라 한국에서 외국인이 원화로 발행하는 아리랑본드, 미국에서 외국인이 달러로 발행하는 양키본드, 일본에서 외국인이 엔화로 발행하는 사무라이본드, 영국에서 외국인이 파운드화로 발행하는 불독본드 등이 있다. 유로채는 한국에서 원화 이외의 통화로 발행하는 김치본드, 일본에서 엔화 이외의 통화로 발행하는 쇼군본드 등이 있다.

5) 정크본드(junk bond)

정크본드는 기업의 신용등급이 아주 낮아서 회사채 발행이 불가능한 기업이 발행하는 회사채로 고수익채권 또는 열등채라고 한다.

5.3 채권의 특성과 장점

5.3.1 특성

채권은 확정소득증권으로, 만기에 원금상환 위험이 작고 가격결정 과정이 명확하며, 주식에 비해 여러 종류가 소량으로 거래되고 있다. 최근에는 무의결권우선주, 전환사채, 신주인수권부사채의 등장으로 인해서 채권과 주식의 접근화 현상이 나타나고 있다.

5.3.2 장점

이자소득과 자본소득에 따른 수익성과 동시에, 채무불이행위험과 시장위험이 존재하지만 주식관련 금융상품보다 안정적이며, 당일 결제에 따른 유동성 확보 면에서 장점이 있다.

5.3.3 주식과 채권의 차이점

〈표 2-4〉는 주식과 채권의 차이점을 보여주고 있다.

표 2-4 주식과 채권의 차이

구분	주식	채권
자본 성격	자기자본	타인자본
발행자	주식회사	정부, 지자체, 특수법인, 주식회사
소유자 지위	주주	채권자
경영권	있음	없음
존속기간	영구적	한시적
이익형태 및 성격	배당 가변적	이자 확정적

6. 증권관련 기관과 자본시장통합법

6.1 한국거래소(KRX : Korea Exchange)

한국거래소의 역사는 1956년 대한증권거래소가 설립되면서 시작되었다. 1988년 대한증권거래소는 회원제 한국증권거래소로 전환되었고 1996년에는 코스닥증권시장(구 코스닥증권)이, 1999년에는 한국선물거래소가 설립되었다. 이후 2005년 1월 27일 한국증권거래소, 한국선물거래소, 한국금융투자협회 내 협회중개시장이 통합되어 한국증권선물거래소로 출범했고, 2009년 한국거래소로 상호를 변경했다.

기본 업무는 유가증권시장, 코스닥시장, 파생상품시장 개설업무이며 이에 수반되는 상장, 매매체결, 공시, 매매심리, 회원관리 등 유가증권의 매매 및 선물거래를 위한 시장개설 및 관련 부수 업무를 수행하고 있다.

6.2 한국예탁결제원

한국예탁결제원은 증권거래시 거래되는 유가증권을 거래자 간에 직접 인수하는 대신, 대체 결제종목으로 지정한 유가증권을 집중적으로 예탁받아 계좌가 설정된 자들 상호 간에 실물 유가증권 대신 계좌를 중심으로 대체 결제를 행해 주는 것을 주 업무로 한다.

6.3 코스콤

코스콤은 한국거래소와 한국예탁결제원의 전산처리, 증권관계기관 및 증권회사의 전산개발과 그에 대한 용역 업무를 수행한다.

6.4 한국증권금융

증권업계 지원을 위해서 1955년에 설립된 한국증권금융은 국내 유일의 증권금융 전담회사로 증권을 담보로 금융투자업자에 자금을 대출해 주거나, 투자자예탁금을 맡아서 운용하는 등의 일을 한다.

6.5 한국금융투자협회

한국금융투자협회는 자본시장통합법에 의해 공인된 증권시장의 자율기관으로 회원조직으로 된 특수 사단법인이다. 증권회사 상호간의 건전한 영업질서 유지 및 투자자보호 업무, 투자상담사 등 증권 전문인력의 등록 및 관리 업무, 증권관련제도의 조사 · 연구, 증권 전문인력 연수 등을 주된 업무로 하고 있으며 장외주식호가 중개시장인 프리보드를 운영하고 있다.

6.6 금융위원회, 증권선물위원회, 금융감독원

1998년 4월 출범한 금융위원회와 그 산하에 있는 증권선물위원회는 증권, 은행, 보험과 저축은행 등 모든 금융기관에 대한 경영관련 인허가와 규제, 검사, 감독, 제재, 감독규정 제개정, 금융산업 구조조정, 금융사고 처리, 증권선물시장의 관리 · 감독을 주 업무로 한다. 금융감독원은 1999년 1월 은행감독원, 증권감독원, 보험감독원, 신용관리기금 4개 감독기관을 통합 · 설립되어 금융위원회와 증권선물위원회의 집행기능을 담당하고 있다.

6.7 증권회사

증권회사는 증권의 발행 및 유통에 관한 업무를 수행하는 법인으로서 기업과 일반투자자의 중간에서 기업의 자금조달과 투자자의 증권투자를 매개하는 기관으로 고유업무는 위탁매매업무(brokerage), 자기매매업무(dealing), 인수주선업무(underwriting) 등이 있다.

위탁매매업무는 증권회사가 거래되는 증권을 소유하지 않고 단순히 매입자와 매도자를 연결시켜 거래를 성사시켜 주는 업무를 말하며 이때 발생하는 수수료는 증권회사의 수입원이 된다. 자기매매업무는 증권회사가 증권을 자기 자금으로 매매함으로써 증권매매 차익을 취하는 행위이다. 인수주선업무는 기업의 증권발행 시 그 발행사무를 대행해 주거나 증권매입자의 모집을 행하거나 발행되는 증권을 직접 인수하는 것을 말한다.

그림 2-4 증권(유통)시장의 구조

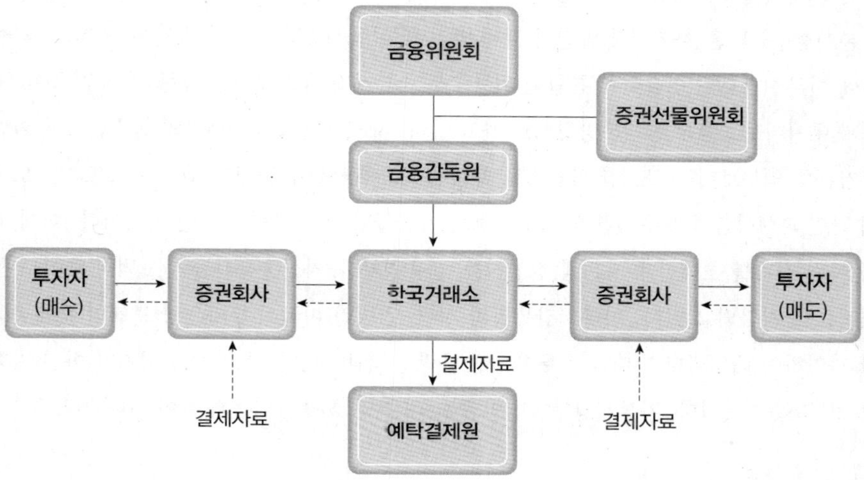

자료 : 증권시장의 이해(2007, 한국금융투자협회)

6.8 자본시장통합법

자본시장통합법은 자본시장에서 혁신과 경쟁 촉진, 투자자보호 및 불공정거래 행위근절을 취지로 2009년 2월 자본시장관련 법률들을 통합한 법으로 기능별 규율체제, 금융상품에 대한 포괄주의, 증권회사의 선물업과 자산운용업 허용, 투자자보호제도 선진화를 주요 내용으로 하고 있다.

자본시장통합법 시행과 국내 자본시장 변화

자본시장과 금융투자업에 관한 법률(이하 자본시장통합법으로 약칭)이 2009년 2월 시행되어 자본시장을 한 단계 발전시킬 수 있는 계기가 마련되었다. 최근 서브프라임 모기지 부실사태로 촉발된 세계적인 투자은행들의 몰락으로 인해 자본시장통합법 시행에 대한 우려의 목소리도 있으나 이런 의견은 자본시장통합법의 의의 및 내용에 대한 오해에서 비롯된 것이라 생각된다. 우리도 경제의 지속적인 발전을 위해서는 전통 산업뿐만 아니라 로봇, 바이오, 환경, 에너지 등 고부가가치 혁신산업과 모험산업을 통하여 실물경제를 활성화시켜야 하며, 실물경제에 자금을 공급하는 자본시장과 은행 간의 균형적인 발전이 뒷받침되도록 노력해야 한다. 그러나 은행에 비하여 국내 자본시장은 상대적으로 취약한 실정이다. 자본시장통합법은 자본시장 발전이 경제 발전 및 금융시스템의 안정에 필수적이라는 인식 하에 자본시장관련 법률들이 통합된 법률로서 자본시장 규제개혁을 통한 혁신 및 경쟁 촉진과 투자자보호강화를 기본방향으로 하고 있다. 세계적인 투자은행들의 몰락은 전통적인 투자은행 업무보다는 과도한 차입으로 확대된 고유계정을 유동성이 낮은 서브프라임 모기지 관련 파생상품들에 투자한 상태에서 해당 자산들의 가치 하락에 기인한 것이다. 이에 따라 이런 결과를 초래한 투자은행 경영진들, 신용평가사, 자산운용사들의 도덕적 해이도 문제점으로 지적되고 있다. 자본시장통합법 시행 시 이런 미국식 투자은행 모델의 문제점을 잘 파악하여 대처한다면 미국식 투자은행 몰락은 국내 자본시장 발전의 위기가 아닌 기회가 될 수 있을 것이다. 자본시장통합법의 주요 내용 및 효과는 다음과 같이 기대된다.

첫째, 기능별 규율체제 도입이다.

기관별로 독자적인 법률에 의한 규제가 적용되는 기관별 규율체제(Institutional Regulation) 하에서는 동일한 금융기능임에도 서로 다른 규제 담당기관에 의해 진입 규제, 건전성 규제, 영업행위 규제 등에서 다른 요건 및 수준을 요구하고 있다. 예를 들어, 자산운용사와 부동산투자회사는 자산운용업무라는 점에서 같은 금융기능을 수행한다고 볼 수 있으나 자본시장통합법 시행 이전에는 자산운용사는 금융위의 허가, 부동산투자회사는 국토해양부의 인가를 받아야 했다. 이로 인해 동일한 금융기능임에도 불구하고 특정 금융기관이 혜택을 받는 규제차익(Regulation Arbitrage) 및 투자자보호 공백을 초래할 가능성이 생겨났다. 자본시장통합법은 동일한 기능을 수행하면 동일한 규제를 적용하는 기능별 규율체제(functional regulation)로 전환해 기관별 규율체제에 따른 문제점을 최소화했다. 이를 위해 금융기능을 “투자자를 상대로 금융상품을 매개로 해 수행하는 금융행위” 로 정의한 후 투자자는 일반투자자, 전문투자자로, 금융상품은 증권, 장내파생상품, 장외파생상품으로, 금융행위는 매매업, 중개업, 집합투자업, 투자자문업, 투자일임업, 신탁업으로 구체적으로 분류해 투자자, 금융상품, 금융행위의 위험도나 투자자보호 필요성에 따라 인허가에 필요한 자기자본 요건을 차별화하고 있다. 금융기능별로 인허가 기준을 차별화함에 따라 다양한 방식으로 특화된 금융기관의 출현이 가능해졌으며 이들 간의 경쟁구도를 통해 자본시장 참여자에게 최적의 서비스 제공이 가능해지리라 기대된다.

둘째, 금융상품에 대한 포괄주의(negative system) 도입이다.

법에서 명시하지 않은 상품들은 유가증권이 될 수 없도록 규정하는 열거주의 방식(positive system) 하에서는 상품개발에 의한 경쟁이 아닌 법규에 열거된 표준화된 상품들 간에 가격경쟁만이 발생하게 된다. 그러나 주식, 채권뿐만 아니라 파생상품 등 여러 가지 복합금융상품들이 전 세계적으로 빠르게 출현하는 금융시장 하에서 열거주의 방식은 국내 금융회사들의 혁신적인 금융상품 개발을 제약해 국제적인 경쟁력을 저하시키거나 투자자 보호 측면에서 부작용을 야기하게 된다. 또한 법규에 열거되지 않은 상품의 경우 설계나 매매하기 위해서는 관련법령을 개정해야 하며 개정이 되지 않을 경우 유가증권에 해당되지 않으므로 투자자보호와 규제를 받지 않아 투자자보호 측면에서 문제가 될 수 있다. 이런 문제점을 해결하기 위해서 자본시장통합법에서는 유가증권과 파생금융상품과 같이 투자성(원본손실)이라는 특징을 갖는 모든 금융상품을 금융투자상품으로 정의한 포괄주의를 도입해 가격경쟁보다는 신상품과 서비스에 의한 경쟁유도 및 투자자보호의 사각지대를 제거하고 있다. 포괄주의 도입으로 기업가, 투자자의 다양한 요구에 부응하는 상품들이 제공됨으로써 자본시장의 수요와 공급 기반 확충이 가능하게 되는 효과가 기대된다.

셋째, 투자자보호제도 선진화이다.

포괄주의 및 겸업주의 도입으로 복잡하고 다양해진 개별 금융상품에 대한 정보비대칭 및 이해상충 문제발생 가능성이 커짐에 따라 투자자보호 및 효율적인 규제가 필요해지고 있다. 자본시장통합법에서는 전문투자자에 대해서는 규제를 완화하고 일반투자자에 대해서는 보호규제를 강화해 규제의 효율성을 극대화하고 있다. 신의성실의무, 손실보전금지, Know-your-customer-rule, 원하지 않는 권유금지 등은 모든 투자자에게 적용되나, 투자자 특성에 맞추어 투자를 권유하는 적합성원칙, 설명의무는 일반투자자에게만 적용되고 있다. 또한 불공정영업행위금지(제71조, 제85조), 이해상충관리(제44조), Chinese Wall(제45조) 의무화를 통해 금융투자업자와 투자자, 투자자와 투자자 간의 이해상충방지 제도를 도입하고 있다. 본 규정의 도입으로 투자자에게 부적절한 상품을 권유하는 관행이 줄어들게 되고 상품에 따른 다양한 판매채널의 등장 및 금융기관 종사자들에 대한 교육비용 증가가 예상된다.

넷째, 겸업에 따른 업무범위의 확대이다.

자본시장통합법은 6가지 금융투자업에 대해 상호 간 겸영을 허용하고 있다. 이에 따라 금융기능에 따른 진입기준만 충족시키면 금융투자회사는 증권, 장내파생상품, 장외파생상품에 대한 매매 · 중개 등의 업무를 자유롭게 할 수 있게 되었다. 특히 자본시장통합법 이전에는 증권회사의 경우 주권 및 주가지수를 기초자산으로 하는 극히 제한적인 장내파생상품만 취급했지만 통합법 이후 장내파생상품 업무 전반에 대해 업무가 가능해지면서 투자자가 원하는 다양한 현금흐름을 갖는 금융상품을 개발할 수 있게 되었다. 이처럼 통합법으로 인한 금융투자회사의 역량강화가 기대된다. 그러나 한편으로는 겸영에 따른 투자자와 금융투자업자 간, 투자자 간 이해상충 가능성이 존재할 수 있다. 예를 들어, 금융투자회사가 자산운용업과 사내 겸영을 할 경우 펀드매매 회전율을 높여 위탁수수료를 증가시키거나 인수한 유가증권을 펀드에 편입시키는 행위 등을 들 수 있다. 이런 이해상충 문제는 금융투자회사들이 자신들의 역량, 투자자 인지도 및 취급하는 금융기능의 성격 등 여러 가지 요인들을 종합적으로 판단해 사내 겸영, 자회사 등의 다양한 선택을 통해 많은 부분 해결되리라 기대된다.

자본시장통합법 시행으로 우리나라의 자본시장이 선진화될 수 있는 제도적 여건이 마련되었다. 그러나 우리나라의 금융투자업이 국제적인 경쟁력을 갖추기 위해서는 자본시장 구성원들인 금융투자업자, 투자자, 자금수요자, 자본시장 인프라, 감독기관 등이 각자의 역량을 갖출 때 비로소 가능한 것이다.

금융투자업자는 특화를 통한 성장전략, 이해상충방지, 불완전 판매에 따른 투자자보호, 우수인력 확보, 국제적 네트워크 구축 등 평판 및 위험 관리를 강화할 필요가 있고, 투자자는 금융상품에 대한 충분한 이해가, 자금수요자는 다양해진 자금조달수단의 적극적 활용이, 거래소, 신용평가기관, 회계 및 법률 회사 등 자본시장 인프라는 적절한 지원체계가, 감독당국은 투자자보호와 이해상충 방지, 금융투자기관의 과도한 레버리지에 대한 규제 및 자본시장이 고위험 고수익 신성장산업에 핵심 역할을 할 수 있는 여건조성 역할이 요구된다. 이런 역량강화 노력이 장기간 지속될 때 자본시장통합법은 값진 결실을 얻을 수 있을 것이다.

2009년 1월, 주상룡, 한국거래소

2011년 말 자본시장통합법 개정안은 그동안의 실행 경험을 바탕으로 국내 투자은행 활성화, 자산운용산업 규제체계의 선진화, 자본시장 인프라의 개혁, 상장기업의 직접금융 및 주주총회의 내실화, 불공정거래 제재 등과 같은 규제 실효성 확보를 위한 주요 개정내용들을 포함하고 있다.

연습문제

다음을 설명하시오.

01. 직접금융시장의 종류

02. 증권시장의 기능

03. 주식과 채권의 특성

04. 직접증권과 간접증권

05. 신주인수권부사채, 전환사채, 교환사처

06. 국제채

07. 자본시장통합법

08. 증권회사의 주요 업무

chapter **03**

주식과 채권의 발행시장, 유통시장, 증권관련 제도

1. 발행시장 | **2.** 유통시장 | **3.** 주식매매거래제도 | **4.** 청산 및 결제 제도
5. 상장 · 공시 · 심리 · 감리 제도 | **6.** 세계거래소 인수 · 합병 동향과 대체거래소

3장에서는 주식과 채권의 발행시장과 유통시장에 더해서 알아보고, 주식매매거래제도, 청산 및 결제제도와 상장, 공시, 심리, 감리제도와 같은 증권제도를 설명한다. 마지막으로 세계거래소 인수 · 합병, 대체거래소 동향을 소개한다.

1. 발행시장

발행시장은 신규증권시장, 1차시장, 추상적 · 비공간적 시장으로 주식발행시장과 채권발행시장으로 대분되며 구조는 다음과 같다.

그림 3-1 발행시장의 구조

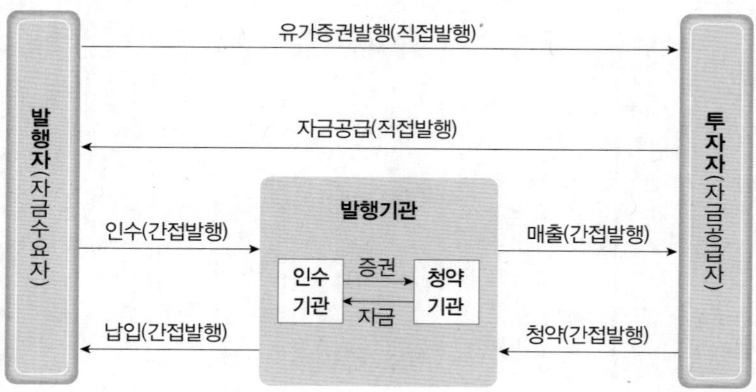

1.1 주식발행시장

1.1.1 발행주체

1) 발행자

주식의 발행자는 주식을 발행해 자금을 조달하는 자로 주식의 공급자인 동시에 자금의 수요자로서 주식회사가 발행 당사자가 된다.

2) 발행기관

발행기관은 자금의 수요자인 발행주체가 필요한 자금을 쉽게 조달할 수 있도록 발행업무를 대행해주며, 증권회사, 투자회사, 은행, 종합금융회사 등이 해당된다. 발행기관은 인수기관과 청약기관으로 구분된다.

인수기관은 발행증권을 인수해 청약기관에 매도하는 기능을 한다. 증권인수는 발행증권이 매출이 되지 않거나 손해보고 매출함에 따른 발행위험이 높기 때문에 일반적으로 인수기관은 인수단(underwriting syndicate)을 구성한다. 발행자로부터 증권발행을 위탁받은 회사는 인수 주간사가 되어 공동간사단과 함께 간사단(underwriter)을 구성한다.

청약기관은 인수기관으로부터 취득한 증권을 일반투자자에게 직접 판매하는 기관으로 증권회사가 담당한다. 우리나라의 경우 인수단이 청약 기능을 겸하고 있다.

3) 투자자

투자자는 발행주체가 발행한 증권을 매입함으로써 자금의 공급자로서 증권의 수요자 기능을 수행하는 자이다. 개인투자자, 은행, 증권회사, 보험회사, 연기금 등의 기관투자자와 외국인투자자가 이에 해당된다.

1.1.2 발행형태

1) 기업공개(IPO : Initial Public Offering)

기업공개는 소수 주주로 구성되어 있는 주식회사가 일정한 법정절차와 방법에 따라 일반대중(소액 주주)을 대상으로 주주를 공개모집해 발행주식의 일정비율 이상을 매각함으로써 일반대중이 주식을 자유로이 매매할 수 있도록 하는 것을 말한다. 기업공개시 매각되는 주식을 최초공모주라고 한다.

기업공개나 상장은 해당 기업을 일반인에게 처음으로 알리는 일이기 때문에 그 준비와 시기를 결정하는 데 신중을 기해야 한다. 이를 위해서 기업공개 및 상장의 목적, 자본조달 규모 및 시설투자 계획, 동종업계의 증시 동향과 향후 전망, 기업공개 및 상장으로 얻는 손익 등을 고려해야 한다.

기업공개의 효과는 다음과 같다.

첫째, 기업의 자금조달 능력을 증대시킨다.
둘째, 주식 소유 분산을 통해서 전문경영인에 의한 경영이 가능하게 된다.
셋째, 기업이 사회적 공유물이 되게 한다.
넷째, 투자자 계층이 확대되며 투자수단이 확대된다.

2) 유상증자

유상증자는 이미 설립되어 있는 주식회사가 자기자본을 조달하기 위해 새로운 주식을 발행하는 것을 말한다. 신주발행에 의해서 자기자본이 확대되기 때문에 기업 입장에서는 부채 사용을 억제하고 재무구조를 개선하게 된다.

3) 무상증자

무상증자는 기존의 주주에게 그들이 소유한 주식의 비율대로 새로운 주식을 주금의 납입없이 무상으로 배부하는 것을 말한다. 자본금을 초과하는 자기자본 초과액을 잉여금이라고 하며 자본잉여금과 이익잉여금으로 나뉜다. 자본잉여금은 액면을 초과해 주식발행을 한 것과 같은 자본거래에 의해서, 이익잉여금은 영업활동으로 인한 손익의 결과로 발생한 것이다. 무상증자를 실시할 경우 자본잉여금을 자본금으로 전환해 자본금을 증가시키고 그에 해당하는 금액만큼 새로운 주식을 발행한다. 무상증자는 기업에 새로운 자금이 유입되는 것은 아니고 재무제표상의 자본금과 발행주식수만 늘어나게 된다.

4) 주식배당, 전환사채의 주식전환, 신주인수권부사채의 신주인수권 행사

주식배당은 주주에게 현금으로 배당하는 대신 그에 상당하는 금액을 이익배당총액 내에서 신주를 발행해 지급하는 것을 말한다. 주식배당은 재원이 이익잉여금인 반면 무상증자의 재원은 자본잉여금이라는 것 이외에 두 발행 형태 간에는 차이가 없다. 전환사채의 주식전환 시, 자본은 증가하나 전환액에 해당하는 부채는 감소하고 자산은 변하지 않는다. 신주인수권부사채의 신주권 행사 경우, 신주가 발행되며 전환사채와 달리 신주인수권 행사 후에도 사채는 존속된다.

1.1.3 발행방식

1) 인수자 모집기준

① 사모(private placement)

사모는 발기인, 기존 주주 또는 연고자 등을 대상으로 신규증권을 발행하거나 인수시키는 방법이다.

② 공모(public offering)

공모는 불특정 다수를 대상으로 구주주 배정, 주주우선공모, 제3자 배정과 일반공모방식을 취하며 기업공개 이전은 모집, 이후는 매출이라고 한다.

구주주 배정(direct right offering)은 구주주가 소유하는 주식수에 비례해 신주인수권을 부여하고, 주주우선공모(standby right offering)는 구주주와 우리사주조합원에게 청약권을 부여 후 미달분은 일반공모를 한다. 제3자 배정은 발행회사의 특정 연고자(회사임원, 거래처 등)에게 신주인수권을 부여해 신주를 인수하게 한다. 일반공모(general cash offering)는 일반대중으로부터 신주의 청약을 받아 신주를 발행하는 방법으로 구주주의 신주인수권을 인정하지 않으며 발행기관의 역할이 매우 중요하게 된다. 우리나라의 경우 기존 주주에게 신주를 우선적으로 할당하는 구주주 배정을 하고 실권주에 대해서만 일반공모를 한다.

2) 발행위험 부담방법

발행위험은 투자자에게 인수되지 않은 주식이 발생될 가능성을 말하며 발행위험 부담방법에 따라 직접발행, 간접발행으로 구분된다.

① 직접발행

직접발행은 발행위험을 발행자인 주식회사가 전적으로 책임을 지는 방식으로 현실성이 희박한 증권발행 방법이다.

② 간접발행

간접발행은 증권발행의 전문기관이 중개자로 개입해 증권발행의 구체적인 업무를 담당하는 방법으로 발행기관의 인수비용이나 매출비용은 발행자가 부담한다.

간접발행은 인수기관의 발행위험 부담방법에 따라 총액인수, 잔액인수, 모집주선으로 구분된다.

총액인수(firm commitment underwriting)는 발행되는 주식을 인수기관이 전액 매입한 후 인수한 주식을 일반투자자가 다시 매입함으로써 자금을 회수하는 방법으로 발행기관은 인수한 주식 매매로 발생하는 차익을 갖는다. 여기에서 일반투자자에게 매매되지 않은 주식은 발행기관이 보유한다.

잔액인수(stand-by underwriting)는 발행업무를 도와주되, 발행된 주식을 발행회사로부터 전액 인수하지 않고 매각되지 않은 잔량은 미리 정해진 인수가격으로 발행기관이 인수하는 방식이다.

모집주선(best-effort offering)은 위탁모집이라고도 하며 발행기관이 발행사무를 담당해 모집에 최선을 다하지만 만일 도집 결과 미매각분이 발생하면 발행자에게 되돌려 주는 방법이다.

1.1.4 증자와 주가

유 · 무상 증자는 이사회 결의 및 공시, 신주배정 기준일 공고, 신주 상장의 절차를 거치며 각 단계별로 주가의 변동을 가져온다. 예를 들어, 유상증자로 인해서 기업가치가 증가된다고 예상되면 공시시점에 주가는 상승하며, 반대의 경우 주가는 하락한다. 또한 증자가 기업가치에 변동을 주지 않더라도 발행가, 신주인수권 부여 여부에 따라 증자 후 주가는 변동된다.

본 절에서는 증자자금으로 시설투자를 하지 않거나, 시설투자를 하더라도 순현가(Net Present Value)가 0이고, 신주를 구주주에게 우선 배정한다는 가정 하에 유 · 무상 증자 후 이론주가를 구해 보자. 이를 위해서 권리부 주가, 권리락 주가, 신주인수권에 대해 다음과 같이 정의한다.

권리부 주가는 증자주식을 발행가로 받을 수 있는 시점(신주배정기준일) 이틀 전의 주가를, 권리락 주가는 신주인수권을 받을 권리가 소멸된 매매시점에 적용되는 주가로 신주배정기준일 전일에 권리락 조치로 결정된다. 신주배정 기준일에 주식을 가지고 있는 투자자는 증자 시점에 주식을 보유하지 않더라도 신주인수권을 갖는다(우리나라의 경우 주식거래가 3일 결제이므로 신주인수권을 갖는 신주배정기준일에 주식을 소유하려면 신주배정기준일 이틀 전에 매수해야 함. 예를 들어, 신주배정기준일이 7월 31일이면 7월 29일까지 주식은 매수해야 신주배정기준일에 주식을 보유할 수 있음). 신주인수권은 증자주식을 (유상증자의 경우 발행가로) 받을 수 있는 권리로 구주식 1주당 신주인수권 1개씩 부여된다.

1) 유상증자 시 권리락 주가

예 3-1

(주)KOREA는 발행주식수 1000,000주, 권리부 주가 \$20이다. 증자규모 \$5000,000을 주당 발행가 \$10로 유상증자하려고 한다. 이 경우 권리락 주가를 구해 보자.

해답

신주수 = $\frac{\text{증자규모}}{\text{발행가}}$, 신주 1주 인수를 위한 신주인수권수 = $\frac{\text{기발행주식수}}{\text{신주발행수}}$이므로, 신주수는 $\frac{\$5,000,000}{10}$ = 500,000주, 신주 1주 인수에 필요한 신주 인수권수 = $\frac{1,000,000}{500,000}$ = 2개(구주식 2주)가 된다.

따라서 이 회사 구주 2주를 갖고 있는 투자가의 경우 \$10을 주고 신주 1주를 구입할 수 있다. 만약 이 투자자가 \$10을 주고 신주 1주를 매입하면 이 투자자의 총투자액은 \$20 × 2 + \$10 = \$50이 되고 유상증자 후 주식수는 3주가 되어 유상증자 후 이 투자자의 1주당 가격(권리락 주가)은 $\frac{\text{총투자액}}{\text{주식수}} = \frac{50}{3}$ = \$16.7이 되고, 신주인수권 가치는 \$20(권리부 주가) − \$16.7(권리락 주가) = \$3.3이 된다.

이 관계는 다음과 같이 표현할 수 있다.

권리부 주가(\$20) × 보유중인 구주식수(2주) + 발행가(\$10) × 구입한 신주식수(1주)
= 권리락 주가(\$16.7) × (구주식수 + 신주식수)
= 권리락 주가 × 유상증자 후 보유주식수(3주)

이 경우 보유중인 구주식 2주(= 신주인수권 2개)로 신주 1주를 발행가로 구입할 수 있으므로 다음과 같은 식으로 나타낼 수 있다.

$$P_0 \times N + P_S \times 1 = P_X \times (N+1) \tag{3.1}$$

P_X : 권리락 주가, P_0 : 권리부 주가, P_S : 발행가
N : 신주 1주 인수에 필요한 신주인수권수(= $\frac{\text{기발생된 구주식수}}{\text{신규발행된 신주식수}}$)

가 된다.

식 (3.1)의 양변을 $(N+1)$로 나누면 좌변은 P_0와 P_S를 가중평균한 식, 우변은 권리락 주가가 되므로 권리락 주가는 식 (3.2)로 산출된다.

$$P_X = W_0 \times P_0 + W_S \times P_S \tag{3.2}$$

$$W_0 = \frac{\text{구주식수}}{\text{총주식수}} = \frac{N}{N+1}, \quad W_S = \frac{\text{신주식수}}{\text{총주식수}} = \frac{1}{N+1}$$

이 식에 의하면 발행가가 권리부 주가보다 작을 경우 권리락 주가는 권리부 주가와 발행가 사이에 존재하게 된다.

(주)KOREA의 권리락 주가는 식 (3.2)를 적용하면 $P_X = 20 \times \left(\frac{100\text{만}}{150\text{만}}\right) + 10 \times \left(\frac{50\text{만}}{150\text{만}}\right)$ = \$16.7이 된다.

또한 (주)KOREA의 신주인수권 가치(\$3.3) = 권리부 주가(\$20) − 권리락 주가(\$16.7)로부터 다음 식이 유도된다.

$$\text{권리락 주가}(P_X) + \text{신주인수권 가치} = \text{권리부 주가}(P_0) \tag{3.3}$$

식 (3.2)과 (3.3)으로부터 P_0를 소거하면 권리락 주가(P_X) = 발행가(P_S) + 신주인수권수(N) × 신주인수권 가치가 유도되고, 이 식들로부터 신주인수권 가치(R)는 권리부 주가와 발행가의 차이가 클수록, 신주 1주를 인수하기 위한 신주인수권수가 작을수록 커진다.

$$R = \frac{P_0 - P_S}{N+1} = \frac{P_X - P_S}{N} \tag{3.4}$$

유상증자 후 구주주의 부는 다음과 같다.

(주)KOREA의 구주식 2주를 가진 투자자의 경우에 적용해 보면,

첫째, 신주인수권 행사 시 부의 가치

신주인수권 행사 후 총주식수 3주르 투자자 부는 3주 × P_X = 3× \$16.7 = \$50가 되고, 신주 1주 구입으로 인한 투자액 \$10을 제외하면 부는 \$40이 되어 부의 변동이 없다.

둘째, 신주인수권 매도 시 부의 가치

신주인수권 매도 후 주식수는 2주이나 투자자 부는 구주식수 × 권리락 주가 + 구주식수 × 신주인수권이 되므로, 2주 × P_X + 2개 × R = 2 × (P_X + R) = 2 × P_0 = \$40으로 부의 변동이 없다.

셋째, 신주인수권 포기 시 부의 가치

신주인수권 포기 후 주식수는 2주, 투자자 부는 구주식수 × 권리락 주가가 되므로 2주 × P_X = 2주 × \$16.7 = \$33.4가 되어 2개 × 신주인수권(= 2개 × \$3.3 = \$6.6) 만큼 손실이 발생한다.

따라서 구주주는 신주인수권을 행사하거나 매도하면 부의 손실이 없으나, 신주인수권을 포기하면 부의 손실이 발생한다.

유상증자 후 (주)KOREA의 총자본은 \$20백만 + \$5백만 = \$25백만, 주식수는 1.5백만이 되므로, 권리락 주가는 $\frac{\text{증자 후 자본금}}{\text{증자 후 주식수}} = \frac{\$25\text{백만}}{1.5\text{백만주}}$을 이용해도 \$16.7이 산출된다.

예 3-2

(주)AMERICA는 현재 주식수 400만주, 권리부 주가(P_0) \$60이다. 증자규모 \$2,000만을 주당발행가(P_S) \$40로 유상증자 시 권리락 주가는?

해답

신규발행주식수 = $\frac{2,000\text{만}}{\$40}$ = 50만주, N(신주 1주 인수를 위한 구주식수) = $\frac{400\text{만}}{50\text{만}}$ = 8주가 된다.

식 (3.2)로부터 권리락 주가는

$$P_X = \left(\frac{4,000,000}{4,500,000}\right)(\$60) + \left(\frac{500,000}{4,500,000}\right)(\$40) = \$57.78$$

이 된다.

권리락 주가는 $\frac{\text{유상증자 후 자본금}}{\text{유상증자 후 주식수}}$을 적용해도

$$\frac{(400\text{만} \times 60 + 2,000\text{만})}{(400\text{만} + 50\text{만})} = \frac{26,000\text{만}}{450\text{만}} = \$57.78$$

이 된다.

---

2) 무상증자 시 권리락 주가

무상증자 시 무상증자로 인한 투자자의 부는 변동이 없으므로 다음과 같은 관계식이 성립한다.

권리부 주가 × 구주식수 = 권리락 주가 × 무상증자 후 총주식수

이 관계식으로부터

$$\text{권리락 주가} = \text{권리부 주가} \times \left(\frac{\text{구주식수}}{\text{무상증자 후 총주식수}}\right)$$
$$= \frac{\text{권리부 주가}}{1 + \text{무상증자비율}} \qquad (3.5)$$

가 된다.

무상증자 비율 = $\frac{\text{무상증자 주식수}}{\text{구주식수}}$로 정의되며, 구주식 4주당 신주 1주를 무상으로 받으면 무상증자비율은 0.25가 된다.

예 3-3

(주)한국의 구주식수는 500만주, 권리부 주가가 50만원이다. 주식수 50만주을 무상증자하면 증자 후 권리락 주가는?

해답

무상증자비율 = $\frac{\text{50만주}}{\text{500만주}}$ = 0.1이므로 위 식에 의해서 권리락 주가 = $\frac{50}{1+0.1} = \frac{50}{1.1}$ = 45.45만원이 된다. 이 회사 구주 10주를 가진 투자자의 경우 무상증자 전 500만원, 무상증자 후 11주 × 45.45 = 500만원으로 부의 변동이 없게 된다.

3) 유 · 무상 증자 시 권리락 주가

유 · 무상 증자를 동시에 할 경우 다음 식이 성립된다.

$$P_0 \cdot Q + P_S \cdot \alpha \cdot Q = P_x \cdot (Q + \alpha \cdot Q + \beta \cdot Q) \qquad (3.6)$$

Q : 기발행(구)주식수, P_0 : 권리부 주가, P_S : 1주당 발행가
P_x : 권리락 주가, α : 유상증자비율, β : 두상증자비율
유상증자비율(α) : $\frac{\text{유상증자 주식수}}{\text{구주식수}}$, 무상증자비율($\beta$) : $\frac{\text{무상증자 주식수}}{\text{구주식수}}$

식 좌변은 '증자 전 자본금 + 유상증자 후 추가로 유입된 자본금', 즉 유 · 무상 증자 후 총자본금을, 식 우변은 '권리락 주가 × 유 · 무상 증자 후 총주식수'를 의미하고 양변은 같아야 한다.

위 식 양변을 Q로 나누면

$$\text{권리락 주가 } P_x = \frac{P_0 + P_S \cdot \alpha}{1 + \alpha + \beta} \tag{3.7}$$

가 유도된다. 이 식에 유상증자의 경우 $\beta = 0$, 무상증자의 경우 $\alpha = 0$을 적용하면 각 경우의 권리락 주가가 산출된다.

예 3-4

(주)한국의 구주식수는 500만주, 권리부 주가는 50만원이며 유 · 무상 증자를 하려고 한다. 무상증자 주식수 50만주, 유상증자 주식수 10만주, 발행가 45만원이면 권리락 주가는?

해답

위 식에 의해서 유 · 무상 증자 후 권리락주가 $= \frac{50 + 45 \times 0.02}{1 + 0.02 + 0.1} = \frac{50.9}{1.12} = 45.44$만원이 된다.

1.2 채권발행시장

채권발행시장은 정부나 기업 등 발행자가 채권 발행기관을 통해 투자자에게 채권을 제공하고 그들로부터 자금을 조달받는 1차시장(primary market)이다.

1.2.1 발행주체

1) 발행자

발행자는 채권을 발행하는 기관으로 국가, 지방채, 특별법에 의해 설립된 특별법인, 금융기관, 주식회사 등이 있다.

2) 발행기관

발행기관은 발행자와 투자자 사이에서 채권발행에 따른 제반 업무수행, 발행위험부담(Underwriter) 및 판매기능을 담당하는 전문기관(Selling Group)이다.

3) 투자자

투자자는 기관투자자가 대부분을 차지한다.

1.2.2 발행방식

1) 사모발행

사모발행은 발행기업이 특정 투자자와 사적인 교섭을 통해 채권을 매각하는 방법이다. 사모발행은 공모를 통해 인수 대상기관을 찾을 수 없거나 단기 운영자금 조달을 위해 소규모로 발행하는 경우에 주로 이용된다. 일반적으로 공모 발행 시보다 높은 금리로 발행된다.

2) 공모발행

공모발행은 불특정 다수(50인 이상)의 투자자를 대상으로 채권을 발행하는 방식이다. 위험부담 여부에 따라 위험을 발행자가 부담하는 직접발행 방식과 인수자가 발행위험의 일부 혹은 전부를 부담하는 간접발행 방식이 있다.

직접발행 방식은 매출발행 방식과 입찰발행 방식이 있다. 매출발행 방식은 채권발행액을 미리 확정하지 않고 일정기간 내에 투자자에게 개별적으로 매출하고, 매도

그림 3-2 공모에 의한 채권발행 방식

한 금액을 발행액으로 하는 방법이다. 입찰발행 방식에는 비경쟁입찰 방식과 경쟁입찰 방식이 있다. 경쟁입찰 방식의 경우 채권의 발행조건을 미리 정하지 않고 가격이나 수익률을 다수의 응찰자에게 입찰시켜 그 결과를 기준으로 발행조건을 정하는 방식으로 복수금리결정방식과 단일금리결정방식이 있다. 복수금리결정방식(conventional auction)은 각 낙찰자가 입찰 시 제시한 금리를 발행금리로 하여 채권을 발행하는 방식이며, 단일금리결정방식(dutch auction)은 각 낙찰자가 입찰 시 제시한 금리 중 최고금리를 발행금리로 통일하여 채권을 발행하는 방식이다.

우리나라의 경우 상법상 매출발행방식에 의한 사채모집을 허용하고 있지 않다.

간접발행 방식은 주식발행과 동일하게 총액인수, 잔액인수, 위탁모집이 있다.

1.2.3 발행조건

1) 액면

액면은 채권 1매마다의 권면 위에 표시되어 있는 10만원, 100만원이라는 금액을 말하며 액면의 합계가 발행액이 된다.

2) 발행가격

발행가격은 액면과는 달리 발행 당시에 실제로 매출되는 가격을 말한다. 채권의 발행이율이 시장수익률보다 높으면 액면가보다 높은 가격(할증발행), 반대로 낮으면 액면보다 낮은 가격으로 발행가격(할인발행)이 결정된다.

3) 발행이율

발행이율은 액면금액에 대해서 1년에 지급하는 이자의 비율을 말한다. 예를 들어, 액면 10만원당 연간 1만 2천원의 이자를 지급하면 발행이율은 연 12%가 된다.

4) 만기

만기는 원금 상환기간을 말한다.

5) 원금 상환방법

만기상환은 만기일에 원금을 상환, 기중상환은 만기일 전에 채권의 일부를 상환하는 방식이다.

국채의 발행조건은 〈표 3-1〉과 같다.

표 3-1 국채의 종류별 발행조건

구분	관련법률 및 부담주체	발행목적	발행조건			
			발행방법	만기	이율(%)	이자지급
재정증권	국고금관련법 ■ 국고수지목적 : 각 회계 ■ 통화관리 : 국고여유자금 조정계정	■ 정부회계의 일시적 부족자금조달 ■ 통화관리	경쟁입찰	1년 이내	시장금리	연단위 후급
외평채권	외국환거래법 ■ 외국환평형기금	외화자금매입 ■ 해외부분통화관리	경쟁입찰	10년 이내	시장금리	매 3월 후급
국고채권	국채법, 공공자금관리기금법 ■ 공공자금관리기금	회계 · 기금에의 자금 예탁	경쟁입찰	3, 5, 7, 10, 20년	시장금리	매 6월 후급
제1종 국민주택채권	주택법 ■ 국민주택기금(건설교통부)	국민주택건설촉진용 재원조달	첨가소화	5년	3.0%	연단위 복리후급
제2종 국민주택채권(I)	주택법 ■ 국민주택기금(건설교통부)	국민주택건설촉진용 재원조달	첨가소화	20년	3.0%	연단위 복리후급
제2종 국민주택채권(II)	주택법 ■ 국민주택기금(건설교통부)	국민주택건설촉진용 재원조달	첨가소화	10년	0%	–
공공용지 보상채권	공공용지의 취득 및 손실 보상에 관한 특례법 ■ 일반회계 ■ 교통시설특별회계 ■ 철도사업특별회계	용지보상비 대신 교부	고부발행	3년	시장금리	연단위 복리후급
양곡증권	양곡증권정리기금법 ■ 양곡증권정리기금(농림부)	■ 양곡증권 상환자금	경쟁입찰	6개월 ~5년	시장금리	연단위 복리후급

주 : 양곡증권 및 외국환평형기금채권은 각각 2000년 1월 및 2003년 11월부터 국고채로 통합 발행되고 있으며, 공공용지 보상채권은 2007년부터 특수채인 용지보상채권으로 대체발행되고 있다.

2. 유통시장

유통시장은 기존 증권이 매매되는 시장으로 2차시장(secondary market)이라고도 한다. 유통시장에서 거래가 활발해지면 발행시장에서도 시장수요 촉진으로 인해서 많은 증권이 발행되고 투자자의 투자기회가 증대되므로 두 시장은 상호보완적 관계를 갖는다.

유통시장의 주요 기능은 다음과 같다. 첫째, 발행된 증권의 시장성과 유동성을 통해 발행시장에서 장기 자본조달을 가능하게 한다. 둘째, 증권의 공정가격을 제시해 신규증권 발행 등에 기준이 된다. 유통시장이 이런 기능들을 원활하게 수행하기 위해서는 증권 물량이 많아야 하고, 다수의 투자자들에게 분산 소유되어야 하며, 증권매매가 원활히 이루어져야한다.

2.1 주식유통시장

2.1.1 거래소시장

1) 유가증권시장

유가증권시장은 1956년 개장 후 삼성전자, 현대중공업, 한국전력 등 세계적인 기업들이 상장되어 연간 거래규모가 2010년 말 기준 1,400조원을 상회하고 있다.

2) 코스닥시장

코스닥시장은 1996년 개설되어 정보, 바이오 등 유망 벤처 중소기업의 성장기회를 제공하며 2010년 말 연간 거래규모가 500조원에 이르고 있다.

유가증권시장과 코스닥시장에 상장된 기업은 1,960개(세계 8위, 2015년 10월 기준)로 시가총액이 세계 13위(2015년 10월 기준), 일평균거래대금 세계 9위에 이르고 있다. 외국기업의 한국거래소 상장도 2007년 중국기업인 3노드디지털을 시작으로 꾸

준히 증가하고 있다.

표 3-2 GDP 대비 상장주식 시가총액 (단위 : 조원)

	시가총액(A)	GDP(B)	비율(A/B)
2011	1,148	1,332	86
2012	1,263	1,377	92
2013	1,305	1,429	97
2014	1,336	1,485	90
2015.10	1,483	–	–

자료 : 한국거래소 및 한국은행

표 3-3 세계 주요 증시의 시가총액, 주식거래대금, 상장기업수

순위	거래소	시총 (USD mil.)	순위	거래소	거래대금 (USD mil.)	순위	거래소	기업수 (개)
1	NYSE	18,653,930.1	1	NYSE	1,553,081.1	1	BSE India Limited	5,789
2	Nasdaq-US	7,412,669.6	2	Shenzhen Stock Exchange	1,353,333.2	2	BME Spanish Exchanges	3,647
3	Japan Exchange Group-Tokyo	4,805,142.6	3	BATS Global Markets-US	1,277,431.3	3	TMX Group	3,590
4	Shanghai Stock Exchange	4,387,680.7	4	Nasdaq-US	1,091,857.3	4	Japan Exchange Group-Tokyo	3,494
5	Euronext	3,394,213.0	5	Shanghai Stock Exchange	1,012,609.3	5	Nasdaq-US	2,859
6	HongKong Exchanges and Clearing	3,236,336.7	6	Japan Exchange Group-Tokyo	440,677.8	6	NYSE	2,446
7	Shenzhen Stock Exchange	3,121,725.6	7	BATS Chi-X Europe	275,889.8	7	Australian Securities Exchange	2,083
8	Deutsche Boerse	1,718,508.3	8	Euronext	166,541.2	8	Korea Exchange	1,910
9	TMX Group	1,712,802.9	9	Korea Exchange	158,917.7	9	HongKong Exchanges and Clearing	1,830
10	SIX Swiss Exchange	1,515,206.0	10	HongKong Exchanges and Clearing	123,790.1	10	National Stock Exchange of India	1,781

11	BSE India Limited	1,508,588.8	11	Deutsche Boerse	122,026.4	11	Shenzhen Stock Exchange	1,729
12	National Stock Exchange of India	1,481,089.9	12	TMX Group	96,602.4	12	Shanghai Stock Exchange	1,071
13	Korea Exchange	1,294,094.4	13	BME Spanish Exchanges	84,187.7	13	Euronext	1,066
14	NASDAQOMXN ordic Exchange	1,216,583.1	14	SIX Swiss Exchange	74,952.7	14	Bursa Malaysia	903
15	Australian Securities Exchange	1,132,690.4	15	NASDAQOMXN ordic Exchange	66,362.1	15	Taiwan Stock Exchange Corp.	892
16	BME Spanish Exchanges	856,304.3	16	Australian Securities Exchange	60,804.9	16	NASDAQOMXN ordic Exchange	816
17	Johannesburg Stock Exchange	852,715.8	17	National Stock Exchange of India	51,010.3	17	Singapore Exchange	769
18	Taiwan Stock Exchange Corp.	768,442.6	18	Taiwan Stock Exchange Corp.	50,989.2	18	Taipei Exchange	700
19	Singapore Exchange	663,121.6	19	BM&FB OVESPA	40,417.2	19	Stock Exchange of Thailand	634
20	Moscow Exchange	450,033.3	20	Johannesburg Stock Exchange	30,641.3	20	Deutsche Boerse	630

자료 : WFE(2015.10월 기준)

표 3-4 **투자자 매매비중** (단위 : %)

	2011	2012	2013	2014	2015(~11.20)
개인	55.4	50.2	46.22	44.64	54.15
기관	24.75	24.74	23.8	23.6	18.97
외국인	18.1	23.69	28.72	30.15	25.36
기타	1.74	1.38	1.27	1.61	1.53

자료 : 한국거래소, 유가증권시장 거래대금(매수) 기준

표 3-5 주요국 시가총액 대비 기관투자자 주식 보유비율

국가	비중(%)	국가	비중(%)
영국	82.3	독일	33.8
오스트레일리아	66.4	캐나다	32.6
미국	61.4	일본	25.1
네덜란드	53.1	프랑스	22.2
이탈리아	34.8	한국	10.1

자료 : 한국증권연구원, '기관투자자의 안정성에 관한 연구', 2005. (200[illegible]년 기준)

표 3-6 외국기업의 한국거래소 상장현황

시장	개수	기업명	상장일
유가증권시장	2개사	중국원양자원	2009.05.22
		코리오홀딩스	2010.11.30
코스닥시장	9개사	차이나 그레이트	2009.05.29
		에스앤씨엔진그룹	2009.12.04
		글로벌에스엠	2009.12.23
		차이나하오란	2010.02.05
		씨케이에이치	2010.03.31
		뉴프라이드	2010.04.21
		이스트아시아홀딩스	2010.04.23
		웨이도트	2010.07.23
		완리	2011.06.13

자료 : 한국거래소(2015년 11월 24일 기준)

2.1.2 프리보드시장

프리보드(Free Board)시장은 한국금융투자협회가 2005년 7월 13일 과거의 제3시장을 보완해 개설한 시장으로 거래소에 상장되지 않은 주식 중 협회가 인정하는 기업의 주식을 거래한다.

2.1.3 점두시장

점두시장(OTC : over-the-counter market)은 고객과 증권회사, 증권회사 상호 간 또는 고객 상호 간 개별적인 접촉에 의해서 유가증권(상장, 비상장) 거래가 이루어지는 비조직적, 추상적 시장이다.

2.2 채권유통시장

채권유통시장은 이미 발행된 채권이 투자자들 사이에서 매매되는 2차시장(secondary market)으로 채권의 공정한 가격형성을 통해 채권의 유동성과 환금성을 보장한다. 그러나 채권유통시장이 원활한 기능을 수행하기 위해서는 발행물량이 많아야 하고, 불특정 다수에게 분산되어 있고 채권가격과 거래량의 변동성이 있어야 한다. 채권유통시장은 거래소시장과 장외시장으로 구분되며 거래량의 80%가 장외거래이며, 투자자 대부분이 기관투자가 중심인 시장이다.

표 3-7 **채권 종류별 거래규모** (단위 : 조원)

	장내	장외	소계	비중(%)
국채	791.50	1,564.87	2,356.37	63.7%
지방채	6.03	5.87	11.90	0.3%
특수채	11.30	1,079.47	1,090.76	29.5%
회사채	6.32	229.99	236.31	6.4%
기타	0.00	3.23	3.23	0.1%
계	815.14	2,883.43	3,698.57	100.0%

자료 : 한국거래소(2011년 말 기준)

2.2.1 거래소시장

채권 거래소시장은 매매대상 채권이 거래소에 상장되어 있어야 하고, 거래시간이 한정되며, 거래조건이 규격화되어 있고 경쟁매매 방식을 채택하고 있다.

거래소시장에서는 국채, 지방채, 특수채, 회사채, 주식형 채권 등이 거래되며 소매시장(일반채권시장)과 도매시장으로 구분된다.

소매시장은 일반투자자들이 이용하며 주요 거래대상들은 소액채권(호가수량 액면 50억 미만), 소액국공채, 주식관련 사채(CB, BW 등), 기타 채권 등을 거래하는 시장으로 시장참가자에 대한 제한이 없고 불특정 다수의 일반투자자가 참여할 수 있는 시장이다. 매매거래시간은 공휴일과 토요일을 제외한 매일 09:00~15:00이며 호가접수 시간은 08:00~15:00이다. 가격호가방식은 지정가호가제로 운영하고 있고 단일가격에 의한 개별 경쟁매매방식(동시호가)과 복수가격에 의한 개별경쟁매매방식을 취하며, 가격제한폭은 없고 당일결제방식이다. 소매시장은 소매채권시장, 소액국공채시장, 주식관련 사채시장, 기타 일반채권시장으로 구분된다. 소매채권시장은 2007년 8월 개설되었고 호가 수량 50억 미만, 소매전문딜러제도를 운영하며, 소액국공채시장은 각종 인허가와 관련하여 의무 매입된 국채 및 지방채 등의 환금성을 보장하기 위해 소액채권 매수전담회원을 지정 운영한다. 주식관련 사채시장은 주식관련채권의 공정한 가격형성을 위해 개설된 시장으로 상장전환사채는 거래소를 통해서만 거래가 가능하다. 기타 일반채권시장에서는 거래소에 상장되어 있는 4,800여 종목의 일반사채가 거래되고 있다.

표 3-8 거래소시장의 호가가격 수량 및 매대수량 단위

구분	주식관련사채	일반채권	외화표시채권
호가가격 단위	1원	1원	1포인트
호가수량 단위	액면 1만원	액면 1만원	1만 포인트
매매수량 단위	권종금액(최소 액면 10만원)	액면 10만원(소액채권은 1,000원)	1만 포인트

도매시장은 국채전문유통시장과 환매조건부 채권시장으로 세분된다. 국채전문유통시장에서는 지표채권의 육성으로 국채시장의 발행 및 유통 활성화를 도모하기 위해 개설된 시장으로 국고채 전문딜러(Primary Dealer)제도를 운영하고 있다. 국채전문유통시장은 국채에 대해 자기매매업을 허가받은 국채딜러만 참여할 수 있고, 국채

를 대량으로 매매하는 Inter-Dealer Market에 한국거래소의 회원증권사를 통한 비딜러기관의 위탁참여가 허용되는 위탁매매 개념을 포함한다. 현재 국채딜러 자격을 갖춘 금융기관은 증권사 및 종금사와 은행에 한정되고, 익일결제방식이다.

환매조건부 채권시장에서는 REPO(Repurchase agreements)거래가 이루어진다. REPO거래는 매매일에 현물로 채권을 매도(매수)함과 동시에 사전에 정한 미래의 특정 시점(환매일)에 동 증권을 환매수(환매도)하기로 하는 두 건의 매매계약이 동시에 이루어지는 채권의 매도매수 계약으로 세계 표준인 GMRA(Global Master Repurchase Agreement)를 기초로 경쟁매매에 적합하도록 설계되었다.

표 3-9 채권시장의 주요 통계

상장채권 현황

(2011년 말 기준, 단위 : 종목 · 조원 · %)

종류	국채	지방채	특수채	회사채	외국채권	합계
종목 수	232	1,149	3,124	5,278	2	9,785
상장잔액	390.55	17.06	492.68	300.98	0.4	1201.67
상장비율	32.5%	1.4%	41.0%	25.0%	0.0%	100.0%

상장채권 규모

(단위 : 조원)

구분	2001	2002	2003	2004	2005	2006	2007	2008	2009	2010	2011
신규상장액	289	258	310	366	400	381	385	406	698	505	541
상장잔액	505	564	606	660	720	778	829	864	1,014	1,117	1,202

2.2.2 장외시장

채권거래의 대부분이 상대매매로 이루어지는 장외거래이다. 채권 장외시장은 증권회사의 상대매매방식으로 이루어지는 대고객 상대매매시장과 딜러 간 거래를 중개하는 브로커인 IDB(Inter-Dealer Broker)를 통해 거래가 이루어지는 딜러 간 브로커시장으로 구분된다. 매매대상 채권은 상장채권, 비상장채권 모두 가능하며 매매방법은 상대매매 방식이고 호가는 수익률을 액면 1만원 단위의 금액으로 환산한 원단위 가격으로 이루어진다.

2.3 파생상품시장

1996년 코스피200 선물 상장으로 시작된 파생상품시장은 2015년 현재 〈표 3-10〉과 같은 거래량과 상장품목을 가지고 있다.

표 3-10 **파생상품시장 통계**

연도별 거래소 순위 및 거래량 (단위 : 백만 · 계약, 출처 : FIA)

순위	2011년		2012년		2013년		2014년		2015년	
	거래소	거래량	거래소	거래량	거래소	거래량	거래소	거래량	거래소	거래량*
1	KRX	3,928	CME그룹	2,890	CME그룹	3,16	CME그룹	3,443	CME그룹	3,516
2	CME그룹	3,387	EUREX	2,291	ICE	2,808	ICE	2,360	NSE(인도)	3,330
3	EUREX	2,822	NSE(인도)	2,010	EUREX	2,191	EUREX	2,098	EUREX	2,300
4	NYSE Euronext	2,283	NYSE Euronext	1,951	NSE(인도)	2,136	NSE(인도)	1,880	ICE	2,099
5	NSE(인도)	2,200	KRX	1,836	BM&F Bovespa	1,604	BM&F Bovespa	1,420	BM&F Bovespa	1,407
6	BM&F Bovespa	1,500	BM&F Bovespa	1,636	CBOE Holdings	1,188	Moscow Exchange	1,413	Moscow Exchange	1,374
7	NASDAQ OMX그룹	1,295	CBOE Holdings	1,134	NASDAQ OMX그룹	1,143	CBOE Holdings	1,325	CBOE Holdings	1,154
8	CBOE Holdings	1,217	NASDAQ OMX그룹	1,115	Moscow Exchange	1,134	NASDAQ OMX그룹	1,129	NASDAQ OMX그룹	1,124
9	MCX(인도)	1,196	Moscow Exchange	1,062	KRX	821	SFE(중국)	842	ZCE(중국)	1,122
10	RTS(러시아)	1,083	MCX(인도)	960	MCX(인도)	794	DCE(중국)	770	PMEX(파키스탄)	998
11	ZCE(중국)	406	DCE(중국)	633	DCE(중국)	701	Bombay SE	726	SFE(중국)	979
12	USE(인도)	352	SFE(중국)	365	SFE(중국)	642	KRX	678	DCE(중국)	880
13	SFE(중국)	308	ZCE(중국)	347	ZCE(중국)	525	ZCE(중국)	676	KRX	824

*2015.7월까지의 누적 거래량을 연간으로 환산한 수치

자료 : 미국선물협회(FIA), 2015년 12월

파생상품 상장품목

구분	상장품목	구분	상장품목
주가지수	코스피200 선물 코스피200 미니선물 코스닥150 선물 에너지화학 섹터지수 선물 정보기술 섹터지수 선물 금융지수 섹터지수 선물 경기소비재 섹터지수 선물 코스피200 옵션 코스피200 미니옵션	**통화** **채권**	미국달러 선물 미국달러 옵션 엔 선물 유로 선물 위안 선물 3년 국채 선물 5년 국채 선물 10년 국채 선물
개별주식	주식 선물 주식 옵션	**일반상품**	금 선물 돈육 선물
배당지수	코스피 고배당 50 선물 코스피 배당성장 50 선물	**변동성지수**	코스피200 변동성지수 선물

자료 : 한국거래소(2015년 말 기준)

2.4 신상품

2.4.1 ELW

ELW(Equity Linked Warrant)는 개별주식 옵션의 성격으로 장외파생상품 인가를 받은 증권사만 발행 가능하며 만기는 3개월~3년으로 주로 1년 미만 상품이 상장(거래소 유가증권시장)되며 국내에는 2005년 상장되었다. 유럽식, 현금결제방식이며 기초주식으로 인한 의결권, 배당 등이 없다는 특징이 있다. 19장에서 자세히 논한다.

2.4.2 상장지수펀드

상장지수펀드(ETF : Exchange Traded Fund)는 인덱스펀드를 상장시켜 주식처럼 거래할 수 있도록 한 펀드로 1987년 Black Monday 이후 주가의 폭락을 경험한 뒤 현물시장에 충격을 주지 않고 프로그램 매매수요를 충족시키기 위해서 개발된 상품이며 1989년 미국에서 처음 등장했다.

아시아에서는 1999년 홍콩에서 처음으로 거래되었고 국내에서는 2002년 KOSPI200을 기초지수로 하는 KODEX200 등 4종목이 상장되었다. 거래소시장(유가증권시장)에 상장되어 일반주식 개별종목처럼 시장에서 매매되고 있고, 한 주 매입으로 지수 구성종목 전체에 투자하는 효과가 있으며, 운용보수 및 판매보수가 낮고 증권거래세를 부담하지 않으며 3개월마다 배당금이 지급되는 특징을 갖는다. 인덱스펀드는 수수료가 1.5%인 데 비해, ETF는 투자자금 대비 연 0.5%의 운용보수만 있다. 1주의 가격은 해당 지수에 100을 곱한 값이며, 시장지수 연동형, 특정 산업지수 연동형이 있다.

2.4.3 기업인수목적회사

기업인수목적회사(SPAC : Special Purpose Acquisition Company)는 M&A를 통해 기업의 가치를 높이는 것을 유일한 목표로 설립된 명목회사로 M&A에 필요한 자금은 기업인수목적회사의 기업공개(IPO)를 통해 다수의 개인으로부터 공개적으로 모집해서 조달한다. SPAC 투자자는 인수·합병된 경우 인수·합병된 비상장 우량기업 주식과 자신들이 보유한 SPAC 주식과의 교환을 통해 인수된 회사의 주주가 되어 투자수익을 창출한다. 만약 정해진 기간(3년) 이내에 인수·합병이 성사되지 않으면 SPAC는 청산된다. M&A에 실패해서 청산하거나, 성공했다 하더라도 수익이 적은 경우에는 손실을 볼 수 있다. 우리나라에서 2009년 12월부터 도입했으며 유가증권시장과 코스닥시장에 상장되어 있고, 다음과 같은 특징을 갖는다.

첫째, 투자 안정성.

공모자금의 90% 이상을 별도 예치하고 3년 내 합병이 실패할 경우 반환하며 예치금은 인출, 담보 제공 등이 금지된다.

둘째, 높은 환금성과 유동성.

상장 후 장내 매도가 가능하며 합병 반대 시 주식매수청구권 행사가 가능하다.

셋째, 일반투자자에게 M&A 투자기회 제공.

개인도 SPAC 주식 취득으로 M&A 투자 참여가 가능하며, 주주총회에서 합병 결정에 의결권을 행사할 수 있다.

넷째, 우량기업에 대규모 자금 조달.

우량기업과의 합병을 통해 상장과 유상증자를 동시에 하는 효과가 발생한다.

일반적으로 SPAC은 법인 설립, IPO 및 상장, M&A의 3단계를 거친다.

법인설립 단계에서는 소수의 발기인에 의해 SPAC 법인 설립작업이 이루어진다. SPAC는 주식회사이므로 주식회사의 설립절차를 따르며 발기인은 설립 당시에 발행되는 주식을 인수한다. IPO 및 상장 시 일반주주에게 투자원금 수준의 금액을 보장하기 위해서 공모자금의 90% 이상을 별도로 예치한다.

IPO 완료 후 발행주권은 거래소에 상장된다. 상장 후 SPAC 경영진은 M&A 대상기업을 탐색한다. 대상기업 가치는 의무예치금액의 80% 이상이 되어야 하고 발기인과 이해관계가 있는 회사는 대상기업이 될 수 없다. 대상기업 선정 후 M&A를 최종적으로 결정하는 주주총회가 개최되는데 전적으로 일반주주의 의사에 따라 M&A가 결정된다. 주주총회에서 M&A를 승인하면 대상기업은 거래소의 상장적격 심사를 거쳐 상장기업의 지위를 얻게 된다. 그러나 일정한 기한 내에 M&A를 완료하지 못한 경우 의무예치금을 일반주주에게 반환하는 등 SPAC 청산절차가 진행된다.

3. 주식매매거래제도[1]

매매거래제도 중 채권관련 내용은 채권유통시장에서 설명했으므로, 본 절에서는 주식매매제도에 대해서 설명하기로 한다.

매매거래제도는 수탁제도, 매매제도, 시장관리제도로 구분된다. 수탁제도는 계좌개설, 수탁방법, 위탁증거금, 위탁수수료 등 위탁자가 증권회사에 매매거래를 위탁

1. 한국거래소 자료를 참조했음.

하는 방법과 절차에 관한 제도이다. 매매제도란 매매거래시간, 매매거래일, 매매계약 체결방법 등 거래소시장에서의 매매거래의 구체적인 방법과 절차에 관한 제도이다. 시장관리제도는 시세공표, 배당락, 권리락 조치 등 유가증권의 공정한 가격형성과 안정을 위한 시장운영에 관한 제도이다.

3.1 매매거래의 절차

한국거래소에서 거래할 수 있는 자는 금융투자업의 허가를 받고 거래소의 회원으로 등록된 증권회사로 한정되어 있다. 따라서 투자자는 주식거래를 하기 위해서 증권회사에 매매거래계좌를 개설하고 해당 증권회사를 통해 매매를 해야 한다. 외국인투자자는 금융감독원의 외국인투자관리시스템을 경유해야 하며 비회원 증권회사는 투자자의 주문을 회원사를 통해 제출해야 한다. 위탁증거금은 고객의 결제이행을 보증하기 위해 위탁을 받을 때 증권회사가 고객으로부터 금전 또는 유가증권 등으로 징수한 것이다. 위탁수수료는 매매거래가 성립하면 결제 시 증권회사가 투자자로부터 거래대금의 약 0.4%~0.5% 내에서 받는 수수료이다. 주식의 경우 매매되는 주식과 거

그림 3-3 매매거래 절차

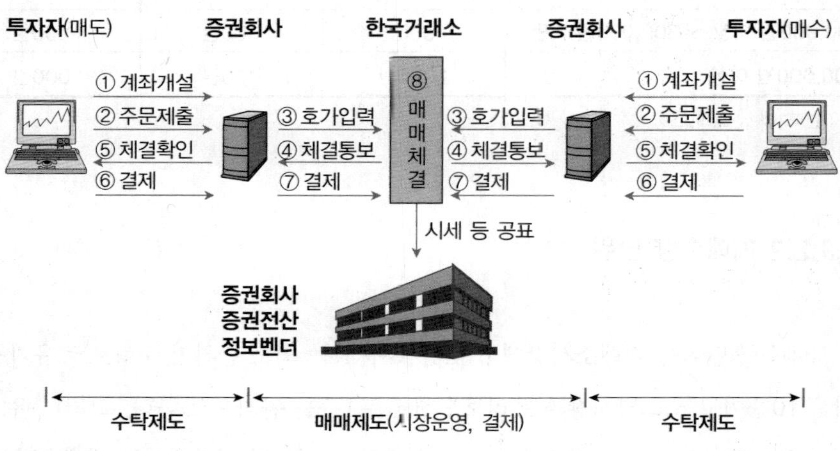

자료 : 한국거래소

래대금을 계약이 체결된 날을 포함한 3영업일까지 결제하도록 규정하며 이를 보통거래라 한다. 매매거래일은 월요일부터 금요일까지이며 매매시간은 정규시장은 09:00~15:00, 시간외시장은 07:30~08:30과 15:00~18:00이다.

3.2 매매거래 단위

3.2.1 호가 가격단위

호가 가격단위는 가격대별로 호가할 수 있는 최소 단위의 가격을 말한다(〈표 3-11〉 참조).

표 3-11 **주식시장별 호가단위**

구분	호가 가격단위		
	유가증권시장	코스닥시장	프리보드시장
5,000원 미만	5원	5원	5원
5,000원 이상 ~ 10,000원 미만	10원	10원	10원
10,000원 이상 ~ 50,000원 미만	50원	50원	50원
50,000원 이상 ~ 100,000원 미만	100원	100원	100원
100,000원 이상 ~ 500,000원 미만	500원	100원	500원
500,000원 이상	1,000원	100원	1,000원

자료: 한국거래소, 프리보드

3.2.2 매매수량 단위

매매수량 단위는 거래소시장에서 호가할 수 있는 최소 단위의 수량으로 유가증권시장은 10주이고 코스닥시장과 프리보드시장은 1주를 원칙으로 한다. 그러나 유가증권시장에서 ETF 및 기준가격 5만원 이상인 주식 및 시간외 시장에서는 매매수량 단위가 1주이다.

3.3 매매주문 유형

3.3.1 지정가

지정가(limit order)는 시장에서 일반적으로 가장 많이 이용하는 형태로 지정된 가격 또는 그보다 유리한 가격에 매매거래를 하고자 하는 주문이다.

3.3.2 시장가

시장가(market order)는 시장에서 형성된 가격으로 매매거래를 하고자 하는 주문이다.

3.3.3 조건부지정가

조건부지정가(stop limit order)는 종가 결정 직전까지 매매가 안 될 경우 시장가 주문으로 전환하는 것을 조건으로 하는 지정가 주문이다.

3.3.4 최유리지정가

최유리지정가는 주문이 시장에 도달된 시점에서 가격이 상대방의 최우선호가의 가격으로 지정되는 주문이다.

3.3.5 최우선지정가

최우선지정가는 주문이 시장에 도달된 시점에서 가격이 동일 방향의 최우선호가의 가격으로 지정되는 주문이다.

지정가, 시장가, 최유리지정가 주문의 경우 즉시 집행 후 잔량취소(IOC : Immediate or Cancel)와 즉시잔량집행(FOK : Fill or Kill)의 주문 조건을 허용한다. 한국거래소의 경우 매매주문은 지정가(96%), 시장가(3.64%), 조건부지정가(0.12%), 최유리지정가(0.03%), 최우선지정가(0.01%) 순으로 이용되고 있다.

3.4 매매체결 방법

개별경쟁매매방식, 딜러매매방식, 상대매매방식이 있다.

3.4.1 개별경쟁매매 방식

개별경쟁매매 방식은 딜러(dealer)나 시장조성인(market maker) 없이 시장에 전달된 투자자의 주문 간에 직접 매매하는 방식으로 투자자의 매수주문과 매도주문이 경합해 수요와 공급이 일치하는 가격에서 매매계약을 체결한다. 한국, 뉴욕, 동경 등 대부분 거래소가 이 방식을 채택하고 있다.

한국거래소의 경우 단일가격에 의한 개별경쟁매매(periodic call auction)와 복수가격에 의한 개별경쟁매매(접속매매(continuous auction))로 구분된다. 단일가격에 의한 개별경쟁매매는 일정시간 동안 매도·매수 호가를 접수해 가격 및 시간우선 원칙에 따라 우선하는 호가 간에 하나의 가격으로 매매체결이 이루어지며, 시가(08:00～09:00), 종가(14:50～15:00), 매매거래 중단 후 최초가격(재개시점 이전 10분)결정에 적용된다. 단일가격 매매 시에는 체결 가능한 주문이 있어도 체결하지 않고 여러 개의 주문을 하나의 가격으로 체결한다. 2001년 9월 이전에는 단일가격 매매에는 시간우선원칙을 적용하지 않는 동시호가를 적용했으나 현재는 시간우선원칙을 적용하되 시가 등이 상한가 또는 하한가로 결정된 경우에 예외적으로 동시호가를 인정하고 있다.

단일가격에 의한 개별경쟁매매에서는 다음과 같은 경쟁매매원칙이 차례로 적용된다.

첫째, 가격우선원칙이다. 저가매도호가가 고가매도호가에 우선하고 고가매수호가는 저가매수호가에 우선한다. 둘째 시간우선원칙이다. 동일한 가격의 주문에 대해 먼저 접수된 주문이 나중에 접수된 주문보다 우선적으로 체결된다. 셋째, 수량우선 원칙이다. 수량이 적은 주문보다 많은 주문을 우선한다. 넷째, 위탁매매 우선원칙이다. 고객의 위탁매매가 증권회사의 자기매매보다 우선한다.

복수가격에 의한 개별경쟁매매는 매매거래시간 중에 매도호가와 매수호가의 경합에 의해 가장 낮은 매도호가와 가장 높은 매수호가가 합치되는 경우 먼저 접수된 호가의 가격으로 매매거래를 성립시키는 매매방법이다.

표 3-12 복수가격에 의한 개별경쟁매매 방식의 사례

매도	가격	매수	체결결과	매도	가격	매수	체결결과
	10,600		①-③:10,300원*, 200주 *선행호가의 가격		10,600	①500	①-③:10,600원, 200주 ①-④:10,600원, 200주
	10,500				10,500		
②200	10,400			③200	10,400		
	10,300	①200			10,300	②200	
③200	10,200			④200	10,200		
	10,100				10,100		
	10,000				10,000		
가장 높은 가격의 매수호가 ①과 가장 낮은 가격의 매도호가 ③이 우선적으로 체결되면 ①이 선행호가이므로 10,300원으로 매매가격이 결정된다.				가장 높은 가격의 매수호가가 ①이고 매수수량이 500주이므로 각각 ③과 ④ 매도호가 매매계약이 체결되고 ①이 선행호가이므로 10,600원으로 매매가격이 결정된다. 그리고 매매수량은 400주가 된다.			

자료 : 초보투자자를 위한 증권과 투자 따라잡기. 한국거래소

3.4.2 딜러매매 방식

딜러매매 방식은 딜러가 자신이 담당한 종목에 대해 항상 매도호가, 매수호가를 제시하고 투자자들은 당해 가격에 따라 매매하는 방식이다. 투자자는 시장조성인과 매매를 하게 된다. 미국의 NASDAQ 시장이 이 방식을 채택하고 있다.

3.4.3 상대매매 방식

상대매매 방식은 매수호가와 매도호가가 일치하는 경우에 자동으로 매매가 체결되고 동일가격 호가의 경우 먼저 접수된 호가가 뒤에 접수된 호가에 우선한다. 한국금융투자협회의 프리보드시장이 이 방식을 채택하고 있다.

3.5 매매거래의 관리

3.5.1 가격제한폭

가격제한폭은 원칙적으로 전일 종가를 기준으로 일정비율을 곱해 산출된다. 하루 중 상승할 수 있는 최고의 가격을 상한가, 최저의 가격을 하한가라고 한다. 유가증권시장과 코스닥시장의 가격제한폭은 전일 종가 기준으로 상하 30%, 프리보드는 상하 30%로 설정되어 있다. 우리나라를 비롯하여, 일본, 프랑스, 태국 등이 가격제한폭을 운영하고 있다.

3.5.2 매매거래중단제도

매매거래중단제도(Circuit Breakers)는 KOSPI가 전일 대비 10% 이상 하락해 1분간 지속되는 경우 20분간 매매거래를 정지시키는 제도로 20분이 지나면 10분간 호가를 접수해서 매매를 재개시킨다. 1일 중 1회에 한해 발동되며 장 종료 40분 이전에는 발동되지 않는다. 1987년 10월 미국증시의 주가 대폭락 사태인 Black Monday 이후 각국에 도입되었다.

3.5.3 프로그램매매 호가관리제도

프로그램매매 호가관리제도(Sidecar)는 프로그램매매에 의한 주식시장의 과도한 급등락을 방지하기 위해 일시적으로 프로그램매매 호가의 효력을 중단시키는 것으로 선물가격이 전일 종가 대비 5% 이상 변동해 1분 이상 지속되는 경우 프로그램매매에 대해 현물시장에서 5분간 효력을 정지시킨다. 프로그램매매는 주식시장과 선물 및 옵션 시장 간 연계투자를 통해 거래를 성사시키는 방법을 지칭하며 컴퓨터에 입력된 프로그램에 따라 수십 개 종목에 대해 일시에 매매주문을 내는 것이다.

3.5.4 개별종목의 매매거래 정지 및 재개

한국거래소는 투자자보호와 시장관리상 필요하다고 인정하는 경우에는 특정 종목의 매매거래를 일시적으로 정지시킬 수 있다. 매매거래 재개는 중단사유에 대한 조회 결과를 공시한 시점부터 30분이 경과한 때에 재개한다. 14시 이후에 공시하는 경우는 다음 날부터 매매거래가 재개된다. 그러나 중단사유가 해소되지 않거나 공시내용이 상장폐지 기준에 해당되는 경우 및 관리종목 지정사유에 해당되는 경우에는 매매거래의 재개를 연기할 수 있다.

3.5.5 투자경고(위험)종목과 관리종목

1) 투자경고(위험)종목

주가가 단기간 동안에 급등한 경우 투자 경고종목으로 지정하고 당해 종목이 추가적으로 급등한 경우 투자위험 종목으로 지정한다. 이 종목들에 대해서는 위탁증거금을 100% 징수하고 신규 신용거래는 허용하지 않고 있다.

2) 관리종목지정제도

관리종목지정제도는 상장폐지 사유에 해당되는 종목의 경우에 별도 관리를 통해 투자자의 주의를 환기시키기 위한 제도로 당일 결제 및 위탁증거금을 100% 징수한다.

3.5.6 배당락과 권리락 조치

1) 배당락 조치

주식거래는 3일 결제인 보통거래이므로 결산일 직전 매매일에 주식을 매입한 경우 주식보유자가 배당을 받을 수 없으며 배당락 조치는 이런 사실을 알 수 있도록 하는 시장조치이다.

2) 권리락 조치

권리락 조치는 주식회사가 유 · 무상 증자를 하는 경우 신주인수권을 받을 권리가 소멸됨을 조건으로 하는 매매임을 주지시켜 주는 시장 조치이다. 주식거래는 3일 결제인 보통거래이므로 신주배정 기준일 전일에 권리락 조치를 취한다.

3.6 대량매매

기관투자자나 대주주들이 펀드 종목 재조정, 지분 변동 사유로 인해 해당 주식을 대량매매할 경우 이런 주문이 정규시장에 주가 급변동을 초래할 수 있다. 이런 부작용을 완화시키기 위해서 한국거래소에서는 정규시장과는 별도로 대량바스켓매매제도를 운영하고 있고 이때 발생하는 대량매매를 "block sale"이라고 한다. 대량매매는 한국거래소의 대량매매 네트워크를 통해 정규매매와 분리되어 장중과 장 종료 시에 이루어지고 있다.

대량매매는 거래대상이 주식, DR, ETF에 제한되며 거래가격은 당일 최고가와 최저가 범위 내에서 상호협의한 가격으로 하고 매매수량 단위는 1주이다. 그러나 거래정보의 익명성을 유지하면서 대량거래 상대방을 찾는다는 것은 쉽지 않다.

이에 따라 2010년 11월부터 한국거래소는 '경쟁대량매매제도'를 도입해 정규시장과는 별도의 매매제도로 운영해 거래종목과 대량주문 여부는 공개되지만 주문수량과 체결정보는 장 종료 후에 공개되도록 해 대량거래자들의 편의성을 제고했고 동시에 정규시장의 변동성을 줄일 수 있게 되었다.

표 3-13 정규시장 거래와 대량매매 및 경쟁대량매매

	정규시장	대량매매	경쟁대량매매
주요 기능	가격발견, 신속한 체결	합의된 거래의 집행 통로	거래 상대방 발견, 익명의 대량거래
매매방식	경쟁매매	상대매매	경쟁매매
체결가격	지정가, 시장가	당사자 간 합의가격	거래량 가중평균가격
우선순위	가격/시간 우선	우선순위 없음	시간 우선
규모요건	10주(또는 1주)	▪대량 : 500배 또는 1억원 ▪바스켓 : 5종목 이상 & 10억원 이상	5,000배 또는 5억원 (코스닥시장 2억원)
호가시간	08:00~15:00	▪장 개시 전 : 07:30~08:30 ▪장중 08:00~15:00 ▪장 종료 후 : 15:10~18:00	07:30~08:30 09:00~15:00
거래정보 공개	실시간 공개 (모든 정보)	장 종료 후 공개(거래량 한정)	

4. 청산 및 결제 제도[2]

4.1 청산

청산은 회원 간에 성립된 매매거래에 개입해 모든 매도자에 대해서는 매수자, 모든 매수자에 대해서는 매도자가 됨으로써, 중앙거래 당사자의 지위에서 매도·매수자 간 채권·채무를 차감해 확정하고 결제기관에 결제지시를 하며 결제가 이행되기까지 결제를 보증하는 일련의 절차를 말한다. 이와 같이 매도자·매수자로서 중앙거래 당사자의 업무를 수행하는 기관을 청산기관(Clearing Organization)이라고 한다. 따라서 회원의 결제불이행이 발생되면 중앙거래 당사자가 법률 및 규정에서 정한 절차에 따라 결제불이행을 처리(결제불이행회원에 대한 조치, 결제이행재원의 투입, 최종 결제이행책임 등)한다. 우리나라의 시장에서는 거래소가 채무인수 방식을 통해 중앙거래

2. 한국거래소 자료를 참조했음.

당사자 역할을 수행하고 있다.

4.2 결제

일반적 의미의 결제는 매매계약에서 발생한 매도인의 재산권이전의무와 매수인의 대금지급의무를 이행 또는 변제함으로써 당해 계약을 종결시키는 것이다. 증권선물시장의 결제는 청산과정을 통해 확정된 채권 · 채무를 중앙거래당사자와 회원 간에 증권(품목)인도 및 대금지급의 방법으로 이행함으로써 매매거래를 종결시키는 것이다.

| 증권 · 파생상품시장 결제의 특성

증권 · 파생상품시장의 매매거래는 거래상대방을 확인할 수 없고(익명성), 집단적 · 대량적 · 반복적으로 이루어진다. 따라서 일반적인 방법으로 결제하는 경우 시장참가자는 막대한 결제자금 및 결제증권을 조달해야 하고, 엄청난 결제사무비용을 지불해야 하며, 결과적으로 매매거래 종결에 대한 확신과 신뢰에 의문이 제기될 수도 있다. 만약 결제가 붕괴되기라도 하면 증권 · 파생상품시장에서의 연쇄적, 다자 간 거래 자체도 성립하기 어렵게 된다.

이에 따라 시장성립의 기초가 되는 결제가 적시에 신속하게 처리될 수 있도록 고도로 표준화 · 정형화된 결제방법과 위험관리장치가 요구되고 있어서 시장개설자이자 거래당사자인 거래소(KRX)는 청산 · 결제 방법 및 결제 불이행 시 처리방법 등에 관한 사항을 정해 운영하고 있다.

증권시장에서의 증권인도와 대금지급 업무는 증권시장에서의 결제기관인 예탁결제원이 수행하고, 파생상품시장에서의 품목인도와 대금지급 업무는 파생상품시장에서의 결제기관인 거래소가 수행한다. 우리나라 거래소시장에서의 매매거래 결제는 거래소와 결제기구를 통해야 하는데 대체결제회사에 의해 거래원의 구좌 간 대체결제가 이루어지는 경우에는 이를 결제기구를 통한 것으로 본다. 대체결제제도는 증권의 매매나 기타의 거래를 함에 있어서 미리 투자자, 증권회사, 금융기관 등이 소유하는 증권을 일정한 계좌관리기관(대체결제회사)에 집중적으로 예탁해 계좌를 개설하고 그 후 매매거래에 따른 주권의 수수는 계좌 상호 간의 이체에 의해 결제하는 방법이다.

5. 상장 · 공시 · 심리 · 감리 제도[3]

5.1 상장제도

5.1.1 정의

상장(Listing)이란 한국거래소가 정한 요건을 충족한 기업이 발행한 주권을 증권시장에서 거래할 수 있도록 허용하는 것이다. 그러나 주권을 상장한다는 것은 어디까지나 당해 주권이 증권시장을 통해 자유롭게 거래될 수 있도록 허용받는 것을 의미할 뿐이며, 당해 주권의 가치를 보증받는 것은 아니다. 거래소는 원활한 유동성을 유지하고 공정한 가격이 형성될 수 있도록 매매거래 대상인 주권에 대해 일정한 기준에 따라 심사해 기업의 자금조달과 투자자의 보호를 도모하고 있다.

5.1.2 원칙

1) 발행법인의 신청에 의한 상장

주권 발행법인의 자유로운 의사에 따른 상장신청에 의해 상장이 이루어져야 한다.

2) 발행된 증권의 전부 상장

상장 신청법인이 발행한 증권 전부를 상장해야 한다. 다만, 유통성이 없는 등 상장의 실익이 없다고 인정되는 주권(보통주는 제외)은 상장하지 않을 수 있다.

---

3. 한국거래소 자료를 참조했음.

5.1.3 종류

1) 상장형태에 따른 구분

① 신규상장

신규상장은 주권을 한국거래소에 최초로 상장하는 것으로 기업공개 절차를 거쳐 상장이 이루어지는 공모상장이 일반적이다.

② 신주상장

신주상장은 새로운 주권을 상장하는 것을 말한다.

③ 재상장

재상장은 주권이 상장 폐지된 후 5년이 경과되지 않은 기업이 발행한 주권을 상장하는 것과 분할 또는 분할합병으로 신설된 법인이 발행한 주권을 상장하는 경우이다.

④ 변경상장

변경상장은 발행된 주권의 종목, 종류, 액면금액 등을 변경한 경우 기존 주권을 새로운 주권으로 교체 발행해 상장하는 것을 말한다.

2) 공모방법에 의한 분류

① 공모상장

공모상장은 일정비율(10%) 이상의 주식수를 공모해 상장하는 것을 말한다.

② 직상장

직상장은 주식분산 요건을 이미 충족해 공모를 하지 않고 상장하는 것으로 코스닥시장에서 유가증권시장으로 이전하려는 코스닥 상장법인을 주 대상으로 하고 있다.

③ 국내외 동시상장

국내외 동시상장은 국내외에서 10% 이상 동시에 공모하되 국내에서 100만주 이상을 공모해 상장하는 것을 말한다. 국내기업의 해외상장은 주권을 국내에서 발행한 후 이를 근거로 DR(Depository Receipts : 주권예탁증서)을 해외에서 발행해 상장시키는 방법과 해외에서 발행한 주권을 해외 증권거래소에 직접 상장하는 방법이 있다. 전자의 경우 1990년 삼성물산이 국내기업으로는 처음으로 해외 상장했고 그 후 여러 회사들이 DR을 해외시장에서 성공적으로 발행했다. 주요 DR로는 미국 뉴욕에서 발행되는 미국달러표시의 ADR(American DR), 뉴욕, 런던 또는 룩셈부르크에서 동시에 발행되는 미국달러표시의 GDR(global DR), 유럽에서 발행되는 EDR(European DR) 등이 있다.

5.1.4 혜택 및 효과

1) 혜택

① 자금조달 방법의 다양화

상장법인은 정관에 정하는 바에 따라 이사회의 결의로써 주주 이외의 자를 대상으로 신주를 모집할 수 있고 전환사채와 신주인수권부사채 이외에도 교환사채와 이익참가부사채 등 신종사채를 발행할 수 있는 등 다양한 방법으로 필요 자금을 조달할 수 있다.

② 주식 및 사채 발행한도 확대

의결권 없는 주식은 발행주식 총수의 25%까지 발행할 수 있고 사채는 순자산액의 4배를 초과할 수 없으나, 상장법인은 외국에서 발행한 주식 및 해외전환사채 등 주식관련 증권이나 증서의 권리행사로 발행되는 의결권 없는 주식을 주식 발행한도에 산입하지 않을 수 있고 전환사채와 신주인수권부사채 중 주식으로 전환 또는 신주인수권의 행사가 가능한 부분에 해당하는 금액을 사채 발행한도에 산입하지 않을 수 있기 때문에 이에 해당되는 만큼 주식 또는 사채를 발행할 수 있다.

③ 주식의 상속 · 증여에 대한 시가평가

상장기업의 주식 등을 상속 및 증여하는 경우 그 주식 등의 평가는 평가일 전후 2개월간(총 4개월)의 종가 평균액으로 한다.

2) 효과

① 필요자금 조달 용이

유상증자, 해외DR 발행, 전환사채, 교환사채 등 다양한 방법을 통해 대규모 필요자금을 쉽게 조달할 수 있다.

② 기업 인지도 제고

상장법인의 주가 등이 신문 · TV 등 언론매체에서 수시로 보도됨으로써 기업의 홍보효과가 극대화되고 국내외 투자자에 대한 당해 기업의 인지도를 제고할 수 있다. 또한 기업 인지도 제고에 따라 우수 인재의 입사지원 증가 및 우수인력의 확보가 용이해진다.

③ 기업구조조정의 원활한 추진

상장법인의 분할 또는 합병 등에 의해 설립된 회사를 쉽게 상장할 수 있도록 상장요건 정비 등 환경을 조성함으로써 상장법인의 경영목적에 맞는 방법으로 구조조정을 원활하게 추진할 수 있다.

5.1.5 상장요건

1) 유가증권시장과 코스닥시장

유가증권과 코스닥시장 상장요건은 〈표 3-14〉와 같다.

표 3-14 유가증권시장과 코스닥시장의 주요 상장요건

		유가증권시장	코스닥시장	
			일반기업	벤처기업
택일	자기자본	100억원 이상	30억원 이상	15억원 이상
	시가총액	200억원 이상	90억원 이상	
자본상태		-	자본잠식 없을 것	
경영성과		-	계속사업이익 시현	
순이익 매출액 시가총액 (택일)		① 3년 평균 매출액 200억원 & 최근 매출액 300억원 이상 & 최근 이익 시현 + 택일 [이익] 최근 25억원 & 3년 합계 50억원 [ROE] 최근 5% & 3년 합계 10% ② 최근 매출액 500억원 & 시가총액 1,000억원 이상 ③ 최근 매출액 700억원 & 시가총액 500억원 & 영업현금흐름 20억원 이상	① ROE 10% 이상 ② 순이익 20억원 이상 ③ 최근 매출액 100억원 & 시가총액 300억원 이상	① ROE 5% 이상 ② 순이익 10억원 이상 ③ 최근 매출액 50억원 & 시가총액 300억원 이상

자료 : 한국거래소(2011년 말 기준)

2) 회사채

회사채 상장은 발행회사 자본금 5억원 이상의 법인이어야 한다. 단, 보증사채와 담보부사채는 이 요건에서 제외된다. 회사채 발행총액은 발행액면총액이 3억원 이상, 보증사채 및 담보부사채는 5천만원 이상이어야 한다.

3) 국고채, 지방채, 특수채

국고채, 지방채, 특수채 상장은 심사를 하지 않고 상장신청서만 제출하면 된다.

5.1.6. 상장폐지

상장법인이 주주총회의 결의를 통해 상장폐지를 신청하는 경우와 상장폐지 기준에 해당되는 경우로 구분된다.

표 3-15 유가증권시장과 코스닥시장의 상장폐지 기준

사유구분	유가증권시장	코스닥시장
사업보고서 등 미제출	제출기한부터 10일 이내 미제출 시	제출기한부터 10일 이내 미제출 시
반기 · 분기 보고서 미제출	차기 보고서 미제출	2년간 3회 분기, 반기, 사업보고서 미체출
감사의견 부적정 · 거절	해당 시	해당 시
영업활동정지	주권영업정지	주권영업정지
부도 · 은행거래정지	해당 시	해당 시
자본잠식	자본전액잠식 또는 50% 이상 2년 계속	자본전액잠식 또는 50% 이상 2년 계속
주식분산기준 미달	2년 연속 소액 주주 200명 미만 또는 10% 미만	2년 연속 소액 주주 200명 미만 또는 20% 미만
회생절차 개시신청	■ 법원의 회생절차개시신청 기각, 개시결정 취소, 회생계획 불인가 및 회생절차폐지 결정 ■ 거래소의 정기적 심사 결과 상장적격성 불인정	■ 법원의 회생절차개시신청 기각, 개시결정 취소, 회생계획 불인가 및 회생절차폐지 결정 ■ 거래소의 정기적 심사 결과 상장적격성 불인정
사외이사 미선임 등 지배구조 미구축	2년 연속	2년 연속
월평균거래량 1% 미만	2반기 연속	2분기 연속
공시의무 위반	고의 · 중 과실에 의한 위반	고의 · 중 과실에 의한 위반
매출액	2년 연속 사업연도 50억원 미만	2년 연속 사업연도 30억원 미만
주가	90일 중 액면가 20% 이상 10일 계속 및 누적 30일 요건 미충족	–
시가총액	90일 중 50억 이상 10일 계속 및 누적 30일 요건 미충족	90일 중 40억 이상 10일 계속 및 누적 30일 요건 미충족

자료 : 한국거래소

5.2 공시제도

5.2.1 의의

기업내용공시제도(Corporate Disclosure System)는 상장기업으로 하여금 자사주식의 투자판단에 중대한 영향을 미칠 수 있는 중요한 기업내용의 정보를 공시하도록

함으로써 투자자가 기업의 실체를 파악해 투자결정을 할 수 있도록 하는 제도로서, 증권시장 내의 정보의 불균형을 해소하고 증권거래소의 공정성을 확보해 투자자를 보호하는 기능을 담당하고 있다.

5.2.2 요건

바람직한 공시제도의 수행을 위해서는 다음과 같이 공시가 갖추어야 할 기본적인 요건들이 있다.

1) 공시의 신속성

기업정보는 발생 즉시 신속하게 공시되어야 하며, 투자판단에 오류가 생기지 않도록 최신의 정보가 제공되어야 한다. 기업정보가 적시성을 잃게 되면 증권시장에 풍문이 난무하게 되고 이로 인해 주가가 왜곡되어 투자자가 예측 못한 손해를 입을 수 있다.

2) 정보의 정확성

기업정보가 허위이거나 불확실한 경우 투자자의 투자판단에 혼란을 줄 우려가 있으므로 기업정보는 정확해야 하며, 완전한 내용이 제공되어야 한다. 기업에게 호재성 내용뿐만 아니라 악재성 내용도 공시되어야 하며, 중요한 사실의 누락이 있어서도 안 된다.

3) 정보내용 이해의 용의성

공시정보는 가능한 한 투자자가 이해하기 쉽도록 평이하고 간결, 명확해야 한다. 특히 증권시장에 참여하고 있는 투자자들의 다양성을 포괄하기 위해서는 당해 기업의 업무에 대해 전문지식이 없는 투자자들도 쉽게 공시내용을 파악할 수 있도록 전문적인 용어보다는 평이한 표현을 사용하는 것이 정보 전달의 실질적 형평성을 보장할 수 있다.

4) 정보전달의 공평성

기업정보는 모든 투자자에게 공평하게 널리 전달되어야 하며, 이는 시장의 정보 불균형을 해소하고자 하는 기업공시제도의 기본 요건이기도 하다. 이를 위해서는 형평성이 보장되는 정보전달 매체를 이용함으로써 공시시점에 모든 투자자가 동시에 기업정보를 획득해 증권시장에서 완전경쟁이 이루어지도록 해야 한다. 전자공시제도는 투자자들이 언제, 어디서라도 기업의 공시내용을 조회할 수 있도록 해 정보전달의 공평성을 제고하는 효율적인 제도이다.

5.2.3 유형

자본시장법상의 공시제도는 크게 발행시장공시와 유통시장공시로 구분된다.

1) 발행시장공시

발행시장공시란 증권의 발행인으로 하여금 당해 증권과 증권의 발행인에 관한 모든 정보를 투자자에게 투명하게 전달하도록 강제하는 제도로서 증권의 발행과 관련된 공시를 말한다. 발행시장공시에는 증권신고서, 투자설명서, 증권발행실적보고서 등이 있다.

2) 유통시장공시

유통시장공시란 증권시장에 공급된 증권이 투자자 간에 이루어지는 거래와 관련해 기업의 경영활동 내역을 공시하도록 하는 제도로서 증권의 유통과 관련된 공시를 말하며, 정기공시, 수시공시, 공정공시, 기타공시가 있다.

① 정기공시

투자자에게 기업내용과 함께 일정기간의 영업성과 및 재무상태를 정기적으로 공시하는 것으로 사업보고서, 반기보고서, 분기보고서, 연결재무제표 등을 제출한다.

| 종류 및 제출시기

사업보고서 : 직전 사업연도의 영업실적 등 공시, 사업연도 경과 후 90일 내 제출

반기보고서 : 사업연도 개시일부터 6월간의 영업실적 등 공시, 반기 경과 후 45일 내 제출

분기보고서 : 사업연도 개시일부터 3월간 및 9월간의 영업실적 등 공시, 분기 경과 후 45일 내 제출

② 수시공시

수시공시는 상장법인 등의 재산 및 경영상태 등 투자판단에 중요한 기업내용을 신속하고 정확하게 공시하도록 해 투자자가 당해 법인에 대한 정보를 충분히 인지하도록 하는 제도로, 주요 경영사항(영업 및 생산 활동, 재무구조 변경, 기업경영 활동)의 공시, 지주회사의 자회사에 대한 공시, 자율공시, 조회공시가 있다.

주요 경영사항의 공시는 주가 또는 거래량에 중대한 영향을 미칠 수 있는 부도, 합병 및 분할, 회생절차신청, 10% 이상의 무상증자 및 감자는 장중 매매거래정지 조치를 한다.

지주회사의 자회사에 대한 공시는 지주회사가 상장법인이면 당해법인의 주요 경영사항에 대한 공시뿐만 아니라 자회사의 주요 경영사항에 대해서도 공시시한 내에 신고해야 한다.

자율공시는 상장기업의 공시능력을 제고하고자 자진공시 및 일부 항목에서 제한적으로 운용되던 자율공시 항목을 확대해 주요 경영사항 이외의 사항(일부는 세칙에서 정함)에 관해 상장기업의 자율적인 판단에 의해 당해 기업에 관한 주요 경영상의 정보 등을 공시할 수 있도록 하는 제도이다.

조회공시는 증권의 공정한 거래와 트자자보호를 위해 기업의 주요 경영사항 또는 그에 준하는 사항에 관한 풍문 또는 보드(풍문 등)의 사실 여부나 당해 기업이 발행한 주권 등의 가격이나 거래량에 현저한 변동(시황)이 있는 경우 거래소가 상장기업에게 중요한 정보의 유무에 대한 답변을 요구하고 당해 기업은 이에 응해 공시하도록 하는 제도이다.

공시시간에 의한 분류로는 공시사유 발생일에 공시해야 하는 당일공시, 익일의 매매거래시간 종료 시까지 공시하는 익일공시가 있다.

③ 공정공시

공정공시란 상장기업이 증권시장을 통해 공시되지 아니한 중요정보를 기관투자자 등 특정인에게 선별적으로 제공하고자 하는 경우 모든 시장참가자들이 동 정보를 알 수 있도록 그 특정인에게 제공하기 전에 증권시장을 통해 공시하도록 하는 제도이다. 공정공시는 불공정거래의 예방, 수시공시제도의 보완, 합리적 기업분석을 유도하는 증시환경 조성 등의 기능을 담당한다.

④ 기타 공시

공개매수신고서, 안정조작, 시장조성신고서 등이 있다.

그림 3-4 공시의 분류

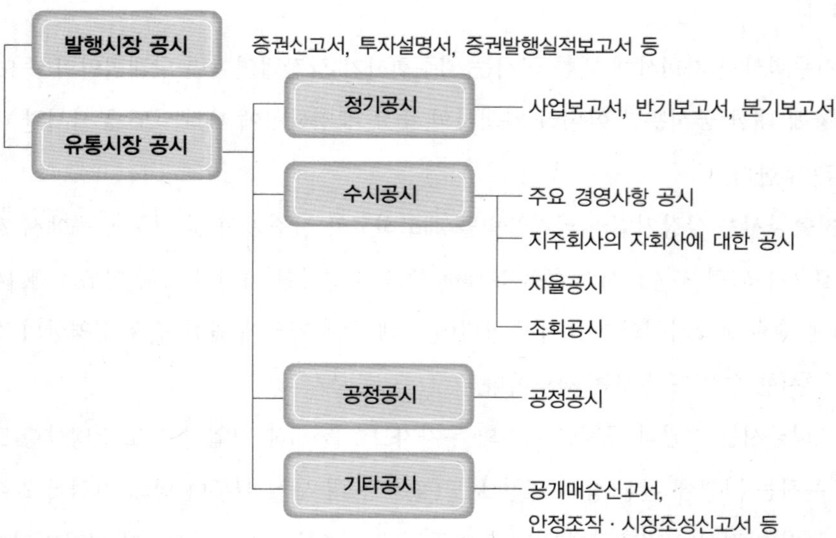

자료 : 한국거래소

5.2.4 불성실공시 및 제도

불성실공시는 상장법인이 자본시장법 및 유가증권시장공시규정에 의한 공시의무를 성실히 이행하지 않아 공시불이행, 공시번복 또는 공시변경에 해당하는 위반행위를 하는 것을, 불성실공시 제도는 불성실공시 상장법인을 불성실공시법인으로 지정하는 제도를 의미한다. 불성실공시법인으로 지정되면 당해 상장법인을 대상으로 불성실공시법인 지정사실과 경위 등을 지정일로부터 5일 연속해 증권시장지에 게재하며 부과벌점이 5점 이상인 경우 1일간 매매거래가 정지된다.

5.3 불공정거래, 심리 및 감리 제도

5.3.1 불공정거래

불공정거래는 자본시장통합법에서 요구하는 각종 의무를 이행하지 않고 유가증권의 매매 또는 파생상품 거래를 하거나 거래상대방을 속여 부당한 이득을 취하는 일체의 증권 또는 파생상품 거래 행위를 칼한다. 시세조종, 미공개정보 이용, 소유주식 및 대량보유 보고의무 위반, 단기매매차익 취득, 신고, 공시의무 위반 등이 해당된다.

5.3.2 불공정거래 규제

불공정거래의 규제는 증권 또는 파생상품의 공정한 가격형성과 유통질서의 확립을 이룩함으로써 자본시장의 투명성과 신뢰성을 제고하고 투자자를 보호하기 위한 것으로 법적규제와 자율규제로 구분된다. 법적규제 기관으로는 기획재정부, 금융위원회, 증권선물위원회, 금융감독원이 있다. 그러나 법적규제는 실정법에 명시된 사항만 규제가 가능하므로 신속한 대응이 힘들어서 자율규제를 병행하고 있다. 자율규제 기관으로는 한국거래소, 한국금융투자협회가 있다. 한국거래소는 거래소 내 자율규제기구인 시장감시위원회를 통해 이상매매심리 및 회원감리를 수행하고 있다.

한국금융투자협회는 자율규제위원회를 통해 증권영업행위 규제와 같은 증권산업 관련 규제를 하고 있다.

5.3.3 심리 및 감리

심리란 유가증권의 가격 또는 거래량에 현저한 변동이 있는 거래 또는 유가증권의 가격에 영향을 미칠 수 있는 공시, 풍문, 보도 등이 있는 거래와 같이 혐의가 있는 거래의 경우 이를 조사하는 것을 말한다. 심리는 시장감시, 이상매매심리, 조치여부 결정 순으로 진행된다. 시장감시는 상장주식 및 선물, 옵션의 거래와 관련된 매매 및 호가 상황이나 이와 관련된 제보, 공시, 풍문 및 보도를 감시, 조사, 분석해 이상거래를 찾아내고 해당 종목에 대해 거래소가 정한 기준에 의해 일정기간 감시하는 것을 말한다. 시장감시 결과 불공정거래의 개연성이 높아 심리대상으로 선정된 종목에 대해서는 심리관련 부서에 정밀조사를 의뢰해 이상매매심리에 들어가게 된다.

감리란 거래소의 업무관련 규정의 준수 여부를 확인하기 위해 필요하다고 인정되는 경우 회원(증권회사, 선물회사)에 대해 당해 매매거래와 관련된 업무, 재산상황, 장부, 서류 등을 조사하는 것을 말한다. 감리는 회원으로서 의무이행 및 업무관련 규정 준수상황 조사를 목적으로 하며 위반자인 회원(증권회사, 선물회사)을 대상으로 한다. 감리는 실시방법에 따라 정기감리와 수시감리로 구분된다.

표 3-16 심리와 감리의 비교

구분	심리	감리
목적	이상매매 적출 및 불공정거래행위 혐의여부 조사	회원으로서 의무이행 및 업무관련규정 준수 상황 조사
규제 대상행위	자본시장통합법상 불공정거래 행위	거래소 업무관련규정 위반행위
위반자	불특정 다수	회원(증권회사 · 선물회사)
규제수단	회원에 대한 자료제출 요구권, 출석 및 진술 요구권	회원의 업무, 재산상황 등 감리, 자료제출, 출석 및 진술 요구권

자료 : 한국거래소 시장감시규정

거래소는 심리 및 감리 결과 일반위탁자 또는 회원 및 임직원의 위반행위가 발견되어 금융위원회 조치 또는 추가조사가 필요하다고 인정되는 경우에는 금융위원회에 통보한다.

6. 세계거래소 인수 · 합병 동향과 대체거래소

6.1 세계거래소 인수 · 합병 동향

자본시장의 거대화, 금융 IT 발전에 따른 효율화, 글로벌화에 따라 세계거래소가 단순히 주식거래 차원에서 시장 참가자들에게 빠르게 거래 데이터를 제공하는 테크놀로지 기업화가 되고 있으며 특히 정규거래소와 새롭게 등장한 거래 플랫폼 간의 경쟁, 고빈도 거래와 같은 매매관련 IT 발전으로 거래소 간 경쟁이 심화되고 있다. 이에 따라 거래소 간 인수 · 합병이 급물살을 타고 있다. 거래소 인수 · 합병은 수평적 결합과 수직적 결합으로 구분되는 기능별 유형과 역내와 역외 인수 · 합병으로 구분되는 지역별 유형이 있다. 수평적 결합은 주식거래소 간, 파생금융상품거래소 간, 주식거래소와 파생금융상품거래소 간, 청산예탁결제기관 간 인수 · 합병으로 세분되며, 수직적 결합은 주식거래소와 청산예탁결제기관, 주식거래소와 정보시스템업체 간, 파생금융상품거래소와 정보시스템업체 간 인수 · 합병으로 세분된다.

대표적인 인수 · 합병 사례는 NYSE와 Euronext 합병(2007)으로 시가총액 세계 1위 NYSE Euronext가, CME그룹의 CME와 CBOT 합병(2007), NYMEX와 합병(2008)으로 세계 최대 파생상품거래소가, Nasdaq과 OMX 합병(2008)으로 세계 최대 기술주 시장이, Deutshe Borse와 EUREX 합병으로 유럽 최대 현 · 선물 통합거래소가 탄생하였다.

거래소 간 인수 · 합병 기대효과는 규모의 경제, 투자대상의 다양화, 유동성 확대 등을 들 수 있다.

6.2 대체거래소 : 새로운 거래 플랫폼

대체거래소(ATS : Alternative Trading System)는 매매체결 등 정규거래소의 주식 거래 기능을 대체하는 다양한 형태의 증권 거래시스템을 의미하며 1990년대 후반 미국에서 관련 규정이 제정되고 IT 기술이 발전하면서 낮은 수수료 및 신속한 처리능력으로 인해서 급격히 성장했고, 유럽 최대 대체 거래시스템인 Chi-X는 LSE, NYSE에 이어서 거래량 기준으로 2010년 3위 거래시스템이 되었다. 대체거래소는 정규거래소 기능(상장, 규제, 매매) 중에서 단순히 매매체결 기능만을 수행하는 경우가 많으며, 장내거래소가 누려왔던 독과점적인 가격결정구조에 대항해 투자은행을 중심으로 설립된 장외전자거래소(ECN : Electronic Communication Network 또는 Light Pools of Liquidity)와 사설전자거래소(Dark Pools of Liquidity)로 구분된다. 장외전자거래소는 가격변동을 허용하면서 주문을 자동으로 체결 또는 연결시켜 주는 전자시스템을 말하며, 정규 운영시간에 제약을 받지 않고 장외에서 장내거래소 주문체결시스템에 접근할 수 있고, 거래정보를 공개한다. 사설전자거래소는 증권시장 개시 전 기관투자가의 대량주문을 받아 매수 · 매도 주문을 매칭한 후, 매칭한 주문을 장 종료 후 당일 거래량 가중평균가격을 체결하며, 거래주체와 규모 등 매매정보가 증권시장 종료 후 체결보고 시까지 시장에 공개되지 않아 익명성을 보장받을 수 있다.

[연습문제]

I. 다음을 설명하시오.

01. 잔액인수방식

02. 공모 유상증자 방식

03. 직상장

04. 대량매매

05. Sidecar와 Circuit Breaker

06. 상장의 효과

07. 심리 및 감리

08. 단일가격 개별경쟁매매의 거래체결 원칙 4가지

09. 대체거래소

10. 기업인수목적회사(SPAC)

II. 다음 문장의 진위를 답하시오.

11. 기업공개와 상장은 같은 개념이다.

12. 주식 발행방법 중 총액인수는 발행기관이 발행위험을 모두 책임진다.

13. 주식매매 체결은 가격보다 시간이 우선적으로 고려된다.

14. 한국거래소에서 제일 많이 이용하는 매매주문 형태는 시장가주문이다.

15. 채권유통시장은 장외거래와 기관투자가 중심 시장이다.

Ⅲ. 다음 문제에 답하시오.

16. 유 · 무상 증자

(주)세종은 주가가 $25인 주식을 60만주 보유하고 있다. 이 회사는 $450만을 유상증자하려고 한다. 주당 발행가는 $15이다.

(1) 신주인수권 가치는?

(2) 권리락 주가는?

(3) 10주를 가진 투자자가 있다.

 1) 신주인수권을 매도했을 경우 이 투자자의 부는?

 2) 신주인수권을 행사했을 경우 이 투자자의 부는?

 3) 신주인수권을 매도하지도 않고 행사하지도 않으면 이 투자자의 부는?

(4) 유상증자와 함께 무상증자를 10만주 할 경우 권리락 주가, 이 회사의 자본금, 주식수는?

17. 복수가격에 의한 다음과 같은 개별경쟁매매에서 매매체결 가격과 수량은?

매도수량	가격	매수수량
	12,000	① 200
③ 150	11,000	② 300
④ 180	10,000	250

(호가접수 순서 : ① ⇨ ② ⇨ ③ ⇨ ④)

chapter 04

증권시장 지표와 펀드

1. 주가지수 | **2.** 주식투자지표 | **3.** 채권지수 | **4.** 펀드

증권시장에는 많은 증권들이 거래되고 있으나 거래가격은 증권별로 다양하게 존재하여 개별 증권가격을 통해서 증권시장 전체의 가격수준을 알기 힘들다. 증권시장 지표는 증권시장 전체의 움직임을 알기 쉽도록 나타내는 지표로 투자자들에게는 투자판단의 자료로 이용되고 증권관련 기관에게는 효율적인 시장관리와 정책결정을 위한 지표로 활용된다. 4장에서는 대표적인 증권시장 지표로 주가지수, 주식시세표, 거래현황지표, 장세지표, 증시자금지표와 같은 주식투자지표와 채권지수를 설명하고 마지막으로 펀드에 대해서 살펴본다.

1. 주가지수

주가지수는 기준시점에서의 주식시장 가격수준을 기준 포인트로 하여 비교시점에서의 가격수준을 기준 포인트에 대한 상대치로 환산한 것으로 주가의 전반적인 움직임을 나타내는 대표적인 지표로 투자자에게 중요한 정보를 제공한다. 주가지수 계산방법에는 주가평균식(가격가중지수, Dow Jones식)과 시가총액식(가치가중지수)으로 구분된다. 주가평균식은 현재시점 주가평균을 기준시점 주가평균으로 나누어서 산출하는 단순주가평균 개념을 그대로 사용한 지수로 미국의 DJIA(Dow Jones Industrial Average)와 일본의 Nikkei225 지수 등이 있다. 시가총액식은 전체 주식시장 가치(=시가총액)를 기준연도 주식시장 가치로 나누어서 지수를 산출한다. 우리나라의 KOSPI, 미국의 S&P, NYSE 등이 해당된다.

〈표 4-1〉은 다우존스식과 시가총액식 주가지수를 비교한 표이다.

표 4-1 다우존스식 주가지수와 시가총액식 주가지수의 비교

	다우존스식 주가지수	시가총액식 주가지수
① 산출방식	주가지수 $= \frac{\text{비교시점의 수정주가평균}}{\text{기준시점의 수정주가평균}} \times 100$	주가지수 $= \frac{\text{비교시점의 시가총액}}{\text{기준시점의 시가총액}} \times 100$
② 가중치	없음	상장주식수
③ 수정사항	■ 유상증자 ■ 무상증자 ■ 주식분할 ■ 상장폐지 ■ 채용종목의 교체	■ 유상증자 ■ 신규상장 ■ 상장폐지 ■ 합병 ■ 채용종목의 교체 ■ 전환사채의 주식 전환 ■ 우선주의 보통주 전환
④ 발달과정	■ 미국의 다우존스사가 1884년에 다우존스 주가평균을 발표. '다우존수공업주 30종 평균'을 주요지표로 사용 ■ 우리나라에서는 1964년에 도입해 주가평균과 함께 이를 지수화해 발표. 1972년에 '한국종합주가지수'로 개편. 1982년 말까지 사용. 그 후 한국경제신문에서 '한경다우지수'로 승계	■ 미국 S&P사에서 1923년 최초로 발표, 뉴욕증권거래소에서는 1966년부터 발표 ■ 우리나라에서는 투자공사에서 1974년부터 산출·발표하다가 1976년 말 투자공사 해체와 함께 중지했으나 1983년부터 증권거래소에서 이 방법 채택
⑤ 장점	■ 순수한 주가만의 움직임을 파악하는 데 용이 ■ 지수산출이 간단	■ 상장주식수를 가중치로 함으로써 시장 전체의 주가수준을 고르게 반영 ■ 대다수의 상장종목을 산출대상으로 하므로 소수 고주가의 영향을 적게 받음
⑥ 단점	■ 주가변동이 심한 소수종목이 지수에 미치는 영향이 큼 ■ 채용종목이 인기업종에 편중되는 경향이 있으므로 전체 산업의 주가동향을 적절히 반영하지 못함	■ 자본금 규모가 큰 종목의 영향을 많이 받음 ■ 지수계산을 위한 EDPS 가동이 전제

예 4-1 시가총액식, 주가평균식(다우존스식)

A, B 두 회사 주식으로 구성된 주식시장이 있다. 주가 및 발행주식수는 다음과 같다.

	기준시점 주가	현재 주가	발행주식수
A회사	30,000	33,000	100만주
B회사	100,000	120,000	50만주

	기준시점 시가총액	현재시점 시가총액
A회사	300억	330억
B회사	500억	600억
계	800억	930억

위 자료에 근거해서 시가총액식, 주가평균식에 의한 현재시점 주가지수를 구하시오.

해답

$$\text{시가총액식 지수} = \left(\frac{930}{800}\right) \times 100 = 116.25$$

$$\text{주가평균식 지수} = \left(\frac{76,500}{65,000}\right) \times 100 = 117.69$$

$$\text{현재시점 주가평균} : \frac{(33,000 + 120,000)}{2} = 76,500$$

$$\text{기준시점 주가평균} : \frac{(30,000 + 100,000)}{2} = 65,000$$

1.1 우리나라 주가지수

우리나라 한국증권시장에서는 1964년부터 주가지수(주가평균식)를 산출하기 시작했으며, 1983년부터 시가총액식인 현재의 한국종합주가지수(KOSPI)를, 1994년 6월부터는 선물옵션시장 개설에 대비해 거래대상지수인 KOSPI200을 산출해 왔다. 1997년에는 중소벤처기업의 안정적인 자금조달을 위해 설립된 코스닥시장의 시장지표로 코스닥종합지수를 산출하기 시작했고, 2004년 1월부터는 선물옵션대상지수인 스타지수를 산출하는 등 시장의 요구에 부응해 다양한 지수를 개발해 왔다. 우리나라 주요 주가지수는 다음과 같다.

1.1.1 KRX100

KRX100(Korea Exchange 100 Index)은 한국증권선물거래소 설립 이후 처음 개발된 주가지수로서, 증권시장 통합의 취지를 반영해 유가증권시장과 코스닥시장의 대표종목 100종목으로 구성된다. 기준시점은 2001년 1월 2일이며 이 시점 지수를 1,000포인트로 해 2005년 6월 1일부터 산출하고 있다. KRX100 구성종목은 기존 지수에서 선정기준으로 사용되는 기업규모(시가총액)나 유동성(거래대금)뿐만 아니라 수익성, 안정성, 건전성 등 다양한 각도의 재무기준을 반영해 명실상부하게 한국 증권시장을 대표할 수 있는 우량종목이 선정되도록 했다. 산출방식은 유동주식 가중시가 총액식을 채택하고 있다.(상장주식수 = 유동주식수 + 비유동주식수)

1.1.2 종합주가지수(KOSPI : Korea Composite Stock Price Index)

1956년 2월 11일 대한증권거래소로 설립된 증권시장은 개소 초기에는 채권이 주로 거래되어 이렇다 할 증권투자지표가 없었다. 1962년부터는 채권시장이 주식시장으로 전환되면서 종합적인 시황을 파악하기 위한 주가지수의 필요성이 대두됨에 따라 1963년 5월 19일부터 동년 12월 24일까지의 채용종목 주가평균을 100으로 해, 1964년 1월 4일부터 우리나라 최초의 주가지수인 수정주가평균지수(Adjusted Stock Price Average Index)를 발표했다. 산출방식은 다우존스(Dow Jones)식이었으며 17종목을 채용종목으로 했다. 1972년에는 당해연도 1월 4일을 100으로 하고 시장 제1부 종목 중 35종목을 채용종목으로 하는 한국종합주가지수(KCSPI : Korea Composite Stock Price Index)를 산출 · 발표했으며 1979년에는 시장규모가 급속하게 확대되면서 기존 채용종목이 고정된 방식으로는 시장 전체 동향을 제대로 반영할 수 없다는 문제점이 제기되어 다시 1975년 1월 4일을 100으로 하고 산출대상을 확대하는 한편, 매년 채용종목을 우량종목으로 교체하는 방식으로 개편했다. 이때까지의 한국종합지수는 산출방식이 다우존스방식에 의한 수정주가평균을 지수화해 발표한 것인데 증권시장이 질적 · 양적으로 성장하면서 다우존스식 지수에 대한 구조적인 문제점이 제기되고 국제적으로도 시가총액식 지수로 전환되는 추세에 발맞추어 유가증권시장 상장종목을 대상으로 1983년에 1980년 1월 4일을 100으로 하는 시가총액식(상장주식수 가중) 지수인 현행 한국종합주가지수(KOSPI, Korea Composite Stock Price Index)를 산출 · 발표하고 있다.

$$\frac{\text{오늘의 시가총액}}{\text{기준시점(1980.1.4) 의 시가총액}} \times 100$$

한편 지수를 산출할 때 연속성을 유지하기 위해 유가증권시장 상장종목 중 유 · 무상 증자, 주식배당, 합병 등에 의해 주가에 락(落)이 발생하거나 상장주식수에 변동이 있는 경우에는 기준시가총액과 비교시가총액을 수정하고 있다.

1.1.3 한국주가지수200(KOSPI200)

KOSPI200은 주가지수선물 및 주가지수옵션의 거래대상으로 개발된 주가지수로서, 선물 및 옵션 거래에 적합하도록 유가증권시장에 상장된 전체 종목 중에서 시장대표성, 업종대표성 및 유동성 등을 감안해 선정된 200종목을 구성종목으로 한다. KOSPI200은 1990년 1월 3일 시가총액을 100포인트로 하여 1994년 6월 15일부터 산출 · 발표하고 있다.

1.1.4 KOSPI100

최근 세계 주요 증권시장은 투자지표에 대한 투자자들의 다양한 요구에 부응해 종목별, 산업별 특성에 따라 특화된 지수를 산출하는 등 주가지수를 다양화하는 추세를 보이고 있다. 한국거래소에서도 국제적인 추세에 발 맞추어 지수선물 및 지수옵션 거래대상지수인 KOSPI200 구성종목 중에서 시가총액이 큰 100종목을 구성종목으로 하는 KOSPI100을 2000년 1월 4일을 1,000p로 하여 2000년 3월 2일부터 산출 ·

발표하고 있다. KOSPI100은 유가증권시장에서 시가총액이 매우 큰 우량종목만으로 구성됨에 따라 경기후퇴 시 부도발생 등에 따른 종목교체가 거의 발생하지 않아 지수의 신뢰성과 연속성 측면에서 큰 장점을 갖고 있다. KOSPI100은 KOSPI200 구성종목 중에서 산업군 구분 없이 시가총액이 큰 상위 100종목을 구성종목으로 하며, 시가총액 차순위 20종목을 예비종목으로 한다. 이때 사용되는 시가총액은 당해연도 KOSPI200 구성종목 정기심의에서 산정한 자료를 사용한다.

1.1.5 KOSPI50

KOSPI50은 지수선물 및 지수옵션시장의 거래대상지수인 KOSPI200 구성종목 중에서, 시가총액이 큰 50종목을 구성종목으로 하며, KOSPI100과 마찬가지로 2000년 1월 4일을 1,000p로 하여 2000년 3월 2일부터 산출 · 발표하고 있다. KOSPI50은 KOSPI200 구성종목 중에서 산업군 구분 없이 당해연도 KOSPI200 구성종목 정기심의에서 산정한 시가총액이 큰 상위 50종목을 구성종목으로 하며, 시가총액 차순위 20종목을 예비종목으로 한다.

1.1.6 KOSDAQ 지수

코스닥종합지수(KOSDAQ Composite Index)는 코스닥시장 상장기업의 주가에 주식수를 가중한 시가총액식 주가지수르 1996년 7월 1일을 1,000p로 하고 있으며, 1997년 1월 3일부터 실시간 산출 및 발표하고 있다. 2004년 1월 26일부터 기준단위를 100에서 1,000으로 변경 · 산출하기 시작했으며, 기준단위 변경 이전 자료도 모두 소급해 제공하고 있다. 1996년 7월 1일의 시가총액(=기준시점의 시가총액)을 분모로 하고, 산출시점의 시가총액(=비교시점의 시가총액)을 분자로 해 지수화하고 있다.

1.1.7 스타지수(KOSTAR)

스타지수는 코스닥시장에 상장된 종목 중에서 시장대표성, 유동성 요건뿐만 아니라 재무요건을 감안해 선정된 우량종목 30종목을 구성종목으로 하며, 2003년 1월 2일을 1,000p로 하여 2004년 1월 26일부터 산출 · 발표하고 있으며, 산출방식은 유동주식수 가중 시가총액식을 적용한다.

1.1.8 KOSDAQ Premier 지수

코스닥 프리미어 지수는 코스닥시장을 대표하는 상품성 지수로서 코스닥시장에 상장된 종목 중에서 시장대표성, 유동성 및 재무 · 경영 건전성 요건 등을 감안해 선정된 100종목을 구성종목으로 한다. 코스닥 프리미어 지수는 2009년 1월 2일을 1000p로 해 2009년 12월 1일부터 산출 · 발표하고 있으며, 산출방식은 유동주식수 가중 시가총액식을 적용하고 있다.

1.1.9 벤처지수

벤처기업이라 함은 벤처기업육성에 관한 특별조치법 제2조의 2 제1항에서 정한 요건을 충족하는 기업을 말하며, 벤처투자기업, 연구개발기업, 기술평가보증기업 및 기술평가대출기업, 예비벤처기업 등으로 구분된다. 벤처지수는 코스닥상장법인 중 이들 벤처기업으로 구성된 종목을 대상으로 산출 · 발표하고 있다. 벤처지수는 1998년 1월 3일의 시가총액(= 기준시점의 시가총액)을 분모로 하고, 산출시점의 시가총액(= 비교시점의 시가총액)을 분자로 해 지수화하고 있다.

1.1.10 변동성지수

변동성지수(VKOSPI)는 KOSPI200 옵션가격을 이용해 KOSPI200 옵션시장 투자자들이 예상하는 미래(30일 만기) KOSPI200 지수의 변동성을 나타낸 지수로서 시황 및 투자판단 지표로 활용되며, 선물 · 옵션 파생상품으로 거래될 경우 시장위험을 관리(헤지)할 수 있는 수단으로 쓰여진다. 변동성지수(VKOSPI)는 2009년 4월 13일부터 산출 · 발표하고 있으며, KOSPI200 옵션시장의 최근월 · 차근월 종목을 이용해 미래(30일 만기) 변동성지수를 산출한다.

결제월물 교체(Roll-over) 직후 최근월종목의 잔존기간이 30일 이상인 경우에는 최근월종목에 대부분의 거래가 집중되므로 최근월종목만 단독으로 사용해 변동성지수를 산출하며 상장옵션이 부족하다고 판단되는 경우 블랙숄즈 가격결정모형을 이용해 추정된 옵션을 보충해 산출한다. 대상옵션(가격)은 등가격(ATM) 행사가격보다 높은 콜옵션 및 낮은 풋옵션 가격(직전체결가, 없는 경우 옵션기준가격), 등가격(ATM)은 콜 · 풋 옵션 가격 차이가 최소인 행사가격을 기준으로 선정되며, 기준월물 교체(Roll-over)는 최근월종목의 최종거래일 4거래일 전에 최근월종목이 차근월종목으로, 차근월종목이 차차근월종목으로 각각 교체된다.

1.1.11 S&P/KRX Asia 100지수

S&P/KRX Asia 100지수는 다양한 글로벌 투자수요에 부응하기 위해 지수 산출대상을 해외 거래소 상장주식으로 확대한 글로벌지수로서, 아시아 5개국(한국, 중국, 홍콩, 대만, 싱가포르) 주식시장을 대표하는 100종목을 대상으로 한다. S&P/KRX Asia 100지수는 2004년 1월 2일을 1,000p로 하여 2009년 4월 1일부터 산출 · 발표하고 있다. 구성종목은 아시아 5개국(한국, 중국, 홍콩, 대만, 싱가포르) 상장종목 중 6개월 일평균시가총액(유동주식수 기준) 순위 100위(중국은 홍콩거래소에 상장된 H-Shares만을 대상으로 함)를 대상으로 하며, 국가별 6개월 일평균시가총액(유동주식수 기준) 합계의 비중이 전체 일평균시가총액 합계 대비 40%를 초과하지 않도록 국가별 비중제한(Country Cap)(종목별 시가총액비중 상한제한은 없음)을 두고 있다.

1.1.12 S&P/KRX Exchanges지수

S&P/KRX Exchanges지수는 금융시장의 핵심 인프라인 전 세계의 거래소 중 IPO를 통해 상장된 거래소를 대상으로 하는 글로벌지수이다. S&P/KRX Exchanges 지수는 2006년 1월 2일을 1,000p로 하여 2009년 4월 1일부터 산출 · 발표하고 있다. 구성종목은 전 세계에 상장된 거래소 종목 중 구성종목 선정기준(시가총액 및 거래대금)을 충족하는 종목으로 산출방식은 수정된 시가총액가중방식을 적용하고 있다.

〈표 4-2〉는 우리나라 기타 주요지수들을 보여주고 있다.

표 4-2 우리나라의 기타 주요지수

주가지수	구성종목	기준시점	특징
시가총액 규모별 지수 (대 · 중 · 소형주 지수)	유가증권시장 상장종목	2000.1.4 (1,000포인트)	▪각종 시황분석 및 포트폴리오 성과측정지표로 활용. ▪일평균 시가총액 기준으로 상위 100위까지를 대형주, 상위 101위부터 300위까지를 중형주, 나머지 종목을 소형주로 분류.
코스피 배당지수 (KODI : Korea Dividend Stock Price Index)	유가증권시장 50개 종목	2001.7.2 (1,000포인트)	▪주식시장의 장기수요기반을 확충해 안정적인 발전을 도모하고 배당을 통한 주주중시경영 기업문화의 확산 · 정착을 유도. ▪일정수준 이상의 유동성 및 수익성을 만족하면서 배당관련 지표가 우수한 50개 종목으로 구성.
코스피 기업지배구조지수 (KOGI : Korea Corporate Governance Stock Price Index)	유가증권시장 50개 종목	2001.7.2 (1,000포인트)	▪지배구조 우수법인에 대해 합리적인 평가기회를 부여함으로써 상장기업의 자발적인 지배구조 개선을 유도. ▪일정수준 이상의 유동성을 만족하면서 기업지배구조 우수법인 평가점수가 높은 50개 종목을 구성.
섹터지수 (Sector Index)	유가증권시장 코스닥시장	2006.1.2(5개) 2007.1.2(6개) (1,000포인트)	▪특정 산업 또는 시장의 테마를 고려한 상품지수로 기관 투자자가 이를 활용해 다양한 간접투자상품의 개발 및 운영에 사용할 수 있도록 하기 위해 산출. ▪초기에는 섹터지수를 5종으로 개발했으나 현재는 자동차(20개 종목), 반도체(20), 건강산업(20), 은행(10), 정보통신(30), 에너지화학(20), 철강(10), 필수소비재(20), 미디어통신(10), 비은행금융(20), 건설(20) 11개로 개발.

1.2 해외 주가지수

해외 주가지수 중 다우존스산업지수(DJIA)는 미국 주식시장을 대표하는 30개 주식들의 주가평균으로 1896년부터 시작했다. 그러나 권리락과 같이 거래량 변동요인이 생길 때마다 나눗수(divisor)를 조정하는 번거로움이 있고, 지수산정에 포함되는 종목 채택기준이 애매하며, 거래량을 고려하지 않는 모순이 있다. DJIA 이외 세계 주요 주가지수는 〈표 4-3〉과 같다.

표 4-3 세계의 주요 주가지수

구분	명칭	국가	기준시점	발표기관
시가총액식	S&P500 지수	미국	1941~1943년 = 10	S&P사
	NYSE종합지수	미국	1965.12.31 = 50	뉴욕증권거래소
	코메르쯔은행지수	독일	1953.12.31 = 100	코메르쯔은행
	동증주가지수	일본	1968.1.4 = 100	동경증권거래소
	FT-Actuaries	영국	1962.4.1 = 100	FT 신문사
	토론토 주가지수	캐나다	1964.11.4 = 100	토론토증권거래소
	Hang Seng 은행지수	홍콩	1964.7.31 = 100	항생은행
	한국종합주가지수	한국	1980.1.4 = 100	한국증권거래소
다우존스식	일경다우 평균	일본	1949.5.16 = 50￥	일본경제신문사
	한경다우 주가지수	한국	1980.1.4 = 100	한국경제신문사

1.3 글로벌 주가지수

전 세계 국가를 대상으로 글로벌 포트폴리오를 운영해야 하는 투자자들을 위해서 일관성 있게 작성되는 글로벌 주가지수에는 MSCI, FTSE 등이 있다.

MSCI(Morgan Stanley Capital International)지수는 미국 모건스탠리 증권이 1986년에 캐피탈 인터내셔널을 인수해 설립한 회사에서 작성해 발표하는 지수로 전 세계를 대상으로 투자하는 대형 펀드 특히 미국계 펀드의 운용에 주요 기준이 된다. 미국, 유럽 등 선진시장 대상의 지수(MSCI ACWI : All Country World Index Free)와 아시아·중남미 등의 신흥시장 대상 지수(MSCI EMF : Emerging Market Free Index)로 구분된다.

FTSE는 영국의 Financial Times에서 발표하는 지수로 전 세계 49개국을 대상으로 산출되며, 대상국가들은 미국 · 일본 등 23개 선진국, 한국 · 대만 등 6개 중선진국, 20개 신흥국으로 구분한다. 전 세계 투자자들의 벤치마크지수이나 MSCI에 비해 활용도가 낮다.

2. 주식투자지표

주식투자지표는 투자자들이 주식투자 판단을 내릴 때 참고하는 지표로 주식시세표, 거래현황지표, 장세지표, 증시자금지표 등이 있다.

2.1 주식시세표

주식시세표에는 일반적으로 종목명, 종가, 시가, 최고가, 최저가, 거래량 등이 표시된다.

표 4-4 **주식시세표**

[범례] ⓚ KOSPI200구성종목, X : 기세, ↑ : 상한가, ↓ : 하한가, ● : 권리락, 不 : 불성실공사법인, ★ : 이상급등종목, ■ : 최우수기업, □ : 우수기업, ▲ : 배당락 배당성향, PER란이 –는 결손, 공란은 감사이견이 「부적정」「의견거절」인 회사 및 사업보고서 미제출사, 存 : 존속기간이 정해져 있는 우선주종목 증권회사부, 滿 : 증권투자회사 존립기간 만효, 純 : 증권투자회사 정관상의 최저 순자산가액 미달

상장 주식수 (주)	결산기 (월)	액면가 (원)	배당 수익률 (%)	PER (배)	PBR (배)	신코드 (단축코드)	종목명	종가 (기준가) (원)	시가 (원)	고가 (원)	저가 (원)	전일비 (기준대비) (원)	최종호가(원)		거래량 (주)	2007년 종	
													매도	매수		최고	최저
3,900,000	12	5,000	2.2	8.7	1.0	000500	기온전선	44,000	45,400	45,400	43,650	500	44,000	43,750	2,016	67,400	24,250
213,940,500	12	500	2.0	21.6	3.8	035250	강원랜드	25,300	25,450	25,750	25,150	0	25,300	25,250	363,993	28,200	16,200
6,500,000	12	1,000	1.8	9.9	0.6	000860	건설화학공업	19,100	19,400	19,400	19,000	0	19,300	19,050	390	26,500	13,700
15,798,781	12	5,000	2.0	15.8	1.5	000800	경남기업	37,350	37,500	37,600	37,200	150	37,400	37,350	53,697	60,000	16,200
29,797,260	12	500	2.6	9.7	1.0	006020	경남에너지	3,635	3,635	3,885	3,600	5	3,835	3,830	49,131	5,280	2,370
21,691,750	12	500	3.1	6.5	0.7	002100	경동	4,890	4,895	4,915	4,850	30	4,890	4,855	7,260	7,590	3,730

2.1.1 종목명

보통주는 기업명이 종목명이 되며 우선주, 신주, 전환사채의 발행이 있을 경우 보통주의 기업명 밑에 우(혹은 1우), 신(혹은 1신), 전환 등으로 종목명을 표기한다.

2.1.2 종가, 시가, 고가, 저가

종가란 시장 폐장 전 10분 동안 단일가격에 의한 개별경쟁매매(동시호가)에서 결정된 가격을 말하고, 시가는 거래 당일의 개장가격으로 매매시작 전 1시간 동안 단일가격에 의한 개별경쟁매매(동시호가)에 의해 체결된 가격이다. 고가와 저가는 당일의 체결가격 중 최고의 가격과 최저의 가격을 각각 의미한다.

2.1.3 등락(전일비)

전일비 또는 등락은 현재 가격이 전일의 종가와 비교해 얼마나 상승 또는 하락했는지를 수치로 나타낸 것으로, 가격제한폭까지 상승 혹은 하락한 경우를 각각 상한가, 하한가로 표시한다.

2.1.4 거래량

거래량은 거래 당일 매입 또는 매도된 총주식수를 표시한다.

2.1.5 최고가, 최저가

최고가, 최저가는 일정기간(보통 1년) 동안의 주가수준 중 최고가, 최저가를 말하며, 현재의 주가가 해당 기간 동안의 주가 수준으로 미루어 보아 어느 가격 내에 있는지를 나타내는 지표이다.

2.1.6 기세

기세는 가격 호가는 있으나 거래가 이루어지지 않는 종목을 말하며, 매도주문만 있는 경우에는 가장 낮은 호가를, 매수주문만 있는 경우에는 가장 높은 호가를 기세가격으로 정한다.

2.1.7 투자경고, 위험종목

투자경고 및 위험 종목은 주가와 거래량이 일정기간 내에 급변한 종목을 감시대상으로 하여 주가 급등락에 대한 투자자의 주의를 환기시키기 위해 필요하다고 인정된 종목을 말하며 과거의 감리종목에 해당된다.

2.2 거래현황 지표

거래현황 지표는 상장종목 중 상승, 하락, 상하한가의 수와 개별종목 거래량, 거래대금, 기관투자자와 외국투자자의 거래현황 등이 있으며, 한국거래소를 비롯한 여러 기관에서 발표를 하고 있다.

2.3 장세지표

2.3.1 시가총액

시가총액은 모든 상장 주식을 시가로 평가한 금액을 말하며, 각 상장회사가 발행한 주식수와 그날의 종가를 곱한 후 모든 상장회사의 시가총액을 합산하여 산출하며, 해당 국가의 자본시장 규모를 나타낸다.

2.3.2 거래량회전율

거래량회전율은 일정기간 중 누적거래량을 평균상장주식수로 나누어 계산하며 보통 연간 100% 이상이면 시장과열, 50%~70%는 정상, 20% 이하이면 침체로 판단한다.

2.3.3 거래대금회전율

거래대금회전율은 일정기간 동안의 총거래대금을 시가총액의 평균으로 나눈 것이다. 거래량회전율과 거래대금회전율이 모두 높으면 주식시장의 매매가 활발한 것으로, 거래량회전율은 높고 거래대금회전율이 낮게 나타난다면 저가주 거래가 활발한 것으로, 거래량회전율은 낮고 거래대금회전율이 높으면 고가주의 거래가 활발한 것으로 판단한다.

2.3.4 주가수익비율(PER), 배당수익률

PER는 주가를 주당순이익으로 나눈 것으로 주가가 순이익의 몇 배인가를 나타낸 것으로, 이 지표가 높다는 것은 주가가 상대적으로 고평가되었다는 것을 의미한다. 배당수익률은 배당을 주가로 나눈 것으로, 배당이 주식투자 수익률에서 차지하는 비율을 의미한다.

2.4 증시자금 지표

2.4.1 고객예탁금

고객예탁금은 투자자가 증권의 매매와 관련해 일시적으로 맡겨 놓은 자금을 의미하며, 주가 상승기간에는 예탁금 증가속도가 빨라지고, 주가 하락기간에는 예탁금이

하락하나, 하락률은 주가 하락속도보다는 일반적으로 작은 경향을 보인다.

2.4.2 신용융자

신용융자는 고객들이 증권회사에서 자금을 차입해 주식을 매입하는 신용거래를 말한다. 증권회사가 고객에게 제공한 신용총액과 증권유통 금융융자로 인한 대출금으로 강세시장이 예상되면 신용융자 잔고가 증가하게 된다.

2.4.3 대주잔고

대주는 주식을 증권회사로부터 차입하는 것을 말하며, 대주잔고가 증가하는 것은 약세시장이 예상된다는 것을 의미한다.

2.4.4 위탁자미수금

위탁자미수금은 증권회사의 고객이 주식투자와 관련해 증권회사에 납부해야 할 매수대금의 미납분, 신용거래의 결제부족금, 유상증자 청약대금의 미납분 등을 말하며, 위탁자미수금이 증가하면 매도물량 증가로 인해 시장이 하락할 가능성이 있다.

3. 채권지수

채권지수는 채권시장 전체의 움직임을 보여주는 지수로, 한국거래소에서 산출하는 KRX채권지수, 국고채프라임지수, KTB지수와 채권평가회사가 산출하는 KIS채권지수, KBP채권지수, NICE채권지수, 그리고 한국금융투자협회에서 산출하는 KOFIA채권지수가 있다.

KRX채권지수는 기준시점인 2006년 3월 1일을 100으로 하여, 상장채권 전체를 대상으로 산출한다. 국고채프라임지수는 기준시점인 2006년 3월 1일을 100포인트로 해 국채전문유통시장에서 거래되는 국고채를 대상으로 한다. KTB지수는 기준시점인 2009년 6월 1일을 10,000으로 해 국채ETF의 벤치마크지수로 설계된 지수이다.

4. 펀드[1]

4.1 펀드의 정의

펀드의 사전적 정의는 일정한 목적을 위해 여러 사람들의 자금을 모아서 만든 대규모 자금의 집합으로, 투자자로부터 모은 자금을 투자자를 대신해 전문기관이 주식 및 채권 등에 투자 · 운용하고 이에 따른 운용성과를 투자자에게 돌려주는 간접투자상품이다.

펀드투자는 작은 자금으로도 쉽게 투자가 가능하며, 분산투자로 위험을 줄일 수 있고, 자산운용 전문가가 투자를 대신해 주는 장점이 있다. 또한 가격변동위험, 기업의 부도위험, 금리변동위험, 환율변동위험 등을 투자시기 분산 및 투자기간 장기화를 통해서 위험을 줄일 수 있다.

4.2 펀드의 종류

국내법상 펀드는 자본시장통합법의 적용을 받는 펀드와 자본시장통합법의 적용을 받지 않고 개별법의 적용을 받는 펀드로 구분된다.

자본시장통합법 적용을 받는 펀드는 집합투자기구(투자신탁, 투자회사, 투자유한회사, 투자합자회사, 투자조합, 투자익명조합)와 사모투자전문회사로 구분된다.

집합투자기구는 증권집합, 부동산집합, 특별자산, 혼합자산, 단기금융을 투자대

1. '펀드' 는 "투자은행업과 한국자본시장" (주상룡 · 최선호, 신론사, 2011년)을 주로 참조했음.

상으로 하고 있으며 자금조달 방식에 따라 50인 이상으로부터 자금을 모집하는 공모펀드(public fund)와 50인 미만의 제한된 투자자로부터 자금을 모으는 사모펀드(private placed fund)로 구분된다.

공모펀드와 사모펀드는 자금 모집방식뿐만 아니라 펀드자금의 운용과 관련된 규제방식에도 차이가 있다. 공모펀드는 투자에 대한 전문지식이 상대적으로 부족한 다수의 투자자들이 참여하는 관계로 이들을 보호하기 위해서 정부는 여러 가지 규제들을 적용하고 있다.

반면에 사모펀드는 투자자들이 상대적으로 투자에 대한 전문지식이 있으므로 공모펀드에 비해 정부 당국의 규제가 적다.

그림 4-1 국내펀드 체제

자료 : 한국증권연구원

자본시장통합법의 적용을 받지 않는 펀드는 개별법상 펀드들로 주로 대체투자 성격을 갖는다. 본 장에서는 편의상 집합투자기구 대신 '펀드'라는 용어를 사용하며, 투자신탁(수익증권), 투자회사(뮤추얼펀드), PEF, 헤지펀드에 대해서 살펴본다.

4.2.1 투자신탁(수익증권 : 기존 계약형 투자신탁)

투자신탁은 투자자로부터 자산에 운용할 목적으로 자금 등을 모은 위탁자가 그 재산을 수탁자로 하여금 당해 위탁자의 지시에 따라 투자·운용하게 하고 그에 따른 수익권을 분할해 투자자에게 취득시키는 것을 목적으로 하는 간접투자기구이다.

투자신탁은 영국의 불문법 제도를 배경으로 발달했고 추가설정 여부에 따라 신탁기간의 만료 시까지 추가설정이 허용되지 않는 형태인 단위형, 처음에 설정된 신탁재산에 자금을 추가할 수 있고 중도에 신규가입, 탈퇴가 가능한 형태인 추가형이 있다.

4.2.2 투자회사(뮤추얼펀드 : 기존 회사형 투자신탁)

투자회사는 투자자로부터 자금을 조달해 주식, 채권 등을 분산투자하는 집합투자기구로 투자회사의 재산을 자산에 운용해 그 수익을 주주에게 배분하는 것을 목적으로 설립된 간접투자기구이며 투자자가 수익자인 동시에 주주이다. 투자회사는 1940년 미국에서 투자회사법이 성립된 이후 성장했고, 환매제한 여부에 따라 개방형, 폐쇄형이 있다.

개방형 펀드는 투자자의 요구가 있을 때 언제든지 상환에 응하고 회사의 기본자산에 근거해 새로운 증권발행이 가능한 펀드로, 국내에서는 2004년부터 도입했다.

폐쇄형 펀드는 펀드 모집 후 만기 이전에 가입 및 환매가 제한되는 펀드로, 국내에서는 1998년 7월부터 허용했다. 투자대상에 따라 주식형(주식에 60% 이상 투자), 채권형(주식투자 없이 채권에 60% 이상 투자), MMF형(단기채권, CP, CD, RP 등에 투자)이 있다.

수익증권과 뮤추얼펀드는 펀드의 법적 형태에 따라 투자자 지위와 수익금 지급방법 이외에는 판매 · 운용 면에서 기본적인 차이가 없고, 자금조달 방식에 따라 투자자가 불특정 다수(50인 이상)이면 공모집합투자기구(수익증권, 뮤추얼펀드), 소수(50인 미만)이면 사모집합투자기구로 구분된다.

〈표 4-5〉는 수익증권과 뮤추얼펀드를 비교한 것이다.

표 4-5 수익증권과 뮤추얼펀드의 비교

구분	수익증권	뮤추얼펀드
설립형태	신탁계약에 의한 계약관계	주식회사
투자자의 법적 지위	수익자	주주
발행증권	수익증권	주식
자산운용 근거	신탁약관	회사정관
운용자산	설정/해지	자본금 증가/감소
매매가격	기준가격	순자산가치(NAV)

수익증권, 뮤추얼펀드의 운용구조는 펀드를 판매하는 회사(증권회사, 은행, 보험회사, 선물회사, 종합금융회사), 투자전문가인 펀드매니저가 자금을 주식, 채권, 부동산,

그림 4-2 펀드 운용구조

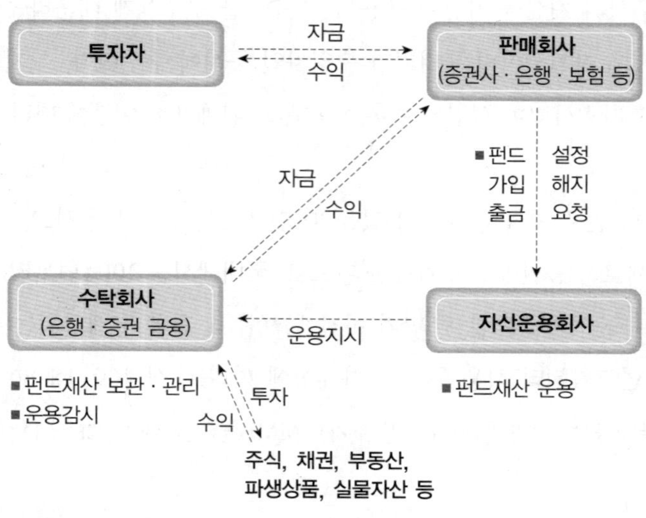

실물자산 등에 투자 · 운용하는 운용회사(투자신탁운용회사, 자산운용회사), 투자자들이 맡긴 재산을 안전하게 보관 · 관리하고 펀드운용을 감시하는 자산보관관리회사(은행, 증권금융)로 구성되어 있다(〈그림 4-2〉 참조).

자본시장통합법에서는 투자대상 자산에 따른 분류 외에 투자자 모집방법, 펀드구조에 따라 환매금지형, 종류형, 전환형, 모자형, 상장지수형 등 특수형태 펀드를 별도로 분류하고 있다.

환매금지형 펀드는 펀드 만기 전까지 환매가 금지된 펀드를 말하며, 90일 이내에 거래소에 상장해야 한다.

종류형(멀티클래스) 펀드는 하나의 펀드 안에서 투자자 클래스별로 서로 다른 판매보수와 수수료 체계를 적용하는 상품으로, 각 클래스는 하나의 펀드로 통합 · 운용되므로 자산운용 및 평가방법은 동일하다. 클래스 A는 판매수수료 선취형, 클래스 B는 선취수수료는 없지만 일정기간 내 환대 시 환매수수료를 부과하는 후취형, 클래스 C는 선취나 후취가 없는 대신 판매보수가 높은 유형, 클래스 D는 선취와 후취 수수료를 모두 부과하는 유형, 클래스 E는 인터넷을 통해서만 가입이 가능한 온라인 전용 펀드, 클래스 W는 전문가가 포트폴리오를 조정해 주는 펀드랩 상품, 클래스 I는 고액거래자 요건을 충족한 기관투자자 전용펀드를 의미한다.

우리나라 최초의 멀티클래스 펀드는 2004년에 나온 '칸서스 하베스트 적립식 주식투자신탁 1호'이다.

전환형(엄브렐러)펀드는 여러 개의 펀드에 공통으로 적용되는 약관에 의해 현재 보유하고 있는 펀드를 다른 펀드로 전환할 수 있는 권리를 투자자에게 부여하는 구조의 상품으로 '전환형 간접투자기구'라고도 한다.

모자형 펀드는 많은 개별 펀드의 신탁재산을 한 개 또는 특성을 달리하는 여러 개의 모신탁에서 통합 · 운용하고, 자신탁에서는 펀드의 성격에 따라 모신탁의 수익증권을 편입해 투자자의 자금을 운용하는 펀드이다. 모펀드는 자펀드의 자금을 모아 운용하는 운용 전용 펀드로서 투자자들은 자펀드만을 매수할 수 있다. 자펀드는 모펀드를 수익증권 형태로 보유하므로 자펀드의 주식보유 비율은 제로가 된다.

상장지수펀드(ETF : Exchange Traded Fund)는 인덱스펀드를 상장시켜 주식처럼 거래할 수 있는 펀드로, 1987년 Black Monday 이후 폭락을 경험한 뒤 현물시장에 충격을 주지 않고 프로그램 매매수요를 충족시키기 위해서 탄생한 상품으로 1989년 미국에서 처음 등장했다.

아시아에서는 1999년 홍콩에서 처음으로 거래되었고 국내에서는 2002년 KOSPI200을 기초지수로 하는 KODEX200 등 4종목이 상장되었다. 개별종목처럼 3일 결제가 되고, 거래세는 없고 투자성과에 따라 배당금을 받을 수 있다.

파생형 펀드는 파생상품 매매에 따른 위험평가액이 10%를 초과해 투자할 수 있는 펀드 또는 유가증권과 파생금융상품이 결합된 파생결합증권이 주된 투자대상 자산인 펀드를 말한다.

최근 많이 등장하는 펀드상품들을 정리하면 다음과 같다.

- ELS(Equity-Linked Securities)는 파생결합증권 중 하나로 자금의 일정 부분을 채권에 투자해 일정한 수익을 확보한 후 나머지 돈을 특정 주식의 가격이나 주가지수의 변동에 연동해 투자수익이 결정되는 유가증권으로, 상품구조에 따라 원금손실 발생 가능성이 존재하며, 사전에 정해진 조건을 만족하면 약정된 수익을 지급하고 만기가 남아있어도 청산한다.
- MMF(Money Market Fund)는 수시 입출금이 가능한 초단기 채권 투자 상품으로 만기가 짧고 신용등급이 우량한 국공채, 회사채, 기타 유동자산에 투자하며, 원금손실 보장이 되지 않는다.
- CMA(Cash Management Account)는 증권회사 위탁계좌의 미투자자금을 MMF, RP 등에 투자하고 은행의 예금계좌와 결합되어 결제 및 수시입출금이 가능한 초단기 채권투자상품으로 1977년 메릴린치에 의해 최초로 소개되었다.
- ELF(Equity-Linked Fund)는 자산운용사가 ELS를 선별해서 투자하는 ELS펀드이다.
- ELD(Equity-Linked Deposit)는 정기예금을 기본구조로 하되 원금손실을 보지 않는 범위 내에서 주식이나 주가지수옵션 등에 투자하며, 은행에서 취급하고 예금자보호대상으로 일반적으로 원금을 보장하므로 높은 수익은 힘들다.

- ELW(Equity-Linked Warrant)는 개별주식옵션 성격으로 장외파생상품 인가를 받은 증권사만 발행 가능하며 만기는 3개월~3년이나 주로 1년 미만 상품이 상장된다. 현재 국내 상장된 상품은 유럽식으로 현금결제방식이고 기초주식으로 인한 의결권, 배당 등이 없다.

사모펀드(private-placed fund)는 투자자 그룹의 특성상 상대적으로 대리인문제(agency problem)의 정도가 작아 규제개입을 통한 투자자보호의 필요성이 적은 집합투자제도를 의미하는 개념으로, 공모펀드와는 달리 고율의 성과보수가 운용계약으로 채택되고, 차입제한 규제가 면제되므로 차입을 통해 레버리지를 높여 수익을 극대화하는 경향이 있다. 미국의 경우 사모펀드와 운용자 모두 규제의 틀을 벗어날 수 있는 예외규정을 적용하고 있고, 영국은 사모펀드 운용자만 규제하며, 일본은 운용자와 펀드 모두를 규제하고 있다.

우리나라는 1997년 경제위기 이후 구조조정 목적으로 정부 주도의 다양한 사모펀드가 출현했다. 그러나 본격적인 의미의 민간자본 사모펀드인 사모투자전문회사는 미국 PEF에 자극받아 도입했다.

국내 사모펀드의 종류는 자본시장통합법의 적용을 받는 사모집합투자기구, 사모투자전문회사, 기업재무안정 사모투자전문회사(도입 예정), 적격투자자 사모집합투자기구(헤지펀드), 산업발전법 적용을 받는 기업구조거선 사모투자전문회사와 기타 법률 적용을 받는 사모펀드로 구분된다.

사모집합투자기구는 사모형태의 집합투자기구로 일반적으로 각종 다양한 운용규제 및 금융규제가 부과되는 공모펀드를 기본체계로 하는 공모집합투자기구와 달리 완화된 규제가 적용되며, 사모집합투자기구 운용자는 반드시 집합투자업자(자산운용사)여야 한다.

표 4-6 우리나라의 사모펀드 법제

	자본시장법				산업발전법	기타 법률
	사모집합 투자기구	사모투자 전문회사	기업재무안정 사모투자 전문회사	헤지펀드 (적격 투자자 사모집합투자기구)	기업구조개선 사모투자 전문회사	
소관 부처	금융위원회	금융위원회	금융위원회	금융위원회	금융위원회 및 지식경제부	▪사회간접자본 투융자회사 ▪문화산업전문 회사 ▪해외자원개발 투자회사 ▪부동산투자회사 ▪선박투자회사 ▪중소기업창업 투자조합 ▪신기술사업투자조합 ▪한국벤처조합 및 개인투자 조합 ▪부품소재조합
투자 대상	증권, 부동산, 특별자산, 혼합자산	기업 경영권	기업 발행 PE	제한 없음	구조개선기업	
운용자	집합투자업자	제한 없음	제한 없음	제한 없는 것이 바람직	제한 없음	
시행 여부	시행 중	시행 중	도입 예정	시행 중	시행 중	
규제 및 기타 특성	▪공모펀드에 비해 크게 완화 ▪적잖은 규제가 존재	▪집합투자기구와는 별개로 규제 ▪규제수준이 높지 않은 편이나 운용규제로서 제270조 존재	▪제270조 적용 면제	▪운용규제 완화(2011.9.30)로 한국형 헤지펀드가 2011년 12월 23일 출범	▪자본시장법에 근거해 설립 ▪기본적으로 금융위의 규제 대상 ▪기업구조개선 사모투자전문회사의 인정·지원·규제는 지식경제부	

자료 : 자본시장연구원

4.2.3 사모투자전문회사(Buyout형 PEF : Private Equity Fund)

PEF는 소수의 특정 적격투자자(금융기관, 투자은행, 연기금, 보험사, 대학기금, 거액자산가 등)로부터 공모 아닌 사모 방식으로 자금을 모아 운용자와 투자자 간 사적 계약에 따라 금융감독 당국의 통상적 규제 틀을 벗어나 비공개시장에서의 직접 매입 등을 통해 기업을 인수한 후 지배구조 변경, 기업구조조정 등의 기업가치 제고과정을 거쳐 수익을 실현하는 전략을 구사하는 매우 자유롭게 운용되는 간접투자기구이다.

투자대상이나 투자방식에 따라 바이아웃펀드, 메자닌펀드, 벤처캐피탈펀드 등으로 구분된다.

바이아웃펀드(Buyout fund)는 투자대상 기업의 지분이나 핵심 자산의 매수로 경영권을 확보해 기업가치를 증대시킨 후 지분이나 자산을 매각함으로써 고수익을 실현하는 펀드로 투자자금 이외에 차입자본으로 기업을 인수 · 합병하므로 Leveraged Buyout Fund라고도 한다. 론스타, 아이칸, 칼라일, 뉴브리지캐피털, 소버린과 함께 국내에서는 2004년 10월부터 보고펀드를 비롯한 바이아웃펀드들이 운영 중에 있다.

메자닌펀드(Mezzanine fund)는 일시적으로 유동성에 문제가 있는 기업의 전환사채(CB), 신주인수권부사채(BW)와 같은 메자닌증권에 투자해 기업 정상화 시 지분으로 전환권 행사 후 지분을 매각해 수익을 추구하는 펀드이다.

벤처캐피탈펀드(Venture capital fund)는 고도의 기술력과 장래성이 있는 기업의 주식이나 주식연계증권을 인수하는 방법으로 투자하는 펀드이다.

메자닌펀드, 벤처캐피탈펀드와 같은 기업구조개선 사모투자전문회사는 자본시장통합법이 아닌 산업발전법에 근거하고 있다.

Buyout형 PEF를 지향해 출범한 사모투자전문회사는 자본시장통합법에 근거를 두고 있으며 집합투자기구와 별개로 구분되어 합자회사 형태를 갖고, 운용자(GP)는 집합투자업자가 아니어도 될 수 있다.

PEF 기본구조는 다음과 같다.

1) 회사형태

회사형태는 운용수익에 대한 이중과세를 피하기 위해 파트너십 형태를 선택한다.

2) GP

GP(General Partner)는 PEF의 설립, 투자, 운용을 책임지고 투자대상기업 채무에 대해 직접 · 연대 · 무한 책임을 지는 무한책임사원 겸 업무집행사원이 된다. 일반적으로 펀드규모의 1.4～2.5%의 관리보수 외에 목표수익 초과분의 20%인 운용성과에 따른 성과 보수를 받는다.

그림 4-3 PEF 기본 구조

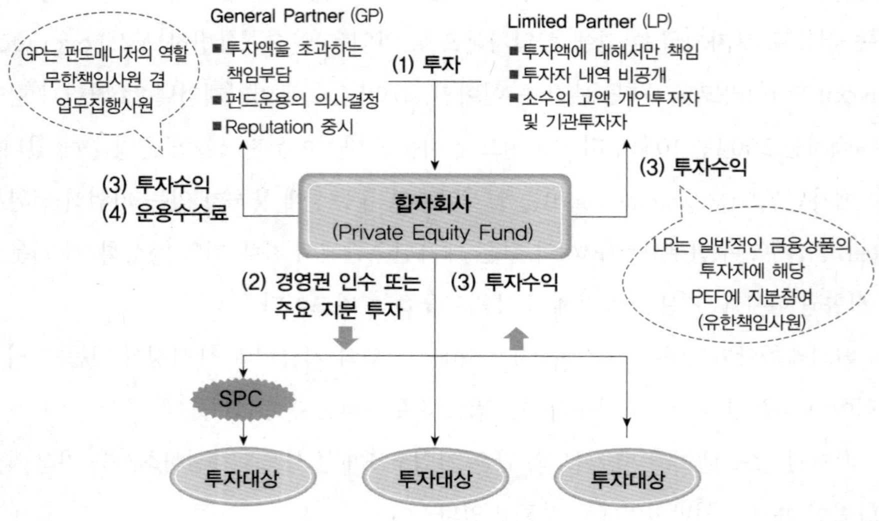

자료 : 기업은행

3) LP

LP(Limited Partner)는 PEF의 자금조달 원천으로, 출자금액 내에서 책임을 지며, PEF에 대한 영향력 행사는 불가하고, 사원 전원의 동의를 얻어야 타인에게 지분양도가 가능하다.

4) 특수목적회사

SPC(Special Purpose Company)는 PEF가 투자대상 기업의 지분을 인수하기 위해 주주 또는 사원의 자격으로 설립한 것으로, 그 이유는 다음과 같다.

- PEF가 직접투자함에 따르는 위험을 SPC가 분담한다.
- 여러 PEF가 공동으로 SPC를 설립한 경우 자금조달이 용이해지는 이점이 있다.
- 역외(해외) SPC 설립을 통한 해외투자를 원활히 할 수 있다.
- SPC를 통한 차입으로 레버리지 효과를 극대화할 수 있다.

5) PEF 운용회사

PEF(Private Equity Firm) 운용회사는 PEF의 GP 역할을 담당하고 투자자금의 조달과 투자의 집행이라는 두 가지 기능을 수행한다. 우리에게도 잘 알려진 론스타는 여러 개의 서로 다른 사모펀드를 운영하는 PEF 운용회사이다. 대표적인 PEF 운용회사는 Carlyle 그룹, KKR(Kohlberg Kraus Roberts), Blackstone 그룹 등이 있다.

6) 투자자(Investor)

PEF 투자는 뮤추얼펀드에 비해 고위험, 고수익을 추구하므로 대부분 위험을 감당할 수 있는 전문적인 기관투자자 및 개인회사 등이 일반투자자(LP)로 참여한다. 전략적 투자자(SI : Strategic Investor)는 투자기업의 1대 주주로 기업가치 제고의 주도적 역할을 수행하며, 재무적 투자자(FI : Financial Investor)는 2대 혹은 3대 주주로서 전략적 투자자가 부족한 자금을 지원한 후 1대 주주의 경영을 감독한다.

7) 투자은행

투자은행(Investment bank)은 PEF 운용사와의 약정을 통해 Prime broker, PEF가 차입자본 조달 시 주간사 역할을 하고, 투자대상 기업 매각 시 실사(due diligence) 및 매각 주선업무 등을 수행한다.

PFE 운용 프로세스는 다음과 같다.

첫째, 운용목표 설정과 이를 실행하기 위한 장기자금을 조달한다.
둘째, 경제변수 분석, 산업 · 기업분석, 투자대상 기업 방문, 조건협의 및 실사를 거쳐 기업인수 및 지분투자를 한다.
셋째, 기업가치 제고를 위해서 경영컨설팅, M&A 정보 제공, 경영성과 분석, 필요시 인력파견을 한다.
넷째, Block Sale, M&A, 시장매각을 통해서 투자회수를 한다.

그림 4-4 PEF 운용 프로세스

자료 : 기업은행

4.2.4 헤지펀드

1) 정의

헤지펀드(Hedge fund)는 통일된 정의는 없으나 원칙적으로 투자대상의 제한 없이 자유롭게 자산운용을 할 수 있고 차입, 공매도 등을 사용해 고수익을 추구하고 정기적 환매를 허용하면서 일반 공모펀드에 부과되는 규제를 회피하기 위해 사모로 발매되는 펀드로, 상당한 성과보수를 부과하고 있다.

헤지펀드는 자금조달 측면에서는 PEF와 유사하나, 주로 공개기업의 주식에 투자해 단기에 고수익을 추구하는 점에서 PEF와 구별된다.

헤지펀드는 1990년대 이후 금융자유화 및 규제완화, 금융공학 발달로 급성장했고, 주로 조세피난처에 합자회사 형태로 설립되며 펀드매니저는 GP(무한책임사원)로서 상당한 지분을 보유한다. 우리나라의 경우 자본시장통합법에 적격투자자 사모집합투자기구라는 헤지펀드제도는 있었으나, 엄격한 운용규제로 인해 시행이 되지 않다가 2011년 9월 30일 운용규제 완화로 '한국형' 헤지펀드가 2011년 12월 23일 출범했다. 한국형 헤지펀드는 금융회사, 기금, 5억원 이상의 전문투자자가 가입자가 되며, 자본시장통합법상 허용되는 한도 내에서 레버리지와 공매도 등을 사용할 수 있다.

2) 경제적 의의

헤지펀드는 투자자 측면에서는 뮤추얼펀드에 비해 위험 대비 고수익을 확보할 수 있으며, 성과 측면에서 기존의 뮤추얼펀드와 상관관계가 낮아 투자자의 리스크를 경감시킬 수 있는 수단이 된다.

연습문제

I. 다음을 설명하시오.

01. 종합주가지수(KOSPI)

02. 스타지수

03. MSCI지수

04. 고객예탁금

05. 자본시장통합법상 펀드 체계

06. 사모펀드 체계

07. ELW

08. ELS

II. 다음 문장의 진위를 답하시오.

09. 신용융자 잔고가 증가하면, 약세시장이 예상된다.

Ⅲ. 다음 문제에 답하시오.

10. 주가지수 계산

다음 자료를 근거로 해 시가총액식과 주가평균식에 의한 주가지수를 구하시오.

	기준시점 주가	현재 가격	발행주식수
A기업	10,000	12,000	100만
B기업	15,000	20,000	50만
C기업	1,000	900	25만

chapter **05**

수익률과 위험

1. 수익률 | **2.** 위험 | **3.** 위험과 기대수익률의 상충관계

5장에서는 투자 의사결정에 결정적인 역할을 하는 수익률과 위험 및 수익률과 위험관계에 대해서 설명하기로 한다.

1. 수익률

수익률은 미래수익을 초기투자액으로 나눈 것으로 단일기간 동안 보유했을 때의 수익률(r)은 다음과 같이 산출된다.

$$r = \frac{\text{기말가치} - \text{기초투자액} + \text{배당} + \text{이자}}{\text{기초투자액}} \tag{5.1}$$

예 5-1

현재 주가 10,000원, 다음 기 주가 12,000원, 배당 1,000원이면 단일기간 수익률(r)은

$$\frac{12,000 + 1,000 - 10,000}{10,000} = 30\%$$

가 된다.

투자기간이 단일기간이고, 미래수익이 확실한 경우는 위 식을 적용하면 되지만 초기투자액을 여러 기간에 걸쳐 보유하는 경우 수익률은 보유기간수익률, 산술평균수익률 및 기하평균수익률 등으로 산출하며, 여러 기간에 걸쳐서 매 기간 투자가 발생하고 그 크기가 다를 경우 가치가중수익률과 시간가중수익률을 사용하고, 미래발생수익이 불확실할 경우 기대수익률을 적용한다. 주식투자를 했다는 가정 하에 각 수익률에 대해서 설명해 보자.

1.1 보유기간수익률(r_H : Holding Period Return)

보유기간수익률은 보유기간 동안 발생한 수익(자본수익, 배당)을 초기투자액으로 나눈 값이다.

$$r_H = \frac{P_t - P_0}{P_0} + \frac{D_1 + \cdots + D_t}{P_0} = \text{자본수익률} + \text{배당수익률} \tag{5.2}$$

P_0 : 초기투자액, P_t : t시점 가격, D_t : t시점 배당

예 5-2

현재($t = 0$) 주가 10,000원, 다음 기($t = 1$) 주가 12,000원, 다다음 기($t = 2$) 주가 11,000원, 다음 기($t = 1$) 배당 1,000원, 다다음 기($t = 2$) 배당 500원이면 2기간 보유기간수익률(r_H)은

$$\frac{11,000 - 10,000}{10,000} + \frac{1,000 + 500}{10,000} = 25\%$$

가 된다.

1.2 산술평균수익률(r_A : Arithmetic Return)

산술평균수익률은 각 기간 수익률의 합을 기간수로 나눈 수익률로 복리개념을 사용하지 않는다.

$$r_A = \frac{\sum_{i=1}^{n} r_i}{n} \tag{5.3}$$

r_i : i기 수익률

n : 기간수

1.3 기하평균수익률(r_G : Geometric Return)

$$r_G = \sqrt[n]{(1+r_1)\cdots\cdots(1+r_n)} - 1 \tag{5.4}$$

각 기간의 복리를 고려해 계산한 수익률로 산술평균수익률보다 작거나 같다(기간별 수익률들이 같으면, 두 수익률은 같게 된다). **[증명]** 연습문제 12번 참조

예 5-3

현재 주가(P_0) 100원, 다음 기 주가(P_1) 200원, 다다음 기 주가(P_2) 100원일 경우 보유기간 수익률(r_H), 산술평균수익률(r_A), 기하평균수익률(r_G)를 구하시오.

해답

$$1\text{기 수익률}(r_1) = \frac{200-100}{100} = 100\%,$$

$$2\text{기 수익률}(r_2) = \frac{100-200}{200} = -50\%$$

$$r_A = \frac{100-50}{2} = 25\%$$

$$r_G = \sqrt{(1+r_1)(1+r_2)} - 1 = \sqrt{(1+1)(1-0.5)} - 1 = 0\%$$

$$r_H = \frac{100-100}{100} = 0\%$$

2기간 수익률에서 r_H와 r_G의 관계는 다음과 같다. **[증명]** 연습문제 13번 참조

$$r_H = (r_G + 1)^2 - 1$$

마찬가지로 n기간 수익률에서 r_H와 r_G의 관계는

$$r_H = (r_G + 1)^n - 1$$

가 된다.

1.4 가치가중수익률(r_V : Value Weighted Rate of Return)

가치가중수익률은 현금유입 현가의 합과 현금유출 현가의 합이 같게 되는 할인율로 전체 투자기간 중 투자금액 1단위당 1기간 수익률을 의미한다.

가치가중수익률은 내부수익률(IRR : Internal Rate of Return)과 같은 개념으로 투자자산의 가치증가 정도를 분석하기 위한 경우에 사용하며 개인투자자가 투자금액 중심으로 성과를 측정하는데 유용하다. 내부수익률이란 미래수익의 현가 합이 현재 투자액과 같아지도록 하는 수익률이다.

예 5-4

t = 0, 1, 2 기간 동안 현금흐름이 다음과 같을 때 가치가중수익률(r_V)을 구하시오.

- t = 0, 20,000원(주식 1주 매입)
- t = 1, 600원(배당수입), 22,000원(주식 1주 22,000원에 추가 매입)
- t = 2, 1,200원(배당수입), 48,000원(주식 2주 48,000원에 매도)

해답

'현금유출의 현가 = 현금유입의 현가' 이므로

$$20,000 + \frac{22,000}{1+r} = \frac{600}{1+r} + \frac{1,200 + 48,000}{(1+r)^2}$$

에서 r = 12.217%로 가치가중수익률(r_V)은 12.217%가 된다.

1.5 시간가중수익률(r_T : Time Weighted Rate of Return)

시간가중수익률은 각 기간별 현금유입과 유출을 이용한 기간별 수익률을 구한 후 기하평균수익률 공식을 적용해 산출한 수익률로 투자기간 동안 투자금액의 평균수익률을 의미한다. 시간가중수익률은 자산유출입의 영향을 중화시켜 연기금 성과평가에 좋으나 전체 자산의 가치 증감을 정확하게 반영하지는 못한다.

예 5-5

기간별 투자액과 수익이 다음과 같을 때 시간가중수익률은?

기간	1	2
투자액	200	140
수익	240	126

해답

$$r_1 = \frac{240-200}{200} = 20\%,\ \ r_2 = \frac{126-140}{140} = -10\%$$

2기간 시간가중수익률 = (1.2)(0.9) − 1= 0.08 = 8%이며, 1기간 시간가중수익률은 기하평균수익률인 3.9%가 된다.

1.6 기대수익률(r_E)

기대수익률은 미래에 기대되는 수익률로 다음 식으로 계산된다.

$$E(r) = \sum r_i \cdot P_i \tag{5.5}$$

P_i : i 상황의 수익률이 발생할 확률

r_i : i 상황이 발생 시 수익률

예 5-6

각 상황별 수익률과 발생확률이 다음과 같을 때 기대수익률은?

- 상황별 발생확률 $P_1 : 0.5,\ P_2 : 0.3,\ P_3 : 0.2$
- 상황별 수익률 $r_1 : 1\%,\ r_2 : 15\%,\ r_3 : -8\%$

해답

$$E(r) = 0.5 \times 1 + 0.3 \times 15 + 0.2 \times (-8) = 3.4\%$$

기대수익률 3.4% 의미는?

투자 시 얻을 수 있는 실제수익률은 1%, 15%, −8%뿐으로 1기간 투자 시 3.4%는 절대로 얻을 수 없다. 그러면 기대수익률 3.4%는 어떻게 얻을 수 있나?

해답

이 투자안을 장기간, 예를 들어 100년 동안 지속하면 1%가 50년, 15%가 30년, −8%가 20년 나오고 이들을 평균하면 3.4%가 구해진다. 따라서 기대수익률 3.4%의 의미는 매 기간 실현수익률이 3.4%는 되지 않지만 장기간 반복해서 투자 시 기대되는 수익률을 말한다.

2. 위험

2.1 불확실성과 위험

위험은 미래수익 또는 현금흐름의 변동성을 말하며 발생확률의 존재 여부에 따라 다음과 같이 분류된다.

2.1.1 불확실성

불확실성(Uncertainty)은 불확실한 미래수익의 실현치들에 대한 확률을 알 수 없는 경우를 말한다.

2.1.2 위험

위험(Risk)은 동전 던지기에서 앞면이 나올 확률과 같이 미래수익의 실현치에 대한 확률을 아는 경우를 말한다. 투자론에서는 실현치의 발생확률을 알 수 없는 불확실성이 아닌 발생확률을 알 수 있는 위험을 분석 대상으로 한다. 따라서 미래수익의 실현 확률을 안다는 가정 하에 증권의 가격 변동성을 위험으로 정의한다. 증권 가격 변동성이 커지면 수익률 변동성이 커지므로 투자론에서는 위험을 가격 변동성 대신 다음과 같이 수익률의 분산 혹은 표준편차로 표시한다.

수익률 분산:

$$\sigma^2 = E[(r - E(r))^2] = \Sigma[r_i - E(R)]^2 \cdot P_i \tag{5.6}$$

수익률 표준편차:

$$\sigma = \sqrt{\Sigma[r_i - E(R)]^2 \cdot P_i} \tag{5.7}$$

P_i : i상황이 발생할 확률, r_i : i상황이 발생시 수익률

예 5-7

각 상황별 발생확률과 수익률은 다음과 같다.

P_1 : 50%, P_2 : 30%, P_3 : 20%

r_1 : 1%, r_2 : 15%, r_3 : −8%

기대수익률, 수익률 분산, 수익률 표준편차를 구하시오.

해답

$$E(r) = 0.5 \times 1 + 0.3 \times 15 + 0.2 \times (-8) = 3.4\%$$

$$V(r) = (0.01 - 0.034)^2 \times 0.5 + (0.15 - 0.034)^2 \times 0.3 + (-0.08 - 0.034)^2 \times 0.2$$
$$= 0.006923 = 0.6923\%$$

분산 계산 시 수익률 값을 %로 사용하면, 최종적으로 산출된 분산 값을 100으로 나누어야 %로 표시된 분산 값이 된다.

$$표준편차 = \sqrt{V(r)} = 0.083 = 8.3\%$$

정규분포 확률밀도함수는 다음과 같다.

$$f(x) = \frac{1}{\sqrt{2\pi}\,\sigma} e^{-\frac{(x-\mu)^2}{2\sigma^2}}, \quad -\infty < x < \infty$$

μ : 기대값 σ^2 : 분산

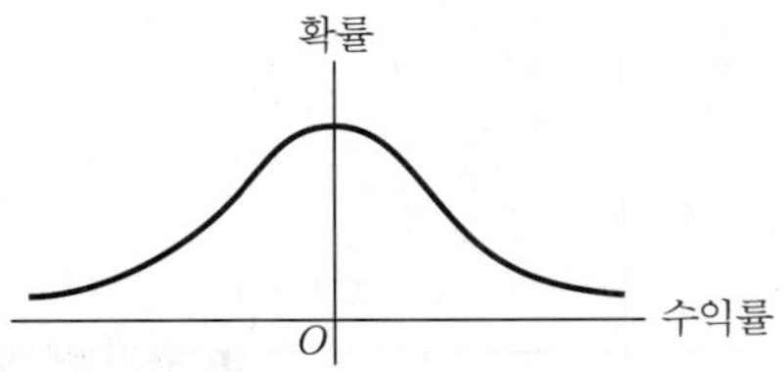

정규분포 확률밀도함수는 기대값과 분산만 알면 되므로, 수익률이 정규분포를 한다는 가정[1] 하에서는 투자대상의 가치는 수익성을 나타내는 기대수익률(= 수익률 기대값)과 위험을 나타내는 분산의 함수로 표현할 수 있다.

$$\text{투자대상가치} = f(\text{수익성, 위험}) = f(\text{기대수익률, 분산})$$

3. 위험과 기대수익률의 상충관계(trade off)

위험과 기대수익률 간에는 위험자산 수익률의 위험이 크면(작으면) 기대수익률은 크게(작게) 되는, 위험과 기대수익률 간에 상충관계가 존재한다. 예를 들어, 채권투자는 위험이 작고 낮은 기대수익률, 주식투자는 위험이 크므로 높은 기대수익률이 요구된다. 증권시장이 균형상태에서는 기대수익률은 위험 중에서도 분산투자를 통해서도 줄어들지 않는 위험(체계적 위험)과 양의 선형관계에 있다(자세한 내용은 9장 참조).

---

1. 투자론에서는 주가분포를 로그정규분포로, 주가수익률 분포를 정규분포로 가정한다. 그러나 주가가 0 이하가 될 수 없어서 주가수익률 실현값들도 −100% 이하는 될 수 없으므로 정확한 주가수익률 분포는 실현수익률 값이 −1 이하 왼쪽 끝이 절단된 정규분포가 된다.

그림 5-1 기대수익률과 위험의 상충관계

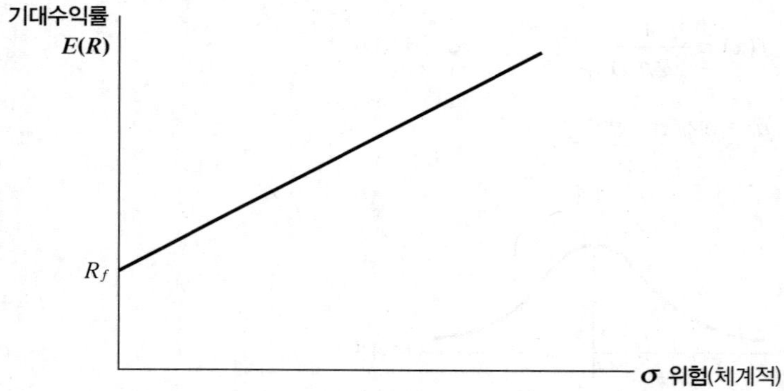

연습문제

I. 다음을 설명하시오.

01. 가치가중 수익률

02. 시간가중 수익률

03. 기대수익률과 위험의 관계

04. 주가수익률 분포는 정규분포를 가정한다. 그 이유는?

II. 다음 문장의 진위를 답하시오.

05. 기대수익률은 장기 투자 시 얻게 되는 실질수익률 평균이다.

06. 주가 변동위험은 주가수익률 변동성으로 표시 가능하다.

07. 주식투자의 위험도가 큰 주식은 주가 변동성이 큰 주식을 의미하나 반드시 수익률 변동성이 큰 주식을 의미하지는 않는다.

08. 산술평균수익률은 기하평균수익률보다 항상 크다.

09. 불확실성(Uncertainty) 하에서는 기대수익률을 구할 수 있다.

Ⅲ. 다음 문제에 답하시오.

10. 투자수익률 계산

(주)홍익의 주가가 1,000원에서 1년 후 1,500원, 2년 후 1,100원이 되었다. 수익률을 연 단위로 계산하고 배당이 없다고 가정하자. 다음을 답하시오.

(1) 산술평균수익률

(2) 기하평균수익률을 이용해 보유기간수익률을 구하시오(두 수익률 관계 공식 사용).

11. 각 상황별 발생확률과 수익률은 다음과 같다.

P_1 : 30%	P_2 : 30%	P_3 : 40%
r_1 : 5%	r_2 : 3%	r_3 : 7%

기대수익률과 수익률 분산을 구하시오.

12. '산술평균수익률(r_A) ≥ 기하평균수익률(r_G)' 을 증명하시오.

13. 2기간수익률에서 $r_H = (1 + r_G)^2 - 1$을 증명하시오.

part II

효율적 포트폴리오, 최적 포트폴리오

06장 기대효용과 평균-분산모형

07장 포트폴리오 이론, 효율적 포트폴리오, 최적 포트폴리오

Ⅱ편
개요

Ⅱ편에서는 투자안 선택 시 투자안의 수익과 위험을 동시에 고려하는 효용이론, 평균-분산모형과 평균-분산모형 가정 하에서 분산투자 이론인 포트폴리오 이론에 의한 효율적 포트폴리오와 최적 포트폴리오를 설명한다.

chapter 06

기대효용과 평균-분산모형

1. 효용이론 | **2.** 평균-분산모형

6장은 7장의 효율적 투자와 최적 투자의 전제가 되는 효용함수, 기대효용과 평균-분산모형에 대해서 설명한다.

1. 효용이론

1.1 효용이론(Utility Theory)

불확실성 하에서 투자 의사결정 시 투자안의 기대수익과 위험을 동시에 고려해야 최선의 투자안을 선택할 수 있다. 투자안 선택기준 중 기대수익 극대화는 기대수익은 고려하지만 실제수익의 변동인 위험을 고려하지 못하는 문제점을 가지고 있다. 기대효용 극대화 이론은 투자안의 실제수익 변동에 대해서 투자자들이 느끼는 만족도인 '효용' 개념을 적용한 후, 이들의 기대값인 기대효용(expected utility)을 극대화하는 투자안을 최적투자로 선택하게 되면 투자안의 기대수익과 위험을 동시에 고려하게 된다는 이론이다.

1.1.1 기대효용(expected utility) 극대화 공리체계

기대효용 극대화 이론은 다음과 같은 공리체계가 전제가 되어야 한다.

1) 비교 가능성(comparability)

두 개의 투자대안에 대한 선호도를 결정할 수 있어야 한다.

x가 y보다 선호($x \succ y$), y가 x보다 선호($x \prec y$), x가 y와 무차별($x \sim y$)과 같은

선호순위를 결정할 수 있어야 한다.

2) 이행성(transitivity)

세 개의 투자대안에 대해 투자자의 선택에는 일관성이 있어야 한다. 즉, 세 개의 투자안 x, y, z에 대해 $x \succ y$이고, $y \succ z$이면 항상 $x \succ z$이어야 한다.

3) 독립성(independence)

투자대안 x와 y에 대한 선호관계는 이들과 상호배타적인 투자 대안 z에 의해서 영향을 받지 않는다. 만약 어떤 사람이 현대차와 기아차의 구입에 대해서 선호도에 차이가 없다면, 현대차를 가질 확률이 $\frac{1}{500}$인 행운권을 8,000원에 구입하는 것과 기아차를 가질 확률이 $\frac{1}{500}$인 행운권을 8,000원에 구입하는 것에 대해서 같은 선호도를 갖는다.

4) 확실성등가(certainty equivalent)

위험자산 가치에 대한 선호도와 등일한 선호도를 갖는 무위험자산 가치가 존재한다.

불확실성 하에서 위에서 설명한 공리체계를 따라 합리적인 행동을 하는 투자자는 항상 자신의 기대효용을 극대화하게 된다. 기대효용이론을 자세히 설명해 보자.

1.1.2 효용함수 : $U(r)$

효용함수는 투자자들이 투자안에 대해서 느끼는 효용의 크기를 함수로 표시한 것으로 효용함수의 구체적인 형태는 투자자들의 위험에 대한 태도에 따라 위험회피, 위험선호, 위험중립으로 구분되며 다음과 같은 특성을 갖는다(앞으로는 효용은 수익률의 함수로 가정).

첫째, 수익률이 클수록 효용은 커진다.

$$U(r-1)-U(r) < U(r+1)$$

이 특성으로 인해서 투자안의 수익을 고려할 수 있게 된다.

수익률이 9%, 10%, 11%로 증가할수록 효용이 증가한다.

둘째, 위험회피(선호) 효용함수는 수익률 수준이 낮은 경우에 수익률 한 단위 증가 시 증가되는 효용이 수익률 수준이 높은 경우에 수익률 한 단위 증가 시 증가되는 효용보다 크다(작다). 단, 위험중립 효용함수는 수익률 수준에 관계없이 수익률 한 단위 증가 시 증가되는 효용이 동일하다.

이 특성으로 인해서 투자안의 위험을 고려할 수 있게 된다.

위험회피 : $U(r+1)-U(r) < U(r)-U(r-1)$

수익률이 9%에서 10% 증가 시 증가되는 효용(= $U(10)-U(9)$)이 수익률 10%에서 11% 증가 시 증가되는 효용(= $U(11)-U(10)$)보다 크다.

위험선호 : $U(r)-U(r-1) < U(r+1)-U(r)$

수익률이 9%에서 10% 증가 시 증가되는 효용이 수익률 10%에서 11% 증가 시 증가되는 효용보다 작다.

위험중립 : $U(r-1)-U(r) = U(r+1)-U(r)$

수익률 수준에 관계없이 수익률 한 단위 증가 시 증가되는 효용은 동일하다.

〈그림 6-1〉은 이런 관계를 도표로 표현한 것이다.

그림 6-1 부와 효용함수

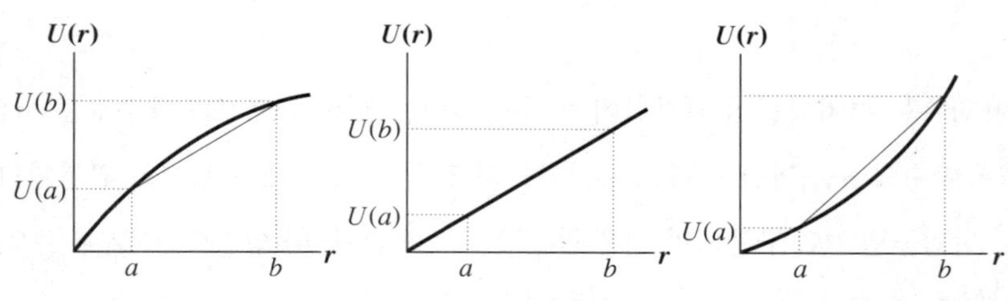

(a) 위험회피형 투자자 (b) 위험중립형 투자자 (c) 위험선호형 투자자

1.1.3 기대효용

기대효용(Expected Utility)은 각 대안의 발생 가능한 성과에 대해 부여된 효용의 기대치로 다음과 같이 정의된다. 따라서 투자자가 기대효용이 극대화되는 투자안을 선택하면 투자안의 기대수익과 위험을 동시에 고려할 수 있게 된다.

$$E(U(r)) = \Sigma P(r_i) \cdot U(r_i)$$

단, $E(U(r))$: 효용의 기대값(=기대효용)
$P(r_i)$: r_i가 발생할 확률
$U(r_i)$: 수익률 r_i의 효용
r_i : i상황에서의 수익률

1.1.4 기대부

기대부(Expected Wealth)는 각 대안의 발생 가능한 성과(수익률)의 기대치로 다음과 같이 정의된다.

$$E(r) = \Sigma P(r_i) \cdot r_i$$

$P(r_i)$: r_i가 발생할 확률
r_i : i상황에서의 수익률

1.1.5 확실성등가부

확실성등가부(CEW : certainty equivalent wealth)는 투자자가 위험투자안을 선택해 얻게 되는 부의 기대효용과 동일한 효용가치를 가지는 확실한 부를 말한다. 예를 들어, 확실성등가부는 위험증권의 투자수익률로부터 얻게 되는 기대효용과 같은 효용을 얻을 수 있는 무위험수익률을 의미한다.

1.1.6 위험 프리미엄

마코비츠 위험 프리미엄(Markowitz risk premium)이라고도 하며 투자가가 불확실한 게임을 피하기 위해 기꺼이 지불하려는 최대 부를 말하며 위험 프리미엄(risk premium)은 기대부에서 확실성등가부를 뺀 값이 된다.

$$\text{위험 프리미엄} = \text{기대부} - \text{확실성등가부} = E(r) - CEW$$

1.1.7 $U[E(r)]$

기대부(수익률)를 확실한 부로 간주할 때 얻어지는 효용을 의미한다.

예를 들어, 삼성전자 주가 기대수익률이 10%일 때, 이 수익률을 무위험수익률로 간주할 때 얻어지는 효용을 말한다.

위험에 대한 태도, CEW와 위험 프리미엄의 관계는 다음과 같다.

- 위험회피형 : $U[E(r)] > E[U(r)]$, $E(r) > CEW$, 위험 프리미엄 > 0
- 위험중립형 : $U[E(r)] = E[U(r)]$, $E(r) = CEW$, 위험 프리미엄 $= 0$
- 위험선호형 : $U[E(r)] < E[U(r)]$, $E(r) < CEW$, 위험 프리미엄 < 0

위험회피형 투자자에 적용되는 효용함수 $\sqrt{r}$과 로그함수($\log r$)를 예로 들어 이 개념들을 설명해 보자.

예 6-1

$U(r) = \sqrt{r}$ (여기서 r은 투자수익률)**의 효용함수를 갖는 투자자가 있다. 다음과 같은 투자기회 A, B에 관한 자료를 근거로 물음에 답하시오.**

투자기회 A		투자기회 B	
확률	수익률(r)	확률	수익률(r)
0.5	16	0.5	36
0.5	196	0.5	100

1) 어떤 투자기회를 선택할 것인가?

2) 이 투자가가 각 위험투자기회에 대해서 지불하고자 하는 최대 금액(위험 프리미엄)은 얼마인가?

해답

1) 기대효용을 구한 후 기대효용이 큰 투자안을 채택한다.

$$E(U_A) = 0.5U(16) + 0.5U(196) = 0.5 \times \sqrt{16} + 0.5 \times \sqrt{196} = 9$$
$$E(U_B) = 0.5U(36) + 0.5U(100) = 0.5 \times \sqrt{36} + 0.5 \times \sqrt{100} = 8$$

투자안 A를 선택한다.

2) 위험투자안의 위험 프리미엄

투자기회 A의 경우

① 기대부($E(r)$) $= 0.5 \times 16 + 0.5 \times 196 = 106$(원)

② 확실성등가부의 효용은 불확실한 미래의 부의 기대 효용과 같으므로

$E[U(r)] = U(CEW)$로부터 $0.5 \times U(16) + 0.5 \times U(196) = 9 = \sqrt{CEW}$

$CEW = 81$

③ 위험 프리미엄 = 기대부 − $CEW = 106 - 81 = 25$(원)

따라서 투자기회 A에 대해서 투자자가 지불할 수 있는 최대 금액(위험 프리미엄)은 25원이다.

그림 6-2 부와 $\sqrt{r}$ 효용함수

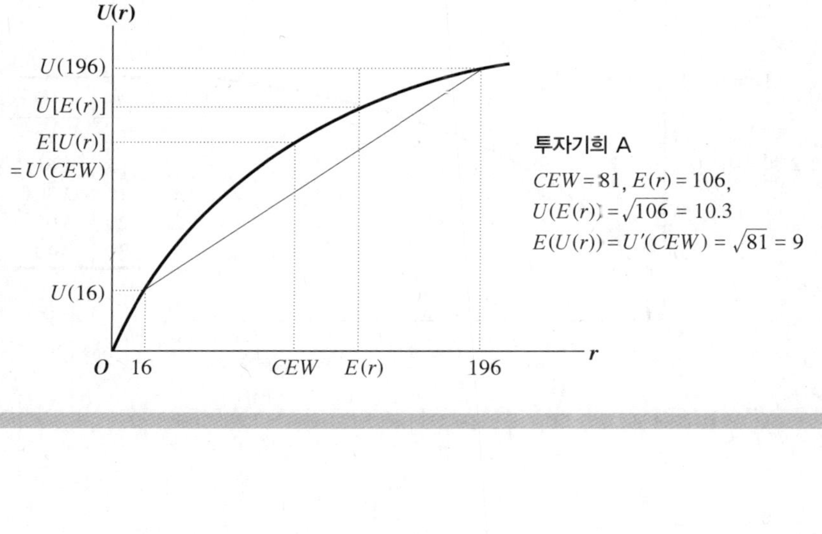

투자기회 B의 경우

같은 방법으로 계산하면 투자기회 B에서의 위험 프리미엄은 $E(r) - CEW = 68 - 64 =$ 4원이 된다.

3) 투자기회 A의 경우를 도해하면 〈그림 6-2〉와 같다.

예 6-2

$U(r) = \ln r$, 수익률$(r) = 5$를 얻을 확률이 80%, 30을 얻을 확률이 20%이다. 이 효용함수에서 위험 프리미엄과 CEW를 구하시오.

해답

$E(r) = 5 \times 0.8 + 30 \times 0.2 = 10$

$U[E(r)] = \ln 10 = 2.3$

$E[U(r)] = 0.8 \times U(5) + 0.2 \times U(30) = 1.97$

$U(CEW) = 1.97$로부터 $CEW = 7.17$이 된다.

위험 프리미엄은 기대부 $- CEW = 10 - 7.17 = 2.83$이 된다.

〈그림 6-3〉은 〈예 6-2〉를 도해한 것이다.

그림 6-3 부와 대수 효용함수

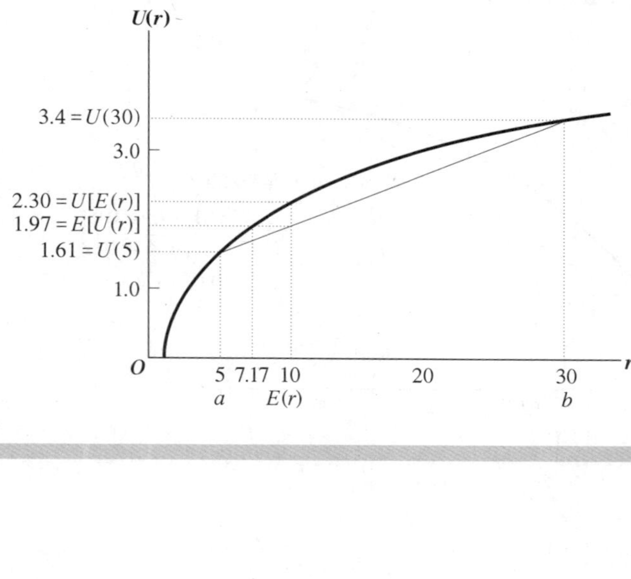

r	$U(r)$
1	0
5	1.61
10	2.30
20	3.00
30	3.40

2. 평균-분산모형

평균-분산모형(Mean-Variance Model)은 투자안의 가치와 기대효용을 수익률과 위험(분산)만으로 표시한 모형이다. 투자안의 가치는 투자수익률 분포를 정규분포로 가정하면 수익률과 분산으로 표현 가능하고, 기대효용은 아래와 같은 조건 중 하나 이상을 만족하면 수익률의 기대 값, 분산으로 표현된다.

첫째, 투자수익률 분포가 정규분포를 한다.

둘째, 기대효용함수가 수익률의 이차함수 $U(R) = a \cdot R - b \cdot R^2 (a, b > 0$인 상수) 형태를 갖는다.

[증명] 둘째 조건의 증명은 다음과 같다.

$$E[U(R)] = a \cdot E(R) - b \cdot E(R^2)$$
$$= a \cdot E(R) - b[V(R) + (E(R))^2] = f(E(R), V(R))$$

(단, $V(R) = E(R^2) - [E(R)]^2$)

따라서 평균-분산모형 하에서 투자안의 가치(V)와 기대효용 무차별곡선(U)은 다음과 같이 표현된다.

$$V = f(E(r), V(r))$$
$$U = E(r) - 0.005A \cdot V(r)$$

A : 위험회피도, $V(r)$: 수익률 분산, 0 005는 기대수익률과 위험의 크기를 조정하기 위한 숫자

기대효용 무차별곡선은 같은 효용함수 하에서 기대효용이 같은 포트폴리오의 기대수익률과 위험을 연결한 곡선함수이다.

기대효용 무차별곡선의 특징은 다음과 같다.

1) 투자자는 U가 가장 큰 포트폴리오를 선택한다.
2) 위험회피(선호) 투자자의 기대 효용은 기대수익률이 크면 커지고, 위험이 커지면 작아진다(커진다).
3) A가 클수록 U는 작아진다.
4) 위험회피 투자자는 $A > 0$, 위험선호 투자자는 $A < 0$가 된다.
위험회피(방어적) 성향이 큰 투자자일수록 A가 크다. 따라서 A가 클수록 위험이 한 단위 증가 시 동일한 효용을 얻기 위해서 A가 작은 경우(공격적 투자자)보다 더 높은 기대수익률이 요구된다.

그림 6-4 위험회피 성향별 무차별곡선

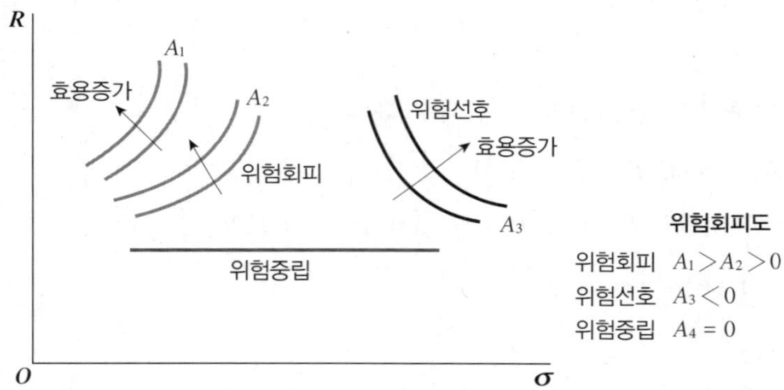

예 6-3

기대효용함수 $U = E(r) - 0.005AV(r)$이고 투자안 B, C, D의 기대수익률($E(r)$), 위험($V(r)$), 위험회피도(A)에 따른 기대효용은 다음과 같다. 위험회피도에 따른 기대효용 변화를 설명하시오.

투자안	$E(r)$	$V(r)$	기대효용	
			$A = 2$	$A = 3$
B	10	200	8	7
C	9.75	200	7.75	6.75
D	9.25	150	7.75	7

해답

현재 D를 선택한 투자자가

(1) C를 선택하면,

$A = 2$인 투자자는 기대효용이 7.75로 동일하나, $A = 3$인 투자자는 $A = 2$인 투자자보다 위험회피 성향이 크므로 기대효용이 7에서 6.75로 감소한다.

(2) B를 선택하면,

$A = 2$인 투자자는 $A = 3$인 투자자보다 위험회피 성향이 작으므로 기대효용이 7.75에서 8로 증가하나, $A = 3$인 투자자는 기대효용이 7로 동일하게 된다.

연습문제

Ⅰ. 다음을 설명하시오.

01. 투자안 선택기준 중 기대수익극대화의 문제점

02. 기대효용극대화 이론은 투자안의 위험을 어떻게 고려하는가?

03. 평균-분산모형

Ⅱ. 다음 문제에 답하시오.

04. 효용함수에 관한 설명 중 맞는 것은?

① 수익률 효용함수에서 위험선호형 투자자는 기대효용이 수익률 기대값에 증가함수이고 분산에 감소함수이다.

② 모든 수익률 효용함수의 기대효용은 수익률이 정규분포를 가지면 기대값, 분산 공간에 표시 가능하다.

③ 위험회피형 투자가는 위험자산인 주식에 투자했을 경우의 기대효용과 무위험자산 투자 시 효용이 같으려면 위험자산 기대수익률이 무위험자산 수익률보다 작아야 한다.

④ 위험회피형 투자자는 수익률 한 단위 증가 시 증가되는 효용은 수익률 수준이 클수록 증가한다.

Ⅲ. 다음 문장의 진위를 답하시오.

05. 위험선호 투자자는 투자자산의 수익률 분산이 줄어들면 같은 효용을 만족시키기 위해서 투자자산의 높은 기대수익률을 원한다.

06. 위험회피 투자자는 투자자산의 수익률 분산이 줄어들면 같은 효용을 만족시키기 위해서 투자자산의 높은 기대수익률을 원한다.

07. 수익률에 대해서 위험선호 효용함수를 갖는 투자자는 수익률이 증가할수록 효용이 감소한다.

08. 위험회피 투자자는 부가 100만원에서 1만원만큼 증가 시 증가되는 한계효용이 1,000만원에서 1만원만큼 증가 시 증가되는 한계효용보다 크다.

09. 위험선호 투자자는 부가 100만원에서 1만원만큼 증가 시 증가되는 한계효용이 1,000만원에서 1만원만큼 증가 시 증가되는 한계효용보다 크다.

10. 위험선호 투자자의 효용은 동일한 기대 수익률 하에서 분산이 클수록 감소된다.

11. 투자자들이 무위험자산 수익률과 위험자산 수익률에 대해 같은 효용을 얻기 위해서 위험자산의 기대수익률을 무위험자산 수익률보다 큰 것을 원한다면 그들의 효용함수는 위험회피함수를 의미하며, 이 경우 투자자들이 원하는 기대수익률 수준은 개개인의 효용에 따라 달라진다.

12. 위험회피도(A)가 같은 기대효용 무차별곡선은 동일한 형태를 갖는다.

13. 기대효용은 투자자의 위험선호도를 반영하지는 않는다.

14. 평균-분산모형은 위험회피자에게만 적용되는 모형이다.

Ⅳ. 다음 문제에 답하시오.

15. 효용함수

기대효용함수$(U) = E(r) - 0.005 \times A \times V(r)$이 있다($E(r)$: 기대수익률, A : 위험회피도, $V(r)$: 수익률 분산).

(1) 위험회피 투자자인 경우 A의 부호는? 그 이유는?

(2) 투자자 갑은 $A = 2$, 을은 $A = 4$이다. 두 투자자가 각자 효용함수를 기준으로 최적 위험투자안에 투자했다고 할 때 기대수익률과 위험은 어느 투자자가 큰가? 그 이유는?

(3) (주)홍익의 주가가 다음과 같다.

현재	1년 후	확률
50	55	40%
	50	60%

$A = 2$인 경우 기대효용을 구하시오.

(4) 위와 같은 위험자산 투자로 인한 효용과 동일한 기대효용을 얻기 위한 무위험자산 수익률은?

chapter 07

포트폴리오 이론, 효율적 포트폴리오, 최적 포트폴리오

1. 포트폴리오 수학 | **2.** 포트플리오 효과 | **3.** 효율적 포트폴리오 | **4.** 최적 포트폴리오

투자자들이 위험 하에서 투자자산(포트폴리오)들을 선택할 경우 기대수익과 위험에 기초한 의사결정과정과 이론들에 대해서 살펴보자.

위험 하에서 최적 투자자산(포트폴리오) 선택 시 효율적 자산과 최적 자산을 분리해 의사결정하며 다음과 같은 단계를 거친다.

첫째, 투자자 효용과 독립적으로 결정되는 투자기회 집합 중에서 효율적 투자자산(포트폴리오)을 선택한다.

둘째, 효율적 투자자산(포트폴리오) 중에서 투자자 효용을 극대화시키는 투자자산(포트폴리오)을 최적 투자자산(포트폴리오)으로 결정한다.

투자기회집합은 주식, 채권 등 다수의 자산들로 구성된 증권투자군인 포트폴리오의 집합으로 기대수익률과 위험(수익률 변동)으로 표시된다. 효율적 투자자산(포트폴리오)이란 투자기회 집합 중 지배원리를 만족하는 투자자산(포트폴리오)을 말한다. 지배원리는 평균-분산모형에 근거하여 위험회피 투자자들의 선호체계를 나타내는 투자자산(포트폴리오)의 선택기준으로, 주어진 위험(분산) 하에서 기대 수익률이 높은 투자자산(포트폴리오)을, 주어진 기대 수익률 하에서 분산이 작은 투자자산(포트폴리오)을 선택하는 원리이다.

최적 투자자산(포트폴리오)은 효율적 투자자산(포트폴리오) 중 개별 투자자의 효용을 최대로 만족시키는 투자자산(포트폴리오)으로 투자자 효용에 따라 투자자별로 존재한다.

위험자산 포트폴리오에서 최적 투자자산(포트폴리오)과 효율적 투자자산(포트폴리오)

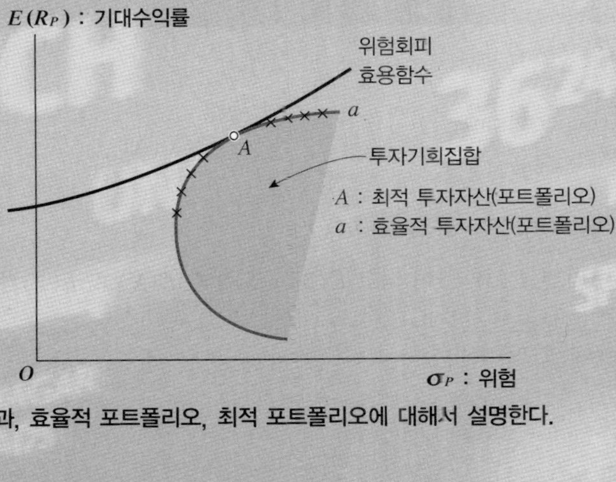

7장은 포트폴리오 효과, 효율적 포트폴리오, 최적 포트폴리오에 대해서 설명한다.

여러 투자대상에 분산투자하여 투자안의 위험을 줄이는 분산투자, 즉 포트폴리오 투자에 대한 체계적인 연구는 현대 포트폴리오 이론의 창시자로 불리는 마코비츠(Markowitz)가 1952년에 발표한 논문[1] "Portfolio Selection"에서 시작되었고, 이 논문에서 마코비츠는 4가지 가정 하에 이론을 전개했다. 첫째, 투자자들은 위험회피적이고 자신의 기대효용을 극대화한다. 둘째, 투자자들은 투자대상의 미래수익률에 대한 확률분포를 알 수 있으며 모든 투자자들은 이들에 대해 동일한 예측을 한다. 셋째, 투자자들의 투자결정은 평균-분산모형에 따라 투자대상을 선택한다. 넷째, 모든 투자자들의 투자기간은 1기간으로 한다. 포트폴리오 이론은 포트폴리오 수학에 대한 이해가 필수적이므로 포트폴리오 수학에 대한 소개를 먼저 하고 다음으로 포트폴리오 이론에 대한 설명을 하고자 한다.

1. 포트폴리오 수학

1.1 기대값(Expectation)

$E(a)=a,\ E(aX+bY)=aE(X)+bE(Y)$

$a=3,\ b=5$라면, $E(3)=3$이 되고 $E(3X+5Y)=3E(X)+5E(Y)$가 된다.

---

1. Harry Markowitz, "Portfolio Selection", *Journal of Finance*, Vol.3, No.1 (March 1952), pp.77~91.

1.2 분산(Variance)

$Var(a) = 0$

$a = 3$이면, $Var(3) = 0$이 된다.

$Var(aX) = a^2Var(X)$, $Var(aX + bY) = a^2V(X) + b^2V(Y) + 2abCov(X, Y)$,

$Cov(X, Y) = E[(X - E(X))(Y - E(Y))] = E(XY) - E(X)E(Y) = \rho\sigma_X\sigma_Y$

$Var(3X + 4Y) = 9Var(X) + 16Var(Y) + 2 \times 3 \times 4Cov(X, Y)$

$Cov(a, X) = 0$, $Cov(aX, Y) = aCov(X, Y)$, $Cov(aX, bY) = abCov(X, Y)$,

$Cov(X, Y + Z) = Cov(X, Y) + Cov(X, Z)$가 된다.

ρ : X, Y 상관계수
σ_X, σ_Y : X, Y 표준편차
$Cov(X, Y)$: X, Y 공분산

두 변수(x, y) 간의 상관계수(ρ)는 $\rho_{xy} = \dfrac{Cov(X, Y)}{\sigma_x \cdot \sigma_y}$로 정의되며 다음과 같은 특성을 갖는다.

첫째, 상관계수는 두 변수(x, y) 값들이 1차식($y = a + bx$)에 집중되어 있는 정도를 의미하며 $-1 \le$ 상관계수 ≤ 1 값을 갖는다.

둘째, (x, y)의 모든 값들이 선형식 $Y = a + bX$ 선상에 위치할 경우 $b > 0$이면 상관계수 = 1, $b < 0$이면 상관계수 = −1이 된다. 예를 들어, 모든 (x, y) 값들이 $y = 2 + 3x$ 선상에 위치하면 (x, y) 상관계수는 기울기 값에 관계없이 1이 된다.

셋째, 상관계수는 공분산과 부호가 같다. 즉, 공분산이 (−)이면 상관계수도 (−)이고, 공분산이 (+)이면 상관계수도 (+)가 된다.

예 7-1

2차식 선상에 (x, y)의 모든 값들이 위치하면 x, y의 상관계수는?

해답

모든 (x, y)가 2차식 선상에 위치한다는 것은 모든 (x, y)가 1차식 선상에 위치하지 않는다는 것을 의미하므로 상관계수는 1이나 −1이 될 수 없다. 구체적인 상관계수는 계산을 해야 알 수 있지만 0에 가까운 값이 예상된다.

1.3 포트폴리오 기대수익률과 위험

위 식을 증권 X, Y에 대해 적용하면 다음과 같다.

1) 포트폴리오 기대수익률

$$E(r_p) = \sum_{i=1}^{n} w_i \cdot E(R_i) = w_1 \cdot E(R_1) + w_2 \cdot E(R_2) + \cdots + w_n \cdot E(R_n) \ (\sum w_i = 1)$$
$$= \sum_{i=1}^{n} P_i \cdot R_{P_i} = P_1 \times R_{P_1} + P_2 \times R_{P_2} + \cdots + P_n \times R_{P_n} \ (R_{P_i} : \text{상황 } i \text{포트폴리오 수익률})$$

2) 포트폴리오 위험

$$V(R_P) = \sum_{i=1}^{n} \sum_{j=1}^{n} w_i w_j Cov(r_i, r_j)$$

2개의 위험자산(x, y)으로 구성된 포트폴리오의 경우, 포트폴리오 위험은 다음과 같이 표시된다.

$$\sigma_p = \sqrt{w_x^2 \sigma_x^2 + w_y^2 \sigma_y^2 + 2 w_x w_y Cov(r_x, r_y)}$$
$$= \sqrt{w_x^2 \sigma_x^2 + w_y^2 \sigma_y^2 + 2 w_x w_y \sigma_x \sigma_y \rho_{xy}}$$

공분산 $Cov(r_x, r_y)$

$$= E[(r_x - E(r_x))][r_y - E(r_y)] = E(r_x, r_y) - E(r_x) \cdot E(r_y)$$

$$= \rho_{xy} \cdot \sigma_x \cdot \sigma_y$$

σ_x^2 : 주식 X 수익률 분산, σ_y^2 : 주식 Y 수익률 분산, P_i : i상황 발생확률
w_i : 주식 i의 투자 비율, ρ_{xy} : 상관계수

〈그림 7－1〉은 포트폴리오 구성증권 x, y 수익률 간의 상관계수에 따른 구성증권 수익률 상관관계를 보여준다.

그림 7－1 포트폴리오 구성증권 간의 상관관계

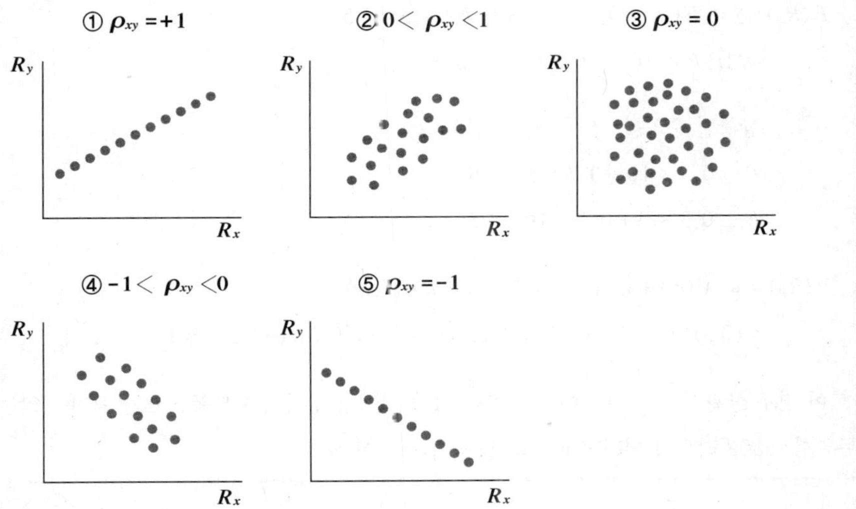

예 7－2

다음과 같은 자료를 이용해 위험자산 X, Y로 구성된 포트폴리오 기대수익($E(r)$), 분산($V(r)$)을 구하시오.

P_r	r_X	r_Y
0.5	10	5
0.5	5	10

$w_x = 0.3$, $w_y = 0.7$

해답

$$E(r_x) = 0.5 \times 10 + 0.5 \times 5 = 7.5$$

$$E(r_y) = 0.5 \times 5 + 0.5 \times 10 = 7.5$$

$$V(r_x) = 0.5 \times (10 - 7.5)^2 + 0.5 \times (5 - 7.5)^2 = 6.25,$$

$$V(r_y) = 0.5 \times (5 - 7.5)^2 + 0.5 \times (10 - 7.5)^2 = 6.25,$$

$$Cov(r_x, r_y) = E[(r_x - E(r_x))(r_y - E(r_y))]$$

$$= 0.5 \times (10 - 7.5)(5 - 7.5) + 0.5 \times (5 - 7.5)(10 - 7.5) = -6.25$$

$$\text{상관계수} = \frac{Cov(r_x, r_y)}{\sigma_X \sigma_Y} = \frac{-6.25}{\sqrt{6.25} \cdot \sqrt{6.25}} = -1$$

$$E(R_p) = \Sigma w_i E(R_i) = 0.3 \times 7.5 + 0.7 \times 7.5 = 7.5$$

$$= \Sigma P_i R_{P_i} = 0.5 \times 6.5 + 0.5 \times 8.5 = 7.5$$

상황별 수익률

$$R_{P_1} : 0.3 \times 10 + 0.7 \times 5 = 6.5$$

$$R_{P_2} : 0.3 \times 5 + 0.7 \times 10 = 8.5$$

$$V(R_p) = w_x^2 V(r_x) + w_y^2 V(r_y) + 2 w_x w_y Cov(r_x, r_y)$$

$$= (0.3)^2 \times 6.25 + (0.7)^2 \times 6.25 + 2 \times 0.3 \times 0.7 \times (-6.25) = 1$$

이 경우 상관계수가 −1이어도 $V(R_P) = 1$이 되어서 무위험 포트폴리오가 되지는 않는다. 무위험 포트폴리오가 되려면 w_x, w_y를 잘 선택해야 한다.

2. 포트폴리오 효과

포트폴리오 효과(portfolio effect)는 포트폴리오 구성증권 수익률 간의 상관관계 또는 구성증권 종목수에 의해서 포트폴리오 분산이 줄어드는 효과(= 위험감소 효과)를 말한다. 수익률 간의 상관관계에 의한 포트폴리오 효과는 개별증권 수익률 상관계수가 −1일 때 최대가 되고 상관계수가 커질수록 계속 줄어들어 +1일 때 효과가 없게 되어 최소가 된다. 포트폴리오 구성증권수가 증가할 경우 개별증권 자체 가격변동요인에 의한 수익률 분산이 줄어들게 되어서 포트폴리오 효과는 커지게 되나, 개별증권 수익률 상관관계에 의한 분산은 줄어들지 않는다.

2.1 두 위험자산으로 구성된 포트폴리오 효과

두 위험자산으로 구성된 포트폴리오 효과는 두 위험자산 수익률 상관계수에 의해서 결정된다. $\rho_{xy}=+1$, $\rho_{xy}=-1$, $\rho_{xy}=0$인 경우를 중심으로 설명해 보자.

① $\rho_{xy}=+1$, 즉 두 증권 수익률의 상관관계가 완전 양(+)의 관계에 있을 경우
포트폴리오 분산 $Var(R_p)=(w_x\sigma_x+w_y\sigma_y)^2$으로부터
표준편차 $\sigma_p=w_x\sigma_x+w_y\sigma_y$가 된다.

② $\rho_{xy}=-1$, 즉 두 증권 수익률의 상관관계가 완전 음(−)의 관계에 있을 경우
포트폴리오 분산 $Var(R_p)=(w_x\sigma_x-w_y\sigma_y)^2$으로부터
$\therefore \sigma_p=|w_x\sigma_x-w_y\sigma_y|$가 된다.

③ $\rho_{xy}=0$, 즉 두 증권 수익률의 상관관계가 영(0)인 경우
포트폴리오 분산 $Var(R_p)=w_x^2\sigma_x^2+w_y^2\sigma_y^2$으로부터
$\therefore \sigma_p=\sqrt{w_x^2\sigma_x^2+w_y^2\sigma_y^2}$가 된다.

포트폴리오 효과는 동일한 기대수익률 하에서 위험을 비교해야 하므로, 위 결과와 같이 기대수익률 없이 위험만을 가지고는 상관계수에 따른 포트폴리오 효과를 비교할 수가 없다. 동일한 기대수익률을 갖는 포트폴리오 중에서 상관계수에 따른 위험을 분석함으로써 포트폴리오 효과를 확인할 수 있다.

〈그림 7-2〉는 이 관계를 도표화한 것이다. 〈그림 7-2〉는 동일한 기대수익률 하에서 상관계수가 1일 때 위험이 제일 크고, −1일 때 위험이 제일 작다는 것을 보여주고 있다. 따라서 포트폴리오 효과는 상관계수가 1일 때 없고, −1일 때 제일 크게 된다는 것을 알 수 있다.

두 위험자산으로 구성된 포트폴리오가 주어진 상관계수 하에서 위험이 최소가 되

그림 7-2 상관계수와 포트폴리오 효과

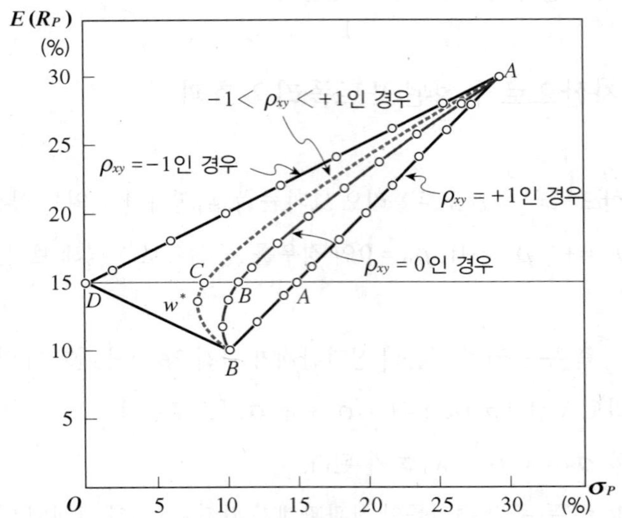

는 포트폴리오를 최소분산 포트폴리오라 한다. 최소분산 포트폴리오 중에서 두 위험자산 수익률 상관계수가 −1이면 포트폴리오 효과가 최대가 되며 위험이 0인 완전헤지 포트폴리오를 구할 수 있다. 이 포트폴리오는 〈그림 7−2〉에서 y축상 수익률 15%인 무위험 포트폴리오와 동일한 무위험 수익률을 갖는다.

이와 같은 무위험 포트폴리오를 구성하는 두 위험자산 간 투자비율은 앞에서 설명한 개념들을 이용해 다음과 같이 구해진다.

첫째, 두 위험자산 x와 y로 구성되는 포트폴리오 중 주어진 상관계수 하에서 분산이 최소가 되는 최소분산 포트폴리오(MVP : minimum variance portfolio)를 구한다.

포트폴리오 기대수익률 $E(R_P) = w_x \times E(r_x) + w_y \times E(r_y)$ **(7.1)**

포트폴리오 분산 $\sigma_P^2 = w_x^2 \cdot \sigma_x^2 + w_y^2 \cdot \sigma_y^2 + 2w_x \cdot w_y \cdot \sigma_x \cdot \sigma_y \cdot \rho_{xy}$ **(7.2)**

포트폴리오 분산 식 (7.2)에 $w_x = 1 - w_y$를 대입한 후 w_y에 대해서 미분하면

$$\frac{\partial \sigma_P^2}{\partial w_y} = w_y[\sigma_y^2 + \sigma_x^2 - 2Cov(r_y, r_x)] - [\sigma_x^2 - Cov(r_y, r_x)] = 0$$

으로부터 최소분산 포트폴리오가 되는 w_y^*, w_x^*가 다음과 같이 구해진다.

$$w_y^* = \frac{\sigma_x^2 - Cov(r_x, r_y)}{\sigma_y^2 + \sigma_x^2 - 2Cov(r_x, r_y)} = \frac{\sigma_x^2 - \rho_{xy} \cdot \sigma_x \cdot \sigma_y}{\sigma_x^2 + \sigma_y^2 - 2\rho_{xy} \cdot \sigma_x \cdot \sigma_y}$$

$$w_x^* = 1 - w_y^*$$

둘째, 최소분산 포트폴리오 투자비율 $w_x^*, w_y^*(MVF)$에 상관계수 $\rho_{xy} = -1$을 대입하면 무위험 포트폴리오가 되는 투자비율이 구해진다.

$$w_y^* = \frac{\sigma_x}{\sigma_x + \sigma_y}, \quad w_x^* = 1 - w_y^* = \frac{\sigma_y}{\sigma_x + \sigma_y} \tag{7.3}$$

식 (7.3)을 두 위험자산으로 구성된 포트폴리오 기대수익률과 분산 식 (7.1), (7.2)에 대입하면 기대수익률 $E(R_P) = w_x^* E(R_x) + w_y^* E(R_y) = \frac{\sigma_y E(R_x) + \sigma_y E(R_y)}{\sigma_x + \sigma_y}$, $V(R_P) = 0$이 구해져서 이 포트폴리오는 수익률이 상수이고, 수익률 분산(위험)이 0인 무위험 포트폴리오가 된다.

예 7-3

두 위험자산(X, Y)의 상황별 발생 확률과 수익률이 다음과 같다.

	확률	실현수익률	
		주식 X	주식 Y
호황	0.7	20%	−10%
불황	0.3	−10%	5%

(1) 주식 X, Y 기대수익률

(2) 주식 X, Y 분산

(3) 공분산

(4) 상관계수

(5) 최소분산 포트폴리오를 구하시오.

해답

(1) $E(R_X) = 0.7 \times 0.2 + 0.3 \times (-0.1) = 0.11$

$E(R_Y) = 0.7 \times (-0.1) + 0.3 \times (0.05) = -0.055$

(2) $\sigma_X^2 = 0.7 \times (0.2 - 0.11)^2 + 0.3 \times (-0.1 - 0.11)^2$

$= 0.7 \times 0.09^2 + 0.3 \times 0.21^2 = 0.0189$

$\sigma_Y^2 = 0.7 \times (-0.1 + 0.055)^2 + 0.3 \times (0.05 + 0.055)^2$

$= 0.7 \times 0.045^2 + 0.3 \times 0.105^2 = 0.004725$

(3) $Cov(R_X, R_Y) = 0.7 \times (0.2 - 0.11)(-0.1 + 0.055)$

$+0.3(-0.1 - 0.11)(0.05 + 0.055) = -0.00945$

(4) $\rho \fallingdotseq -1$

(5) $W_Y = \dfrac{\sigma_X^2 - Cov(r_X, r_Y)}{\sigma_X^2 + \sigma_Y^2 - 2Cov(r_X, r_Y)} = \dfrac{0.02835}{0.042525} = 0.67$, $W_X = 1 - W_Y = 0.33$

2.2 포트폴리오 구성종목수에 따른 포트폴리오 효과

포트폴리오 구성종목수가 두 종목인 경우에서 살펴보았던 것처럼 포트폴리오 효과는 포트폴리오 구성종목 수익률 간의 상관관계가 작을수록 커지지만, 포트폴리오 구성종목수가 많아도 커진다. 포트폴리오분산은 종목수가 많아지면 개별증권 고유의 특성으로부터 발생하는 위험은 줄어들게 되나 개별증권 수익률 간의 상관관계로부터 발생하는 위험은 구성종목수를 무한대로 증가시켜도 줄어들지 않는다.

구성종목수(n)가 3인 경우 포트폴리오 분산은 다음과 같다.

$$Var(R_P) = Var(w_1 r_1 + w_2 r_2 + w_3 r_3)$$
$$= w_1^2 \sigma_1^2 + w_2^2 \sigma_2^2 + w_3^2 \sigma_3^2 + 2(w_1 w_2 \sigma_{12} + w_1 w_3 \sigma_{13} + w_2 w_3 \sigma_{23})$$

만약 포트폴리오 효과를 최대로 하기 위해서 증권 1과 증권 2 수익률 상관계수를

−1, 증권 1과 증권 3 수익률 상관계수를 −1로 하면 증권 2와 증권 3 수익률 상관계수는 1이 된다.

이와 같이 구성종목수가 세 개만 되어도 포트폴리오 구성종목 수익률 간의 상관계수가 모두 −1인 경우는 존재할 수 없고, 따라서 포트폴리오 효과는 구성종목 수익률 상관관계로 인해서 제한되며, 구성종독 수익률 간의 상관관계로 인해 포트폴리오 분산이 0인 포트폴리오를 구성할 수 없게 된다.

$n = n$인 경우로 일반화시키면 포트폴리오 분산은 다음과 같게 된다.

$$Var(R_P) = w_1^2\sigma_1^2 + w_2^2\sigma_2^2 + \cdots + w_n^2\sigma_n^2$$
$$+2(w_1 w_2 \sigma_{12} + w_1 w_3 \sigma_{13} + \cdots + w_1 w_n \sigma_{1n} + w_2 w_1 \sigma_{21} + \cdots)$$

이 식을 정리하면

$$Var(R_P) = \sum_{i=1}^{n}\sum_{j=1}^{n} w_i w_j \sigma_{ij} \tag{7.4}$$

w_i : 주식 i에 대한 투자비율, w_j : 주식 j에 대한 투자비율

σ_{ij} : 주식 i와 주식 j수익률간의 공분산, σ_i : 주식 i수익률의 표준편차

σ_j : 주식 j수익률의 표준편차

가 되므로,

포트폴리오 분산은 아래와 같이 표현될 수 있다.

$$Var(R_P) = \sum_{i=1}^{n}\sum_{j=1}^{n} w_i w_j \sigma_{ij}$$
$$= \sum_{\substack{i=1 \\ i=j}}^{n} w_i^2 \sigma_i^2 + \sum_{\substack{i=1 \\ i\neq j}}^{n}\sum_{j=1}^{n} w_i w_j \sigma_{ij}$$

$$Var(R_P) = \sum_{\substack{i=1 \\ i=j}}^{n} w_i^2 \sigma_i^2 + \sum_{\substack{i=1 \\ i\neq j}}^{n}\sum_{j=1}^{n} w_i w_j \sigma_{ij} \tag{7.5}$$

$w_i = w_j = \frac{1}{n}$로 놓으면 포트폴리오 위험은

$$= \sum_{i=1}^{n}\left(\frac{1}{n}\right)^2 \sigma_i^2 + \sum_{\substack{i=1 \\ i \neq j}}^{n} \sum_{j=1}^{n}\left(\frac{1}{n}\right)\left(\frac{1}{n}\right)\sigma_{ij}$$

$$= \frac{1}{n}\sum_{i=1}^{n}\frac{\sigma_i^2}{n} + \frac{n-1}{n}\sum_{i=1}^{n}\sum_{j=1}^{n}\frac{\sigma_{ij}}{n(n-1)} \tag{7.6}$$

가 되고,

개별증권 수익률 분산의 평균을 $\overline{\sigma}^2$, 공분산의 평균을 $\overline{\sigma}^{ij}$로 표시하면

$$\sum_{i=1}^{n}\frac{\sigma_i^2}{n} = \overline{\sigma}^2,\ \sum_{i=1}^{n}\sum_{j=1}^{n}\frac{\sigma_{ij}}{n(n-1)} = \overline{\sigma}^{ij} \text{ 가 되므로}$$

포트폴리오 분산은 다음과 같이 표시된다.

$$Var(R_P) = \frac{1}{n}\overline{\sigma}^2 + \frac{n-1}{n}\overline{\sigma}^{ij} = \frac{1}{n}(\overline{\sigma}^2 - \overline{\sigma}^{ij}) + \overline{\sigma}^{ij} \tag{7.7}$$

식 (7.7)에서 구성종목수(n)가 증가되면 첫째 항은 0에 수렴하며 $Var(R_P) = \overline{\sigma}_{ij}$가 된다.

$$\lim_{n\to\infty}\left[\frac{1}{n}(\overline{\sigma}^2 - \overline{\sigma}^{ij}) + \overline{\sigma}^{ij}\right] = \overline{\sigma}^{ij} \tag{7.8}$$

즉, 포트폴리오 수익률 분산은 $Var(R_P) = \overline{\sigma}^{ij}$가 되어 포트폴리오 구성종목수를 늘려도 더 이상 줄어들지 않는 분산, 즉 분산 불가능 위험만 남게 된다.

포트폴리오 분산 중 분산 가능 위험(diversifiable risk)은 기업고유위험(firm specific risk), 비체계적 위험(non-systematic risk), 분산 불가능 위험(non-diversifiable risk)은 증권시장의 공통요인과 연관되므로 시장위험(market risk) 혹은 체계적 위험(systematic risk)이라고도 한다.

예 7-4

개별주식 i의 수익률 평균분산 $\overline{\sigma}^2$이 60%이고, 평균공분산($\overline{\sigma}_{ij}$)이 20%일 경우 구성 종목수 (n)이 2, 10, 30, 무한대일 때의 포트폴리오 분산을 구하시오.

해답

$$Var(R_P) = \frac{1}{n} \times \overline{\sigma}^2 + \frac{n-1}{n} \times \overline{\sigma}_{ij}$$

$$n=2,\ Var(R_P) = \frac{1}{2} \times 60 + \frac{2-1}{2} \times 20 = 40\%$$

$$n=10,\ Var(R_P) = \frac{1}{10} \times 60 + \frac{10-1}{10} \times 20 = 24\%$$

$$n=30,\ Var(R_P) = \frac{1}{30} \times 60 + \frac{30-1}{30} \times 20 = 21.3\%$$

$$n=\infty,\ Var(R_P) = 20\%$$

〈그림 7-3〉은 이런 관계를 잘 보여주고 있다.

그림 **7-3** **분산 가능 위험, 시장위험**

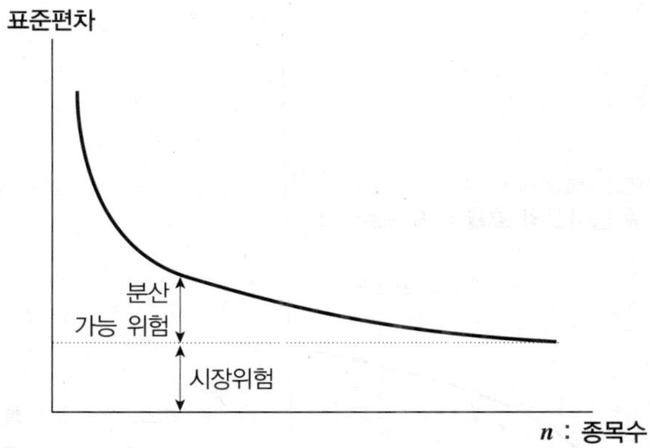

만약 포트폴리오 구성종목 수익률 간의 상관계수가 모두 0일 경우 구성종목수를 크게 하면 비체계적 위험뿐만 아니라 체계적 위험도 0이 된다. 그러나 현실적으로 포트폴리오 구성종목수가 많아지면 구성종목 수익률 간의 상관계수가 모두 0이 되지는 않으므로 체계적 위험이 0이 되지는 않는다.

3. 효율적 포트폴리오

3.1 위험자산으로 구성된 효율적 포트폴리오

두 개 이상의 위험자산들로 구성된 포트폴리오의 기대수익률과 표준편차를 기대수익률-표준편차 평면상에 표시하면 투자기회집합(investment opportunity set)이 구해진다. 투자기회집합 중 지배원리(Dominance Principle)를 만족하는 포트폴리오를 효율적 포트폴리오(efficient portfolio)라 한다. 지배원리는 위험회피 투자자들이 평균-분산모형에 근거해 투자대상 중 동일한 기대수익률 하에서 위험이 가장 낮은 대상을, 동일한 위험 하에서 기대수익률이 가장 큰 대상을 선택하는 것을 말한다. 전자를 만족하는 포트폴리오는 '최소분산 포트폴리오', 두 조건을 모두 만족하는 포트폴리오는 '효율적 포트폴리오'가 된다.

〈그림 7-4〉는 투자기회집합, 최소분산 포트폴리오, 효율적 포트폴리오를 보여주고 있다.

그림 7-4 위험자산의 효율적 포트폴리오

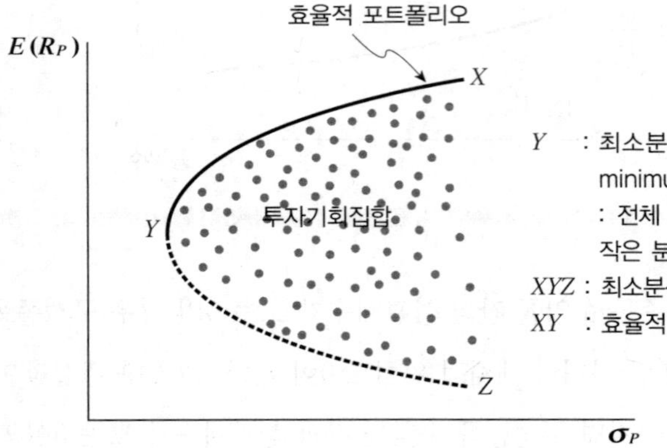

Y : 최소분산 포트폴리오(global minimum variance portfolio)
: 전체 포트폴리오 중에서 가장 작은 분산을 갖는 포트폴리오

XYZ : 최소분산 포트폴리오 집합

XY : 효율적 포트폴리오

예 7-5

기대수익률과 표준편차가 다음과 같은 포트폴리오 중에서 최소분산 포트폴리오 집합과 효율적 포트폴리오를 구하시오.

포트폴리오	A	B	C	D	E
기대수익률(%)	10	6	10	3	7
표준편차(%)	14	4	15	4	9

해답

최소분산 포트폴리오 집합은 동일한 기대수익률 하에서 표준편차(위험)이 제일 작은 포트폴리오 집합이므로 A, B, D, E가 되고, 효율적 포트폴리오는 최소분산 포트폴리오 집합 중 기대수익률이 제일 큰 포트폴리오이므로 A, B, E가 된다.

3.2 무위험자산도 포함할 경우의 효율적 포트폴리오

위험자산만으로 구성된 효율적 포트폴리오에 무위험자산도 포함될 경우의 위험 감소 효과와 효율적 포트폴리오에 대해서 설명해 보자.

3.2.1 무위험자산

무위험자산이란 어떤 상황에서도 확정된 수익이 보장되어 수익률의 변동과 채무불이행 위험이 없는 자산을 말한다. 그러나 현실적으로 이런 조건을 갖춘 자산은 존재하기 힘드므로 미국에서는 30일 또는 90일 만기의 재무성발행 단기국채(T-bill), 우리나라에서는 90일 만기의 통화안정증권, 양도성예금증서, 정기예금 등을 대용치로 사용하고 있다.

3.2.2 무위험자산 추가 시 포트폴리오 효과와 자본배분선

무위험자산과 효율적 위험자산으로 구성된 포트폴리오는 포트폴리오 효과(위험감소 효과)로 인해서 효율적 위험자산만으로 이루어진 포트폴리오보다 지배원리를 만족시키게 되므로 더 효율적 포트폴리오가 된다.

이에 대해서 자세히 설명해 보기로 하자.

무위험자산과 효율적 위험자산으로 구성된 포트폴리오 기대수익률과 위험을 구하면 다음과 같이 된다.

$$E(R_P) = w \cdot E(R_A) + (1 - w) R_f \tag{7.9}$$

$$Var(R_P) = w^2 \sigma_A^2 + (1 - w)^2 \sigma_{R_f}^2 + 2w(1 - w)\sigma_{A,R_f}$$

$\sigma_{R_f} = 0, \sigma_{A,R_f} = 0$이므로

$$Var(R_P) = w^2 \sigma_A^2$$

(w는 효율적 위험자산 포트폴리오 A의 투자비율, $1 - w$는 무위험자산 투자비율, σ_{A}, R_f는 A와 무위험자산과의 공분산)

따라서 포트폴리오 표준편차는 다음과 같다.

$$\sigma_P = w \cdot \sigma_A \tag{7.10}$$

식 (7.10)으로부터 유도된 $w = \frac{\sigma_P}{\sigma_A}$를 기대수익률 식 (7.9)에 대입하면 다음과 같은 자본배분선(CAL : Capital Allocation Line)이 구해진다.

$$E(R_P) = R_f + \frac{E(R_A) - R_f}{\sigma_A} \cdot \sigma_P \tag{7.11}$$

R_f : 무위험이자율, $E(R_A)$: 효율적 위험자산 포트폴리오 A의 기대수익률

w : 효율적 주식 포트폴리오 A에의 투자비율, $1 - w$: 무위험자산에 대한 투자비율
σ_A : 효율적 위험자산 포트폴리오 A 수익률 표준편차
σ_P : 무위험자산과 효율적 위험자산으로 구성된 포트폴리오 수익률 표준편차

그림 7-5 자본배분선

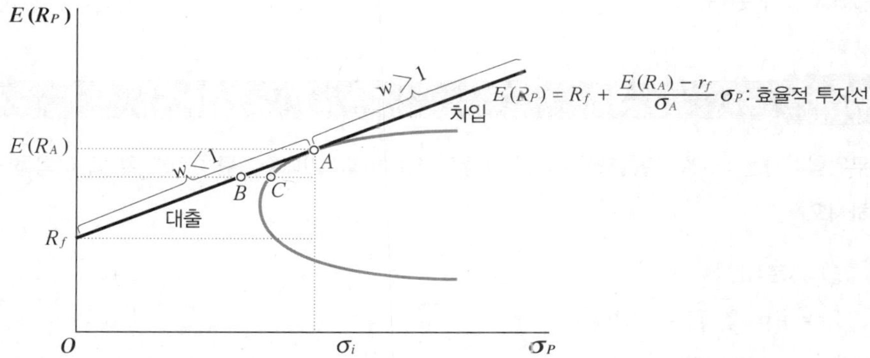

A : 효율적 위험자산 포트폴리오
B가 C보다 더 효율적 포트폴리오

$w_A < 1$: 무위험자산에 투자 : 대출 포트폴리오
$w_A > 1$: 차입하여 위험자산에 투자 : 차입 포트폴리오

자본배분선은 무위험자산과 효율적 위험자산으로 구성된 포트폴리오의 효율적 투자선을 나타내는 직선으로 효율적 위험자산과 무위험자산으로 구성된 포트폴리오가 효율적 위험자산만으로 구성된 포트폴리오보다 동일한 기대수익률 하에서 위험이 작아지므로 더 효율적 포트폴리오임을 보여준다.

자본배분선의 특성은 다음과 같다.

첫째, 자본배분선의 기대수익률은 포트폴리오 위험(표준편차)에 선형적으로 비례한다. 이 식의 기울기 $\frac{E(R_A) - R_f}{\sigma_A} = \frac{E(R_P) - R_f}{\sigma_P}$는 위험 한 단위에 대한 위험 프리미엄의 크기인 투자보상 대 변동성 비율(RVAR : reward-to-variability ratio)을 의미하며, 위험자산과 무위험자산 투자비율과 무관하다.

둘째, 포트폴리오 위험(σ_P)은 위험자산 수익률 표준편차(σ_A)와 위험자산 투자비율

(w)이 클수록 커진다.

셋째, 무위험자산에 투자하면(대출 포트폴리오), 위험자산 투자비율$(w) < 1$로 $\sigma_P < \sigma_A$, $E(R_P) < E(R_A)$이 되고, 투자원금과 무위험 이자율로 차입한 자금 모두를 위험자산에 투자하면(차입 포트폴리오), 위험자산 투자비율$(w) > 1$로 $\sigma_P > \sigma_A$, $E(R_P) > E(R_A)$가 된다.

예 7-6

무위험이자율 : 5%, 위험자산수익률 표준편차 : 30%, 기대수익률 : 20%일 때 다음을 구하시오.

1) 자본배분선
2) $w = 0.7$일 경우 $E(R_P)$
3) $w = 1.2$일 경우 $E(R_P)$

해답

1) $E(R_P) = 5 + \dfrac{20-5}{30} \times$ 포트폴리오 수익률 표준편차
$= 5 + 0.5 \times$ 포트폴리오 수익률 표준편차

2) $w = 0.7$일 경우

$\sigma_P = w \cdot \sigma_A = 0.7 \times 0.3 = 0.21 = 21\% < \sigma_A = 30\%$

$E(R_P) = 5 + 0.5 \times 21 = 15.5\% < E(R_A) = 20\%$

3) $w = 1.2$일 경우

$\sigma_P = w_{\sigma_A} = 1.2 \times 0.3 = 0.36 = 36\% > \sigma_A = 30\%$

$E(R_P) = 5 + 0.5 \times 36 = 23\% > E(R_A) = 20\%$

4. 최적 포트폴리오

최적 포트폴리오는 투자자의 기대효용을 극대화하는 포트폴리오를 말한다. 위험회피 효용 하에서 평균-분산모형에 의한 최적 포트폴리오는 다음과 같다.

1) 위험자산으로 구성된 포트폴리오의 경우의 최적 포트폴리오

최적 포트폴리오는 효율적 위험 포트폴리오 중 기대효용을 극대화하는 포트폴리오가 된다(〈그림 7-6〉 참조).

그림 7-6 최적 포트폴리오

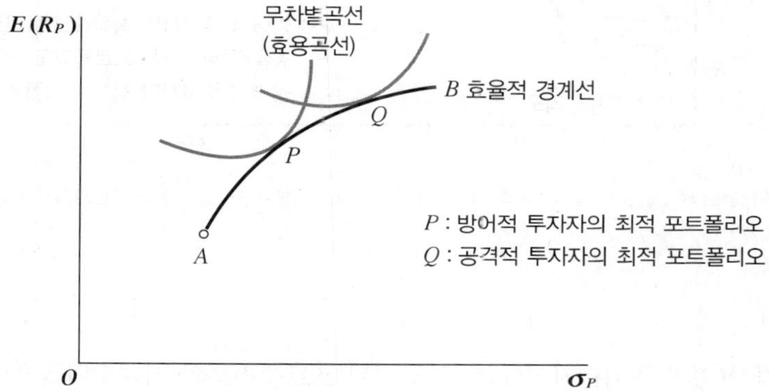

2) 위험자산과 무위험자산으로 구성된 포트폴리오의 경우의 최적 포트폴리오

최적 포트폴리오는 투자자의 기대효용을 극대화시키는 효율적 위험 포트폴리오 (B)와 무위험자산(f)의 투자비율로 결정되며, 효율적 위험 포트폴리오에 대한 투자비율(w^*)은 다음과 같다.

$$w^* = \frac{E(R_B) - R_f}{A \cdot \sigma_B^2} = \frac{1}{A} \cdot \frac{E(R_B) - R_f}{\sigma_B^2} \tag{7.12}$$

위험회피도(A)가 커지면 위험자산 투자비율(y^*)은 작아지고, 무위험자산 투자비율은 커진다(〈그림 7-7〉 참조).

포트폴리오 A는 위험회피도가 큰 방어적 투자자, 포트폴리오 C는 위험회피도가 작은 공격적 투자자가 선택하는 최적 포트폴리오이다.

그림 7-7 무위험자산을 포함하는 최적 포트폴리오

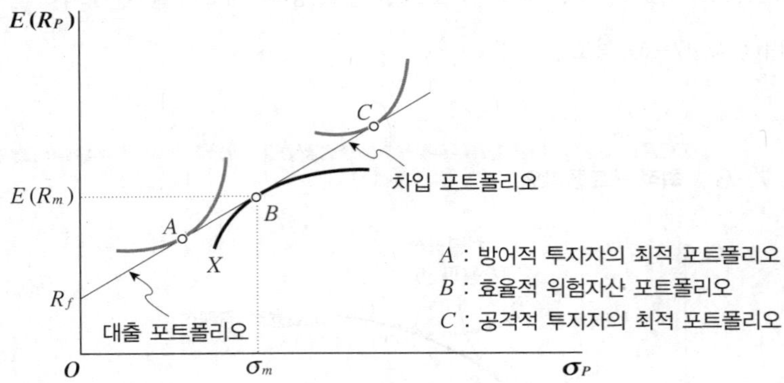

[증명]

위험자산(B)과 무위험자산(f)으로 구성된 포트폴리오와 기대수익률은 다음과 같다(w : 위험자산 투자비율).

$$R_P = w \cdot R_B + (1-w)R_f$$
$$E(R_P) = w \cdot E(R_B) + (1-w) \cdot R_f = R_f + w[E(R_B) - R_f]$$

기대효용함수를 $U = E(R_P) - \frac{1}{2}A \cdot \sigma_P^2$라 하고, 위 식을 대입하면 다음 식이 유도된다.

$$\begin{aligned} U &= E(R_P) - \frac{1}{2}A \cdot \sigma_P^2 \\ &= R_f + w[E(R_B) - R_f] - \frac{1}{2}A \cdot w^2 \cdot \sigma_B^2 \end{aligned}$$

최적 포트폴리오는 U가 최대가 되는 w를 구하면 되므로 미분식 $\frac{\partial U}{\partial w} = 0$으로부터 w^*가 구해진다.

$$w^* = \frac{E(R_B) - R_f}{A \cdot \sigma_B^2}$$

지금까지 설명한 평균-분산 기준을 적용하기 위한 제약조건들이 충족되지 않는 경우, 즉 효용함수 형태와 수익률의 확률분포 형태에 제약을 두지 않을 경우에는 위험자산 수익률 비교선택을 위해 확률지배이론(stochastic dominance)을 적용한다. 확률지배이론은 위험자산 수익률의 확률분포는 알려져 있으나 정규분포가 아닌 경우, 투자자의 구체적인 효용함수 형태를 파악하기 불가능한 경우에 투자자의 효용함수에 대해 인정될 수 있는 최소한의 일반적인 속성만을 고려하여 위험자산을 선택하는 이론이다. 그러나 이 이론은 위험자산 수익률 확률분포를 알아야 하며, 두 개의 위험자산 수익률만 비교 가능하다는 한계가 있다.

[연습문제]

I. 다음을 설명하시오.

01. 위험자산만으로 이루어진 포트폴리오 수익률 분산이 0이 되는 경우는 2가지 경우가 있다. 그 두 가지 경우를 들고, 왜 그런지를 위험자산들 간 상관계수, 포트폴리오 구성자산수와 관련시켜 설명하시오.

02. 지배원리(Dominance Principle)를 설명하시오.

03. 체계적 위험과 비체계적 위험을 설명하시오.

04. 포트폴리오 효과

05. 최소분산 포트폴리오

06. RVAR(reward–to–variability ratio)

07. 효율적 포트폴리오

II. 다음 문제에 답하시오.

08. 상관계수에 대한 설명 중 틀린 것은?

① 두 자산수익률 상관계수는 수익률 공분산을 두 자산들의 수익률 표준편차로 표준화한 값이다.

② 시장모형에서 베타가 클수록 시장 포트폴리오 수익률과 개별증권 수익률 상관계수는 반드시 커져야 한다.

③ 시장모형에서 개별증권 수익률과 시장 포트폴리오 수익률 상관계수가 클수록 개별증권 수익률 총위험에서 체계적 위험이 차지하는 비중이 크다.

④ 위험자산 수익률이 정규분포가 아니면 수익률 상관계수가 0이라 할지라도 자산수익률은 독립적이 아닐 수 있다.

09. 다음 중 맞는 답은?

① 종목수가 둘인 포트폴리오는 수익률 상관계수가 −1이 아니더라도 수익률 분산이 0인 포트폴리오를 구성할 수 있다.

② 포트폴리오 구성종목수를 무한히 증가시킬 경우 종목 간 수익률의 상관계수가 0인 경우 분산이 0이 된다.

③ RVAR은 투자자의 선호도에 따라 달라질 수 있다.

④ 포트폴리오 구성자산수가 증가할수록 위험은 지속적으로 감소한다.

10. 비체계적 위험에 대한 설명 중 틀린 것은?

① 분산투자로 제거가 가능하다.

② 투자자들이 보상을 요구하지 않는 위험이다.

③ 특정 기업에 국한된 요인에 대한 위험이다.

④ 시장수익률과의 공분산이다.

Ⅲ. 다음 문장의 진위를 답하시오.

11. 두 주식으로 구성된 포트폴리오가 완전헤지 포트폴리오가 되기 위한 조건은 수익률 상관계수가 −1이다.

12. 무위험자산과 위험자산으로 구성되는 포트폴리오 수익률의 표준편차는 위험자산 수익률 표준편차에 위험자산 투자비율을 곱한 것이기 때문에 위험자산 수익률 분산보다 작다.

13. 완전헤지 포트폴리오는 기간이 경과해도 가치가 항상 일정하다.

14. 포트폴리오 구성자산 수익률 간 상관관계가 1인 위험자산들로 구성된 포트폴리오는 포트폴리오 효과가 발생하지 않는다.

15. 위험자산 3개로 구성된 포트폴리오는 완전헤지 포트폴리오가 될 수 없다.

16. 총위험과 체계적 위험이 같은 포트폴리오는 더 이상의 포트폴리오 효과가 존재하지 않는다.

17. 총위험(수익률 분산)은 체계적 위험보다 작을 수 있다.

18. 지배원리는 위험회피 투자자에게만 적용된다.

Ⅳ. 다음 문제에 답하시오.

19. 무위험자산과 위험자산으로 구성된 다음과 같은 포트폴리오들이 있다.

포트폴리오	기대수익률	표준편차
1	8%	4%
2	10%	7%
3	13%	9%
4	17%	14%
5	20%	17%

무위험수익률은 6%

(1) 가장 효율적인 포트폴리오는? 그 이유는?

(2) (1)에서 선택된 가장 효율적인 포트폴리오의 기대수익률이 12%이면 이 포트폴리오의 표준편차는 얼마인가?

(3) (1)에서 선택한 포트폴리오의 위험자산 수익률의 표준편차가 10%인 경우 무위험자산과 위험자산 투자비율을 구하시오.

20. 다음과 같은 자료가 주어졌을 때, 각 증권에 동일한 비율로 투자할 경우 포트폴리오 기대수익률과 표준편차를 구하시오.

주식	기대수익률	표준편차	상관계수		
	$\bar{R}$	σ	D	E	F
D	0.08	0.02	1.0	0.4	0.6
E	0.15	0.16		1.0	0.8
F	0.12	0.08			1.0

21. 두 위험자산(X, Y)의 상황별 발생확률과 수익률이 다음과 같다.

	발생확률	X 수익률	Y 수익률
호황	0.3	10%	3%
보통	0.5	5%	4%
불황	0.2	−3%	5%

(1) X, Y 기대수익률은?

(2) X, Y 분산은?

(3) 상관계수는?

22. 주식 X와 Y의 미래수익률에 관한 자료가 다음과 같이 주어졌다.

상황	확률 (P_i)	주식 X (r_x)	주식 Y (r_y)
I	0.2	9%	15%
II	0.2	7	20
III	0.2	11	−3
IV	0.2	−2	6
V	0.2	25	2

(1) 개별주식 X와 Y에 대해서 각각의 기대수익률과 표준편차를 구하시오.

(2) 두 주식 간의 공분산, 상관계수를 구하시오.

(3) 투자위험이 최소가 되는 최소분산 프트폴리오를 구하고, 그 기대수익률과 표준편차를 계산하시오.

(4) 위의 최소분산 포트폴리오가 상관계수가 +1인 포트폴리오와 비교해 위험감소 효과가 얼마나 큰지를 평가하시오.

23. 다음과 같은 자료가 주어졌을 때 최초 원금은 1,000만원이고 무위험 이자율 5%로 500만원을 차입해 주식 A를 1,000만원, 주식 B를 500만원에 매수하여 구성된 포트폴리오의 기대수익률과 분산을 구하시오.

주식 A	주식 B	$E(R)$
$E(R)$	0.10	0.16
σ_i^2	0.25	0.49
상관계수	$\rho_{AB} = 0.7$	

24. (x, y)의 모든 값들이 선형식 $Y = a + bX$ 선상에 위치하면 $b > 0$일 경우, 기울기 값에 관계없이 상관계수는 1이 된다. 이것을 증명하시오.

part III

단일지수모형과 자본자산가격결정

08장 단일지수모형
09장 자본자산가격결정모형

Ⅲ편
개요

8장과 9장은 개별증권 수익률과 시장지수 수익률 간의 공분산을 이용하여 개별증권의 기대수익률과 분산을 표시하는 단일지수모형과 증권시장이 균형상태에서 개별투자자들이 효율적 분산투자를 할 경우 개별증권의 기대수익률과 체계적 위험은 선형관계에 있다고 설명하는 자본자산가격결정모형(CAPM)을 소개한다.

chapter 08

단일지수모형

1. 단일지수모형의 의의 | **2.** 증권특성선 | **3.** 단일지수모형에 의한 기대수익률과 위험
4. 단일지수모형의 한계점 | **5.** 마코위츠모형과 단일지수모형의 비교 | **6.** 단일지수모형의 응용

8장에서 설명하는 단일지수모형은 포트폴리오 기대수익률과 분산을 구하기 위해서 구성종목 수익률 간의 기대수익률, 분산, 공분산을 모두 알아야 하는 마코위츠모형과 달리, 개별증권 수익률과 시장 전체(단일지수) 수익률 간의 공분산을 고려해 이들 간의 관계로 개별증권 혹은 포트폴리오 기대수익률과 분산을 표현하는 모형이다.

1. 단일지수모형의 의의

7장에서 설명한 마코비츠모형은 이론적으로는 완벽하지만 포트폴리오 기대수익률과 분산을 구하기 위해서 개별증권의 기대수익률, 분산, 공분산을 추정해야한다. 그러나 이런 작업은 계산이 방대하고 추정의 정확성이 문제가 된다. 마코비츠모형의 문제점을 해결하고자 등장한 것이 단일지수모형(시장모형)이다. 단일지수모형은 n종목의 개별증권들 수익률 간의 모든 공분산을 고려하는 마코비츠모형과는 달리 개별증권 수익률과 시장 전체의 움직임을 나타내는 단일시장지수 수익률과의 공분산을 고려한 단순화한 모형으로 W. Sharpe에 의해 개발되었다. 단일지수모형은 개별증권 가격변동은 시장 전체(공통 요인)에 연관된 가격변동과 개별기업 특유요인에 연관된 가격변동의 합으로 표시된다는 가정, 예를 들어 삼성전자 주식 수익률 변동은 시장수익률 변동에 영향을 받아서 변동된 부분과 시장수익률 변동과 관계없이 삼성전자만의 요인으로 변동된 부분의 합이라는 가정 하에 아래와 같이 표시한다.

$$R_{jt} = \alpha_j + \beta_j R_{mt} + \varepsilon_{jt} \tag{8.1}$$

단, R_{jt} : t시점에서의 주식 j의 초과수익률(확률변수) $(r_{jt} - r_f)$

R_{mt} : t시점에서의 시장지수의 초과수익률(확률변수) $(= r_{mt} - r_f)$

r_{jt} : t시점의 주식 j의 실제수익률, r_{mt} : t시점의 시장지수의 실제수익률

r_f : 무위험수익률, α_j : 회귀계수(절편), β_j : 회귀계수(기울기)

ε_{jt} : 잔차항(확률변수), 개별기업 특유요인에 연관된 가격(수익률)변동

$\beta_j R_{mt}$: 시장 전체에 연관된 가격(수익률)변동

2. 증권특성선

증권특성선(SCL : Security Characteristic Line)은 식 (8.1)의 $r_{jt}-r_f$를 종속변수로, $r_{mt}-r_f$를 독립변수로 하여, 다음과 같은 가정 하에 회귀분석했을 때 도출되는 직선식으로 식 (8.2)와 같이 표시된다(〈그림 8-1〉 참조).

가정

첫째, $E(\varepsilon_j)=0$

개별증권 요인으로 변동된 수익률의 기대수익률은 0이다.

둘째, $Cov(\varepsilon_j, R_m)=0$

개별증권 요인으로 변동된 수익률과 시장수익률은 독립적이다.

셋째, $Cov(\varepsilon_j, \varepsilon_k)=0$

개별증권 요인으로 인한 수익률 변동끼리는 독립적이다.

증권특성선

$$\hat{R}_j = \hat{\alpha}_j + \hat{\beta}_j R_m \tag{8.2}$$

$\hat{\alpha}_j$, $\hat{\beta}_j$는 회귀계수 추정치

$$\hat{\beta}_j = \frac{\Sigma(R_{jt}-\overline{R}_j)(R_{mt}-\overline{R}_m)}{\Sigma(R_{mt}-\overline{R}_m)^2} = \frac{Cov(R_j, R_m)}{\sigma^2(R_m)} = \rho_{jm}\frac{\sigma_j}{\sigma_m}$$

$$\hat{\alpha}_j = \overline{R}_j - \hat{\beta}_j \cdot \overline{R}_m$$

단, $\overline{R}_j$: 주식 j 초과수익률의 평균수익률

$\overline{R}_m$: 시장수익률 초과수익률의 평균수익률

그림 8-1 증권특성선

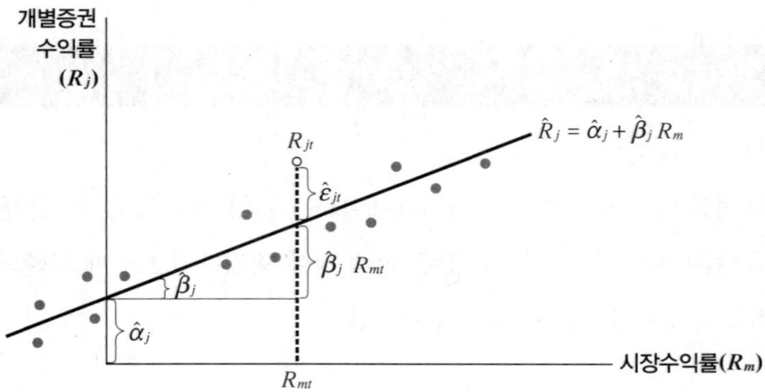

잔차 추정치는 R_{jt}와 증권특성선의 차이로 다음과 같이 표시된다.

$$\hat{\varepsilon}_{jt} = R_{jt} - \hat{R}_{jt} = R_{jt} - (\hat{\alpha}_j + \hat{\beta}_j R_{mt})$$

단, $\hat{R}_{jt}$: t기간 중 증권특성선에 의한 주식 j의 초과수익률(= $\hat{\alpha}_j + \hat{\beta}_j \cdot R_{mt}$)

$\hat{\beta}_j$는 다음과 같은 특성을 갖는다.

첫째, 증권특성선 기울기로 시장수익률 변동에 대한 개별증권 수익률 변동을 나타낸다. 베타가 0.4이면 시장수익률이 10% 변동할 때 이 증권수익률은 4% 변동한다는 것을 의미한다. 베타가 1보다 큰 증권은 공격적 증권, 작은 증권은 방어적 증권으로 분류한다. 공격적 증권을 선호하는 투자자는 위험이 큰 주식을 선호하는 성향을 갖지만 효용함수는 위험회피 효용함수를 가정한다.

둘째, 표준화된 공분산이다.

$\hat{\beta}_j$는 시장수익률과 개별증권 수익률 공분산을 두 증권수익률의 표준편차로 나누어 표준화한 것으로 두 증권수익률 상관계수, 개별증권 수익률 표준편차와는 양(+)의 관계, 시장수익률 표준편차와는 음(−)의 관계를 갖는다.

베타는 측정기간에 관계없이 일정해야 하나 실제로는 측정기간마다 계산 결과가 다르며, 시장 포트폴리오 베타 값인 1로 회귀하는 속성을 갖는다. 이것은 전기의 큰 베타 값은 당기에는 작아지고, 반대로 전기의 작은 베타 값은 당기에는 크게 되는 평균회귀현상 때문으로 "역사적 베타의 불안정성"이라고 한다.

3. 단일지수모형에 의한 기대수익률과 위험

3.1 단일지수모형에 의한 개별증권 기대수익률과 위험

단일지수모형에 의한 개별증권 j의 기대수익률과 위험은 다음과 같이 표시된다.

$$E(R_j) = E(\hat{\alpha}_j + \hat{\beta}_j R_m + \hat{\varepsilon}_j) = \alpha_j + \beta_j E(R_m) \tag{8.3}$$

$$Var(R_j) = \beta_j^2 Var(R_m) + Var(\varepsilon_j)$$

단, $Var(R_j)$: 개별증권 j의 총위험(분산)
$\beta_j^2 Var(R_m)$: 개별증권 j의 체계적 위험
$Var(\varepsilon_j)$: 개별증권 j의 비체계적 위험

회귀분석에서 종속변수의 변동을 독립변수의 변동으로 설명할 수 있는 정도를 나타내는 결정계수(R^2)를 단일지수모형에 적용하면 다음과 같은 관계가 도출된다.

$$R_{jm}^2 = \frac{\text{설명되는 변동}}{\text{총변동}} = \frac{(\text{기울기})^2 (R_m \text{의 분산})}{\text{총분산}} = \frac{\beta_j^2 \cdot \sigma_m^2}{\sigma_j^2}$$

$$= \frac{j\text{의 체계적 위험}}{j\text{의 총위험}} = (j\text{와 } m\text{의 수익률 상관계수})^2 \tag{8.4}$$

j : j 주식, m : 시장지수

예를 들어, $R^2 = 0.7$은 총위험의 70%, $R^2 = 1$은 총위험의 100%가 체계적 위험으로 설명된다는 것을 의미한다.

3.2 포트폴리오 기대수익률, 분산, 공분산, 위험감소 효과

단일지수모형 식 (8.1)에 의한 포트폴리오 기대수익률, 분산과 공분산은 다음과 같다.

| 포트폴리오 기대수익률

$$E(R_p)=\sum w_i E(R_i)=\sum w_i \alpha_i+\sum w_i \beta_i E(R_m)$$
$$=\alpha_p+\beta_p E(R_m) \tag{8.5}$$

단, $\beta_p=\sum_{i=1}^{n} w_i \beta_i$, $\alpha_p=\sum_{i=1}^{n} w_i \alpha_i$

| 포트폴리오 분산

$$Var(R_p)=\beta_p^2 Var(R_m)+Var(\varepsilon_p) \tag{8.6}$$

단, $\beta_p^2=\left(\sum_{i=1}^{n} w_i \beta_i\right)^2$, $Var(\varepsilon_p)=\sum_{i=1}^{n} w_i^2 Var(\varepsilon_i)$

| 포트폴리오 공분산

$$Cov(R_j, R_k)=\beta_j \beta_k Var(R_m) \tag{8.7}$$

단일지수모형을 이용한 포트폴리오 위험감소 효과는 다음과 같이 설명할 수 있다. 식 (8.6) $V(R_p)$에서 $w_i=w_j=\frac{1}{n}$, 비체계적 위험의 평균을 $\overline{Var(\varepsilon)}$로 놓으면,

$$Var(R_p)=\left[\frac{1}{n}\sum_{j=1}^{n}\beta_j\right]^2 Var(R_m)+\frac{1}{n^2}\sum_{j=1}^{n}Var(\varepsilon_j)=\beta_p^2 Var(R_m)+\frac{1}{n}\overline{Var(\varepsilon)} \tag{8.8}$$

가 된다.

$Var(R_P)$에서 n이 무한대(일반적으로 30종목 이상)가 되면 $\frac{1}{n}\overline{Var(\varepsilon)}$은 0이 되어, $Var(R_p)=\beta_p^2 Var(R_m)$가 되어, 비체계적 위험($=\frac{1}{n}\overline{Var(\varepsilon)}$)은 제거되고 체계적 위험($=\beta_P^2 \cdot Var(R_m)$)만 존재하게 되는 위험감소 효과가 발생한다.

4. 단일지수모형의 한계점

단일지수모형에서 서로 다른 증권수익률 잔차(개별증권 특성에 의한 수익률 변동) 간에 상관성이 전혀 없다는 가정은 같은 업종에 속한 기업들 간에는 수익률 상관관계가 존재하므로 비현실적이다. 따라서 단일지수모형 가정 $Cov(\varepsilon_j, \varepsilon_k) = 0$을 실제 적용하는 데는 한계가 있다.

5. 마코비츠모형과 단일지수모형의 비교

마코비츠모형은 증권수익률의 공분산에 대한 가정을 하지 않기 때문에 개별증권 기대수익률의 분산, 공분산에 대한 정확한 추정만 가능하면 계산은 방대하지만 완전한 모형이다. 반면 단일지수모형은 개별증권 잔차 간의 공분산이 없는 것으로 가정을 하여 개별증권 혹은 포트폴리오 기대수익률, 분산 계산을 단순화하고 있다. 포트폴리오의 구성증권수가 n일 경우 각 모형별로 포트폴리오 기대수익률과 위험 산출에 필요한 자료수는 다음과 같다.

| 마코비츠모형의 경우 :

기대수익률 산출을 위해 개별증권 기대수익률 n개, 분산을 위해 개별주식 수익률 분산 n개, 개별주식 수익률 간의 공분산 $\frac{n(n-1)}{2}$개로, 총 $n + n + \frac{n(n-1)}{2} = \frac{n(n+3)}{2}$개의 자료가 필요하다.

| 단일지수모형의 경우 :

α 계수 n개, β 계수 n개, $E(R_m)$ 1개, $Var(R_m)$ 1개, 개별주식 잔차의 분산 n개로, 총 $3n + 2$개의 자료가 필요하다.

예 8-1

포트폴리오 구성증권수(n)가 100일 경우 포트폴리오 기대수익률과 분산 산출을 위해서 각 모형별로 요구되는 자료수는 마코비츠모형 5,150개, 단일지수모형 302개가 된다.

$$\text{마코비츠모형} : \frac{n(n+3)}{2} = \frac{100 \times 103}{2} = 5{,}150$$
$$\text{단일지수모형} : 3n + 2 = 3 \times 100 + 2 = 302$$

다음은 두 모형 특성 간의 비교이다.

표 8-1 마코비츠모형과 단일지수모형의 비교

	마코비츠모형	단일지수모형
1. 평균수익률	$E(R_j) = \Sigma p_i r_i$	$E(R_j) = \alpha_j + \beta_j E(R_m)$
2. 개별증권의 분산	$\sigma^2(R_j) = E\left[R_j - E(R_j)\right]^2$	$\sigma^2(R_j) = \beta_j^2 \sigma^2(R_m) + \sigma^2(\varepsilon_j)$
3. 증권 i와 j 간의 공분산	$Cov(R_i, R_j) = \rho_{ij}\sigma_i\sigma_j$	$Cov(R_i, R_j) = \beta_i \beta_j \sigma^2(R_m)$
4. 포트폴리오의 분산	$\sigma^2(R_p) = \sum_{i=1}^{n}\sum_{j=1}^{n} w_i w_j Cov(R_i, R_j)$ $= \sum_{i=1}^{n} w_i^2 w_j^2$ $+ \sum_{i=1, i \neq j}^{n} w_i w_j Cov(R_i, R_j)$	$\sigma^2(R_p) = \beta_p^2 \sigma^2(R_m) + \sigma^2(\varepsilon_p)$ $= \left[\Sigma w_i \beta_j\right]^2 \sigma^2(R_m)$ $+ \Sigma w_i^2 \sigma^2(\varepsilon_j)$
5. 포트폴리오의 잔차분산	$\sigma^2(\varepsilon_p) = \Sigma w_j^2 \sigma^2(\varepsilon_j)$ $+ \sum_{i=1, i \neq j}^{n}\sum_{j=1}^{n} w_i w_j Cov(\varepsilon_i, \varepsilon_j)$	$\sigma^2(\varepsilon_p) = \Sigma w_j^2 \sigma^2(\varepsilon_j)$ $\varepsilon_{jt} = R_{jt} - (\alpha_j + \beta_j R_{mt})$

6. 단일지수모형의 응용

단일지수모형은 인덱스펀드, 다지수모형 등으로 응용되고 있다.

6.1 인덱스펀드

인덱스펀드는 방어적 투자관리의 방법으로 시장 전체의 평균적 수익률 정도만 얻도록 증권을 구성하는 펀드이다. 그러나 인덱스펀드는 이런 목적을 달성하기 위해서 수많은 종목을 일정기간 동안 매매해야 하고 이에 따른 거래비용, 관리비용이 많이 발생되므로 종목수를 줄이면서 포트폴리오 베타가 1이 되도록 하고 잔차분산이 가능한 한 최소가 되도록 구성되어야 한다.

6.2 다지수모형

다지수모형은 증권수익률 변동을 두 개 이상의 공통요인과의 공분산 관계에서 파악하는 모형이다. 다지수모형에서는 증권수익률이 시장 포트폴리오 이외에 산업생산 성장률, 물가 상승률, 통화량 증가율 등의 공통요인들의 변화에 따라 민감하게 변동된다고 가정한다. 다지수모형은 공통요인들의 미래 예측을 이용해, 예를 들어 통화량 증가가 예측되면 투자수익률을 크게 하기 위하여 통화량 베타를 크게 하는 등 적극적 투자관리에 활용될 수 있다.

[연습문제]

Ⅰ. 다음을 설명하시오.

01. 포트폴리오 기대수익률과 수익률 분산을 계산할 때 마코비츠모형보다는 시장모형을 이용하는 경우에 필요로 하는 자료가 일반적으로 적다. 그 주된 이유를 설명하시오.

Ⅱ. 다음 문장의 진위를 답하시오.

02. 베타가 1보다 큰 주식에 투자하는 사람은 위험선호 효용함수를 갖는다.

03. 특정 주식 베타가 1보다 크기 위해서는 적어도 해당 주식수익률 표준편차가 시장 포트폴리오 수익률 표준편차보다 커야 한다.

04. 시장 포트폴리오 수익률과 상관계수가 1인 수익률을 갖는 위험자산들로 구성된 포트폴리오는 위험감소 효과가 존재하지 않는다.

05. 베타는 다른 조건이 일정하다면 시장 포트폴리오 위험이 클수록 증가한다.

06. 어떤 개별 증권특성선에서 상관계수가 0.7이면 이 개별증권 수익률 총위험(분산)은 시장 포트폴리오 수익률 변동에 따른 개별증권 변동으로 70%가 설명된다.

Ⅲ. 다음 문제에 답하시오.

07. 다음과 같은 자료를 근거로 답하시오.

주식	증권 i와 시장수익률과의 상관관계(ρ_{im})	표준편차(σ)
A	0.C	0.10
B	0.5	0.20

$\rho_{AB} = 0.5,\ \sigma_m = 0.10$

(1) 주식 A와 B의 β_A, β_B를 구하시오.

(2) 시장모형 하에서 $Cov(R_A, R_B)$를 구하시오.

(3) 아무런 가정이 없을 때 공분산 $Cov(R_A, R_B)$를 구하시오.

(4) A에서 40%, B에서 60%를 투자해 포트폴리오를 구성할 경우

1) β_P를 구하시오.

2) 마코비츠모형을 이용해 포트폴리오 분산을 구하시오.

3) 시장모형의 공분산을 이용해 포트폴리오 분산을 구하시오.

chapter 09

자본자산가격결정모형

1. 자본자산가격결정모형의 의의 | **2.** 자본자산가격결정모형의 가정 | **3.** 자본시장선
4. 증권시장선 | **5.** 자본시장선과 증권시장선의 비교 | **6.** 증권시장선의 응용

9장은 개별투자자들이 효율적인 분산투자를 하고, 증권시장이 균형상태를 유지할 때 개별증권의 기대수익률과 위험의 관계를 설명하는 자본자산가격결정모형(CAPM)을 설명한다. CAPM의 핵심은 시장에서 보상되는 개별증권 위험은 체계적 위험뿐이고, 이 우험은 개별증권 개대수익률에 선형적으로 반영된다는 것이다.

1. 자본자산가격결정모형의 의의

자본자산가격결정모형(CAPM : Capital Asset Pricing Model)[1]은 자본시장이 균형상태를 이루고 개별투자자들이 효율적인 분산투자를 할 때 자본자산의 가격(기대수익률)과 위험과의 관계를 설명하는 모형이다. 자본자산(capital asset)은 미래 수익에 대해 청구권을 가지는 자산으로 주식, 회사채 등을 말한다. 균형상태란 자본시장에서 모든 증권에 대해서 개별증권별로 수요와 공급이 일치하는 상태를 말한다.

2. 자본자산가격결정모형의 가정

CAPM의 핵심인 자본시장선과 증권시장선을 설명하기에 앞서, 이런 관계식들을 도출하기 위한 가정들은 다음과 같다.

첫째, 증권시장에는 무수한 위험회피형 투자자가 있으며 투자자는 기대수익률과

---

1. W. Sharpe, "Capital Asset Prices : Theory of Market Equilibrium," *Journal of Finance* (Sep. 1964) ; John Lintner, "The Valuation of Risky Assets and the Selection of Risky Investments in Stock Portfolios and Capital Budgets," *Review of Economics and Statistics* (Feb. 1965) ; Jan Mossin, "Equilibrium in a Capital Asset Market," *Econometrica* (Oct. 1966).

분산 기준에 의해서 포트폴리오를 선택한다.

둘째, 모든 투자자의 투자기간은 단일기간이다.

셋째, 투자자들이 선택할 투자대상은 모든 금융자산이며, 개별 금융자산에 대한 수요와 공급이 일치하는 균형시장이 존재한다.

넷째, 세금과 거래비용이 없는 완전시장이 존재한다.

다섯째, 모든 투자자들은 경제상황과 기업성과에 대해 동질적 예측을 한다. 이에 따라 개별 금융자산 증권수익률의 미래 분포(기대수익과 분산)에 대해서도 동질적 예측이 이루어진다. 예를 들어, LG전자 기대수익률과 위험이 각각 10%, 8%라면 모든 투자자가 동일한 예측치를 갖는다.

여섯째, 투자자들이 동일한 무위험 이자율로 대출 또는 차입할 수 있는 무위험자산이 존재한다.

이러한 가정 하에서 도출된 자본시장선과 증권시장선을 설명해 보자.

3. 자본시장선

7장에서 효율적 위험자산과 무위험자산으로 구성된 포트폴리오의 기대수익률과 위험과의 관계는 자본배분선으로 설명했다. 만약 효율적 위험자산을 시장에 존재하는 모든 투자자산이 포함된 투자기회집합에서 선택한다면 자본배분선의 기울기가 최대가 되는 위험자산을 선택하는 것이 가장 효율적인 포트폴리오가 된다. 시장에 존재하는 모든 투자자산으로 구성된 투자기회집합 중에서 이런 조건을 만족시키는 효율적 위험 포트폴리오는 시장 포트폴리오가 유일하다.

시장 포트폴리오(M)

시장 포트폴리오는 시장을 구성하는 모든 개별자산을 시장 전체 자산 시가총액에 대한 개별자산 시가총액 비율로 구성한 포트폴리오를 말하며 시장지수와 동일한 기대수익률과 분산을 가지고, 투자자들의 위험회피도에 관계없이 유일한 효율적 위험 포트폴리오가 된다.

예 9-1

주식시장이 다음과 같은 주식들로 구성되어 있다. 시장 포트폴리오는?

주식	주가	주식수	시가총액	시가총액비율
A	10,000	50만주	50억	10%
B	15,000	100만주	150억	30%
C	20,000	150만주	300억	60%
계			500억	

해답

이 경우 시장 포트폴리오는 개별주식들의 시가총액비율인 A주식에 10%, B주식에 30%, C주식에 60%를 투자하면 구성이 가능하다.

자본시장선(CML : Capital Market Line)은 균형 자본시장에서 시장 포트폴리오와 무위험자산을 포함하는 효율적 포트폴리오의 기대수익률과 위험의 선형 관계를 표시한 식으로 자본배분선(CAL)에서 효율적 위험자산 대신 시장 포트폴리오를 사용하여 아래와 같이 정의된다.

$$E(R_p) = R_f + \frac{E(R_M) - R_f}{\sigma_M}\sigma_p \tag{9.1}$$

$\sigma_p = w_m \cdot \sigma_m$ (w_m : 시장 포트폴리오 투자비율)

식 (9.1)의 기울기 $\frac{E(R_M) - R_f}{\sigma_M}$는 총위험 1단위에 대한 자본시장에서의 위험 프리미엄으로 위험의 균형가격 혹은 시장가격이라 하며, 균형상태에서는 모든 투자자에게 동일하다.

포트폴리오 기대수익률은 시간의 시장가격(R_f)에 위험의 시장가격(= 균형가격)인

그림 9-1 **자본시장선**(*CML*)

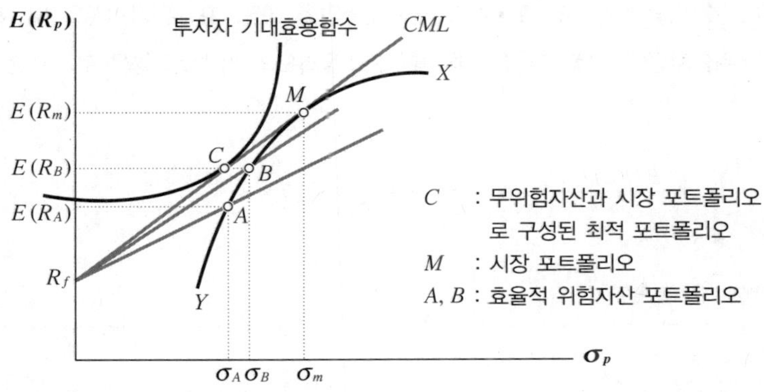

자본시장선의 기울기와 포트폴리오 위험(σ_p)을 곱한 값을 더한 값이 된다. 포트폴리오 위험은 자본시장선에서는 효율적 포트폴리오인 시장 포트폴리오를 대상으로 하므로 체계적 위험이 된다.

최적 포트폴리오는 다음과 같이 선택된다.

첫째, 모든 투자자들은 위험회피도와 관계없이 최적 위험 포트폴리오로 시장 포트폴리오를 선택한다.

둘째, 투자자들은 위험회피도에 따라 각자의 기대효용을 극대화할 수 있는 무위험자산과 시장 포트폴리오와의 투자비율을 결정한다.

위험회피도가 클수록 시장 포트폴리오 투자비율은 작아진다.

이와 같이 두 단계로 분리하여 의사결정이 이루어지는 것을 토빈의 분리정리(Tobin' s separation theorem)라 한다.

시장 포트폴리오 투자비율이 1보다 크면(작으면), 최적 포트폴리오 기대수익률이 시장 포트폴리오수익률보다 크게(작게) 된다.

예 9-2 자본시장선

무위험자산 수익률 5%, 시장 포트폴리오 기대수익률 10%, 표준편차 8%일 때, 시장 포트폴리오, 무위험자산에 70%, 30%씩 투자한 포트폴리오의 기대수익률을 구하시오.

해답

$$E(R_p) = R_f + \frac{E(R_m) - R_f}{\sigma_m} \cdot \sigma_p = 5\% + \frac{10-5}{8}(0.7 \times 8)\%$$
$$= 8.5\%,$$
$$\sigma_p = w_M \cdot \sigma_m = 5.6\%$$

4. 증권시장선

증권시장선(SML : security market line)은 완전히 분산투자되지 않은 비효율적 포트폴리오나 개별주식의 기대수익률과 위험의 관계를 설명하지 못하는 자본시장선과는 달리, 시장이 균형을 이룰 때 비효율적 투자대상까지 포함한 모든 투자자산의 기대수익률과 위험관계를 설명해 주는 식이다.

증권시장선은 증권가격(기대수익률)에 반영되어야 할 위험은 체계적 위험뿐이고 증권의 기대수익률은 이 체계적 위험에 선형적으로 비례한다는 것을 나타낸다.

이에 대해서 자세히 설명해 보자.

CAPM 하에서는 모든 개별증권은 시장 포트폴리오 정의상 시장 포트폴리오를 구성하는 증권이 되고, 시장 포트폴리오는 효율적 포트폴리오로 체계적 위험만 위험이 되므로, 개별증권 수익률 위험도 개별증권 수익률의 체계적 위험, 즉 분산 불가능 위험만이 투자자의 관심대상이 된다. $\Sigma w_i \sigma_{im} = \sigma_m^2$으로부터 개별증권($i$)의 수익률 분산이 시장 포트폴리오 수익률 분산에서 차지하는 크기는 $w_i \cdot \sigma_{im}$(w_i : 증권 i의 투자비율)이 된다. 시장 포트폴리오의 위험 프리미엄 $E(R_m) - R_f$는 다음과 같이 된다.

$$E(R_m) - R_f = \Sigma w_i \cdot E(R_i) - \Sigma w_i \cdot R_f = \Sigma w_i \cdot [E(R_i) - R_f] \tag{9.2}$$

따라서 개별증권(i)의 시장 포트폴리오 위험 프리미엄에 대한 공헌도는 다음과 같이 된다.

$$w_i\left[E(R_i) - R_f\right]$$

균형시장에서는 시장 포트폴리오 의험 1단위당 보상가격인 포트폴리오 위험의 시장가격($\frac{E(R_m) - R_f}{\sigma_m^2}$)은 개별증권 수익률이 시장 포트폴리오 위험 프리미엄에 대한 공헌도($= w_i[E(R_i) - R_f]$)와 개별증권 수익률 분산이 시장 포트폴리오 수익률 분산에서 차지하는 크기($= w_i \sigma_{im}$)와의 비율과 같아야 한다. 즉,

$$\frac{E(R_m) - R_f}{\sigma_m^2} = \frac{w_i\left[E(R_i) - R_f\right]}{w_i \sigma_{im}} = \frac{E(R_i) - R_f}{\sigma_{im}} \tag{9.3}$$

증권시장선은 식 (9.3)으로부터 아래와 같이 유도된다.

$$E(R_i) = R_f + \left[E(R_m) - R_f\right]\beta_i \tag{9.4}$$

단, $E(R_i)$: 주식 i의 기대수익률
R_f : 무위험자산의 수익률
$E(R_m)$: 시장 포트폴리오의 기대수익률
β_i : 주식 i의 베타계수($\frac{\sigma_{im}}{\sigma_M^2}$)

$E(R_i) - R_f$: 개별증권 위험 프리미엄
$E(R_m) - R_f$: 시장위험 프리미엄

그림 9-2 증권시장선(SML)

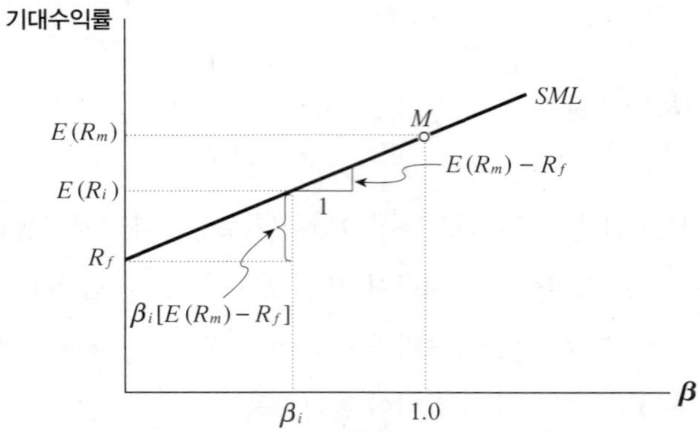

예 9-3 SML에 의한 기대수익률

$R_f = 0.07$, $E(R_m) = 0.09$, $\beta_i = 1.2$**일 경우** $E(R_i)$**는?**

해답

$$E(R_i) = R_f + \left[E(R_m) - R_f\right] \cdot \beta_i = 0.07 + 0.02 \times 1.2 = 0.094$$

SML의 특징은 다음과 같다.

첫째, 시장 포트폴리오 자체의 β값은 1이므로 시장 포트폴리오 기대수익률은 $E(r_M)$이 된다.

둘째, 개별기간 동안의 β값에 대응하는 균형기대수익률 $E(r_i)$는 반드시 SML선 위에 있다.

셋째, 어느 주식의 실제수익률이 그에 상응하는 β에서 SML선 위에 있지 않으면 그 주식가격은 균형상태에 있지 않고, 가격이 적정 평가되지 않은(mispriced) 상태가 된다.

넷째, SML은 증권수익률의 행태(behavior)는 설명하지만 개별투자자들의 행태를 설명하지는 않는다.

5. 자본시장선과 증권시장선의 비교

자본시장선은 효율적 자산에만 적용되는 모형이고, 증권시장선은 비효율적 자산에도 적용되는 모형이다.

두 식의 관계를 자세히 분석해 보자.

증권시장선 $E(R_j) = R_f + [E(R_m) - R_f]\beta_j$를 풀어 쓰면 다음과 같이 표현된다.

$$E(R_j) = R_f + [E(R_m) - R_f] \cdot \frac{\rho_{jm}\sigma_j\sigma_m}{\sigma_m^2} = R_f + \left[\frac{E(R_m) - R_f}{\sigma_m}\rho_{jm}\right]\sigma_j \quad (9.5)$$

식 (9.5)에서 상관계수(ρ_{jm})가 1이면, 증권시장선은 자본시장선이 된다. 이 경우 증권 j는 효율적 증권이 되어 위험은 체계적 위험이 되고 기대수익률과 위험 관계는 자본시장선으로 표현될 수 있다. 만약 상관계수가 1보다 작으면 해당 증권은 비효율적 증권으로 동일한 기대수익률에 대해서 효율적 증권보다 위험이 커지고 이 증권은 자본시장선에서 자본시장선 오른쪽에 위치하게 된다(〈그림 9-3〉 참조).

그림 9-3 CML과 SML의 비교

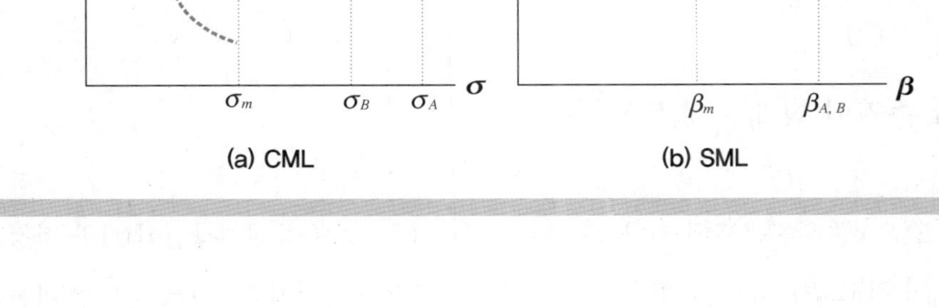

(a) CML (b) SML

6. 증권시장선의 응용

증권시장선은 불확실성 하에서의 자본예산, 자기자본비용 추정, 증권의 과대 · 과소 평가 등에 응용한다.

6.1 불확실성 하에서의 자본예산

증권시장선은 위험투자안의 요구수익률 계산에 사용된다. $E(k_j)$를 확률분포에 의한 위험 투자안의 기대수익률이라 하면, 위험투자안 요구수익률은 SML 식 $k_g = R_f + [E(R_m) - R_f] \cdot \beta_j$을 이용해 추정되고, 다음과 같은 의사결정기준이 된다(j : 위험투자안 j).

요구수익률(k_g) < 기대수익률($E(k_j)$)이면 위험투자안을 채택하고,
요구수익률(k_g) > 기대수익률($E(k_j)$)이면 위험투자안을 기각한다.

6.2 자기자본비용의 추정

자기자본비용(k_e) 추정에 아래와 같이 증권시장선을 이용해 추정된 값을 적용한다.

$$k_e = E(R_j) = R_f + [E(R_m) - R_f] \cdot \beta_j$$

j : 기업 j

6.3 증권의 과대 · 과소 평가

$E(R_j)$를 확률분포에 의한 증권의 기대수익률, k_j를 증권시장선에 의한 적정수익률이라 하고, $\hat{P}_0$: 0시점 적정주가, P_0, P_1 : 0, 1시점 시장가격, $E(P_1)$: P_1의 확률분포

에 의한 기대가격으로 1시점에는 적정평가된다고 가정하자.

$\frac{E(P_1)-P_0}{P_0}=E(R_j)$, $\frac{E(P_1)-\hat{P}_0}{\hat{P}_0}=k_j$이므로, 증권이 0시점에서 과소평가($P_0<\hat{P}_0$)일 경우, $\frac{E(P_1)-P_0}{P_0}=E(R_j)>\frac{E(P_1)-\hat{P}_0}{\hat{P}_0}=k_j$가 되어서 $E(R_j)$는 적정주가에 의한 증권시장선(k_j) 상단에 위치하게 된다.

따라서 증권 j가 과소평가되면 $E(R_j)-k_j>0$이 되어 기대수익률이 증권시장선 상단에, 과대평가가 되면 $E(R_j)-k_j<0$이 되어 증권시장선 하단에 표시된다.

그림 9-4 SML에 의한 과소 · 과대 증권 평가

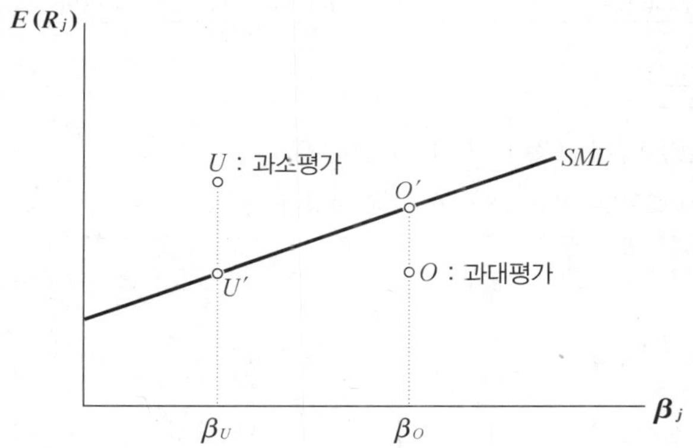

예 9-4 과대 · 과소평가된 증권 평가

다음은 주식회사 한국의 주가수익률(R_j)과 시장수익률(R_m)에 대한 자료이다. 무위험수익률(R_f)은 4%로 가정한다.

상황	확률	R_m	R_j
호황	0.2	0.30	0.50
보통	0.5	0.15	0.00
불황	0.3	−0.10	−0.15

(1) 위 자료를 이용해 시장 포트폴리오와 한국주식 기대수익률을 구하시오.

(2) 베타를 구하시오.

(3) 증권시장선(SML)에 의한 기대수익률을 구하시오.

(4) 한국주식회사의 주식 과대, 과소평가 여부를 구하시오.

해답

(1) $E(R_j) = 0.2 \times 0.5 + 0.5 \times 0 + 0.3 \times (-0.15) = 0.055$

$E(R_m) = 0.2 \times 0.3 + 0.5 \times 0.15 + 0.3 \times (-0.1) = 0.105$

(2) $Cov(R_j, R_m) = 0.0287$

$\sigma_m^2 = 0.0212$

$$\beta_j = \frac{Cov(R_j, R_m)}{\sigma_m^2}$$

$$= \frac{0.2[(0.3-0.105)(0.5-0.055)] + 0.3[(-0.10-0.105)(-0.15-0.055)] + 0.5[(0.15-0.105)(0.0-0.055)]}{(0.015-0.055)}$$

$$= \frac{0.0287}{0.0212} = 1.35$$

(3) $E(R_j) = R_f + \beta_j[E(R_m) - R_f] = 12.78\%$

(4) $0.055 - 0.1278 = -0.0728 < 0$ ⇨ 과대평가

연습문제

I. 다음을 설명하시오.

01. 시장 포트폴리오의 베타는 1이다. 그 이유를 베타 산출공식을 이용해서 설명하시오.

02. 토빈의 분리정리

03. 자본시장선과 증권시장선의 공통점과 차이점

II. 다음 문제에 답하시오.

04. 증권시장선에 대한 설명 중 틀린 것은?

① 모든 비효율적 투자자산의 기대수익과 위험의 관계를 설명해 준다.

② 베타는 개별증권 수익률과 시장 포트폴리오 수익률 공분산을 시장 포트폴리오 분산으로 표준화한 것이다.

③ 개별증권 수익률 위험도는 개별증권 수익률 분산이 효율적인 포트폴리오 수익률의 분산에 미치는 기여도에 따라 평가된다.

④ 시계열에 의한 수익률 기대값이 SML에 의한 기대수익률보다 크면 이 주식은 고평가되었다.

⑤ 완전분산된 위험자산의 유일한 효율적 포트폴리오는 시장 포트폴리오이다.

III. 다음 문장의 진위를 답하시오.

05. 증권시장선(SML)에 의해서 산출되는 개별주식의 요구수익률은 개별주식이 효율적일 때만 적용된다.

06. 자본시장선(CML)에서 위험의 시장가격은 개별 포트폴리오의 무위험자산과 시장 포트폴리오에 대한 투자비율에 따라 변한다.

07. CML은 기대수익률이 총위험에 대해서 선형적으로 증가하는 것을 보여주는 식이다.

08. 총위험이 같은 경우 증권시장선(SML)에 의해서 산출되는 포트폴리오의 기대수익률은 자본시장선(CML)에 의한 기대수익률보다 크다.

09. 비효율적 자산의 기대수익률은 같은 위험 하에서 자본시장선(CML)으로 산출된 기대수익률보다 클 수도 있고 작을 수도 있다.

Ⅳ. 다음 문제에 답하시오.

10. 무위험이자율 10%, 시장 포트폴리오의 기대수익률 15%이고 각 증권들의 자료들이 아래와 같을 때, 다음을 설명하시오.

주식	기대수익률	기대 β
A	17%	1.3
B	14.5%	0.8
C	15.5%	1.1
D	18.0%	1.7

(1) 고평가, 저평가 증권을 선택하시오.

(2) 무위험이자율 12%, 시장 포트폴리오의 기대수익률이 16%라고 했을 때(각 증권들의 자료들은 변함 없음) 각 증권들의 고평가, 저평가를 판단하시오.

11. 현재 시점으로부터 1년간 적용되는 (주)서울의 베타는 1.21, 종합주가지수 수익률은 20%, 정기예금 금리는 12%, 1년 후 예상주가가 10,000원, 예상수익률이 23%, 배당이 없다고 가정할 때 다음을 구하시오.

(1) 증권시장선(SML)에 의한 1년 후 기대수익률

(2) 고평가, 저평가를 여부를 판단하시오. (이유도 설명)

12. 투자자 A씨는 1억원을 다음과 같은 시장 포트폴리오와 정기예금에 투자하려고 한다. 정기예금 금리(r) = 5%, 시장 포트폴리오 기대수익률 $E(r_m)$ = 10%, 위험(σ_m) = 15%

(1) 자본시장선을 구하시오.

(2) 현재 이 투자가는 무위험자산에 20%, 시장 포트폴리오에 80 %를 투자하려고 한다. 이 포트폴리오의 기대수익과 위험을 구하시오.

(3) (2)에서 구한 포트폴리오는 효율적인가, 아닌가? 그 이유는?

(4) 만약 이 투자가가 투자비율을 (2)에서와 다르게 선택한다면 위험의 시장가격은 변하는가?

(5) 이 투자가는 5,000만원을 5%에 대출받아 현재 투자금액 1억원과 합해 1.5억원을 시장 포트폴리오에 투자하려고 한다. 이 포트폴리오는 시장 포트폴리오보다 위험한가? 그 이유는?

13. 다음은 주식회사 A의 수익률(R_j)과 시장수익률(R_m)에 대한 예상자료이다. 무위험수익률(R_f)은 6%이다.

상황	확률	R_m	R_j
I	0.2	0.20	0.50
II	0.3	0.05	0.00
III	0.4	0.15	0.20
IV	0.1	−0.15	−0.30

(1) 증권시장선(SML)을 구하시오.

(2) 증권 A의 기대수익률을 구하시오.

(3) β_A = 2.15라면 주식 A가 과소평가되었는지 혹은 과대평가되었는지를 평가하시오.

14. 시장 포트폴리오가 20% 기대수익률, 15% 표준편차를 가지며, 무위험이자율 10% CAPM의 모든 가정들이 성립한다고 하자.

(1) 자본시장선(CML)의 기울기는 얼마인가?

(2) 다음과 같은 경우의 기대수익률과 표준편차를 구하시오.

1) 100% 무위험자산에 투자
2) 50%를 무위험자산, 50%를 시장 포트폴리오에 투자
3) 100%를 시장 포트폴리오에 투자
4) 원래 투자액과 추가로 원래 투자액의 50%를 빌려 모두 시장 포트폴리오에 투자

15. CAPM 세계에서, 다음과 같은 조건이 주어졌을 때 다음을 구하시오.

증권 j의 표준편차	0.20
시장 포트폴리오의 표준편차	0.15
시장 포트폴리오의 기대수익률	0.13
증권 j와 시장 포트폴리오의 상관계수	0.80
무위험이자율	0.07

(1) 증권 j의 기대수익률을 구하시오.
(2) 증권 j의 표준편차가 커졌을 때 요구수익률은 어떻게 변하는가?
(3) 상관계수가 작아졌을 때 요구수익률은 어떻게 변하는가?
(4) 시장위험과 증권의 요구수익률의 관계를 논하시오.

16. CAPM이 성립할 경우 빈칸을 채우시오($R_f = 0.05$).

자산	기대수익률	표준편차	베타	잔차분산
A	0.08	0.10	(②)	0.0
B	0.12	(④)	2	0.49
C	(①)	(③)	1	0.0
D	0.05	(⑤)	0	0.36

part Ⅳ

효율적 증권시장

10장 효율적 시장

chapter **10**

효율적 시장

1. 효율적 시장가설 | 2. 효율적 시장검증
3. 시장이례현상과 행동재무학 | 4. 효율적 시장과 투자전략

10장은 효율적 시장 및 시장이례현상에 대해서 설명한다. 효율적 시장은 증권가격이 이용 가능한 모든 정보를 신속 · 정확하게 반영하는 시장을 말하며, 증권시장의 효율성 여부에 따라 투자전략이 달라진다. 시장이 효율적이면 초과수익보다 위험관리에, 시장이 비효율적이면 초과수익에 중점을 둔 투자전략이 유효하게 된다. 또한 시장이례현상에 대해서 '행동재무학'에 근거한 설명을 소개한다.

1. 효율적 시장가설(EMH : Efficient Market Hypothesis)

효율성에는 배분효율성, 운영효율성, 정보효율성의 세 종류가 있다. 배분(가격)효율성은 수요자(생산자)와 공급자(저축자)의 한계수익률이 일치되도록 균형가격이 형성되는 것을, 운영효율성은 거래비용이 없고 거래가 신속하게 이루어지는 것을, 정보효율성은 가격이 이용 가능한 모든 정보를 신속 · 정확하게 반영하는 것을 각각 의미한다. 배분효율성은 운영효율성과 정보효율성이 충족되어야만 달성될 수 있다. 본 장에서는 증권시장과 관련된 정보효율성에 대해서 설명하고자 한다.

1.1 효율적 자본시장의 정의 및 종류

정보효율성에 근거한 효율적 자본시장가설은 1970년 Fama가 처음으로 제시했다.[1]

효율적 자본시장(efficient capital market)은 증권의 가격(current price)이 모든 유용하고 연관된(available & relevant) 정보를 완전하게 즉시 반영하는 자본시장을 말하며 다음과 같은 특성을 갖는다.

첫째, 가격은 실제 가치(true value)를 정확히 나타낸다.

---

1. E. F. Fama, "Efficient Capital Market : A Review of Theory and Empirical Work", *Journal of Finance*, Vol 25 (May 1970).

둘째, 가격변화는 예측 불가능하다.

무작위적으로 움직이는 주가는 예측이 불가능하며, 바로 이런 점은 역설적으로 모든 정보에 신속 · 정확하게 반응하려는 주가 움직임의 자연스러운 결과로 설명된다.

셋째, 투자자들은 지속적으로 초과이익을 얻을 수 없다.

증권시장은 정보를 신속 · 정확히 반영하기 때문에 투자자들은 장기적으로 위험에 상응하는 정상수익(normal return)만 얻는다.

〈그림 10-1〉은 효율적 시장에서 새로운 정보에 대한 주가반응이 즉각적으로 이루어지고 있음을 보여준다.

그림 10-1 새로운 정보에 대한 주가반응과 효율적 시장

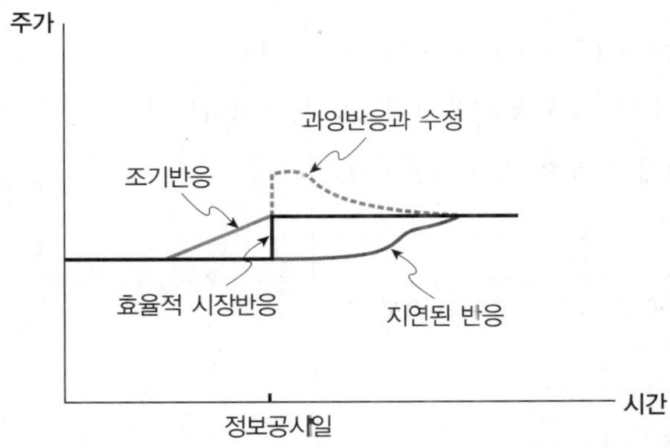

※ 참고

완전시장(perfect market)이면 효율적 시장이 되지만 효율적 시장이라고 해서 완전시장이 되는 것은 아니다.

완전시장은 다음과 같은 4가지 가정을 만족시켜야 한다.

1) 시장마찰이 없어야 한다.

거래비용, 세금이 없어야 하며, 모든 자산은 완전하게 분리되어서 매매 가능해야 한다.

2) 완전경쟁시장이다.
완전경쟁으로 가격은 개인이 아닌 시장에 의해서 결정된다.
3) 시장은 정보 효율적이다(informationally efficient).
정보는 획득에 비용이 들지 않고 모든 개인들이 동시에 얻을 수 있다.
4) 모든 개인은 기대효용을 합리적으로 극대화한다.

Fama의 고전적 분류에 따르면 효율적 시장가설은 어떤 정보가 주가에 반영되었는가에 따라 다음과 같이 구분된다.

첫째, 약형(weak form) 효율적 시장가설이다.
과거 정보(past information)의 주가반영 여부에 대한 가설이다.
둘째, 준강형(semi-strong form) 효율적 시장가설이다.
과거 정보와 공시정보(public information)의 주가 반영 여부에 대한 가설이다.
셋째, 강형(strong form) 효율적 시장가설이다.
과거 정보, 공시정보와 사적정보를 포함하는 모든 정보(all information)의 주가반영 여부에 대한 가설이다.

그림 10-2 이용 가능한 세 가지 정보

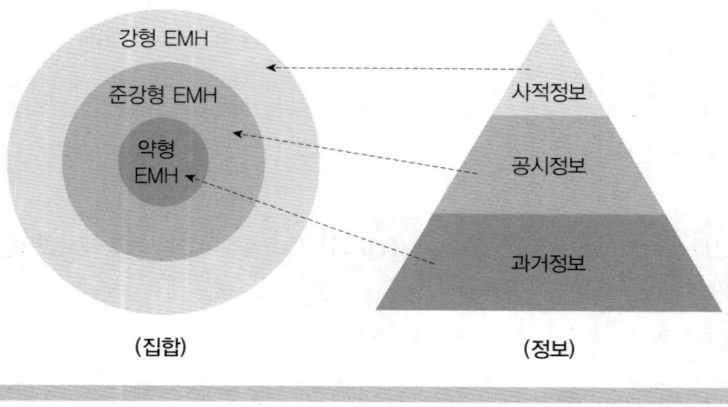

1.1.1 약형(weak form) 효율적 시장

약형 효율적 시장은 현재 주가는 과거 주가를 전부 순간적으로(fully and instantaneously) 반영하며, 과거 주가는 현재 주가에서 미래 주가를 예측하는 데 필요한 정보를 전혀 갖고 있지 않는 시장을 말한다. 따라서 약형 효율적 시장에서는 기술적 분석과 같은 과거 주가에 기초를 둔 분석은 초과수익 달성에 도움이 되지 않는다. 만약 기술적 분석으로 초과수익이 존재한다면, 증권시장은 약형 비효율적 시장이 된다.

※ 참고

Random Walk는 주가수익률 분포(평균, 분산)가 과거 정보에 관계없이 차이가 없다는 것을 의미하며 Random Walk이 성립하면 약형 효율적 시장이 되나 약형 효율적 시장이라고 반드시 Random Walk이 성립하지는 않는다. 따라서 Random Walk 하에서는 주가변화를 예측할 수 없게 된다.

1.1.2 준강형(Semi-Strong Form) 효율적 시장

준강형 효율적 시장은 과거 실적치와 공개적으로 입수 가능한 모든 정보, 미래 성과에 대한 예측자료 정보가 이미 주가에 반영되어 있어 이런 정보를 이용해서 초과수익을 얻을 수 없는 시장을 말한다. 따라서 준강형 효율적 시장에서는 회계정보, 배당, 유・무상 증자, 합병정보 등을 이용해서 초과수익을 달성할 수 없게 되어서 공개정보를 이용한 trading rule은 그 효과가 의문시된다.

1.1.3 강형(Strong Form) 효율적 시장

강형 효율적 시장은 과거정보, 공개정보(public)는 물론 사적정보(private)까지 모두 주가에 이미 반영되어 있어서 투자자는 어떤 정보를 이용해서도 초과수익을 얻을 수 없는 시장이다. 이 시장에서는 모든 정보의 시장 가치가 0이 되어 증권분석 자체가 의문시된다.

2. 효율적 시장검증

2.1 약형 효율적 시장검증

만약 약형 효율적 시장이 성립하면 과거 혹은 현재 주가는 미래 주가변동에 대한 어떤 정보도 가지고 있지 않으므로 현재 주가가 내일 주가의 최적 예상치가 되지 않는다. 따라서 약형 효율적 시장 검증은 일반적으로 다음과 같은 수익률 예측능력 연구를 통해서 이루어지고 있다.

첫째, 선형성 검증이다.

$$P_t - P_{t-1} = a + b(P_{t-1-T} - P_{t-2-T}) + e \qquad \textbf{(10.1)}$$

단, P_t : t시점 주가, e : 잔차

주가변동 간 선형성 여부는 식 (10.1)의 상관계수(correlation coefficient)를 산출해서 검증한다. 상관계수가 0.5라는 의미는 식 왼쪽 변수 변동의 0.25(상관계수의 제곱)가 식 오른쪽 변수 변동 때문으로 설명할 수 있다는 것이다. 따라서 만약 상관계수가 유의적이면, 즉 주가변동들이 선형관계에 있으면 과거 주가변동 정보를 이용해 미래 주가변동을 알 수 있게 되어서 증권시장은 약형 비효율적이라고 할 수 있다. 미국의 경우 대부분의 주요 연구 결과들은 수익률 간에 상관관계가 매우 약한 것으로 나타나고 있다.

Fama and MacBeth(1973)[2]는 주가변화 간의 상관관계 대신 초과수익률(= 실제수익률 − 기대수익률) 간의 상관관계를 분석한 결과 유의적인 상관관계를 발견하지 못했다.

그러나 대부분의 상관계수를 이용한 검증은 극단치(extreme observation)에 의해

---

2. E. F. Fama and J. MacBeth, "Risk, Return and Equilibrium : Empirical Tests", *Journal of Political Economy* 81, No.3 (May/June 1973), pp.607–636.

서 영향을 받기 때문에 가격변화의 부호(sign) 검증을 통해 주가변화의 상관관계를 검증하는 run 검증방법이 사용되기도 한다. run 검증에서는 +는 주가상승, −는 주가하락으로, 동일 부호의 연속성을 run으로 정의하고, 주가변화가 양의 상관관계일 경우, 동일한 +와 −가 오래 지속되고, 음의 상관관계를 가지면, 동일한 +와 −가 짧게 지속되어 run 갯수가 많게 된다. Fama(1955)[3] 등이 이 방법으로 약형 효율적 시장을 검증했다. 하루 동안 주가변화를 분석한 결과 760개의 run을 기대했으나 735개의 run을 얻었고(이것은 주가변화 간에 작은 양의 상관관계가 있다는 것을 의미), 장기간을 대상으로 분석한 결과는 실제 run갯수는 기대 run수와 거의 동일했다. Granger and Morgenstern(1970)[4]은 과거 주가변화와 미래 주가변화 사이의 상관관계를 주가 사이클(cycle)을 통해서 분석한 결과 월간과 계절 사이클이 약간 있음을 발견했다.

둘째, 시장이 비효율적이라면 선형과 사이클과 같은 정형화된 패턴이 없는 복잡한 주가패턴의 경우에도 해당 주가패턴에 적합한 거래원칙(trading rule)을 통해서 초과수익을 얻을 수가 있다. 대표적인 예가 filter rule이다. 필터룰은 과거 주가보다 X% 상승하면 매수해 보유하다가 주가가 Y% 하락하면 매도하는 전략이다. Fama/Blume(1966)[5]은 필터룰을 적용해 검증한 결과 거래비용을 고려하면 초과수익이 발생하지 않게 된다는 결과를 발견했다.

셋째, 주가에 대한 과거 정보들을 통합해 주식을 선택하는 방법으로 상대적 강도(Relative Strength)가 있다. Levy(1967)는 상대적 강도를 $\frac{P_{jt}}{\overline{P_{jt}}}$($\overline{P_{jt}}$: j증권 과거 평균주가, P_{jt} : j증권 t시점 주가)로 정의한 후 상대적 강도가 높은 주식 X%를 주식별로 동일 금액으로 매입하고, 향후 이 주식들의 상대적 강도가 주식 K%의 상대적 강도 이하로 하락하면 매도한 결과, X는 5%, K는 70%가 수익을 극대화하는 것을 발견했다. Jensen & Bennington(1970)[6]에 의하면 표본기업 중 상대적 강도에 의한 투자전략의 경우 거래

---

3. E. F. Fama, "The Behavior of Stock Market Prices", *Journal of Business* 38 (Jan. 1965), pp.34–105.

4. C. W. Granger and O. Morgenstern, "Predictability of Stock Market Prices," (Boston, Mass : Health, 1970).

5. E. F. Fama and M. Blume, "Filter Rules and stock Market Trading," *Journal of Business* 39 (Jan. 1966), pp.226–241.

6. M. Jensen and G. Bennington, "Random walks and Technical Theories : Some Additional

비용을 고려하면 표본 전체에 투자한 경우보다 높은 수익을 보이지 않았고, 위험을 반영하면 오히려 전체 표본보다 수익률이 저조하게 나타났다.

넷째, Niederhoffer and Osborn(1966)[7]은 거래(transaction) 간 주가변동의 상관관계를 분석한 결과, 같은 방향으로의 주가변동(상승에서 상승, 하락에서 하락)보다 2배 내지 3배 이상으로 주가역전(상승에서 하락, 하락에서 상승) 현상을 발견했다. 이는 이들 간에 일정한 상관관계가 존재함을 보여준다. 그러나 이런 현상은 시장 비효율성보다는 시장가 주문(market order)과 지정가 주문(limet order) 형태를 갖는 New York Stock Exchange의 거래구조에 기인한다고 설명하고 있다.

이런 실증분석들은 과거 주가패턴을 이용해서는 초과수익을 얻을 수 없다는 결과를 보이고 있어서 약형 효율적 시장을 지지하고 있다.

2.2 준강형 효율적 시장검증

준강형 효율적 시장검증은 공시 사건에 대해서 초과수익 여부를 검증하는 것이며 사건연구(event study)가 대표적인 검증방법이다.

사건연구란 어떤 사건공시가 주가에 미치는 영향을 평가하는 실증분석 기법으로서 누적 비정상수익률(*CAR* : Cumulative Abnormal Return)의 크기를 사건을 전후해 비교하는 것이다.

사건(event)이란 예상하지 못한 정보를 말하며 주식분할(stock split), 이익공시 등과 같이 다른 기업들에서도 서로 다른 시점에 발생하는 동일 형태의 사건(a type of event)과 회계기준 변경과 같이 표본 내의 모든 기업들에 대해서 동시에 발생하는 동시 발생 사건(a single event)으로 구분된다.

CAR 계산과정은 다음과 같다.

Evidence," *Journal of Finance*, XXV, No.2 (May 1970), pp.469-482.

7. V. Niederhoffer and M.Osborn, "Market Making and Reversal on the Stock Exchange," *Journal of the American Statistical Association* 61 (Dec. 1966), pp.897-916.

| 동일 형태 사건(a type of event)**의 경우 :**

다른 요인들에 의한 가격변동을 중립화(neutralize)한 후 비정상(초과)수익률(abnormal return)(= 실제수익률 – 균형수익률)의 존재여부를 검증한다.

구체적인 절차는 다음과 같다.

첫째, 기업 i의 t시점 초과수익률을 $e_{i,t} = R_{i,t} - \alpha_i - \beta_i \cdot R_{mt}$로 정의한 후, 회사특유의 움직임으로부터 시장 전체 움직임과 분리한다.

둘째, $e_{i,t} = \frac{1}{N}\sum_{i=1}^{N} e_{i,t}$를 이용해 검증하려는 사건 이외의 다른 요인들에 의한 수익률 변동을 중립화한다(N은 표본수).

셋째, 표본기간을 추정기간과 사건기간으로 분리해 추정기간(estimation period)에서는 α, β를 추정하고, 사건기간(event period)에서는 $CAR = \sum_{t}^{t+i} e_{i,t}$를 이용해 초과수익 존재여부를 검증한다.

Fama, Fisher, Jensen and Roll(1969)[8]은 주식분할(stock split), Davies & Canes(1978)은 증권분석가의 정보, Pettit(1972)[9]와 Watt(1973)[10]는 배당 공시에 대해서 사건연구를 적용하여 준강형 효율적 시장을 검증했으나 초과수익률을 발견하지 못했다.

| 동시 고유 사건(a single event)**의 경우 :**

통제 포트폴리오(control portfolio)와 실험 포트폴리오(experimental portfolio)의 수익률을 이용한 차별 수익분석을 한다. 실험 포트폴리오는 사건에 영향을 받은 주식 포트폴리오, 통제 포트폴리오는 사건에 의해서 영향을 받지 않지만 실험 포트폴리오

---

8. E. F. Fama, L. Fisher, M. Jensen and R. Roll, "The Adjustment of Stock Prices to New Information," *International Economic Review* 10, No.1 (Feb. 1969), pp.1–21.

9. R. R. Pettit, "Dividend Announcements, security Performance, and Capital Market Efficiency," *Journal of Finance*, XXVII, No.5 (Dec. 1972), pp.993–1007.

10. R. Watt, "The Information Content of Dividends," *Journal of Business* 45, No.2 (April 1973), pp.191–211.

와 비슷한 성격의 주식 포트폴리오로 구성된다.

2.3 강형 효율적 시장검증

강형 효율적 시장검증은 사적(내부자)정보에 대한 초과수익률의 존재여부 검증과 주요 시장참여자의 성과검증으로 구분된다.

첫째, 사적정보의 초과수익률에 대한 검증

▎내부정보에 대한 검증

Jaffe(1974)[11]와 Lorie and Niederhoffer(1968)[12]은 내부정보에 의한 투자는 비정상수익률을 올릴 수 있음을 발견했고 이는 강형 시장효율성을 부정하는 결과라고 주장하고 있다.

▎증권전문 분석가의 사적정보

미국 증권분석 전문지 Value Line Investment Survey의 추천종목 정보가 계속 맞아 떨어지는 현상이 발생하여 강형 시장효율성을 부정하는 결과를 보이고 있다. 그러나 우리나라의 경우, 경제신문의 추천종목은 정보로서의 가치가 없는 것으로 판정되고 있다.

둘째, 주요 시장참여자의 성과검증

미국의 뮤추얼펀드(mutual fund)나 전문투자자 포트폴리오 또는 우리나라의 투신상품은 설립목적 자체가 전문적으로 증권투자를 하여 이익을 올리는 데 있다. 뮤추

---

11. J. Jaffe, "Special Information and Insider Trading," *Journal of Business* 47, No.3 (July 1974), pp.410-428.

12. J. Lorie and V. Niederhoffer, "Predictive and Statistical Properties of Insider Trading," *Journal of Law and Economics* 11 (April 1968), pp.35-53.

얼펀드의 펀드매니저들은 능력이 출중할 뿐만 아니라 여러 가지 투자정보를 가지고 있는 것이 일반적이다. 시장이 비효율적이라면 이런 펀드매니저들은 비정상적으로 높은 투자수익률을 얻을 것으로 예상된다. 따라서 이들의 투자성과 여부는 강형 시장효율성 검증 대상이 되고 있다.

Jensen(1969)은 1955년부터 1964년까지의 기간 동안 115개 뮤추얼펀드의 투자성과를 분석했다. Jensen의 분석결과에 의하면 표본 중에서 SML의 아래쪽에 위치한 뮤추얼펀드가 위쪽에 위치한 경우보다 훨씬 더 많은 것으로 나타났다. Jensen의 연구결과는 강형 효율적 시장가설과 일치하고 있다. 그러나 이런 강형 효율성을 지지하는 결과는 약형과 준강형 효율적 시장가설을 부정하는 일부 증거를 고려하면 납득하기 힘들다. 실증결과에 나타난 이런 상충 현상에 대해 시장효율성 지지자들은 다음과 같은 설명을 하고 있다.

첫째, 뮤추얼펀드는 규모가 크기 때문에, 비록 펀드매니저들이 전망이 좋은 종목과 그렇지 않은 종목을 구분해낼 수 있다고 하더라도 그 분석결과를 실제로 적용해 펀드 포트폴리오를 변경시키는 데는 시간이 걸린다. 따라서 그들의 분석결과가 펀드의 투자성과에 미치는 영향은 그다지 크지 않다.

둘째, 뮤추얼펀드의 투자성과는 현저하지만 투자성과를 측정할 때 사용하는 준거치(benchmark)가 워낙 주관적이어서 그들의 우수성을 모두 감지하지 못할 수도 있다. 따라서 펀드매니저들이 실제로는 우수한 투자성과를 올렸음에도 불구하고 성과측정치가 그것을 제대로 인지하지 못해 통계적으로 유의한 성과가 없다고 결론을 내릴 수도 있다.

3. 시장이례현상과 행동재무학

3.1 시장이례현상

시장이례현상(market anomalies)은 증권시장이 지속적으로 비정상수익률을 보이면서 시장비효율성이 계속되지만 그렇게 되는 이유에 대한 명확한 설명이 없는 현상을 말한다. 이례현상이라고도 하며 대표적 현상들은 다음과 같다.

1) 규모 효과

규모 효과(size effect)는 소규모 기업이 대기업보다 지속적으로 더 높은 비정상수익률을 보이는 현상을 말한다. Banz(1981)[13]는 Fama and MacBeth(1973) 방법을 사용해 1936년~1977년 동안 소규모 기업들이 초과수익률을 보이고 있음을 발견했다.

2) 1월 효과

1월 효과는 1월에 초과수익이 발생하는 현상을 말하며 소규모 기업효과의 25%가 1월 초에 발생하고 있다. 절세를 위한 매도효과(tax loss selling)로 설명하나 설득력 있는 설명은 아니다.

3) 주말 효과

주말 효과(weekend effect)는 주말(금요일)의 주가가 높고 그 다음 주초(월요일)의 주가가 낮으므로 월요일이 항상 음의 수익률을 보이는 현상을 말한다.

4) 과잉반응 효과

De Bondt and Thaler(1985)[14]는 과거에 높은 투자수익률을 보여준 종목들은 그

---

13. R. W. Banz, "The Relationship Between Return and Market Value of Common Stock," *Journal of Financial Economics* 9 (1981), pp.3–18.

런 과잉반응을 수정하는 과정에서 평균이하의 투자성과를 보이며, 과거에 아주 낮은 투자수익률을 기록한 종목들은 장래에 평균보다 훨씬 더 높은 투자성과를 기록한다는 과잉반응 효과를 발견했다. 이런 현상은 수익률이 낮은 종목들의 초과수익률 혹은 과소수익률은 1월에 발생하며, 주식의 위험프리미엄은 1월에 실현되고 있다는 연구 결과를 고려하면 1월 효과와 관련이 있다고 볼 수 있다.

5) PER(Price/Earning) 효과

Basu(1977)[15]는 PER가 높은 포트폴리오에서 PER가 낮은 포트폴리오로 옮겨갈수록 투자수익률은 기하급수적으로 높아지고 있다는 것을 발견했다. 또한 포트폴리오를 재구성할 때 거래수수료와 자본이득세를 조정해 그 결과를 분석했다. 분석 결과 이런 조정을 거치고서도 PER가 낮은 포트폴리오를 보유하는 투자자의 투자성과와 전 기간 동안 단순한 매입보유전략(buy-and-hold strategy)을 구사하는 투자자의 투자성과 간에는 통계적으로 유의한 차이가 있음이 관찰되어 준강형 효율적 시장가설과는 상충되는 결과를 제시했다.

그러나 Banz(1981)와 Reinganum (1981)[16]은 Basu의 실증 결과가 시장효율성과 서로 상충되지 않는 규모 효과(size effect)의 발견에 불과하다고 주장하고 있다.

3.2 행동재무학

효율적 시장 옹호자는 시장이례현상과 같이 초과수익이 존재하더라도 β의 과소추정(underestimation)이나, 거래비용을 고려하면 실질적인 초과수익은 존재하지 않

14. Werner F. M. De Bondt and R. Thaler, "Does the Stock Market Overreact?," *Journal of Finance* 40 (1985), pp.793-805.

15. S. Basu, "Investment Performance of Common Stocks in Relation to Their Price-Earnings Ratios : A Test of the Efficient Market Hypothesis," *Journal of Finance*, XXXII, No.2 (June 1977), pp.663.

16. M. R. Reinganum, "Misspecification of Capital Asset Pricing : Empirical Anomalies Based on Earnings Yields and Market Values," *Journal of Financial Economics* 9 (1981), pp.19-46.

는다고 주장한다. 반면에 행동재무학(behavioral finance)에서는 시장이례현상을 투자자들의 행동편의(Behavioral Bias)와 제한적 차익거래(Limits to Arbitrage)를 이용해 설명하고 있다.

행동편의는 비합리적 투자자들의 행동들이 합리적인 것과는 괴리가 있지만 행동에 일정패턴이 존재하는 것을 말한다. 투자자들이 이익을 얻고자 하는 욕구보다 손실을 회피하고자 하는 욕구가 큰 현상인 '손실회피(loss aversion)', 정보가 폭포처럼 쏟아질 경우 다른 사람들의 결정을 참조해서 자신의 의사 결정을 하는 현상인 '집단압력의 오류(information cascade)' 등이 예가 된다.

제한적 차익거래는 비합리적 투자자들이 행동편의를 갖더라도 합리적 투자자들이 차익거래를 통해서 이익을 얻을 수 있으면 시장은 정상가격을 유지해 효율적이 되나 차익거래가 손실을 초래할 경우 비합리적 투자자들에 의해서 왜곡된 가격이 정상가격으로 되돌릴 수 없게 되는 현상을 말한다. 예를 들어, 차익거래 후에도 저평가된 주식이 계속하여 저평가되고 고평가된 주식이 계속하여 고평가되면 차익거래로 인해 손실이 발생한다.

4. 효율적 시장과 투자전략

4.1 효율적 시장과 투자전략

효율적 시장이면 초과수익이 존재하지 않게 되어 초과수익 추구보다는 위험관리에 중점을 두는 포트폴리오 관리가 효과적이다. 반면 비효율적 시장이면 초과수익이 존재하므로 초과수익 추구에 중점을 두는 기본적 분석, 기술적 분석이 효과적이다. 기본적 분석(fundamental analysis)은 경제분석, 산업분석 그리고 기업분석을 통해 저평가된 투자종목 선택에 중점을 두고, 기술적 분석(technical analysis)은 과거 주가나 거래량의 추세를 파악하고 시장지표의 대세를 판단해 매매시점 파악에 중점을 두는 투자관리 기법이다. 이들 기법에 대한 자세한 설명은 11장, 12장에서 다룬다.

4.2 효율적 시장과 증권분석가

효율적 시장이라도 증권분석가는 초과이윤을 얻을 수 있으나 정보비용(cost of information)을 고려하면 초과수익은 존재하지 않는다.

그러면 시장이 효율적일 경우에도 증권분석가가 존재하는 경우에 그 이유는 무엇일까?

증권분석가는 초과수익을 얻기 위해서 많은 정보를 입수하고 그 정보들을 해석하는 일을 한다. 이런 행위들이 경쟁적으로 이루어질수록 증권 가격에 대부분의 정보가 반영되어 결과적으로 시장이 효율적으로 움직이게 되드로 결국 증권분석가는 시장이 효율성을 유지하기 위해서 핵심적인 역할을 수행하고 있는 것이다.

연습문제

Ⅰ. 다음을 설명하시오.

01. 시장의 효율성 여부에 따라 적용 가능한 투자관리 방법

02. 시장이례현상

03. 행동재무학

04. 효율적 시장의 종류

Ⅱ. 다음 문장의 진위를 답하시오.

05. 효율적 시장에서는 미래 주가를 예측할 수 없다.

06. 투자자가 삼성전자 주식에 처음으로 투자를 해서 1년 후 초과이익을 얻었다. 이 경우 증권시장은 비효율적이다.

07. 효율적 시장에서는 기본적 분석이 유효하지 않다.

08. 시장이 효율적이 될수록 기술적 분석은 의미가 없어진다.

09. 효율적 시장에서 현재 주가는 미래 주가의 예측치이다.

10. 효율적 시장에서는 주가를 이용해 해당 기업의 가치를 비교적 정확히 추정 가능하다.

part V

주식투자

11장 기본적 분석

12장 기술적 분석

13장 주식평가모형

V편

개요

시장이 비효율적일 경우 증권분석은 초과수익을 목적으로 하여 개별증권분석을 주대상으로 하고 개별증권의 저평가, 고평가 여부를 결정하는 기본적 분석과 개별 증권매매 시점을 결정하는 기술적 분석으로 세분하여 진행된다. 개별증권분석을 위해서는 증권의 투자 성과에 영향을 미치는 경제환경, 산업전망, 개별기업에 관한 모든 사항들을 분석해야 한다. 11장은 기본적 분석, 12장은 기술적 분석 13장은 주식평가모형을 다룬다.

chapter **11**

기본적 분석

1. 경제분석 | **2.** 산업분석 | **3.** 기업분석

기본적 분석은 주식의 내재적 가치를 결정짓는 경영요인, 재무요인 등을 분석해 이를 시장가격과 비교함으로써 과소평가된 주식의 매입과 과대평가된 주식의 매각을 통해 초과수익을 얻고자 하는 분석으로 질적 분석과 양적 분석으로 구분된다. 질적 분석은 계량화가 불가능한 것을 대상으로 하고 있으며 경제분석, 산업분석, 기업분석 순으로 분석이 진행된다. 양적 분석은 기업분석 중 재무제표를 중심으로 비교적 계량화가 가능한 것을 분석하는 것이다.

기본적 분석

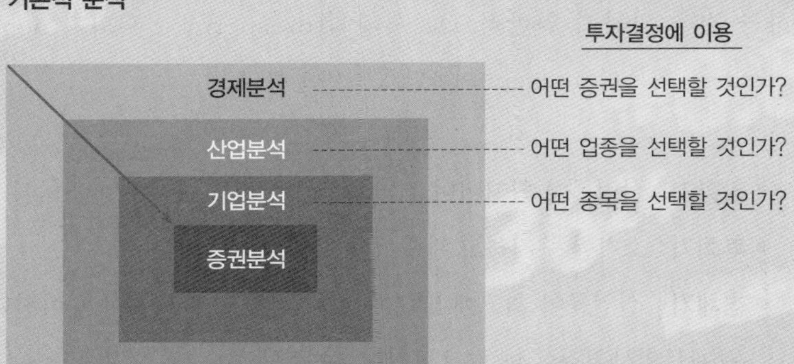

경제분석은 부동산, 예금, 주식, 채권 등과 같은 자산배분에, 산업분석은 주어진 주식투자 범위 내에서 업종선택에, 기업분석은 선택된 산업 내에서의 특정 기업의 주식 투자가치 분석에 활용된다.

1. 경제분석

경제분석은 기본적 분석의 첫 단계로서 투자목표 결정 시 장기적이고 전략적 지침을 제공하며 분석의 범위가 넓고 내용도 다양하며 다음과 같은 사항들이 분석대상이 된다.

1.1 경기변동

경기변동(Business Cycle)은 경제가 확장(expansions)과 수축(contractions)을 반복하는 것을 말하며 일반적으로 활황기(prosperity), 후퇴기(decline), 침체기(recession), 회복기(recovery)의 4단계를 반복한다.

- **활황기** : 실업률이 최저이며 소비자들이 미래를 낙관하고 소비를 많이 한다.
- **후퇴기** : 소비를 주저하고 관망세를 보인다.
- **침체기** : 실업률이 최고에 달하며 소비는 줄고 부도율이 높아진다. 경제주체들은 재무의사결정에 매우 보수적이 된다.
- **회복기** : 경제활동이 증가하여 실업률이 줄고 잔업이 증가하며 경제주체들이 미래를 낙관하기 시작하여 자동차, 주택 구입 등이 증가한다.

그림 11-1 경기의 순환과정

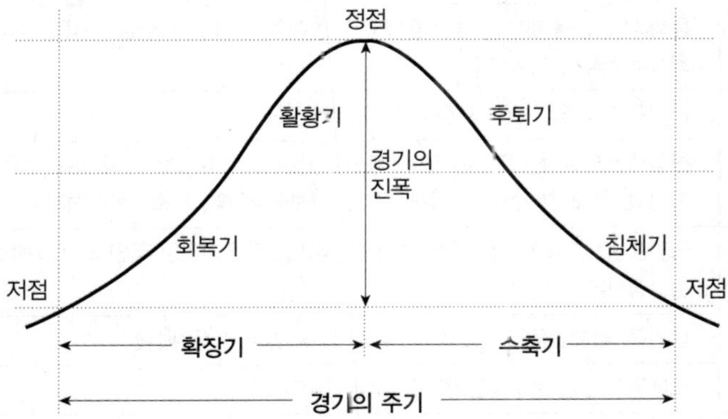

경기변동을 예측하는 방법들로는 경기지수(business index)와 같은 지표법, 기업 실사지수(BSI : Business Survey Index)와 같은 실사법, 계량경제모형 등이 있다.

개별 경제지표들은 경제활동의 한 측면만을 나타내기 때문에 국민경제 전체의 경기동향을 파악하기 위해서는 경기동향을 민감하게 반영하는 주요 경제지표들을 선정하고 다시 이 지표들을 가공, 종합해 지수화한 것이 필요하다. 이를 경기지수(business index)라고 하며 경기종합지수(CI : Composite Index)가 대표적이다. 경기종합지수는 통화량과 같은 선행지수, 산업생산지수와 같은 동행지수, 자본재생산지수와 같은 후행지수로 세분된다.

1.2 주요 경제지표

주가에 영향을 미치는 주요 경제지표들은 다음과 같다.

표 11-1 주요 경제지표

부문	경제지표
통화 · 금융	통화(M_1), 총통화(M_2), 총유동성(M_3), 총예금, 대출금, 예금금리, 대출금리, 국공채수익률, 회사채수익률, 어음부도율
재정	재정규모, 세입, 세출, 재정수지, 조세부담률
산업활동	산업생산지수, 생산자출하지수, 생산자제품재고지수, 생산능력지수, 가동률지수, 건축허가면적, 국내건설수주액, 기계수주액, 기계류수입액, 도소매판매액지수
국민소득	국민총생산(GNP), 국내총생산(GDP), 경제성장률, 1인당 국민소득, 최종소비지출증가율, 총고정자본형성증가율
고용 · 임금	총인구, 경제활동인구, 실업률, 취업자 수, 임금, 노동생산성
물가	도매물가지수, 소비자물가지수, 수출입물가지수
대외거래	수출, 수입, 국제수지, 환율, 수출신용장내도액

1.2.1 GDP 성장률

GDP(Gross Domestic Product)는 일정기간 동안에 한 나라의 국경 안에서 생산된 모든 최종생산물의 시장가치로 한 나라 경제의 종합적인 성적표이다. 따라서 GDP 성장률이 높을 때는 주가가 상승하지만, 저조할 경우에는 주가가 하락하는 것이 일반적이다.

1.2.2 물가

물가(Inflation)란 개개 상품의 가격을 평균화한 종합적인 가격수준을 말하는데 그 움직임을 구체적으로 파악하려면 우리 생활에서 차지하는 중요도와 오르고 내리는 정도가 제각기 다른 수많은 개별 상품가격의 변동을 특수한 방식으로 평균해 하나의 숫자로 나타낸 물가지수를 이용해야 한다. 개별 상품가격이 그 상품에 대한 수요와 공급 관계에 의해서 결정되고 변동되듯이 개별 상품가격을 종합한 물가도 같은 원리가 적용되어 경제 전체의 총수요와 총공급의 관계에 의해서 결정되고 변동된다. 따라서 물가의 변동은 공급 측면의 생산이나 수요측면의 소비, 투자 등 한 나라의 모든 경제활동의 결과를 반영하는 것이기 때문에 물가지수는 경제동향을 분석하거나 경제정책을 수립하는 데 있어서 필수적인 기초통계가 된다. 가장 많이 이용되는 지수는 소비자물가지수(CPI : Consumer Price Index)이다. 물가가 상승하면 제조원가가 상승하고 소비자 실질소득이 감소해 기업에 나쁜 영향을 주고, 개인들은 금융자산보다는 부동산과 같은 실물자산을 선호하게 된다. 따라서 인플레이션이 심해지면 주가가 큰 폭으로 하락하는 것이 일반적이다.

1.2.3 환율

환율은 우리 돈과 외국 돈의 교환비율로서 외국 돈과 비교한 우리 돈의 가치를 나타낸다. 자국통화표시환율(예: 1U$ = 1,000원)의 경우에 환율상승은 원화가치 하락을 의미한다. 환율은 기본적으로 외환시장에서 외환에 대한 수요와 공급에 의해서 결정되나 물가상승률, 금리차, 정치의 안정 여부 등 복합적 요인에 의해 영향을 받는다. 통화가 과도하게 절상되면(환율하락), 수출은 줄고 수입은 늘어 경상수지가 나빠지고 대외의존도가 높은 나라에서는 경제성장률도 낮아지는 부정적인 측면이 있으나 수입물가가 떨어져 국내물가가 하락하고 기업의 외채상환 부담이 줄어드는 등 긍정적인 측면도 존재한다. 반대로 통화가 과도하게 절하되면(환율상승), 수출은 늘고 수입은 줄어 경상수지는 개선되나 수입물가가 올라 국내물가가 상승하는 부작용을 초래할 수 있다. 환율변동의 구체적인 파급효과는 다음과 같다.

표 11-2 환율변동의 파급효과

	통화절상(환율하락)	**통화절하**(환율상승)
수출	수출채산성 악화(수출감소)	수출채산성 호전(수출증가)
수입	수입상품가격 하락(수입증가)	수입상품가격 상승(수입감소)
국내물가	수입원자재가격 하락(물가안정)	수입원자재가격 상승(물가상승)
외화도입기업	원화표시외채 감소(원금상환부담경감)	원화표시외채 증가(원금상환 부담증가)

과거 환율과 주가의 관계를 보면 환율이 상승(통화평가절하)한 시기에는 국제수지

가 흑자가 되어 풍부한 유동성으로 인해서 주가가 상승했고, 환율이 하락한 시기에는 주가가 하락하는 경향을 보였다.

1.2.4 이자율

이자율(Interest)은 자금 한 단위에 대한 차입비용 혹은 예금수익을 말하며, 일반 상품가격과 마찬가지로 돈을 빌려줄 사람이 많으면 떨어지고 반대로 적으면 올라간다. 이자율은 일반 상품과 다르기 때문에 대부분의 나라에서는 이자율이 금융시장에 의해서만 결정되도록 방임하지 않고 정부나 중앙은행이 직접 규제하거나 시장개입 등을 통해 간접적으로 조정하고 있다. 이자율은 어떤 금융시장에서 형성되느냐에 따라 여러 종류의 이자율로 구분될 수 있으며 자금의 용도, 기간, 위험요소, 차입자의 신용도 등에 따라 이자율 수준이 다르게 결정된다. 예를 들어, 중앙은행의 공정할인율, 금융기관의 예금 및 대출 금리, 증권수익률, 콜시장 금리, 사채시장 금리 등이 해당 금융시장에 따라 다른 이자율로 결정된다. 이와 같이 다양한 이자율은 주식투자, 예금, 대출, 할부 결정 등 가계 재무에 많은 영향을 미친다. 일반적으로 이자율이 상승하면 주가는 하락하고, 이자율이 하락하면 주가는 상승하는 경향을 보인다.

1.2.5 통화량

통화량의 변동은 주식시장에 직접적으로 영향을 미칠 뿐만 아니라 채권시장에서 이자율에 변화를 주어 간접적으로도 영향을 미친다. 증가된 통화가 기업 설비투자에 투입되면 기업수익성이 개선되어 주가가 상승하고, 주식시장에 유입되면 주식수요를 늘려 주가가 상승하며, 채권시장에 유입되는 경우 실질이자율을 하락시킴으로써 상대적으로 주식의 기대수익률이 커져 주식수요가 늘게 된다. 그러나 지나친 통화공급은 인플레이션 우려로 연결되어 실질주가가 하락하게 된다. 통화량 지표인 통화(M_1), 총통화(M_2), 총유동성(M_3)은 다음과 같이 정의되며 현재 우리나라는 통화관리의 중심지표로서 M_2를 사용하고 있다.

통화(M_1) = 민간화폐보유액(현금) + 결제성 예금(요구불예금, 수시입출금예금)

총통화(M_2) = M_1 + 저축성 예금 + 수익성 금융상품

금융기관 유동성(L_f) = M_2 + 제2금융권의 모든 예수금

광의 유동성(L) = L_f + 정부, 기업발행채권, 기업어음 등의 유동성 상품

1.2.6 국제수지

국제수지는 국가 간 모든 경제적 거래를 종합한 것으로 경상수지(current balance)와 자본수지(capital balance)로 구분된다. 경상수지는 무역과 기타 재화 및 용역의 이동을 나타낸 것으로 무역수지와 운임, 보험료, 관광과 같은 무역외 수지, 다른 국가와 재화 및 서비스를 무상으로 주고받은 결과인 선물, 무상원조 등의 수지 차이를 나타내는 이전수지로 구분된다. 자본수지는 다른 국가와의 자본거래에 따른 수지로 만기가 1년 이상인 장기자본거래와 1년 이하인 단기자본거래로 구분된다. 국제수지가 흑자이거나 적자폭이 감소하면 주가의 상승을 가져오며, 반대의 경우 주가하락을 가져온다.

1.3 경제정책

증권시장은 경제환경에 의해서도 영향을 받지만 경제정책에 의해서도 영향을 받는다. 경제정책은 수요정책과 공급정책으로 구분된다.

1.3.1 수요정책

수요정책(Demand Side Policy)은 재화와 용역의 총수요에 영향을 미치는 정책으로 재정정책, 금융정책으로 구분된다. 재정정책은 통화공급의 변화를 초래하지 않는 정부지출 및 세금과 관련된 정부정책으로 재정적자 발생 시 정부채 발행으로 보전하며, 경기활성화나 경기과열 냉각에 사용된다. 재정적자 발생은 이자율의 상승을 가져와 주가에 나쁜 영향을 미치며 금융정책에 비해 영향력이 크다. 금융정책은 정부와 중

앙은행이 통화량이나 이자율을 조절함으로써 궁극적으로 투자와 소비수요 조절을 통해 물가안정, 완전고용, 국제수지균형, 경제성장을 달성하려는 정책이다. 금융정책 중의 하나인 통화량 규제방식에는 직접규제와 간접규제 방식이 있다. 직접규제는 여신규제, 간접규제는 중앙은행이 증권시장에서 국공채 등 유가증권을 매입 또는 매각함으로써 통화량을 조절하는 공개시장조작(open market operation), 중앙은행이 금융기관에 빌려주는 자금의 금리를 높이거나 낮추어 중앙은행으로부터의 차입규모를 조절하는 재할인율 조정, 은행예금의 일정 비율을 현금으로 보유하거나 중앙은행에 예치하도록 법정화한 지불준비금 조정으로 세분된다. 금융정책은 시간조정이 우수하고, 쉽게 집행이 되나 효과가 강력하지 못하고 간접적이라는 한계가 존재한다.

재정정책과 금융정책의 관계는 다음과 같은 정부의 예산제약식으로 표현할 수 있다.

$$G - T = \frac{\Delta M}{P} + \frac{\Delta B}{P} + \Delta\text{해외차입} \tag{11.1}$$

ΔM : 통화량 변동, ΔB : 국공채 잔액변동, P : 물가수준, G : 정부지출, T : 세금, M : 금융정책과 관련된 통화, B : 국공채, Δ해외차입 : 해외차입변동

1.3.2 공급정책

공급정책(Supply Side Economics)은 세율인하와 규제완화를 통해 재화와 용역의 공급이 원활하게 되어 기업들의 경쟁력을 개선하려는 정책이다.

〈표 11-3〉은 경제상황별 투자전략을 요약한 표이다.

표 11-3　경제환경에 따른 투자전략

경제환경 \ 투자목적	장기성장 지향적 투자	안정적 소득 지향적 투자	투기 지향적 투자
■물가안정 ■단기금리는 불확실성 속에서 최저수준보다 다소 높게 안정경향 ■경기회복은 완만하고 부문별로 제한적으로 진행	■장기지향 투자자가 적합한 시점 ■일반적으로 손쉽게 현금화할 수 있는 형태로 자산을 보유할 것 ■전체 위험을 극대위험 한도의 60~70% 이하로 유지할 것 ■인플레이션 헤지를 위한 금의 보유를 줄여 나가도 됨	■만기 15~20년의 장기 우량채권에 투자 ■콜옵션 발행도 고려해 볼 것	■주식 및 옵션 거래를 할 것
■물가상승률은 2~4분기 동안 5% 이하로 안정 ■단기금리는 7%에서 안정 또는 하락추세 ■경기는 완만하나 지속적으로 상승 ■양호한 환경	■장기투자시점, 유동성을 낮춰도 좋음 ■위험노출도도 극대치의 90~100%까지 늘여 볼 것	■만기 10~15년의 장기 우량채권에 투자 ■또는 전 단계의 투자전략을 지속해도 됨	■주식 신용매입을 하라. ■콜옵션을 매입하라.
■물가, 금리상승추세, 상승률도 다소 높아짐 ■성장률도 상승 ■경제상황의 안정성이 약화되기 시작	■이윤을 실현하라, 유동성 보유를 늘려라. ■위험노출도를 75%로 낮추고, 전반적으로 보유자산의 질을 높이도록 할 것	■유동성 보유를 늘려라. ■1~5년 만기의 단기채권에 투자 ■콜옵션 매각을 고려할 것	■상품선물을 거래할 것
■물가와 금리가 상승하며 상승속도가 가속화됨 ■경제성장도 가속화되고 불안정성이 높아짐	■위험노출도를 20~50%로 낮출 것 ■유동성을 극대화할 것 ■1년 이하의 단기채권 보유 ■금매입 또는 covered option(주식을 실제로 보유하고 있음) 매각으로 위험 헤지할 것	■단기금리가 장기금리보다 높아질 수 있다. ■1년 이하 단기채권 보유 늘리도록 ■만기되면 계속 roll-over할 것	■상품선물을 거래할 것 ■주식은 대주를 할 것 ■uncovered call option(주식을 실제로 보유하고 있지 않음)을 매각할 것

■물가와 금리가 매우 높은 수준 ■향후 하락될 가능성은 매우 작음	■유동성 및 우량증권 보유에 중점 ■자본금의 10～15%를 8～12개월짜리 옵션 매입에 투자할 것(위험수준이 20～30%임) ■금보유에 의한 헤지를 하도록	■단기채에서 장기채(15～20년 만기)로 자산구성을 이행시킬 것 ■물론 단기적으로 단기채가 장기채보다 수익률이 높을지 모르나 장기적 과정에서 단기적 이익을 희생시킬 것	■콜옵션을 살 것

2. 산업분석

산업분석(Industry Analysis)은 개별산업 또는 관련산업에 중요한 영향을 미치는 요인들을 연구 · 분석하는 것으로 산업 간 분석과 산업 내 분석이 있다. 산업 간 분석(interindustry analysis)은 여러 산업 중에서 경쟁력이 높으며 유망한 업종이 무엇인지에 대한 기준을 제공하며, 산업 내 분석(intraindustry analysis)은 특정 산업 내에서 경쟁력 측면에서 어떤 업체가 유망한지에 대한 비교기준을 마련한다. 산업분석의 주요 내용은 과거실적, 경기변동에 대한 대응력, 산업의 대체관계, 정부정책, 인력수급 및 노사관계, 경쟁관계 및 산업의 주가수익률 등으로 구성된다. 이와 같은 내용들을 분석하는 산업분석 방법들에는 여러 가지가 있으나 본 장에서는 산업구조분석(structure analysis of industry), 제품수명주기 이론(product life cycle theory), 산업의 수요와 공급분석을 설명하고자 한다.

2.1 산업구조분석

M.E. Porter(1980)[1]는 특정 산업의 경쟁강도가 〈그림 11－2〉에서 제시된 진입장벽, 대체 가능성, 기존 경쟁업체 간의 경쟁강도, 구매자의 교섭력, 공급자의 교섭력의 5 가지 구조적 요인들에 의해서 좌우된다고 설명한다.

---

1. Michael E. Porter, "Industry Structure and Competitive Strategy : Keys to Profitability," *Finance Analysts Journal* (July–Aug. 1980).

그림 11-2 산업의 경쟁강도를 결정짓는 구조적 요인

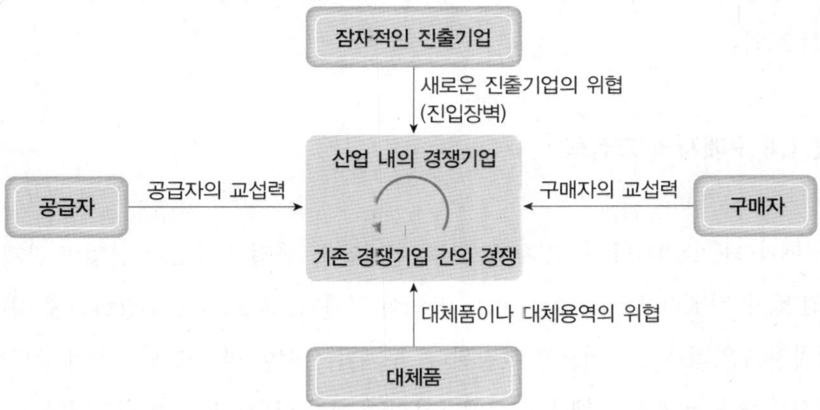

2.1.1 진입장벽

진입장벽이란 규모의 경제, 제품차별화, 진출에 필요한 대규모 자본, 견고한 기존 판매량, 기존 업체의 저렴한 비용, 정부의 규제정책 등 특정 산업에 새로이 진출하고자 하는 기업들의 진입을 어렵게 하는 제반요인들을 말한다. 진입장벽이 높은 산업에 이미 진출한 기업들은 진입장벽의 혜택 속에서 장기수익성과 위험 측면에서 경쟁우위를 갖는다.

2.1.2 대체 가능성

대체품의 품질이 우수할수록 그 산업에 가해지는 대체품의 가격하락 압력은 커지고, 따라서 이익잠재력은 저하된다.

2.1.3 기존 업체 간의 경쟁강도

기존 업체 간의 경쟁강도를 결정하는 요인들로는 경쟁기업의 수, 산업의 성장률,

가격경쟁의 가능성 및 제품차별화의 정도, 고정비의 크기, 대규모 시설확장, 경쟁업체의 다양성 등이 있다. 경쟁강도는 제품차별화 정도 이외의 요인들과 양(positive)의 관계를 보인다.

2.1.4 구매자의 교섭력

구매자(최종소비자나 중간단계의 생산과 판매업자) 산업과 공급자 산업의 관계에서 가격결정, 품질조건 등에 있어서 어느 산업이 강한지, 즉 교섭력이 강한지에 따라 해당 산업의 수익성은 구조적으로 결정된다. 구매자 산업이 공급자 판매량의 상당 부분을 차지하거나, 구매하는 제품이 구매자의 비용에서 상당부분을 차지하거나, 구매제품 차별화가 거의 없는 경우, 교체비용이 거의 들지 않는 경우, 구매제품이 구매자의 제품이나 서비스의 품질에 거의 영향을 미치지 않는 경우, 구매자가 중간 도소매업자로서 소비자들의 구매결정이나 제품선정에 결정적인 영향을 미치는 경우에는 구매자 집단(산업)의 교섭력은 강력하게 된다.

2.1.5 공급자의 교섭력

공급자의 교섭력이 강화(약화)되면 반대로 구매자의 교섭력은 약화(강화)된다.

2.2 제품수명주기 이론

제품수명주기 이론은 산업의 수명을 개척기, 투자성숙기, 안정기의 세 단계로 나누어 분석대상 산업이 각 단계 중 어느 단계에 위치하는지를 파악해 해당 산업 내 기업들의 이윤, 경쟁강도, 사업위험, 중요경영관리 기능을 확인하는 분석방법이다.

개척기에는 많은 기업들이 참여하여 치열한 가격경쟁으로 인해서 일정기간 동안 이익이 발생하지 않고 성장잠재력이 강한 기업들만 존립하게 된다. 투자성숙기(확장기)에는 시장이 통합되고 저렴한 가격의 제품이 공급되면서 경쟁자의 시장점유율을 잠식하게 되며 기업의 생산성이 증가되고 투자가 확대되며 배당수익률이 증가한다. 반면 순이익증가율은 조금씩 둔화된다. 이 시기에는 주식투자가 바람직하다.

안정기에는 기업의 성장능력이 감퇴되기 시작하 매출액은 경쟁산업에 비해 매우 낮은 비율로 증가한다. 사회습관의 변화, 인건비 상승, 경쟁산업의 기술혁신 수요 정체가 이 시기의 대표적 현상이다. 이 시기에는 주식투자에 주의를 필요로 한다.

제품수명주기 이론을 투자결정에 적용하기에는 아래와 같은 한계가 있다.

첫째, 신규산업의 개척기에 반드시 다수의 소기업이 치열한 경쟁을 겪는 것은 아니다. 예를 들어, 유망산업의 경우 수요 및 기업 수가 적더라도 정부가 많은 지원을 한다. 둘째, 안정기에 있더라도 지속적인 기술혁신으로 높은 성장률을 유지할 수 있다. 셋째, 이 이론은 주가와 기업고유가치의 관계를 무시하고 있어 이 투자결과와 반드시 일치하는 것은 아니다.

그림 11-3 산업의 제품 수명주기

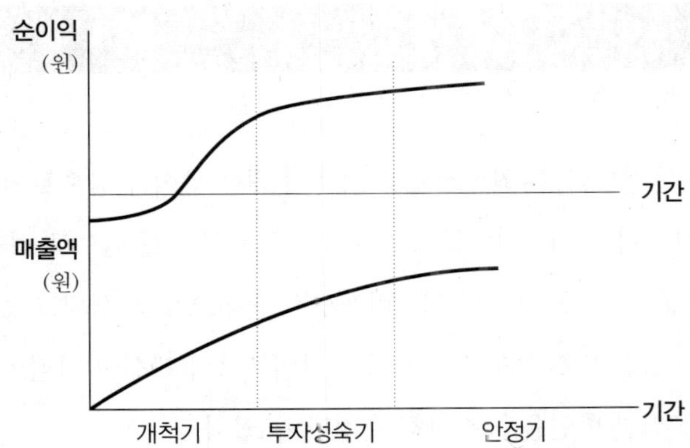

2.3 산업의 수요와 공급분석

산업의 제품가격과 매출액은 해당 산업에 대한 수요와 공급에 의해서 일차적으로 결정된다. 수요는 소비시장의 크기, 소득수준, 대체품의 가격수준과 기타 비경제적 요인에 의해서, 공급은 인건비, 재료비 등에 의해서 결정된다. 따라서 산업의 수요와 공급분석을 통해 해당 산업의 성장 잠재력을 예측해 볼 수 있으며, 수요분석 결과에 따라 성장 잠재력 예측은 가능하지만, 공급분석보다는 실제수요 추정이 상대적으로 힘들다는 한계가 있다.

산업 수요분석의 대표적인 방법인 산업연관분석은 1930년대 초 레온티에프(W.W. Leontief) 교수가 처음으로 작성한 것으로 재화와 용역의 흐름을 원재료에서부터 생산과정과 중간과정을 거쳐 최종소비재로 완성하기까지의 전 과정으로 분해한 후 이를 통해 각 산업의 성장과 쇠퇴 및 추세의 변화를 분석 · 예측해 국민경제 내의 산업부문 간의 수요분석, 즉 각 산업부문에서 생산되는 산출물의 최종용도를 분석하는 방법이며 주로 중장기 예측에 이용된다. 이 분석에서 세로방향은 각 산업에서 생산활동을 위해 사용한 중간재와 생산요소의 구성을 나타내는 투입요소를, 가로방향은 각 산업에서 생산된 산출물에 대한 수요를 나타내는 배분구조를 의미한다.

3. 기업분석

경제분석과 산업분석 후 최종적으로 기업에 대한 분석을 함으로써 구체적인 증권투자종목을 선정하게 된다. 기업분석은 재무제표분석을 중심으로 하는 계량적 분석과 질적 항목의 분석을 중심으로 하는 비계량적 분석으로 구성되고 있으며, 경제, 산업, 개별기업요인들을 다각적으로 고려해서 기업분석의 핵심인 기업의 미래이익과 이익의 현가산출을 위한 할인율을 정확히 추정할 수 있다.

3.1 계량적 분석

계량적 분석은 경영성과와 재무제표가 주가와 밀접한 관계가 있다는 전제 하에 재무제표에 나타난 수치를 근거로 하여 수익성, 안정성, 활동성, 성장성 등을 분석하는 방법으로, 기업의 재무제표를 기초로 해 경영성과를 측정하고 평가하는 재무비율 분석을 주로 사용한다.

재무제표는 기업이 회계기간 동안에 수행한 경영활동의 결과를 간결하게 요약한 재무보고서로 재무상태표(statement of financial position, 과거 대차대조표), 손익계산서(I/S : income statement), 자본변동표, 현금흐름표가 있다.

재무상태표는 일정시점(결산기 말)에서 기업의 자산, 부채, 자본에 대한 정보를 제공하는 재무보고서이다. 차변에 자산, 대변에 부채와 자본이 기재된다. 자산항목은 기업이 조달한 자금을 어떻게 활용하고 있는가 하는 자금의 운용상태를, 부채와 자본은 기업이 자금을 어떻게 조달했는지 하는 자금의 조달원천을 나타낸다.

자산은 유동성 여부에 따라 유동자산과 비유동자산으로 분류된다. 유동자산은 보고기간 말로부터 1년 이내에 현금으로 전환되거나 전환이 예상되는 자산을 말하며 현금 및 현금성자산, 단기투자자산, 매출채권, 재고자산으로 세분된다. 비유동자산은 정상적인 영업활동에 투자되어 1년 이내에 현금화가 어려운 자산으로 투자자산, 유형자산, 무형자산, 기타 비유동자산으로 세분된다. 투자자산은 정상적인 경영활동과 관계없이 다른 회사를 지배 및 통제하기 위한 목적으로 투자한 다른 회사의 유가증권, 부동산, 예금(만기 1년 이상) 등을 말한다. 유형자산은 판매목적이 아닌 기업의 정상적인 영업활동에 사용하기 위해 소유하고 있는 토지, 건물, 구축물, 기계장치, 건설 중인 자산으로 세분된다. 무형자산은 물리적인 형태는 없으나 기업의 수익창출에 기여할 것으로 예상되는 자산으로 영업권, 산업재산권, 라이센스 및 프렌차이즈, 개발비 등으로 세분된다. 기타 비유동자산은 임차보증금, 이연법인세자산, 장기성매출채권, 장기미수금, 장기선급금으로 세분된다.

부채는 유동성 여부에 따라 유동부채와 비유동부채로 구분된다. 유동부채는 일상적인 상거래에서 발생하는 영업상의 채무와 만기가 1년 이내인 지급채무로 세분된다. 비유동성부채는 만기가 1년 이상인 장기성 부채로서 사채, 장기차입금 등으로 세분된다. 자본은 기업의 소유자인 주주에게 귀속될 소유자지분을 의미하며 자본금, 자본잉여금, 자본조정, 기타포괄손익누계액, 이익잉여금으로 세분된다. 자본금은 1주당 액면금액에 발행주식수를 곱해 산출되며 우선주자본금, 보통주자본금으로 구성된다.

자본잉여금은 자본거래(증자, 감자)에서 발생된 잉여금이며, 이익잉여금은 기업의 이익 중 사외유출, 자본금계정에 대체되지 않고 사내에 유보된 부분이다. 자본조정은 자본의 성격이 결정되지 않은 임시항목으로 자본총계에 가감하는 형식으로 기재된다. 기타포괄손익누계액은 당기순손익을 제외한 기타포괄손익의 누계잔액을 의미한다.

손익계산서는 일정기간 동안 기업에서 발생한 수익과 비용을 대응시켜 당해기간의 손익을 표시한 보고서로 기업의 종합적인 경영성과를 나타내는 재무제표이다. 이익항목을 매출총이익(매출순손실), 영업이익(영업손실), 법인세비용차감전 계속사업손익, 계속사업이익(손실), 당기순이익(손실)으로 구분한다. 매출액은 주된 영업활동을 통해 재화 또는 용역을 제조판매한 대가로 발생하는 수익을 말한다. 매출원가는 재화 또는 용역을 생산하는 과정에서 발생하는 비용으로 재화 또는 용역의 취득원가를 의미한다. 매출총이익은 매출액에서 매출원가를 차감한 것이고, 영업이익은 영업활동의 결과 발생된 이익으로서 매출총이익에서 판매비와 관리비를 차감한 것이다. 법인세비용차감전 계속사업손익(중단사업이 없을 경우 법인세비용차감전 순이익)은 영업이익에 영업외수익을 더하고 영업외비용을 차감해 구한다. 영업외수익이나 비용은 매출수익을 얻기 위한 주된 영업활동 이외의 보조적 또는 부수적인 영업활동에서 발생하는 수익이나 비용이다. 계속사업이익은 법인세비용차감전 계속사업손익에서 회계이익에 근거해 산출된 계속사업손익법인세비용을 차감해 구한다. 당기순이익은 최종적인 경영활동 결과로서 주주에게 귀속되는 이익이며 계속사업에서 중단사업 손익을 가감해 산출된다. 중단사업손익은 사업중단 직접비용과 중단사업자산 손상차손을 포함하는 중단사업으로부터 발생한 영업손익과 영업외손익을 의미하며 법인세 효과를 차감한 후의 순액으로 보고한다.

자본변동표는 일정기간 자본금, 자본잉여금, 자본조정, 기타포괄손익누계액, 이익잉여금의 변동에 대한 포괄적인 정보를 제공하는 표이다.

현금흐름표는 일정기간 동안 현금흐름 변동상태를 영업활동, 투자활동, 재무활동으로 나타내는 표이다.

표 11-4

재무상태표

제×기 20××년 ×월 ×일 현재/제×기 20××년 ×월 ×일 현재

한국(주) (단위 : 원)

과목	당기		전기	
자　　산				
유동자산		×××		×××
당좌자산		×××		×××
현금 및 현금성 자산	×××		×××	
단기매매금융자산	×××		×××	
매출채권	×××		×××	
선급비용	×××		×××	
재고자산		×××		×××
상(제)품	×××		×××	
원재료	×××		×××	
비유동자산		×××		×××
투자자산		×××		×××
투자부동산	×××		×××	
장기금융자산	×××		×××	
유형자산		×××		×××
토지	×××		×××	
설비자산	×××		×××	
(−) 감가상각누계액	(×××)		(×××)	
무형자산		×××		×××
영업권	×××		×××	
산업재산권	×××		×××	
개발비	×××		×××	
기타 비유동자산		×××		×××
이연법인세자산	×××		×××	
자산 총계		×××		×××
부　　채				
유동부채		×××		×××
단기차입금	×××		×××	
매입채무	×××		×××	
미지급비용	×××		×××	
비유동부채		×××		×××
사채	×××		×××	
부채 총계		×××		×××
자　　본				
자본금		×××		×××
보통주자본금	×××		×××	
자본잉여금		×××		×××
주식발행초과금	×××		×××	
자본조정		×××		×××
자기주식	×××		×××	
기타포괄손익누계액		×××		×××
매도가능증권평가손익	×××		×××	
이익잉여금(또는 결손금)		×××		×××
법정적립금	×××		×××	
임의적립금	×××		×××	
미처분이익잉여금(또는 미처리결손금)	×××		×××	
자본 총계		×××		×××
부채 및 자본 총계		×××		×××

표 11-5

포괄손익계산서

제×기 20××년 ×월 ×일부터 20××년 ×월 ×일까지
제×기 20××년 ×월 ×일부터 20××년 ×월 ×일까지

한국(주) (단위 : 원)

과목	당기		전기	
매출액		×××		×××
매출원가		×××		×××
매출총이익(또는 매출총손실)		×××		×××
판매비와 관리비		×××		×××
급여	×××		×××	
퇴직급여	×××		×××	
복리후생비	×××		×××	
임차료	×××		×××	
접대비	×××		×××	
감가상각비	×××		×××	
대손상각비	×××		×××	
영업이익(또는 영업손실)		×××		×××
영업외수익		×××		×××
이자수익	×××		×××	
배당금수익	×××		×××	
임대료	×××		×××	
영업외비용		×××		×××
이자비용	×××		×××	
외환차손	×××		×××	
법인세비용차감전순이익		×××		×××
법인세비용		×××		×××
당기순이익(또는 당기순손실)		×××		×××
기타포괄손익		×××		×××
총포괄손익		×××		×××
주당손익		×××		×××
기본주당순손익		×××		×××
희석주당순손익		×××		×××

표 11-6

자본변동표

20×0년 ×월 ×일부터
20×0년 ×월 ××일까지

한국(주) (단위 : 원)

내용	자본금	이익잉여금	총계
20×0. ×. ×	₩0	₩0	₩0
주식발행	300,000		300,000
당기순이익		138,000	138,000
배당금		(30,000)	(30,000)
20×0. ×. ××	₩300,000	₩108,000	₩408,000

표 11-7 **현금흐름표**

20×0년 ×월 ×일부터
20×0년 ×월 ××일까지

한국(주) (단위 : 원)

영업활동으로 인한 현금흐름		
매출로 인한 현금유입	₩800,000	
영업비용에 대한 현금유출	(830,000)	(₩30,000)
투자활동으로 인한 현금흐름		
기계의 구입	0	0
재무활동으로 인한 현금흐름		
장기차입금의 조달	200,000	
유상증자	300,000	
배당금의 지급	(30,000)	470,000
현금의 증가		₩440,000
기초현금		0
기말현금		₩440,000

재무비율분석은 재무제표를 직접 분석해 기업에 관한 정보를 얻는 대신 재무제표에 내포된 경영에 유익한 정보를 쉽게 파악할 수 있도록 고안된 재무비율들을 분석하는 것이다. 재무비율은 경제적 의미와 논리적 관계가 명확한 재무제표상의 두 항목의 상대적 비율을 말하며 재무비율분석을 통해 기업의 다양한 이해관계자에게 유익한 정보를 제공하고 있다.

일반적으로 재무비율들은 표준비율과 비교해 평가된다. 표준비율로는 분석기업의 과거비율, 산업평균비율, 경쟁기업의 비율이 사용되고 있다.

주요 재무비율들은 다음과 같다.

3.1.1 수익성 분석

기업의 수익성을 측정하는 것으로 주로 다음과 같은 비율들을 사용한다.

| 총자본이익률(ROA : Return On Asset)

$$\left(\frac{\text{당기순이익}}{\text{총자산}}\right) \times 100 \qquad (11.2)$$

기업에 투하된 총자산이 얻은 수익을 나타내는 지표이다. 이 지표는 다음과 같이 매출액이익률과 회전율 개념으로 변화시킬 수 있다.

$$\frac{당기순이익}{총자산} = \left(\frac{당기순이익}{매출액}\right) \times \left(\frac{매출액}{총자산}\right)$$

$$= 매출액순이익률 \times 총자산회전율 \quad (11.3)$$

| 매출액이익률

$$매출액\ 경상이익률 : \left(\frac{경상이익}{매출액}\right) \times 100 \quad (11.4)$$

$$매출액\ 영업이익률 : \left(\frac{영업이익}{매출액}\right) \times 100 \quad (11.5)$$

| 손익분기점률

$$\frac{손익분기점에서의\ 매출액}{매출액} \times 100$$

$$손익분기점에서의\ 매출액 = \frac{고정비}{1 - \frac{변동비}{매출액}} \quad (11.6)$$

| 주당순이익(EPS : Earnings Per Share)

$$\frac{당기순이익}{가중평균주식수} \quad (11.7)$$

| 자기자본이익률(ROE : Return On Equity)

$$ROE = \frac{당기순이익}{자기자본} \quad (11.8)$$

ROE에 영향을 미치는 재무요인들은 다음과 같은 Du Pont System을 통해 설명된다.

$$ROE = \frac{당기순이익}{자기자본} = \left(\frac{당기순이익}{총자산}\right) \times \left(\frac{총자산}{자기자본}\right)$$

$$= ROA\left(1 + \frac{부채}{자기자본}\right)$$

$$= \left(\frac{당기순이익}{매출액}\right)\left(\frac{매출액}{총자산}\right)\left(1 + \frac{부채}{자기자본}\right)$$

$$= 매출액순이익률 \times 총자산회전율 \times 자본조달의\ 안정성 \qquad (11.9)$$

위 공식을 통해 부채를 쓰는 기업의 ROE는 부채 사용에 따른 손익확대 효과로 인해 호황일수록 이익이 확대되고, 불황일수록 손실이 확대됨을 알 수 있다.

3.1.2 안정성 분석

안정성 분석은 기업이 단기적인 채무지급능력을 갖추고 있는지와 장기적으로는 기업 내외적인 경제여건 변화에 대응할 수 있는 능력을 지니고 있는지를 측정하는 것으로 다음과 같은 비율들이 많이 사용된다.

| 유동성비율

유동성은 단기부채에 대한 지급능력을 말하며 이런 능력을 분석하기 위한 재무비율을 말한다. 유동비율, 당좌비율 등이 있다.

$$유동비율 : \left(\frac{유동자산}{유동부채}\right) \times 100 \qquad (11.10)$$

$$당좌비율 : \left(\frac{당좌자산}{유동부채}\right) \times 100 \qquad (11.11)$$

$$당좌자산 = 유동자산 - 재고자산$$

| 자본구성비율

$$\text{이자보상비율} : \frac{\text{영업이익}}{\text{지급이자}}$$

$$\text{현금보상비율} : \frac{\text{영업이익} + \text{감가상각비}}{\text{지급이자}} \tag{11.12}$$

$$\text{부채비율} : \frac{\text{타인자본(부채총액)}}{\text{자기자본(자본총액)}} \times 100 \tag{11.13}$$

부채비율은 재무적 안정성과 장기채무 지급능력을 측정하며 부채비율이 가급적 낮게 되기를 원하는 채권자와 부채사용에 따른 레버리지 효과를 바라는 경영자 간의 이해가 조화될 수 있는 수준에서 결정된다.

| 고정비율

$$\frac{\text{고정자산} + \text{투자와 기타자산}}{\text{자기자본}} \times 100 \tag{11.14}$$

조달된 자본이 유동자산과 고정자산에 합리적으로 배분되어 있는지를 측정하는 지표이다. 산업에 따라 차이가 있으나 일반적으로 100% 이하를 양호한 상태로 본다.

| 유보율

$$\frac{\text{잉여금}}{\text{납입자본금}} \times 100 \tag{11.15}$$

이익의 사내유보 정도를 측정하는 지표이다.

3.1.3 활동성 분석

자산의 효율적 이용 정도를 매출액과 비교해 측정하는 비율로 회전율로 측정되며 다음과 같은 비율들이 많이 사용된다.

| 총자산회전율

$$\frac{\text{매출액}}{\text{총자산}} \tag{11.16}$$

| 재고자산회전율

$$\frac{\text{매출원가}}{\text{재고자산}} \tag{11.17}$$

| 매출채권회전율

$$\frac{\text{매출액}}{\text{매출채권}} \tag{11.18}$$

| 매출채권평균회수기간

$$\frac{\text{매출채권}}{\text{매출액}} \times 100$$

3.1.4 성장성 분석

성장성 분석은 기업이 일정기간 동안 얼마나 성장하고 있는가, 즉 매출액, 자본금, 순이익 등은 얼마나 신장하고 있으며 균형적인 성장을 하고 있는가의 여부를 측정하는 것으로 다음과 같은 비율들이 많이 사용되고 있다.

| 매출액증가율

$$\frac{\text{당기매출액}}{\text{전기매출액}} - 1 \tag{11.19}$$

| 총자산증가율

$$\frac{\text{기말총자산}}{\text{기초총자산}} - 1 \tag{11.20}$$

▎순이익증가율

$$\frac{\text{당기순이익}}{\text{전기순이익}} - 1 \tag{11.21}$$

표 11-8 주요 재무비율의 종류 및 의미

구분	재무비율	측정방법	의미
안전성	부채비율	$\frac{\text{총부채}}{\text{자기자본}}$	경영의 안전성
	자기자본비율	$\frac{\text{자기자본}}{\text{총자산}}$	자본조달 상태
	이자보상비율	$\frac{\text{영업이익}}{\text{이자비용}}$	이자지급 능력
수익성	총자산 순이익률(ROA)	$\frac{\text{당기순이익}}{\text{총자산}}$	자산의 효율적 운용
	자기자본 이익률(ROE)	$\frac{\text{당기순이익}}{\text{자기자본}}$	자기자본의 효율적 운용
	매출액 경상이익률	$\frac{\text{경상이익}}{\text{매출액}}$	매출액에 대한 반복적 · 경상적 이익력
성장성	매출액증가율	$\frac{\text{매출액증가액}}{\text{전기매출액}}$	매출액, 제품시장력
	총자산증가율	$\frac{\text{총자산증가액}}{\text{전기총자산}}$	기업담보력
	순이익증가율	$\frac{\text{순이익증가액}}{\text{전기순이익}}$	신용, 수익창출력

자료 : 시민을 위한 증권투자 이야기, 한국거래소

재무비율분석은 간단하고 이해가 쉬우므로 비교적 쉽게 사용할 수 있고 재무제표를 이용하므로 시간과 경비를 절약할 수 있으나 다음과 같은 한계를 갖는다.

첫째, 재무제표를 사용함으로써 기업의 미래상보다는 과거 정보에 의존한다.

둘째, 회계기간 동안의 계절적 변화를 나타내지 못하고 결산기가 다른 기업과의 비교가 쉽지 않다.

셋째, 동일 산업에 속하는 기업 간에도 성격에 따라 재무비율에 차이가 존재한다.

넷째, 표준비율 설정에 어려움이 있다.

다섯째, 비율 상호 간에 연관성을 고려할 수 없어서 종합적인 결론을 내리기가 힘들다.

이런 한계를 보완하기 위해서 추세분석이나 지수법을 이용해 기업경영에 대한 종합적인 평가를 할 필요가 있다.

추세분석은 기업의 재무상태 또는 경영성과의 변화추세를 분석해 미래의 경영성과를 예측하는 것이고, 지수법은 많은 재무비율 중에서 몇 개의 주요비율을 선정하여 이들의 중요도에 따라 가중치를 부여한 후 이 가중치에 실제비율을 표준비율로 나눈 관계비율을 곱한 지수를 산출해 기업의 평점을 구하는 방법이다. 그러나 지수법도 중요비율의 선정과 가중치에 주관적인 요소가 있어 객관성 문제가 발생할 수 있다.

3.1.5 경제적 부가가치(EVA : Economic Value Added)

1980년대 이후 미국에서는 기업환경이 급변하는 가운데 기업의 경쟁력을 향상시키기 위한 restructuring, M&A 그리고 연구 · 개발에의 집중적인 투자를 하게 되었다. 그러나 이를 수행하기 위한 투자결정, 자금조달, 성과평가 등에 있어서 많은 사람들이 기업의 실제가치가 아니라 장부가치인 주당순이익, 영업이익, 자기자본순이익률(ROE), 총자본이익률(ROA), 총자본순이익률(ROI) 등의 회계적 수치를 통상적으로 사용해 왔다.

이와 같이 기업경영 성과를 회계이익으로 판단하려는 사고는 자기자본 사용에 대한 대가로 지불하는 자기자본비용을 비용으로 인식하지 않는 결과를 초래했고, 경영자와 주주 간의 대리인문제로 연결되었다. 이에 따라 경영성과를 효과적으로 평가할 수 있는 경영지표의 개발이 요구되어 왔다.

자기자본비용 인식 차이에 따른 경영자와 주주 간의 갈등을 해결하고, 경영자가 경영활동 전반에 관해 재인식하는 데 결정적인 기여를 한 것이 1980년대 후반 미국의 경영컨설턴트 회사인 Stern Stewart사가 새로운 경영관리 지표로서 개발한 EVA (Economic Value Added)이다.

EVA는 다음과 같이 정의된다.

$$
\begin{aligned}
&\text{세후영업이익} - \text{투하자본의 자본비용} \\
&= NOPLAT - WACC \times IC = \left(\frac{NOPLAT}{IC} - WACC\right) \times IC \\
&= (ROIC - WACC) \times IC = \text{초과수익률} \times \text{투하자본}
\end{aligned}
\tag{11.22}
$$

세후영업이익 : *NOPLAT* (Net Operating Profit Less Adjusted Taxes)
투하자본 : *IC* (Invested Capital), 투하자본이익률 : *ROIC* (Return on Invested Capital)
가중평균자본비용 : *WACC* (Weighted Average Cost of Capital)
: 자기자본비용과 타인자본비용의 가중평균비용

EVA와 당기순이익의 차이점을 설명해 보자.

일반적으로 기업의 영업성과를 파악하기 위한 측정수단으로서는 손익계산서상의 당기순이익이 중시되었으며 이에 따라 경영자도 당기순이익의 증가에만 관심을 기울여 왔다. 그러나 손익계산서상의 당기순이익은 기업이 일정기간 동안 경영활동에 투입한 자기자본에 따른 비용은 반영되어 있지 않다. 따라서 기업이 당기순이익에 근거해 영업의 성과를 측정 · 평가하게 되면 지분투자자들의 기대수익에 미치지 못하는 당기순이익이 발생했음에도 불구하고 긍정적인 평가를 하는 불합리한 경우가 있을 수 있다. 반면, EVA는 자본제공자(주주, 채권자)의 자본(기회)비용을 초과해 창출된 부가가치를 의미하므로 당기순이익 > 0인 경우도 EVA < 0이 될 수 있다.

EVA를 영업성과의 측정도구로서 사용하게 되면 투자자들이 제공한 자본비용(타인자본비용 + 자기자본비용) 이상의 이익을 실현하는 것을 기업투자의 목표로 설정할 수 있게 된다. EVA는 주주자본비용의 기회비용적 성격을 명확히 설정할 수 있게 하고, 세후영업이익에서 자본비용을 차감한 잔여이익을 기업의 최종적인 위험부담자인 주주에게 귀속시킴으로써 기업재무의 궁극적인 목표인 주주의 부 극대화로 연결시키는 도구가 된다.

EVA와 관련된 신 · 구 경영 패러다임을 비교하면 〈그림 11-4〉와 같다.

그림 11-4 **신 · 구 경영 패러다임의 비교**

	목표 및 실적	수익성 척도	수익성 기준	사업규모

구 패러다임 :

$$\text{경상이익} = \left[\frac{\text{영업이익}}{\text{매출액}} - \frac{\text{금융비용}}{\text{매출액}}\right] \times \text{매출액}$$

↑ 매출액영겁이익률 ↑ 금융비용부담률

신 패러다임 :

$$\text{경제적 부가가치} = \left[\frac{\text{영업이익}}{\text{매출액}} \times \frac{\text{매출액}}{\text{투하자본}} - \frac{\text{금융비용} + \text{자기자본비용}}{\text{투하자본}}\right] \times \text{투하자본}$$

↑ 매출액영업이익률 ↑ 투하자본회전율 ↑ 가중평균자본비용

(매출액영업이익률 + 투하자본회전율) ↑ 투하자본수익률

EVA와 각종 경영성과 지표를 비교하면 〈표 11-9〉와 같다.

표 11-9 EVA와 경영성과 지표의 비교

경영지표	정의	장점	단점
시장부가가치 (MVA)	미래의 경제적 이익을 자본비용으로 할인한 현재가치의 합	▪회계지표의 한계극복 ▪전략 및 투자결정에 유용 ▪장기적 경영 가능	측정이 복잡함
경제적 부가가치 (EVA)	세후영업이익－투하자본 × 자본비용	자본비용을 고려한 정기적 가치창출 계산	단기적 성과에 치중
투하자본이익률 (ROIC)	세후영업이익 ÷ 투하자본	▪투하자본의 수익성 측정 ▪I/S와 B/S 모두 고려	자본의 기회비용 무시
자기자본이익률	순이익 ÷ 자기자본	주주입장에서의 수익성 측정	영업외활동의 영향 포함
매출액영업이익률	영업이익 ÷ 매출액	이해하기 용이	보유자산의 활용도 무시

EVA와 시장부가가치(MVA)와의 관계를 설명해 보자.

MVA(Market Value Added ; 시장 부가가치)는 시장에서 형성된 기업가치에서 주주와 채권자의 실제 투자액을 차감한 금액으로 MVA가 양이면 해당 기업이 추가적인 기업가치를 창출하는 것을 의미하며, 음이면 기업가치를 감소시키는 것을 의미한다. 주가는 미래의 예상 현금흐름을 반영하므로, 효율적 시장에서는 미래 EVA의 현재가치의 합계가 MVA가 된다.

기업가치는 미래이익의 현재가치 합이며, 미래이익은 자본비용 부분과 이를 상회하는 초과이익으로 분해할 수 있으므로, 이 금액이 영구히 지속된다고 가정하면,

$$
\begin{aligned}
\text{기업가치} &= \Sigma PV(\text{자본비용}) + \Sigma PV(\text{초과이익}) \\
&= \left[\frac{IC \times k_0}{(1+k_0)} + \frac{IC \times k_0}{(1+k_0)^2} + \cdots\right] + \left[\frac{IC \times (ROIC - k_0)}{(1+k_0)} + \frac{IC \times (ROIC - k_0)}{(1+k_0)^2} + \cdots\right] \\
&= \frac{\dfrac{IC \times k_0}{(1+k_0)}}{1 - \dfrac{1}{1+k_0}} + \frac{\dfrac{IC \times (ROIC - k_0)}{(1+k_0)}}{1 - \dfrac{1}{1+k_0}} = \frac{IC \times k_0}{k_0} + \frac{IC \times (ROIC - k_0)}{k_0} \\
&= IC + \text{초과이익의 현가} = IC + \frac{EVA}{k_0} = IC + MVA
\end{aligned}
\tag{11.23}
$$

k_0 : 가중평균자본비용($WACC$), IC : 투하자본

가 된다.

식 (11.23)의 초과이익은 EVA와 같은 의미이므로, 자산의 시장가치인 기업가치는 자산의 액면가(IC) + 기업가치 증가분(= EVA 현가의 합인 MVA)이 된다.

만약 사업에 사용되지 않는 자산이 있다면 다음 식이 성립한다.

$$
\text{기업가치} = IC + MVA + \text{비사업자산가치} \tag{11.24}
$$

MVA는 미래의 여러 기간에 대한 예상 초과이익의 할인가로서 주식시장의 영향을 받는 반면, EVA는 매기 초과이익을 나타내므로 경영관리 분야에서 단기성과지표인 EVA가 유용한 수단이 된다.

예 11-1 무부채기업

세후영업이익 = 15억원, 자본비용 = 10%, 자기자본 = 100억원인 무부채기업의 EVA와 기업가치는?

해답

$EVA = 15 - 100(0.1) = 5$억원

기업가치 $= 100 + \frac{5}{0.1} = 150$억원

예 11-2 부채기업

세후영업이익 = 20억원, 자기자본비용 = 12%, 자기자본 = 50억원, 타인자본비용 = 8%, 타인자본 = 50억원일 경우 기업가치와 주주가치는?

해답

가중평균자본비용은 $0.5 \times 12 + 0.5 \times 8 = 10\%$

$EVA = 20 - 100(0.1) = 10$억원

기업가치 $= 100 + \left(\frac{10}{0.1}\right) = 200$억원

주주가치 $= 200 - 50 = 150$억원

EVA 측정 시 각 항목들은 다음과 같이 계산된다.

1) 투하자본(IC)

투하자본은 영업관련 순운전자본, 영업관련 순고정자산, 그리고 영업관련 순기타자산으로 구성된다.

① 영업관련 순운전자본

영업관련 순운전자본은 영업관련 유동자산에서 비이자발생 유동부채를 차감한 개념으로 흔히 유동자산에서 유동부채를 차감한 순운전자본과는 차이가 있다. 가령, 현금과 예금 및 유가증권 단기대여금 중에도 영업에 꼭 필요한 부분과 여유자금의 운

용을 위해 보유하고 있는 부분으로 구분할 수 있는데 여유자금운용 부분은 영업과 관련되지 않기 때문에 영업관련 순운전자본에 포함시키지 않는다. 유동부채 중에서는 매입채무나 미지급비용과 같은 비이자발생 유동부채만을 영업관련 순운전자본의 차감항목으로 사용한다. 이자발생 유동부채들은 자본비용 계산에 포함시켜 투하자본에 대한 자본비용으로서 처리되기 때문에 영업관련 순운전자본을 계산하는 데는 차감항목으로서 고려하지 않는다.

② 영업관련 순고정자산

영업관련 순고정자산은 유무형의 고정자산으로서 영업을 위해 보유하는 고정자산에서 감가상각누계액을 차감해 측정한다. 부동산 등은 장부가치와 시장가치 사이에 큰 차이를 보일 수 있는데 영업성과 측정이 목적일 경우에는 장부가치도 무방하지만 기업보유 재원의 효율적 사용여부를 평가하는 목적이라면 시장가치를 적용하는 것이 바람직하다.

③ 영업관련 순기타자산

기타영업관련 자산은 영업과 관련되어 보유하고 있으나 유동자산과 고정자산으로 분류되지 않는 자산들을 말한다. 회계상 투자자산으로 분류된 주식이나 출자금 또는 장기대여금 중에는 기업의 영업과 연관되어 투자된 부분들이 있으므로 이것을 금융자산으로 취급하기보다 영업관련 자산으로 간주해야 할 것이다.

- 고정자산의 처분과 투하자본 : 기업이 보유하고 있던 고정자산을 처분하게 되면 투하자본에 미치는 영향이 클 뿐만 아니라 고정자산처분손익이 발생함으로써 당기순이익에도 큰 차이를 발생시킨다. 고정자산처분손익이 영업실적에 미치는 영향을 제거하려면 특별손익을 투하자본에 환원시키고 세후순영업이익 계산에는 포함시키지 않아야 한다. 즉, 고정자산처분손실이 발생했으면 이를 기말의 투하자본에 가산하고 고정자산처분이익이 발생했으면 차감한다.
- 외화자산 및 부채와 투하자본 : 재무제표에 나타난 외화자산이나 외화부채는

환율변동에 따라 외화환산손익을 반영한 값이므로 영업활동이 아닌 환율변동에 따라서 투하자본에 등락이 발생한다. 이런 미실현된 평가상의 추정손익의 영향을 배제시키기 위해서는 외화환산손실은 투하자본에 가산하고 외화환산이익은 차감한다.

- **평균투하자본** : 투하자본은 변등하기 때문에 연평균 투하자본을 사용해야 이를 위해 기초와 기말의 투하자본을 산술평균한 값을 사용한다.

기초투하자본 = 총자산 + 대손충당금 − 비용성 이연자산
− 비영업관련자산 − 비이자발생부채

기말투하자본 = 총자산 + 대손충당금 − 비용성 이연자산
− 비영업관련자산 − 비이자발생부채 + 고정자산처분손실
− 고정자산처분이익 + 외화환산손실 − 외화환산이익

2) 세후영업이익(NOPLAT)

세후영업이익은 세전영업이익(1−법인세율)으로 산출하며 수익이나 비용이 투하자본에 포함된 자산이나 부채로부터 발생되면 포함시킨다.

세후영업이익은 기업이 재무활동이나 투자활동을 제외한 본연의 영업활동으로부터 발생한 수익으로부터 이와 관련된 비용을 차감한 세전영업이익에서 실효법인세를 차감한 값이다. 어떤 손익계정이 세후영업이익에 포함될 것인가를 결정하는 기준은 '해당 수익이나 비용이 투하자본에 포함된 자산이나 부채로부터 발생하는가' 이다. 따라서 종업원대여금에서 발생한 이자수익과 같은 경우 손익계산서상으로는 영업외 항목이지만 영업항목으로 취급해 세후영업이익 계산에 포함시킨다. EVA계산에는 발생주의에 의한 회계이익을 용도에 따라 현금주의에 근거해 수정한다.

① 세전영업이익(EBIT : earnings before interest and taxes)

세전영업이익은 기업의 순수한 영업활동으로부터 발생한 이익으로 법인세전 순이익에서 이자비용, 이자수익, 투자활동과 관련한 수익과 비용, 특별손익 등을 환원시

킨 값이다. 이는 회계적 손익계정의 분류인 영업이익과 부분적으로 차이날 수 있다. 가령, 매입할인이나 수입수수료 등은 영업외수익으로 분류되어 있으나 영업수익으로 간주해야 하며, 재고자산평가손실이나 상표권상각 등의 무형자산의 상각은 영업외비용이 아니라 영업비용으로 분류해야 한다.

② 실효법인세

세전영업이익에 부과하게 될 실지급법인세로서 현금으로 지급해야 할 법인세에서 이자수익과 이자비용 및 기타의 비영업이익에 한계법인세를 곱한 금액만큼 차감한 값이다. 다음은 계산 예이다.

실제 납부세액	100
+ 이자비용의 세금혜택의 반환	9
− 이자수익의 세금 환원	(4)
− 비영업이익에 대한 세금	(6)
실효법인세	99

- **충당금** : 재무상태표상의 대손충당금, 퇴직급여충당금, 제품보증충당금, 상품평가충당금 등이 증가하는 경우 실제 현금지출액이 비용계상 금액보다 작기 때문에 현금흐름 추산에서는 *NOPLAT*에 가산된다. 이런 항목들은 비이자부 부채 성격이므로 타인자본이 아니라 자기자본의 증가액으로 인식한다.
- **영업권 상각비** : 기업인수에서 발생하는 영업권은 기업인수의 효과가 반영구적이라고 간주하고 영업권상각비를 영업이익에 가산해서 *NOPLAT*을 구한다. *IC*계산에서는 영업권을 비상각자산으로 간주해서 상각누계액을 *IC*에 다시 가산한다.
- **외환차손익과 외화환산손익의 처리** : 투하자본에 반영되는 외화자산 및 부채의 결제나 기말 평가시에 발생하는 외환차손익과 외화환산손익은 회계상 영업외항목이지만 영업항목으로 처리한다. 그러나 자금조달이나 초과현금으로서의 외화부채 및 외화자산으로부터 발생하는 환율변동의 영향액은 영업외항목으로

보아 세후순영업이익에 포함시키지 않는다.

③ 자본비용(WACC)

자본비용은 타인자본비용과 자기자본비용의 가중평균치로 다음과 같이 산출된다.

$$\text{타인자본비용} \times \frac{B}{B+S} + \text{자기자본비용} \times \frac{S}{B+S}$$

B : 타인자본, S : 자기자본

3.2 비계량적(질적) 분석

기업의 질적 분석은 계량적 분석만큼 중요하며 회사연혁, 사업내용과 전망, 경영자, 업계 내에서의 지위, 금융기관과의 관계, 주주구성, 노사관계 등과 같은 요인이 있다. 그러나 이들 요인들에 대한 분석자료 확보 및 평가는 주관적이며 매우 어렵다.

지금까지 기본적 분석을 살펴보았다.

그러나 기본적 분석은 다음과 같은 한계를 갖는다.

첫째, 주식가치는 다양한 방법으로 산출된다. 따라서 각 방법에 따라 기업가치가 달라질 수 있다.

둘째, 회계자료를 이용해 산출된 기업가치는 회계처리방법상의 차이, 회계자료가 과거 자료이기 때문에 적정성 및 기업 간 비교에 한계가 있다.

셋째, 기본적 분석의 정확성을 기하기 위해서는 주가에 영향을 미치는 모든 요인들을 고려해야 하므로 많은 시간이 필요하다. 또한 기업환경에 많은 변화가 있을 경우 이 요인들을 충분히 반영하기 힘들다.

넷째, 투자자들의 심리적 요인이 주가에 많은 영향을 미치면 기본적 분석에 의한 적정주가와 실제주가와의 비교에 신중을 기해야 한다.

연습문제

I. 다음을 설명하시오.

01. EVA가 음수인 경우 그 의미. 이 경우 기업가치는 어떻게 되나?

02. 당기순이익이 0보다 큰 경우에도 EVA가 0보다 작을 수 있다. 그 이유를 설명하시오.

03. ROE가 바람직하지 못하게 나왔을 경우 어떤 방법으로 ROE를 증가시킬 수 있나? (Du Pont의 분석방법을 이용할 것)

04. "ROE는 ROA보다 항상 크다" 에 대해서 진위를 답하고 그 이유를 설명하시오.

05. (주)홍익의 2011년도 EVA가 10억이었다. 2011년도 말 이 회사는 기업가치가 10억이 증가되었다고 할 수 있나?

06. 특정 산업의 경쟁강도 결정요인

07. 기본적 분석의 한계점

II. 다음 문제에 답하시오.

08. 듀퐁분석에 대한 설명 중 틀린 것은?

① 기업의 영업성과와 자본조달 형태가 ROE에 미치는 영향을 분석한다.
② ROE는 부채비율이 양의 값을 가져도 ROA보다 작을 수 있다.
③ ROA는 순이익률이 증가하면 커진다.
④ ROA는 총자산회전율이 증가하면 커진다.

09. 증권분석에 대한 설명 중 틀린 것은?

① 기본적 분석과 기술적 분석이 널리 사용된다.

② 개별주식 분석이 대상이기 때문에 포트폴리오 선택관리 분석에는 별로 유용하지 않다.

③ 기본적 분석 중 질적 분석은 거시분석 방식이 주로 사용된다.

④ 증권분석은 투자대상 증권의 수익과 위험을 분석 및 전망한다.

10. EVA 설명 중 틀린 것은?

① 자기자본비용 인식 차이에 따른 경영자와 주주의 갈등문제를 해결한다.

② 세후영업이익에서 투하자본 자본비용을 차감하여 계산한다.

③ 시장이 효율적이면 시장 부가가치는 미래 EVA 현재가치의 합이 된다.

④ 기업가치는 미래 EVA 현재가치의 합으로 계산된다.

Ⅲ. 다음 문장의 진위를 답하시오.

11. 기업가치는 해당 기업 총자산의 시장가치이다.

12. 당기순이익이 0보다 크면 기업가치는 항상 증가한다.

13. 일반적으로 이자율이 상승하면 주가는 하락한다.

chapter **12**

기술적 분석

1. 기술적 분석의 의의, 가정, 장점 및 한계 | **2.** 이론
3.도표분석 | **4.** 지표분석

12장은 주가와 거래량의 과거 흐름을 분석해 매매시점을 파악하는 증권분석기법인 기술적 분석의 의의, 이론과 주요 분석기법인 도표분석, 지표분석을 중심으로 설명한다.

1. 기술적 분석의 의의, 가정, 장점 및 한계

1.1 기술적 분석의 의의 및 가정

기술적 분석은 주가와 거래량의 과거 흐름을 분석해 매매시점을 파악하는 증권분석기법으로 기본가정은 다음과 같다.

첫째, 증권의 가치는 수요와 공급에 의해서만 결정된다.
둘째, 수요와 공급은 수많은 이성적 요인뿐 아니라, 비이성적 요인에 의해서 복합적으로 결정된다.
셋째, 주가는 지속되는 추세대로 상당기간 움직이는 경향이 있으며 추세는 수요와 공급에 의해서 결정된다.
넷째, 수요와 공급의 변동은 시장의 움직임을 나타내는 도표(chart) 분석을 통해서 알 수있다.
다섯째, 도표 분석시 나타나는 주가패턴은 반복하는 경향이 있다.

1.2 기술적 분석의 장점과 한계

기술적 분석은 분석방법이 간편해 실무적으로 적용이 쉽다. 구체적인 장점은 다음과 같다.

첫째, 기술적 분석은 기본적 분석에서 사용하는 재무자료가 갖고 있는 미래 수익의 예측능력에 대한 한계, 정보의 신뢰성, 투자자의 심리적 요인 등을 반영하지 못하는 문제점을 해결한다. 둘째, 기본적 분석에서 사용하는 지표들이 주관적인 데 비해 기술적 분석에서 사용하는 추세나 패턴은 객관적 자료이다. 셋째, 기본적 분석에서는 매매시점 파악이 힘드나 기술적 분석에서는 주가변동 패턴으로 매매시점을 알 수 있다.

그러나 기술적 분석은 다음과 같은 한계를 갖는다.

첫째, 과거의 주가 추세나 패턴이 미래에 반복되지 않는 경우가 많다.
둘째, 주가변동의 패턴에 대한 해석이 분석자에 따라 달라질 수 있다.
셋째, 주가변동이 수요와 공급의 변동요인에 의한 것이 아닌 경우에는 기술적으로 설명하기가 쉽지 않다.
넷째, 일반투자자들이 비이성적이며 시장이 가격변화에 천천히 반응한다는 가정은 경우에 따라서는 비현실적이다.

2. 이론

2.1 다우이론

다우이론은 기술적 분석에 대한 최초의 이론으로 C.H. 다우(Charles H. Dow)가 고안했으며 현재에도 많은 투자자들이 이 이론을 참조하고 있다. 다우이론은 증권시장 전체의 추세를 예측하기 위해서 고안되었으나 현재는 개별증권가격 예측에도 적용되고 있다.

다우이론에서는 주가 움직임은 1차추세(주추세), 2차추세(중기추세), 그리고 단기추세(소추세)가 동시에 상호작용하고 있다고 설명한다. 주추세는 1년 이상 수년간의 주가흐름을 말하며, 중기추세는 3주~3개월 정도에 걸쳐 형성되며 주추세의 진행방향을 조정하려는 반동작용에 의해서 나타나므로, 주추세가 상승(하락)세이면 중기추세는 하락(상승)세로 나타난다. 불임점(abortive point)은 주추세의 전환을 알려주는 신호이다. 주추세가 강세에서 전환되는 불임점은 중기추세의 최고점이 선행하는 중기추세의 최고점보다 낮은 경우가 되고, 주추세가 약세에서 강세로 전환되는 불임점은 중기추세의 최저점이 선행하는 중기추세의 최저점보다 높은 경우가 된다. 단기추세는 주가의 일일 변동을 말하는데 인위적인 주가변화가 가능해 큰 의미는 없다.

그림 12-1 다우이론의 추세선

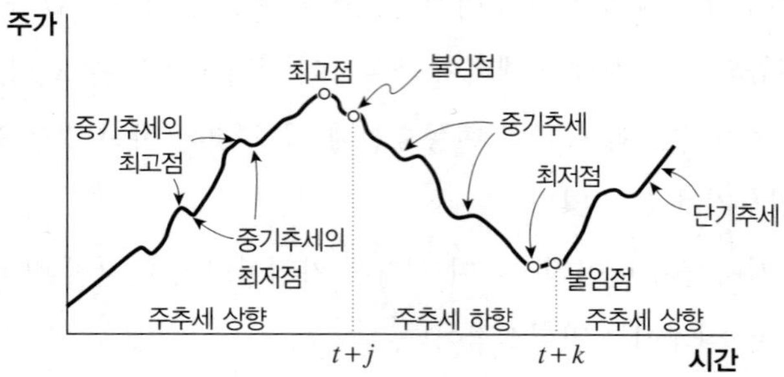

주추세는 강세추세와 약세추세로 구분된다. 강세추세는 매집국면, 마크업국면, 과열국면으로 구분된다. 매집국면은 강세장 초기로 경제 및 시장여건, 기업의 경영환경 등이 아직 비관적이어서 일반투자자들은 주식매도를 하나 전문투자자들은 주식매수에 나서며 거래량은 증가된다. 마크업 국면은 주식시장 주변여건이 개선되면서 나타나며 거시지표가 호전되고 기업경영활동이 왕성해지고 일반투자자들도 시장에 참여하게 되며 거래가 매우 활발해진다. 과열국면은 마크업 국면에 이어 일반투자자들이 대거 진입하면서 형성되며 자금의 힘에 의해서 주가상승이 이루어지는 유동성 장세가 대세를 이룬다.

약세추세는 분산국면, 공황국면, 침체국면으로 구분된다. 분산국면은 과열국면을 인식한 전문투자자들이 주식을 처분하며 강세장에서의 주가상승이 둔화되기 시작한다. 그러나 일반인 중심의 투기세력은 여전히 존재해 거래는 많다. 공황국면은 매수세력이 크게 약화되고 경제나 기업실적의 악화와 함께 주가가 수직으로 하락하며 거래는 줄어든다. 침체국면은 공황국면에서 주식을 미처 처분하지 못한 일반투자자들의 매물이 쏟아져 나와 주가가 지속적으로 하락하게 되며 우량주 중심의 한산한 거래가 이루어진다. 침체국면 후에는 다시 강세추세인 매집국면으로 재순환한다.

다우이론의 한계는 다음과 같다.

첫째, 주추세와 중기추세를 명확하게 구분하기 힘들다.
둘째, 추세반전을 확인할 수 있다고 하더라도 늦게 확인되기 때문에 투자에 실질적인 도움이 되지 않는다.
셋째, 증권의 위험에 대해서는 아무런 정보도 제공하지 않는다.

2.2 파동이론

엘리어트(R. N. Elliott)가 주장한 파동이론은 주가의 장기적인 흐름에는 일정한 규칙이 있으며, 주가의 변동을 상승5파와 하락3파로 움직이면서 순환하는 과정으로 설명하고 있다. 파동이론에서는 대파동의 한 사이클(상승1파, 하락1파)은 소파동의 상승5파와 하락3파로, 소파동의 1파는 더 작은 파동의 상승5파와 하락3파로 구성되고, 이런 주가흐름 자체를 추적해 나가면 장단기 주가변동을 자연적으로 예측할 수 있다는 것이다.

이 이론은 주가예측에 유용하고 간편하지만 실제 적용에 있어서는 한계점이 있다. 첫째, 각 단계의 전환점을 확인하기 힘들다. 둘째, 각 단계의 전환점이 시장의 대파동을 반영하는지, 소파동을 의미하는지 구분하기 힘들다. 셋째, 파동의 시작과 끝을 알 수 없다.

다음에는 기술적 분석의 주요 분석방법인 도표분석과 지표분석에 대해서 알아보자.

3. 도표분석

도표분석은 도표를 이용해 주가를 예측하는 기술적 분석으로, 다우이론으로부터 발전되었으며 선도표(line chart), 봉도표(bar chart), 점수도표(point and figure chart) 등이 있고, 추세분석과 패턴분석을 이용해 분석한다.

그림 12-2 주가도표의 종류

선도표는 매일의 종가를 직선으로 연결한 도표이다.

봉도표는 일정기간 동안의 시가, 종가, 최고가, 최저가를 수직막대 모양으로 나타낸 것으로 시장 전체 동향 파악에 이용된다. 봉도표에 의한 분석은 특정한 패턴이 발견되더라도 시점의 선택이 상당히 주관적이라는 한계가 있다.

점수도표는 매일의 주가변화를 그대로 나타내는 것이 아니라 가격변동의 일정한 폭을 정해 놓고 주가가 이 기준폭 이상으로 변동할 때마다 일정한 기호로써 가격변동의 방향과 크기를 그려나가는 도표로 주가변화의 방향을 강조하며 개별주식의 동향분석에 이용된다. 점수도표는 시간적 요소를 제거시켜 주는 대신에 추세의 전환점을 발견하고 주가가 어느 수준까지 변동할 것인지 그 목표가격까지 예측할 수 있게 해준다

그림 12-3 주가도표

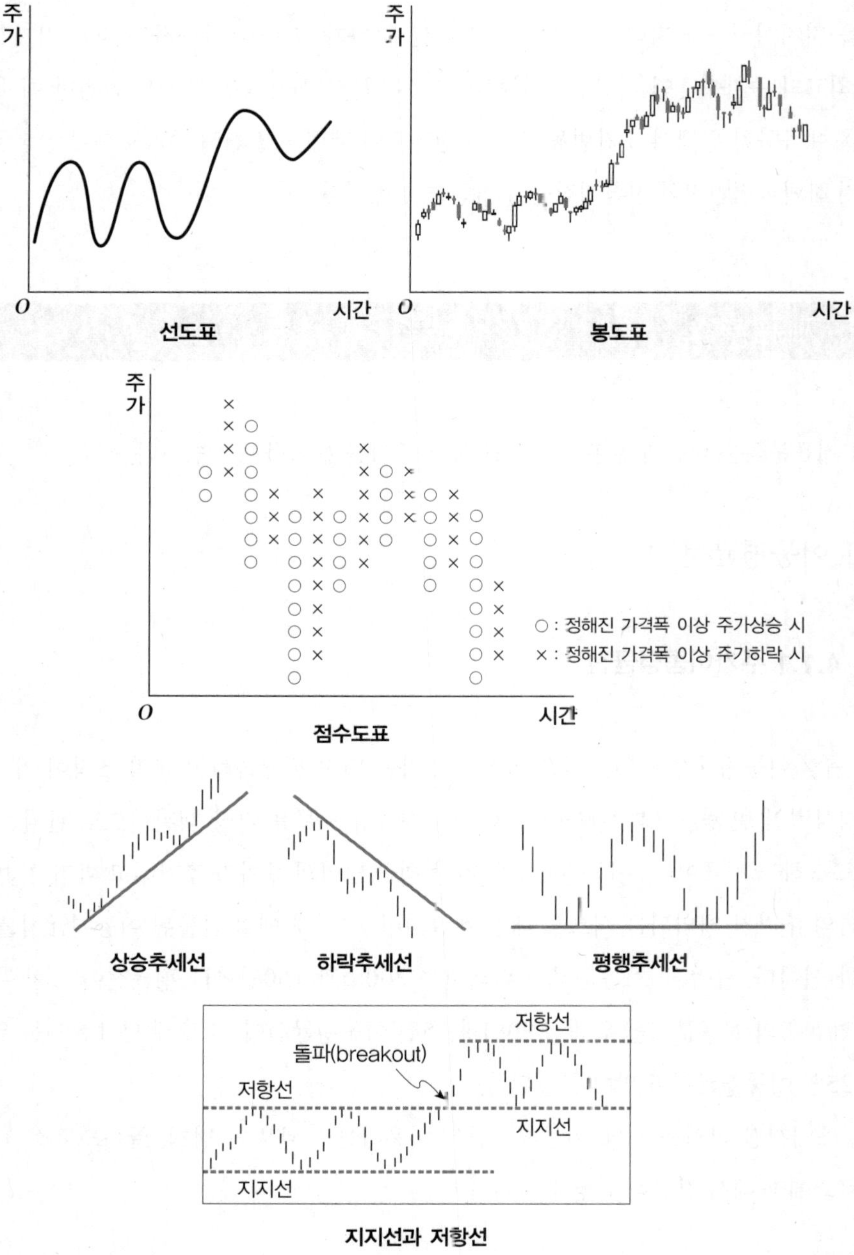

주가
O
시간
선도표
주가
O
시간
봉도표
주가
○ : 정해진 가격폭 이상 주가상승 시
× : 정해진 가격폭 이상 주가하락 시
O
시간
점수도표
상승추세선
하락추세선
평행추세선
저항선
돌파(breakout)
저항선
지지선
지지선
지지선과 저항선

는 특징이 있다.

추세분석이란 추세선을 중심으로 분석하는 기법으로, 주가가 그 이하로 하락하는 것을 저지시키는 최저의 주가수준인 지지선, 주가가 그 이상 상승하는 것을 저지시키는 최고의 주가수준인 저항선 개념을 적용하여 분석한다. 패턴분석은 적절한 매매 시기를 예측하기 위해서 주가변동 중에서 전형적인 패턴을 발견해 주가흐름이 상승국면인지 하락국면인지의 전환시점을 포착하는 방법이다.

4. 지표분석

지표분석은 다음과 같은 지표들을 통해 주가를 분석하는 방법이다.

4.1 이동평균선

4.1.1 주가이동평균선

주가이동평균선은 일정기간 동안의 주가를 단순 평균화해 비교적 조작이 가능한 비정상적인 변동을 최대한 줄여 전체적인 주가의 흐름을 가장 객관적으로 관찰할 수 있도록 하는 지표이다. 이동평균선은 가장 최근 날짜의 주가가 추가되고 과거 첫 번째 날짜의 주가가 제외되는 식으로 매일 계산되며, 이렇게 매일 산출된 이동평균치를 연결한 선이다. 주추세 흐름분석을 위해서는 200일과 150일 이동평균선이, 2차 추세(중기추세)의 흐름분석을 위해서 90일과 75일 이동평균선이, 소추세(단기추세)를 위해서 25일 이동평균선이 많이 사용된다.

매매시점 파악을 위해 이동평균선을 이용하는 그랜빌의 법칙, 골든크로스, 데드크로스에 대해서 간단히 설명해 보자.

| 그랜빌(Granville)**의 법칙 :** 주가와 이동평균선 간의 움직임을 분석해 매수와 매

도 신호를 파악하는 법칙이다.

그랜빌의 법칙에 의하면 다음과 같은 경우 매수신호로 본다.

- 이동평균선이 하락한 뒤에 보합이나 상승국면으로 진입할 때 주가가 이동평균선을 아래에서 위로 뚫고 올라가는 경우
- 이동평균선이 상승하고 있을 때 주가가 이동평균선 아래로 하락하는 경우
- 주가가 이동평균선 위에 있을 때 이동평균선을 향해 하락하다가 하향돌파하지 않고 다시 상승하는 경우
- 주가가 이동평균선 밑에서 급속 하락하다가 이동평균선으로 접근하려고 할 때

그랜빌에 의하면 다음과 같은 경우 매도신호로 본다.

- 이동평균선이 상승한 후 평행 또는 하락으로 전환되는 국면에서 주가가 이동평균선의 위에서 아래로 뚫고 내려올 경우
- 이동평균선이 계속 하락하고 있을 때 주가가 이동평균선 밑에서 위로 뚫고 올라갈 경우
- 주가가 이동평균선 밑에서 이동평균선을 향해 계속 상승하다가 평균선을 뚫지 못하고 다시 하락하는 경우
- 주가가 상승하고 있는 이동평균선을 넘어서 급등하다가 반락할 기미가 보일 경우

골든크로스(golden cross)는 단기이동평균선이 장기이동평균선을 아래에서 위로 교차하는 것을 말하며 강력한 매수신호가 된다. 데드크로스(dead cross)는 단기이동평균선이 장기이동평균선을 위에서 아래로 교차하는 것을 말하며 약세장으로의 전환을 의미한다.

그림 12-4 골든크로스와 데드크로스

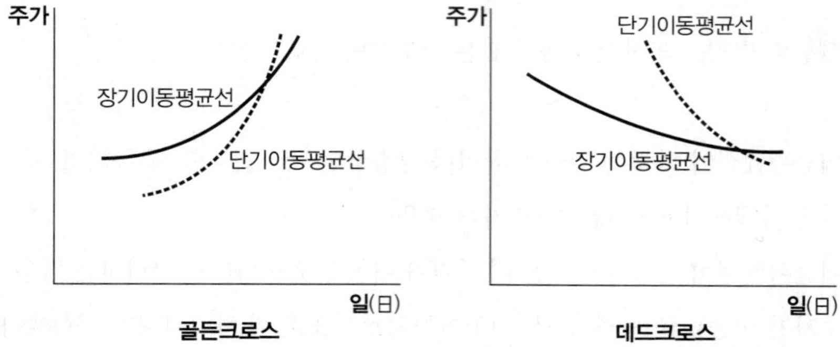

4.1.2 거래량이동평균선

거래량이동평균선은 일반적으로 거래량과 주가가 양의 관계를 보인다는 것에 착안해 거래량이동평균을 이용해 주가의 예측과 매수, 매도 신호를 찾고자 하는 방법으로 주가변동 자체에만 의존하는 주가이동평균선의 한계를 보완하는 지표이다.

4.2 이격도

이격도는 주가와 이동평균선이 괴리된 정도를 나타내는 지표이다. 이 숫자가 클수록 이동평균주가와의 괴리가 크며 계산식은 다음과 같다.

$$\frac{\text{당일의 주가}}{\text{당일의 이동평균주가}} \times 100 \tag{12.1}$$

증권시장 상승국면에서는 중단기(25일, 75일) 이격도가 98% 수준이면 매수시점, 25일 이격도가 106%, 75일 이격도가 110% 이상이면 매도시점으로 본다. 증권시장 하락국면에서는 25일 이격도가 92%, 75일 이격도가 88%이면 매수시점, 25일 이격도가 102%, 75일 이격도가 104% 이상이면 매도시점으로 본다.

4.3 삼선전환도

삼선전환도는 주가가 상승에서 하락으로 혹은 하락에서 상승으로 전환하는 시점을 분석하는 지표이다. 주가상승이 이전의 하락선 3개를 전환 돌파하는 경우에 상승선을 그리고, 주가하락이 이전의 상승선 3개를 전환 돌파하는 경우에 하락선을 그려서 이를 가격 상승과 하락의 신호로 본다.

4.4 등락선

등락선(ADL : Advance-Decline Line)은 등락종목수 분석을 통해 증권시장이 전체적으로 보아 상승추세에 있는지, 하락추세에 있는지를 판단하는 지표이다.

등락선은 상승종목수에서 하락종목수를 뺀 것으로, 등락비율선(ADR : Advance-Decline Ratio)은 $\frac{\text{상승종목수}}{\text{하락종목수}}$로 정의되며 매일 계산된다. ADR이 75% 이하이면 매수시점, 125% 이상이면 매도시점으로 판단한다.

4.5 투자심리선

투자심리선(psychological line)은 매매시점 포착보다는 시장의 단기과열이나 침체상태를 파악할 수 있는 지표이다. 최근 12일 동안의 전일대비 상승일수를 누적해 이를 다시 백분율로 나타낸다. 25%(상승일 수가 3일) 이하면 침체국면으로 매수시점, 75% 이상이면 과열국면으로 매도시점으로 판단한다.

4.6 OBV 지표

OBV(On Balance Volume) 지표는 지수(혹은 주가)가 전일에 비해 상승했을 때의 거래량 누계에서 하락했을 때의 거래량 누계를 차감한 거래량을 말한다. 주가가 정체 양상을 보일 때 전체 시장이 매집단계에 있는지 아니면 분산단계에 있는지를 광범위하게 알아보는 데 유용하다.

4.7 거래량비율

거래량비율(VR : Volume Ratio)은 OBV가 시장의 각 국면에 대한 추세를 나타낼 수는 있지만 그 자체만으로는 시세를 판단하거나 과거와 비교하기가 어렵기 때문에 이런 한계를 보완하기 위해 개발된 지표로 다음과 같이 계산된다.

$$\frac{\text{주가상승일의 거래량 합계(1개월)}}{\text{주가하락일의 거래량 합계(1개월)}} \times 100 \tag{12.2}$$

450% 이상이면 활황장세, 70% 이하면 침체장세로 판단한다.

4.8 번한지표

번한지표는 거래량의 변화를 나타내기 위해서 거래량회전율과 거래성립률 지표를 동시에 판별할 수 있게 응용한 지표로 '거래량회전율 × 거래성립률' 로 산출된다.

| 거래량회전율

$$\text{개별 종목} : \left(\frac{\text{해당기간 해당종목거래량 누계}}{\text{해당종목 상장주식수}}\right) \times 100 \tag{12.3}$$

$$\text{시장 전체} : \left(\text{당일의 거래량} \times \frac{\text{연간거래일수}}{\text{전체상장주식수}}\right) \times 100 \tag{12.4}$$

| 거래성립률

$$\text{시장 전체} : \left(\frac{\text{거래성립종목수}}{\text{전체상장종목수}}\right) \times 100 \tag{12.5}$$

$$\text{개별 종목} : \left(\frac{\text{거래성립일수}}{\text{거래일수}}\right) \times 100 \tag{12.6}$$

으로 정의된다.

매일 거래가 이루어지는 종목은 거래성립률이 100%가 된다. 번한지표(시장 전체)가 높을수록 많은 종목에 걸쳐서 거래가 이루어지고 있다는 것을 의미하며 90%를 상회하면 매도신호, 70%를 하회하면 매수신호로 본다.

4.9 역시계곡선

역시계곡선은 주가와 거래량 간의 상관관계가 매우 크다는 점과 거래량이 주가에 선행하는 경향이 있다는 두 가지 관점을 적용해 작성한 곡선으로 주가예측에 많이 사용되고 있다. 일반적으로 종축에 25일 주가이동평균선을, 횡축에 25일 거래량이동평균선을 나타내어 매일의 교점을 연결해 작성한다.

그림 12-5 역시계곡선

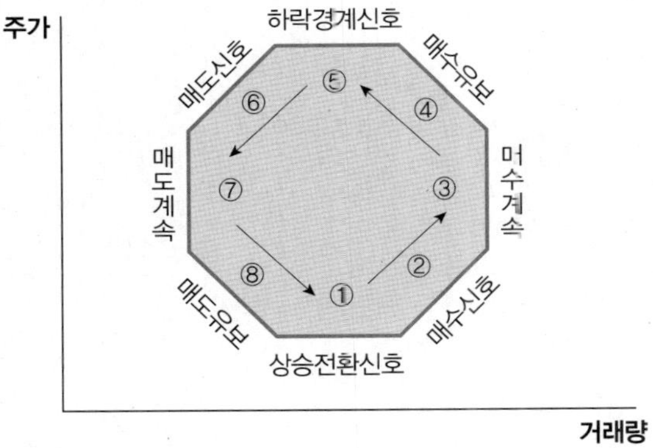

[연습문제]

I. 다음을 설명하시오.

01. ADL, 투자심리선, 골든크로스(golden cross), VR, 이동평균선, 이격도

02. 기술적 분석의 가정, 장점과 단점

03. 역시계곡선

04. 불임점(abortive point)

05. 도표분석의 종류

06. 지지선, 저항선

07. 그랜빌의 법칙

chapter **13**

주식평가모형

1. 현금흐름할인법 | **2.** 상대가치평가법
3. 옵션가치평가법

13장은 주식의 과대평가, 과소평가, 적정평가를 판단하는 기준이 되는 주식의 적정가치를 평가하는 현금흐름할인법, 상대가치평가법, 옵션가치평가법에 대해서 설명한다.

1. 현금흐름할인법

현금흐름할인(DCF : Discounted Cash Flow)법이란 미래 현금흐름 추정 후 미래 현금흐름의 위험도를 반영한 할인율로 미래 현금흐름의 현재가치를 구해 주식의 내재가치로 간주하는 방법으로, 이 방법이 효과적이기 위해서는 미래 현금흐름과 할인율의 정확한 추정이 전제되어야 한다. 본 장에서는 배당할인모형과 이익평가모형을 중심으로 설명하고자 한다.

1.1 배당할인모형

1.1.1 정의

배당할인모형에서는 주식의 내재가치(적정주가)가 미래현금흐름인 미래배당을 적정한 요구수익률로 할인한 현가의 합이라고 정의하며 아래 식과 같이 구한다.

$$\text{현재시점 적정주가 } P_0 = \sum_{t=1}^{\infty} \frac{D_t}{(1+k)^t} = \frac{D_1}{1+k} + \frac{D_2}{(1+k)^2} + \cdots + \frac{D_n}{(1+k)^n} + \cdots \quad (13.1)$$

D_t : 미래 t기에 기대되는 주당 현금배당금, k : 주식의 요구수익률(자기자본비용)

$t = 1, t = 2$ 적정주가(P_1, P_1)는 다음과 같이 표현된다.

$$P_1 = \frac{D_2}{1+k} + \frac{D_3}{(1+k)^2} + \cdots \qquad (13.2)$$

$$P_2 = \frac{D_3}{1+k} + \frac{D_4}{(1+k)^2} + \cdots \qquad (13.3)$$

식 (13.1), (13.2), (13.3)으로부터 아래와 같은 관계가 성립한다.

$$P_0 = \frac{D_1 + P_1}{1+k},\ P_1 = \frac{D_2 + P_2}{1+k} \qquad (13.4)$$

예 13-1

1) $D_1 = 100$원, $P_1 = 1{,}000$원, $K = 0.1$일 때 P_0를 구하시오.

해답

$$P_0 = \frac{D_1 + P_1}{1+K} = \frac{100 + 1,000}{1.1} = 1,000\text{원}$$

2) $D_2 = 120$원, $P_2 = 2{,}000$원, $K = 0.08$이고, $D_1 = 150$일 때 P_0, P_1을 구하시오.

해답

$$P_0 = \frac{D_1 + P_1}{1+K} = 1,955.5\text{원}$$

$$P_1 = \frac{120 + 2,000}{1 + 0.08} = \frac{2,120}{1.08} = 1962.09\text{원}$$

1.1.2 일정배당성장모형(고든모형)

고든(M. J. Gordon)[1]은 기업의 이익과 배당이 매년 일정하게 성장하고 성장률이 요구수익률보다 작다는 가정 하에, 배당할인모형에서 식 (13.5)와 같은 일정배당성장모형(constant growth model)을 유도했다. [연습문제 2-번 참조]

$$\text{현재시점 적정주가}: P_0 = \frac{D_1}{k - g} \qquad (13.5)$$

D_1 : 1기 배당, k : 요구수익률, g : 성장률

[가정] $D_1 = D_0(1+g)$, $D_{t+1} = D_t(1+g)$, $D_n = D_0(1+g)^n$, $k > g$

1. M. J. Gordon, "The Investment, Financing and Valuation of the Firm", (Irwin, 1962), pp.119–124.

마찬가지로 $t = 1$시점 적정 P_1은 다음과 같이 유도된다.

$$P_1 = \frac{D_2}{k - g} \tag{13.6}$$

식 (13.5), (13.6)에 의하면 적정주가는 배당과 성장률에 대해서 양의 함수, 요구수익률에 대해서 음의 함수가 된다. 따라서 배당이 적더라도 성장률이 높은 기업의 주가가 높게 형성되는 것을 고든모형을 이용해 설명할 수 있다.

예 13-2

$D_0 = 1{,}000$원, g : 5%, k : 7%일 때 P_0를 구하시오.

해답

$$P_0 = \frac{D_1}{k - g} = \frac{1,050}{0.07 - 0.05} = 52{,}500\text{원}$$

1.1.3 이익과 배당성장률(g) 계산

고든모형에서 성장률 g는 적정주가에 많은 영향을 미치므로 정확한 추정이 필요하다. g의 객관적인 추정을 위해 일반적으로 다음 식을 이용한다.

$$g = ROE \times b = ROE \times (1 - d) \tag{13.7}$$

ROE(Return On Equity) : 자기자본순이익률(= $\frac{\text{순이익}}{\text{자기자본}} \times 100$)

b : 유보율($\frac{\text{내부유보}}{\text{이익}}$), d : 배당성향($\frac{\text{배당}}{\text{이익}}$)

$b = 1$이면(내부유보 100%인 경우), ROE만큼 재투자가 이루어져서 적정주가와 기업가치가 ROE만큼 상승한다. $b = 0$이면, 순이익이 전부 배당으로 지급된다는 것을 의미하고 성장을 위한 재투자를 할 수 없게 되어 성장률이 0이 된다. $b = 0.4$이면, ROE가 10%일 때 성장률은 4%가 된다.

예 13-3

내부유보율(b) 증감에 따른 P_0 증감을 설명하시오.

해답

E_1을 $t = 1$시점 이익으로 정의하면 $P_0 = \frac{D_1}{k - g} = \frac{E_1(1 - b)}{k - b \cdot ROE}$로부터 P_0를 b에 관해 미분하면

$$\frac{\partial P_0}{\partial b} = \frac{E_1(ROE - k)}{(K - b \cdot ROE)^2}$$

가 된다.

따라서 $k > ROE$일 때, b가 작아지면 P_0가 커지고 $k < ROE$일 때, b가 커지면 P_0가 커진다.

[공식유도]

$$P_0 = \frac{D_1}{k - g} = \frac{E_1(1 - b)}{k - b \cdot ROE}$$

$$\frac{\partial P_0}{\partial b} = \frac{-E_1(k - b \cdot ROE) - E_1(1 - b)(-ROE)}{(k - b \cdot ROE)^2}$$

$$= \frac{-E_1 k + E_1 bROE + E_1 ROE - E_1 bROE}{(k - b \cdot ROE)^2}$$

$$= \frac{E_1(ROE - K)}{(K - b \cdot ROE)^2}$$

1.1.4 다단계 배당성장모형

고든의 일정배당모형에서는 일정한 성장률을 가정하지만 현실에서는 초기에 높은 성장률을 보이는 경우라도 경쟁이 심화되면 성장률이 낮아지면서 일정한 성장률을 보이는 경우가 많다. 다단계 배당성장도형은 이와 같이 성장률이 다단계로 변화하는 다단계 성장을 가정하여 적용되는 모형이다.

1.2 이익평가모형

이익평가모형은 배당을 전혀 하지 않거나 극히 적게 하는 기업의 현재시점 적정

주가(P_0) 산출에 적용되는 모형으로 식 (13.8)과 같이 표현된다.

$$P_0 = \frac{E_1}{(1+k)} + \frac{E_2}{(1+k)^2} + \cdots + \frac{E_n}{(1+k)^n} + \cdots \qquad (13.8)$$

$$= \sum_{t=1}^{\infty} \frac{E_t}{(1+k)^t}$$

단, E_t : t기의 주당이익

k : 주당이익에 대한 요구수익률

1.2.1 성장기회가 없는 경우

이익평가모형에서 매기의 이익(E)이 일정하다고 보면 적정주가는 다음과 같이 표현된다.

$$P_0 = \frac{E}{k} \text{ (단, } E = E_1 = E_2 = \cdots) \qquad (13.9)$$

1.2.2 성장기회가 있는 경우

성장기회가 있는 경우에는 다음과 같이 현재시점 적정주가를 구할 수 있다.

P_0 = 성장기회가 없는 경우의 현재가치 + 미래 성장기회의 현재가치($PVGO$: Present Value of Growth Opportunities)

$$= \frac{E}{k} + \frac{E}{k}\left[\frac{b(r-k)}{k - b \cdot r}\right] \qquad (13.10)$$

단, P_0 : 이론적 주식가치, b : 사내유보율

E : 기말 예상 주당이익, r : 재투자수익률(= ROE)

k : 요구수익률

예 13-4

(주)한국, (주)서울은 모두 주당이익(E)은 1,200원이 예상된다. 그러나 (주)한국은 재투자수익률과 요구수익률이 12%로 동일하고, 이익의 전부를 배당으로 지급한다. 반면에 (주)서울은 재투자수익률이 15%(사내유보율 60%), 요구수익률이 12%로서 재투자 시 이익성장의 기회를 가지고 있다. 다음에 답하시오

1) (주)한국의 주식가치
2) (주)서울의 성장률과 주식가치, 성장기회의 현재가치
3) 만약 (주)한국이 (주)서울처럼 이익의 60%을 사내우보(배당성향 40%)시킬 경우, 성장률과 주식가치

해답

1) $k = r = 12\%$로서 성장기회가 없으므로

$$P_0 = \frac{E}{k} = \frac{1,200}{0.12} = 10,000\text{원}$$

2) (주)서울의 성장률 : $g = b \cdot r = 0.6 \times 0.15 = 0.09$

$$\begin{aligned} P_0 &= \text{성장기회가 없는 경우의 현저가치} + \text{성장기회의 현재가치} \\ &= \frac{E}{k} + \frac{E}{k}\left[\frac{b(r-k)}{k - b \cdot r}\right] \\ &= 10,000 + 10,000\left[\frac{0.6(0.15 - 0.12)}{0.12 - 0.09}\right] \\ &= 10,000 + 6,000 \\ &= 16,000\text{원} \end{aligned}$$

성장기회의 현재가치($PVGO$)은 6,000원이 된다.

3) (주)한국이 사내유보율을 높일 경우 성장률 : $g = b \cdot r = (0.6)(0.12) = 0.072$

기대배당(d_1) :

$$d_1 = E(1 - b) = 1,200(0.4) = 480\text{원}$$

배당할인모형을 사용하면

$P_0 = \dfrac{d_1}{k - g} = \dfrac{480}{0.12 - 0.072} = 10,000$이 되어 사내유브율을 높이더라도 $k = r$인 경우에는 성장기회의 현재가치는 0이 되어 주식가치에 변함이 없다.

1.3 현금흐름할인법의 적용 한계

현금흐름할인법은 평가대상 기업의 현금흐름이 양의 값을 가지는 경우 어느 정도 신뢰성 있는 추정이 가능하며, 또한 할인율 추정에 이용되는 위험의 대응치가 존재하는 기업의 경우에는 적용이 간단하다. 그러나 다음과 같은 문제점이 있는 경우에는 모형을 수정해서 적용해야 한다.

1) 재무적 곤경에 처해 있는 기업(부실기업)으로 음의 현금흐름 가능성이 존재하는 경우.
2) 경기순환기업으로 불황일 때 음의 현금흐름 가능성이 존재하는 경우.
3) 비활용자산을 가진 기업으로 현금흐름을 발생시키지 않는 자산이 존재하는 경우.
4) 특허권이나 제품옵션을 가진 기업으로 가까운 미래에 현금흐름이 창출되지 않는 경우.
5) 구조조정과정에 있는 기업으로 재무정책상의 변화가 예상되는 경우.
6) 인수대상 기업으로 시너지 효과나 경영자 교체문제가 존재하는 경우.
7) 사기업(비상장기업)으로 할인율 추정이 힘든 경우.

2. 상대가치평가법

현금흐름할인법을 사용할 경우 미래의 현금흐름을 예측하고 적정 할인율을 추정해야 하는데 이에 따른 불확실성으로 인해 실용적이지 못한 면이 많다.

상대가치평가법은 PER, PBR, PSR과 같이 자산의 가치를 순이익, 현금흐름, 장부가치 또는 매출액과 같은 공통변수를 사용해 표준화시킨 비교자산의 가치(적정주가비율)로부터 평가기업의 적정주가(내재가치)를 결정하는 평가방법으로 현금흐름할인법의 한계를 극복하기 위해 사용된다. 상대가치평가법은 동일 산업 내 분석대상 기업과 비교될 수 있는 다른 기업이 존재하며 시장은 이런 기업들의 가치를 평균적으로 올바르게 평가한다는 가정 하에서 다음과 같은 방법으로 적정주가비율을 결정하고 이를 바탕으로 적정주가를 산출한다.

첫째, 재무적 특성을 이용한다.

매출액순이익률 변화와 주가 대 매출액 비율 관계분석, 성장률과 주가수익률 관계를 파악해 평가기업 특성이 변화함에 따라 각 배수들이 어떻게 변화하는지를 분석해 적정주가비율 및 주가를 추정한다. 예를 들어, PER를 종속변수로, 위험의 대용치, 순이익성장률, 배당성향을 독립변수로 해 다음과 같은 다중회귀분석을 한 후 독립변수들에 평가기업 수치를 대입하면 평가 기업의 적정 PER를 추정할 수 있다.

$$PER = 8 + 2g + 7d - 3\sigma$$

g : 순이익성장률, σ : EPS 표준편차(위험대용치), d : 배당성향

둘째, 산업평균, 과거평균, 비교기업 주가비율 등을 이용한다.

상대가치평가법은 이용이 간단하고 자본시장에 비교기업이 많이 존재할 때 유용하나 다음과 같은 한계를 갖는다.

첫째, 적정주가비율을 산출하는 기준이 되는 비교기업 선정이 주관적이어서 잘못 이용되기 쉽고, 조작이 가능하다.

둘째, 모형에 대한 가정이 불명확하다.

셋째, 시장에 존재 가능한 오류(과대평가, 과소평가)에 근거하여 가치를 평가할 수 있다. 예를 들어, 모든 컴퓨터 소프트웨어 회사가 과대평가되어 있을 때 컴퓨터 업종 주가도 과대평가된다.

넷째, 회계자료에 근거한 상대가치는 과거 자료이므로 기업의 미래수익을 반영하지 못한다.

본 장에서는 상대가치평가법에서 주가비율로 많이 사용하고 있는 PER, PBR, PSR을 중심으로 적정주가를 설명하고자 한다

2.1 주가이익비율

PER(price earnings ratio)은 다음과 같이 정의된다.

$$PER = \frac{\text{주가}}{\text{주당순이익}(EPS : \text{Earnings Per Share})} \tag{13.11}$$

이 지표는 기업이 벌어들이고 있는 한 단위의 이익에 대해서 증권시장의 투자자들이 얼마만큼의 대가를 지불하고 있는가를 의미하며 기업수익력의 질을 반영한다. PER로 드러나는 수익력의 질은 기업수익력의 성장성, 위험, 회계처리 방법 등 질적 측면이 총체적으로 반영된 것을 말하며 수익력의 질적 평가를 통한 투자자들의 신뢰도 역시 반영한다. 예를 들어, PER가 20이면 이 기업의 1원의 수익력에 대해서 투자자들이 20배의 대가를 지불하고 있으며 이 지표가 낮은 기업보다 수익력의 질이 높다는 것을 의미한다.

2.1.1 PER모형을 이용한 적정주가

PER를 이용한 평가기업 적정주가는 다음과 같이 산출된다.

$$\text{평가기업의 적정주가} : P_0^* = EPS \times PER^* \tag{13.12}$$

여기서 PER^* : 적정주가이익비율

EPS : 평가기업의 EPS

예 13-5

평가기업의 EPS : 1,000원, PER^{*} : 15이면, 평가기업의 적정주가는 1,000 × 15 = 15,000원이 된다.

2.1.2 적정 PER에 영향을 주는 요인

PER는 다음과 같은 특성을 갖는다.

첫째, 성장률 g와 양의 관계, 자본비용 k와는 음의 관계를 갖는다.
식 (13.5)로부터 g와 양의 관계, k와는 음의 관계를 갖는다.
둘째, ROE $<$ k이면 배당성향과 양의 관계, ROE $>$ k이면 배당성향과 음의 관계가 된다.

[증명]

만일, 주당순이익이 매기 g%씩 일정하게 성장하고 배당성향이 $(1-b)$라면 다음기 예상배당금은 $D_1 = E_0 \times (1-b) \times (1+g)$이 된다($E_0$: 현재시점 EPS). 이를 식 (13.5)에 대입하면 다음과 같이 된다.

$$P_0 = \frac{E_0 \times (1-b) \times (1+g)}{k-g} \tag{13.13}$$

식 (13.13)을 금년도 주당순이익(E_0)으로 나누어 주면 아래 식이 유도된다.

$$\frac{P_0}{E_0} = \frac{(1-b) \times (1+g)}{k-g} \tag{13.14}$$

$E_1 = E_0(1+g)$로부터 식 (13.14)을 E_1 기준으로 표시하면

$$\frac{P_0}{E_1} = \frac{(1-b)}{k-g} \tag{13.15}$$

가 되고, 성장률$(g) = b \times ROE$를 식 (13.15)에 대입하면

$$PER = \frac{P_0}{E_1} = \frac{(1-b)}{k - b \times ROE} \tag{13.16}$$

이 된다.

식 (13.16)을 b에 관하여 미분하면 다음 식이 유도된다.

$$\frac{\partial PER}{\partial b} = \frac{-1(k - bROE) - (1-b)(-ROE)}{(k - bROE)^2} = \frac{ROE - k}{(k - bROE)^2} \tag{13.17}$$

식 (13.17)로부터 둘째 특성이 도출된다.

2.1.3 PER를 이용한 고평가, 저평가 결정

PER를 이용한 고평가, 저평가 결정은 단순히 PER의 절대적 수치보다는 실제주가를 이용한 PER와 적정주가를 이용한 적정 PER를 비교해 결정해야 한다. 저(고)평가는 실제주가가 적정주가보다 작(크)다는 것을 의미하므로, 저(고)평가의 경우 실제주가를 이용한 PER가 적정주가를 이용한 PER보다 작(크)게 된다.

2.1.4 PER의 한계

PER는 이해가 쉽고 적정주가 평가에 적용 가능하나, 다음과 같은 한계점을 갖는다.

첫째, PER 계산 시 분모인 EPS는 미래이익을 적용해야 하나 실제로는 과거 실적치인 회계이익을 사용한다.

둘째, PER 산출 시 어느 시점의 주가를 사용했느냐에 따라 값이 달라진다.

셋째, 음의 주당이익 발생 시(적자인 경우) 적용하기 힘들다.

2.2 주당순자산비율

PBR(price book-value ratio)은 다음과 같이 정의 된다.

$$PBR = \frac{\text{주가}}{\text{주당자기자본(장부가치)}} \tag{13.18}$$

2.2.1 PBR을 이용한 적정주가

PBR을 이용하여 평가기업 주식의 이론적 가치를 추정하는 방법은 다음과 같다.

$$P_0^* = PBR^* \times BPS \tag{13.19}$$

P_0^* : 현재시점 적정주가
PBR^* : 적정 PBR
BPS : 평가기업 주당자기자본

예 13-6

PBR^* : 10, BPS : 5,000원이면, 식 (13.19)에 의해 $P_0^* = 50{,}000$원이 된다.

2.2.2 적정 PBR의 특성

적정 PBR은 다음과 같은 특성을 갖는다.

첫째, ROE, g와는 양의 관계, k와는 음의 관계에 있다.

[증명]

$D_1 = E_0(1-b)(1+g)$로부터 적정주가 $P_0^* = \frac{E_0(1-b)(1+g)}{k-g}$, $ROE = \frac{E_0}{BPS}$ 이므로,

$$P_0^* = \frac{BPS \times ROE \times (1-b) \times (1+g)}{k-g} \tag{13.20}$$

가 되고, 양변을 BPS로 나누어 주면,

$$PBR = \frac{P_0^*}{BPS} = \frac{ROE \times (1-b) \times (1+g)}{k-g} \tag{13.21}$$

가 된다.

ROE_1을 $\frac{E_1}{BPS}$로 정의하면,

$$PBR = \frac{ROE_1(1-b)}{k-g} \tag{13.22}$$

가 된다.

둘째, $ROE >$ 자본비용(k)이면 b가 클수록 커지고, $ROE <$ 자본비용(k)이면 b가 클수록 작아진다.

[증명]

$PBR = \frac{ROE_1(1-b)}{k-b \cdot ROE_1}$을 b에 관해 미분하면 다음과 같은 식이 도출된다.

$$\frac{\partial PBR}{\partial b} = \frac{ROE_1(ROE_1-k)}{(k-b \cdot ROE_1)^2}$$

이 식으로부터 위 관계가 유도된다.

셋째, PBR은 수익성 측면에서 평가하는 PER에 비해 기업의 마진, 활동성, 부채비율이 추가로 반영된 지표로서 자산가치에 대한 평가뿐 아니라 수익가치에 대한 포괄적인 정보가 반영된다는 점에서 유용성이 높다.

$$PBR = PER \times ROE = PER \times \frac{\text{당기순이익}}{\text{매출액}} \times \frac{\text{매출액}}{\text{총자산}} \times \frac{\text{총자산}}{\text{자기자본}} \quad (13.23)$$

$$= PER \times (\text{마진}) \times (\text{활동성}) \times (\text{자기자본비율의 역수})$$

2.2.3 PBR을 이용한 고평가, 저평가 주식 결정

PBR과 ROE를 이용한 고평가, 저평가 결정은 〈그림 13-1〉을 활용해 결정할 수 있다.

그림 13-1 PBR과 ROE의 관계

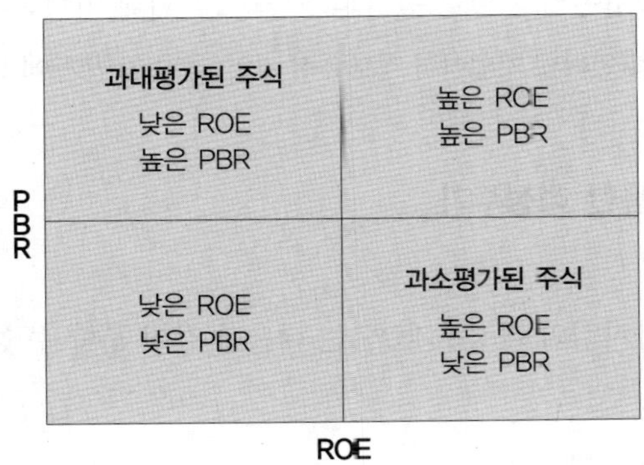

2.2.4 PBR의 한계

PBR은 PER와는 달리 주당순이익(EPS)이 0보다 작은 경우에도 사용될 수 있다는 장점이 있으나 분모에 사용되는 자기자본 장부가치는 기술력과 같은 질적 요인을 반영하지 못하며 자기자본가치가 0보다 작아지면 적용하지 못하는 한계가 있다.

PBR과 유사한 개념으로 Tobin' s Q 비율이 사용되며 다음과 같이 정의된다.

$$\text{Tobin' s } Q = \frac{MV\,(\text{market value})}{RC\,(\text{replacement cost})} \tag{13.24}$$

MV : 자산의 시장가치(주식가치 + 부채)
RC : 자산의 대체원가

Q가 1보다 크면 투자수익성이 양호하고 경영이 효율적이어서 신규투자가 이루어지고, 1보다 작으면 적대적 M&A 대상이 되는 경향이 있고 신규투자는 이루어지지 않는다.

2.3 주가매출액비율

PSR(Price Sales Ratio)은 주가를 주당매출액으로 나눈 것으로 PSR이 높다면 매출액에 비해 주가가 높게 형성되어 있다는 의미로, 아직 본격적인 이익을 내지 못해 수익성 평가가 어려운 신생기업(인터넷 기업이나 정보통신 기업)의 주가평가에 많이 사용된다.

2.3.1 PSR을 이용한 적정주가

PSR을 이용해 평가기업의 적정주가(P_0^*)는 다음과 같이 구할 수 있다.

$$P_0^* = PSR^* \times \text{주당매출액} \tag{13.25}$$

PSR^* : 적정 PSR
주당매출액 : 평가기업 주당매출액

예 13-7

PSR^*가 12, 주당매출액이 1,000원이면, P_0^*는 12 × 1,000원 = 12,000원이 된다.

2.3.2 적정 PSR의 특성

고든모형에 주당순이익 $E_0 = S \times ROS$ (매출액이익률 ROS(Return On Sales), 주당매출액 S)을 대입하면,

$$P_0 = \frac{S \times ROS \times (1-b) \times (1+g)}{k-g} \tag{13.26}$$

가 되고, 이 식을 주당매출액(S)으로 나누면,

$$PSR = \frac{P_0}{S} = \frac{ROS \times (1-b) \times (1+g)}{k-g} \tag{13.27}$$

가 된다.

PSR은 위 식으로부터 매출액이익률, 성장률과 양의 관계, 자본비용과 음의 관계를 갖는다.

예 13-8

주당매출액 : 8,300원, 주당순이익 : 390원 배당성향 : 74%, 배당성장률 : 6%, 위험 프리미엄 : 5.5%, 베타 : 0.75, 무위험이자율 : 7%일 경우 PSR은?

해답

매출액이익률$(ROS) = \frac{390}{8,300} = 4.7\%$, $g = 5\%$, $b = 0.26$

자본비용$(k) = 7\% + (0.75 \times 5.5\%) = 11.13\%$으로부터

$$PSR = = \frac{ROS(1-b)(1+g)}{k-g} = \frac{0.047 \times 0.74 \times 1.06}{0.1113 - 0.06} = 0.72\text{가 된다.}$$

2.3.3 PSR을 이용한 고평가, 저평가 주식 결정

PSR은 높은데 ROS가 낮은 기업이나, PSR은 낮은데 ROS가 높은 기업의 주식을

찾으면, 과대 또는 과소 평가된 주식을 찾을 수 있다.

그림 13-2 과소 또는 과대 평가된 주식 메트릭스

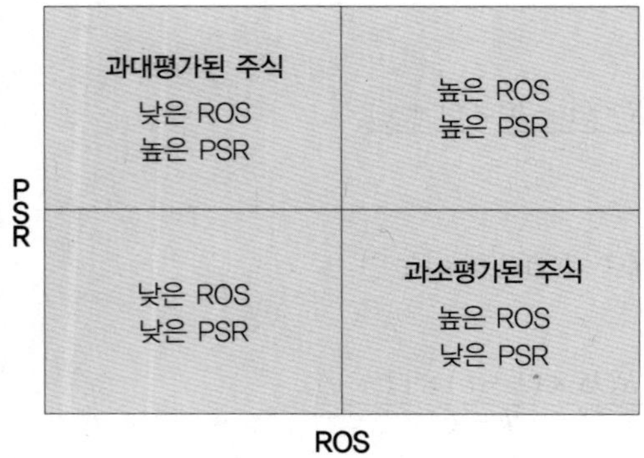

2.3.4 PSR의 장점

PSR의 장점은 다음과 같다.

첫째, PER이나 PBR은 때로는 음수가 되어 의미가 없어질 수 있으나, PSR은 곤경에 처한 적자 기업의 경우에도 계산 가능하다.

둘째, 순이익과 장부가치는 감가상각비, 재고자산, 특별손실에 대한 회계처리방법에 따라 크게 달라질 수 있으나, 매출액은 임의로 조정하기가 어렵다.

셋째, PSR은 PER만큼 변동성이 심하지 않아서 가치평가 적용에 있어서 신뢰성이 높다.

넷째, PSR을 이용하면 가격정책의 변화와 기타 기업전략이 기업가치에 미치는 영향을 쉽게 분석할 수 있다.

3. 옵션가치평가법

옵션가치평가법은 어떤 자산으로부터 얻는 이익에 기초자산가치의 함수인 콜옵션, 풋옵션 개념을 적용해 자기자본가치, 기회의 가치 등의 평가를 하는 방법이다.

본 절에서는 옵션개념을 적용한 자기자본가치평가 개념과 대표적인 옵션가격결정모형인 블랙-숄즈 옵션가격결정모형을 소개한다(자세한 내용은 19장 참조).

3.1 자기자본가치평가

기업가치는 자기자본가치와 부채가치의 합이고, 자기자본가치는 0 미만이 될 수 없으므로 자기자본가치는 다음과 같이 표현 가능하다.

$$\text{자기자본가치} = V - D \quad (V > D) \qquad (13.28)$$
$$= 0 \quad (V < D)$$

V : 기업가치, D : 부채가치

따라서 자기자본가치는 기업가치를 기초자산으로 하고 부채를 행사가격으로 하는 콜옵션가치와 같게 된다.

3.2 블랙-숄즈 옵션가격결정모형

앞에서 설명한 자기자본과 같이 옵션개념을 이용해 가치평가가 가능한 자산의 경우 옵션가격결정모형을 적용해 계량화된 가치평가를 할 수 있다.

대표적인 콜옵션 가격결정모형인 블랙-숄즈(Black & Scholes) 옵션가격결정모형(OPM : Option Pricing Model)은 주식을 기초자산으로 하고 있으며 이 모형의 가정 및 모형은 다음과 같다.

| 가정

①옵션의 만기일까지 주식으로부터 배당지급은 없다.

②무위험이자율과 주식수익률의 분산은 일정하고 안정적이다.

③주가변동은 연속적(continuous)이며 급격한 이탈은 없다.

④주가수익률은 정규분포(normal distribution)를 따른다.

| 모형

$$C = S_0 N(d_1) - Xe^{-rT} N(d_2) \tag{13.29}$$

$$d_1 = \frac{\ln\left(\frac{S_0}{X}\right) + \left(r + \frac{1}{2}\sigma^2\right)T}{\sigma\sqrt{T}}$$

$$d_2 = d_1 - \sigma\sqrt{T}$$

C : 콜옵션의 현재가치, S_0 : 기초주식의 현재가격, X : 옵션의 행사가격
r : 연간 무위험이자율, T : 만기까지의 잔여기간(1년을 1로 표시)
$N(d)$: 누적표준정규분포에서 d값보다 작을 확률
e : 자연대수의 밑수 (2.718…)
σ^2 : 기초주식의 연간 수익률의 분산, ln : 자연대수

예 13-9

기초주식의 현재가격(S_0) = 10,000**원, 콜옵션의 행사가격**(X) = 8,000**원, 연간 무위험이자율** (r) = 10**%, 잔여만기**(T) = 0.5(= 6개월), **주식수익률의 분산**(σ^2) = 25**%일 때 콜옵션가격을 구하시오.**

해답

$$d_1 = \frac{\ln\left(\frac{10,000}{8,000}\right) + \left(0.1 + \frac{0.25}{2}\right)0.5}{0.5\sqrt{0.5}} = 0.949$$

$$d_2 = 0.949 - 0.5\sqrt{0.5} = 0.596$$

$$N(0.949) = 0.829,\ N(0.596) = 0.724$$

따라서

$$C = S_0 N(d_1) - Xe^{-rT} N(d_2)$$
$$= 10{,}000(0.829) - 8{,}000\, e^{-0.1\times 0.5} \times (0.724)$$
$$= 2{,}779$$

가 된다.

3.3 기업가치 변동성 변화에 따른 자기자본가치와 부채가치 변화

옵션가치는 기초자산가격의 변동성이 커지면 커지고, 작아지면 작아진다(〈표 19-2〉 참조). 자기자본가치는 콜옵션으로 평가할 수 있으므로 이런 옵션 특징을 적용하면 옵션의 기초자산에 해당하는 기업가치의 변동성이 커질 경우 콜옵션으로 평가 가능한 자기자본가치가 증가한다는 것을 알 수 있다. 이 경우 채권자의 부가 자기자본으로 이전되어 자기자본의 가치가 증가한다. 반면에 순이익과 현금흐름 변동성이 감소하는 다각적 합병은 기업가치 변동성 감소로 이어져 자기자본가치는 감소하고 채권자의 부는 증가한다는 것을 알 수 있다.

3.4 옵션가치평가법의 한계 및 적용 시 주의사항

옵션가치평가법은 자기자본, 신주인수권, 특허권과 같은 옵션성격을 갖는 자산가치 평가에 특히 유용하나 다음과 같은 한계가 있다.

첫째, 기초자산이 거래되어야 한다
둘째, 기초자산의 가격변화가 연속적이고 급격한 변화가 없어야 된다.
셋째, 만기 동안 기초자산 수익률 변동성이 변하지 않아야 한다.
넷째, 옵션 권리 행사를 순간적으로 할 수 있어야 한다.

연습문제

I. 다음을 설명하시오.

01. (주)홍익의 적정 PER는 25이다. 금년도 예상 EPS가 1,000일 경우 주가가 26,000이면 이 주식은 고평가인가, 저평가인가? 그 이유는?

02. ROE가 할인율(r)보다 클 경우 내부유보율(b)이 증가하면 PBR은 증가하는가, 감소하는가? 그 이유는?

03. 어떤 주식의 PER가 12에서 15로 증가했다. 이 주식은 고평가되었다고 할 수 있는가? 진위를 답하고 그 이유를 설명하시오.

04. 일정배당성장모형에서 현재 주가(P_0)는 다음기 배당(D_1)을 주식요구수익률에서 성장률을 차감한 값($k-g$)으로 나누어서 구한다. 이 경우 현재 배당(D_0) 대신 다음기 배당(D_1)을 사용하는 이유를 구체적으로 설명하시오.

05. 상대가치평가법의 한계

06. 현금흐름할인법의 한계

07. PBR, ROE, PER의 관계

08. 옵션가치평가법에 의한 자기자본가치

Ⅱ. 다음 문제에 답하시오.

09. 가치평가에 대한 설명 중 틀린 것은?

① 자산가치는 예상 미래 기대이익에 기초한다.

② 증권시장이 효율적이면 유가증권가격은 가치를 제대로 반영한다.

③ 가치평가에서 투자위험의 원천 및 수준은 매우 중요하다.

④ 가치는 시간이 흐름에 따라 변하면 안 된다.

Ⅲ. 다음 문장의 진위를 답하시오.

10. 고PBR, 고ROE 기업은 고평가되었다고 할 수 있다.

11. 내부유보율이 커지면 적정 PER가 증가한다.

12. PER가 증가했다면 이 회사 주가는 PER 증가 전에 비해 고평가되었다고 판단한다.

13. 내부유보율이 커지면 기업가치는 증가한다.

14. PER는 현금흐름할인 가치평가모형이다.

15. 배당할인모형은 적정주가를 산출하는 모형이다.

Ⅳ. 다음 문제에 답하시오.

16. (주)홍익의 현재 배당금(D_0) = 600원, 배당성장률(g) = 10%, 자기자본수익률(k) = 13%일 때 고든 배당평가모형을 이용하여 다음을 구하시오.

(1) 2년 뒤 예상주가(P_2)를 구하시오.

(2) P_2 = 1,000, 할인율(r) = 10%, D_1 = 5, D_2 = 8일 때 P_0값을 구하시오.

17. (주)홍익의 0시점의 배당금(D_0)이 500원, 배당성장률(g)이 5%이다. 자기자본수익률이 7%일 때 고든의 일정배당성장모형을 이용하여 3년 뒤 예상(적정)주가(P_3)를 구하시오.

18. 3차년도 배당(D_3) 110원, 주가(P_3) 2,000원, 할인율(k) 10%, 1차년도 배당(D_1) 90원 2차년도 배당(D_2) 100원일 때 1차년도 주가(P_1)를 구하시오.

19. 현재 무위험이자율은 10%이고, 시장 포트폴리오의 수익률은 15%이다. (주)고려의 작년 말 주당배당은 100원이고, 이 회사의 베타계수는 1.4이다. (주)고려의 주식이 현재 750원에 거래되고 있으며, 이 가격이 적정하다고 생각된다. (주)고려의 예상성장률은 얼마인가? 단, (주)고려는 성장률에 따라 영속적으로 배당을 지급하고 있다.

20. 우리 컴퓨터(주)의 현재 주식가격은 ₩50,000이고, 1년 후에는 ₩2,150의 배당과 ₩59,770의 가격이 예상된다. 이 주식의 β계수는 1.15, 무위험이자율은 6%, 시장 포트폴리오의 기대수익률은 14%이다.

우리 컴퓨터(주)에 대한 기대수익률과 요구수익률은 얼마이며, 이 주식의 내재가치(적정주가)는 얼마인가? 현재의 시장가격과 비교할 때 얼마나 과소 · 과대 평가되었는가?

21. 고든의 일정배당성장모형을 유도하시오.

part Ⅵ 채권투자

14장 채권이론

15장 채권투자 전략

VI편
개요

14장과 15장에서는 채권이론과 채권투자전략에 대해서 설명한다. 채권은 채권자와 채무자 간에 원리금 지급의무 관계를 나타내는 증권으로 만기, 발행조건(이자, 상환조건 등), 할인율(채권수익률)이 다양하게 존재한다. 채권가격은 주식가격과 마찬가지로 채권보유로 발생하는 미래현금흐름의 현가로 계산되나 채권 발행조건은 사전에 결정되므로 확정된 미래현금흐름보다는 시장 상황, 기업의 이자 지급불능 위험도 등에 따라 변동되는 수익률의 정확한 추정이 중요하게 된다.

14장에서는 채권수익률, 채권가격정리, 채권수익률 기간구조, 채권수익률 위험구조와 같은 채권이론들을, 제15장에서는 채권가격 민감도를 설명하는 듀레이션과 볼록성을 설명하고, 수익률 극대화보다는 위험을 최소화하는 소극적 채권투자 전략, 위험 최소화보다는 수익률을 극대화하는 적극적 채권투자 전략을 설명하고자 한다.

chapter

14

채권이론

1. 채권가격과 채권수익률 | **2.** 채권가격정리
3. 채권수익률의 기간구조 | **4.** 채권수익률의 위험구조

14장은 채권가격과 수익률, 채권가격정리, 채권수익률의 기간구조, 위험구조 등 채권이론에 대해서 설명한다.

1. 채권가격과 채권수익률

1.1. 채권가격

채권가격은 만기까지 받게 될 매 기간별 현금흐름을 할인율로 할인한 현가 합계로 이자지급액, 액면가에 의한 미래 현금흐름을 채권수익률로 할인해 구한다. 따라서 채권가격은 채권수익률과 반대로 움직인다. 즉, 수익률이 상승(하락)하면 채권가격은 하락(상승)한다.

이표채의 경우 채권가격과 수익률의 관계는 다음과 같다.

$$B_0 = \sum_{t=1}^{n} \frac{C}{(1+r)^t} + \frac{F}{(1+r)^n} \tag{14.1}$$

B_0 : 채권의 이론적 가격

C : 이자지급액 = 액면가 × 쿠폰이자율(c)(= 표면이자율, 발행이율)

F : 액면가, n : 만기, r : 채권투자자의 요구수익률

예 14-1

다음과 같은 발행조건을 갖는 이표채를 2011년 3월 10일 시장수익률 13.8%에 매매하고자 한다. 이표채 매매단가는?

발행조건

- 발행일 : 2010.11.21
- 상환일 : 2013.11.21
- 발행이율 : 11.2%(1, 2년차 발행이율, 3년차 정기예금의 1.2배)
- 이자지급방법 : 3개월마다 후급
- 액면가 : 10,000

해답

매매가는 매 3개월마다 받는 이자 280원($10,000 \times \frac{0.112}{4}$)씩과 만기 시에 받는 10,280원(원금 10,000원 + 이자 280원)을 현재가치로 할인하면 된다. 1단위 기간은 3개월이므로 잔존이자 지급횟수(n) = 11 − 1 = 10, 단수기간 = $\frac{72}{89}$(3월 10일부터 5월 21일까지 72일 남음)이다. 채권가격평가모형을 적용하면(P : 매매단가)

$$P\left(1 + \frac{72}{89} \times \frac{0.138}{4}\right) = 280 + \frac{280}{(1 + \frac{0.138}{4})} + \frac{280}{(1 + \frac{0.138}{4})^2} + \frac{280}{(1 + \frac{0.138}{4})^3} + \frac{280}{(1 + \frac{0.138}{4})^4} + \frac{280}{(1 + \frac{0.138}{4})^5} + \frac{280}{(1 + \frac{0.138}{4})^6} + \frac{280}{(1 + \frac{0.138}{4})^7} + \frac{280}{(1 + \frac{0.138}{4})^8} + \frac{280}{(1 + \frac{0.138}{4})^9} + \frac{10,280}{(1 + \frac{0.138}{4})^{10}}$$

으로부터

$P = 9,473$원

이 된다.

할인채의 경우 채권가격과 수익률의 관계는 다음과 같다.

$$P = \frac{S}{(1+r)^n} \tag{14.2}$$

P : 채권 이론가격

S : 만기금액, n : 잔존기간, r : 수익률

채권 발행일과 매매일이 일치하지 않는 경우 위 식은 다음과 같이 변형된다.

$n = (n-1) + \frac{d}{365}$ (n : 잔존연수, d : 잔존일수)

이 식을 위 식에 대입하면 $P = \dfrac{S}{(1+r)^{(n-1)+\frac{d}{365}}}$ 로부터

$$P = \frac{\dfrac{S}{(1+r)^{(n-1)}}}{(1+r)^{\frac{d}{365}}} \tag{14.3}$$

가 된다. 관행적으로는 다음 식을 사용한다.

$$P = \frac{\dfrac{S}{(1+r)^{(n-1)}}}{1+\dfrac{dr}{365}} \tag{14.4}$$

예 14-2

다음과 같은 발행조건을 갖는 할인채가 있다. 이 할인채를 2011년 5월 10일 수익률 13.2%에 매매하고자 한다. 가격은?

발행조건

- 발행일 : 2011.1.23
- 상환일 : 2012.1.22
- 발행이율 : 11.263%
- 원리금 상환방법 : 할인발행
- 만기금액 : 10,000

해답

식 (14.4)로부터 $P = \dfrac{\dfrac{10,000}{(1+0.132)^{1-1}}}{1+\dfrac{257\times 0.132}{365}} = 9,149$원

1.2 채권수익률

채권수익률은 채권가격을 나타내는 수단으로 채권투자로 발생할 수 있는 미래 현금흐름의 현재가치와 채권 시장가격을 일치시켜 주는 할인율이다. 일반적으로 채권수익률로 만기수익률을 사용하고 있으나 다른 수익률들도 사용하고 있으며, 주요 수

익률들은 다음과 같다.

1.2.1 만기수익률

만기수익률(YTM : yield to maturity)은 주어진 채권가격으로 그 채권을 매입해 만기까지 보유할 때의 수익률이다. 즉, 채권을 현재가격으로 매입하여 만기일까지 보유한다고 가정할 때 기대되는 약속수익률로 채권보유에 따른 현금흐름의 현재가치와 현재의 채권시장가격을 일치시켜 주는 할인율로 내부수익률(IRR : Internal Rate of Return)과 같은 의미를 갖는다. 매출된 채권에 적용되는 유통수익률은 만기수익률 개념으로 산출된다.

$$P_0 = \frac{C}{(1+r)} + \frac{C}{(1+r)^2} + \cdots + \frac{C+F}{(1+r)^n} \tag{14.5}$$

P_0 : 채권의 시장가격, C : 이자, F : 액면, n : 잔존만기
r : 내부수익률(IRR) = 만기수익률(YTM)

예 14-3

C : 1,000, F : 10,000, n = 2**인 이표채 가격**(P_0)**이** 10,000**이다. 이 채권의 만기수익률은?**

해답

$10,000 = \frac{1,000}{1+r} + \frac{1,000}{(1+r)^2} + \frac{10,000}{(1+r)^2}$으로부터 $r = 10\%$가 구해진다.

1.2.2 당기수익률(직접수익률, 경상수익률)

당기수익률은 이자지급액을 채권시장가격(채권시가)으로 나눈 수익률로 주식의 배당수익률 개념과 비슷한 개념으로 다음과 같이 산출된다.

$$\frac{\text{연간 이자총액}}{\text{채권시장가격}} = \text{발행이율} \times \frac{\text{액면가격}}{\text{채권시장가격}} \tag{14.6}$$

예 14-4

발행이율 : 13%, 채권 매입가격 : 8,860원, 액면가격 : 10,000원이면, 직접수익률은 $\left(\frac{10,000 \times 0.13}{8,860}\right) \times 100 = 14.67\%$가 된다.

1.2.3 명목수익률(표면이자율, 발행이율)

명목수익률(nominal yield)은 이자지급액을 액면가로 나누어 계산된 수익률이다.

1.2.4 보유기간수익률

보유기간수익률(holding period return)은 만기일 이전에 채권을 매각해 얻게 되는 보유기간 동안의 평균투자수익률로 채권 매각가격에 따라 보유기간수익률은 만기수익률보다 높을 수도 낮을 수도 있다.

1.2.5 인수수익률

인수수익률은 채권으로부터 얻을 수 있는 현금흐름의 현재가치와 그 채권의 인수가액을 일치시켜 주는 내부수익률(IRR : Internal Rate of Return)이다.

예 14-5

발행이율 : 13%, **이자지급조건 :** 3**개월 이표채, 만기 :** 3**년, 원금 :** 10,000, **인수가액 :** 9,000**일 때, 인수수익률은?**

해답

$$9,000 = \frac{325}{\left(1+\frac{r}{4}\right)} + \frac{325}{\left(1+\frac{r}{4}\right)^2} + \cdots + \frac{325}{\left(1+\frac{r}{4}\right)^{12}} + \frac{10,325}{\left(1+\frac{r}{4}\right)^{12}}$$

로부터 $r = 17.35\%$가 된다.

1.2.6 연평균수익률

만기가 1년 이상인 채권의 만기까지의 총수익을 원금으로 나눈 후 해당 연수로 나눈 단리수익률이다.

$$r = \frac{\frac{S_n}{P} - 1}{n} \times 100 \tag{14.7}$$

S_n : 만기까지의 총수익, P : 원금, n : 해당 연수

예 14-6

발행조건이 다음과 같은 채권의 연평균수익률은?

- 발행이율 : 13%
- 3년 3개월 후급
- 매출가격(원금) : 10,000

해답

$$r = \frac{10,000\left(1 + \frac{0.13}{4}\right)^{12} - 10,000}{10,000 \times 3} \times 10C = 15.59\%$$

1.3 채권수익률 결정요인

채권수익률의 결정요인에는 기업 외적 요인과 기업 내적 요인이 있다.

기업 외적요인으로는 채권의 수요와 공급이 있다. 채권공급은 가격 비탄력적인 반면 채권수요는 가격 탄력적이다. 채권수요에 가장 큰 영향을 주는 요인으로는 금융시장의 자금 사정이며, 이에 영향을 주는 요인들로는 시장이자율, 자본의 한계생산성, 시중의 잉여자금, 물가상승률 등이 있다.

기업 내적 요인들로는 다음과 같은 요인들이 있다.

| 채권의 만기

채권의 만기에 따라 채권수익률에 차이가 발생할 수 있다.

| 발행주체의 위험

발행주체의 채무불이행 위험이 클수록 높은 위험 프리미엄으로 인해서 채권수익률이 높아진다.

| 채권의 기타 요인

채권의 기타 요인으로 유동성이 있으며, 유동성이 높으면 낮은 수익률, 유동성이 낮으면 높은 유동성 프리미엄으로 인해 높은 수익률이 적용된다.

2. 채권가격정리

수익률 변화에 따른 채권가격 변화는 수익률 이외에 만기까지의 잔존기간, 표면이자율 등 여러 가지 요인들에 의해서 영향을 받는다. Malkiel(1962)은 채권가격에 영향을 주는 요인들에 의한 채권가격 변동을 다음과 같은 채권가격정리(Bond Price Theorem)로 제시했다.

그림 14-1 채권가격과 수익률의 관계

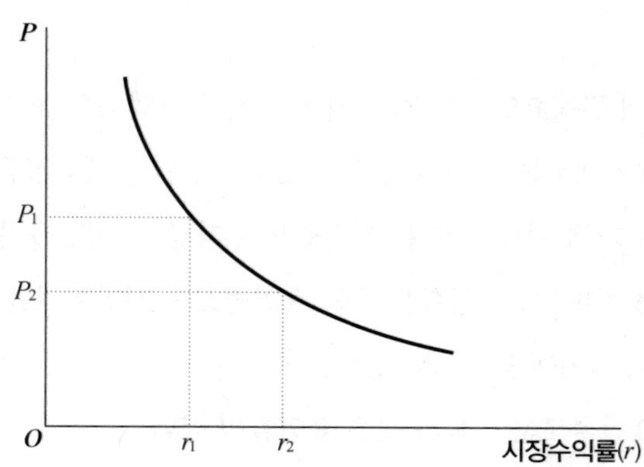

1) 채권가격과 수익률은 반비례한다. 채권가격은 미래의 확정된 현금흐름을 채권수익률로 할인한 것이므로 수익률이 상승(하락)하면 가격은 하락(상승)하게 된다.

2) 만기가 긴 채권일수록 동일한 수익률 변동에 대해서 가격변동이 크다.

표 14-1 **채권수익률, 표면이자율, 만기와 채권가격의 관계**

만기	표면 이자율	채권가격 (r = 10%)	r = 5%(−5%)		r = 15%(+5%)	
			채권가격	가격변동률	채권가격	가격변동률
3년	5%	8,717	10,000	(+)14.72%	7,619	(−)12.60%
	10%	10,000	11,385	(+)13.85%	8,809	(−)11.91%
	15%	11,282	12,769	(+)13.18%	10,000	(−)11.36%
	20%	12,564	14,154	(+)12.65%	11,190	(−)10.93%
5년	5%	8,051	10,000	(+)24.21%	6,526	(−)18.94%
	10%	10,000	12,200	(+)22.00%	8,263	(−)17.37%
	15%	11,948	14,399	(+)20.51%	10,000	(−)16.30%
	20%	13,897	16,599	(+)19.44%	11,737	(−)15.54%

주 : 3개월후급 이표채 기준

채권수익률이 10%에서 5%로 하락하는 경우, 표면이자율 10%, 만기 3년인 채권의 채권가격 변동률은 13.85%, 만기 5년인 채권의 채권가격 변동률은 22.00%가 되어서 만기 5년인 채권가격 변동률이 더 크다.

3) 수익률 변동에 따른 채권가격 변동 폭은 만기가 길수록 증가하나 그 증감률은 체감한다.

표 14-2 **만기 및 채권수익률 변동에 따른 채권가격 변동추이**

만기 (년)	채권수익률 5%		채권수익률 10%	채권수익률 15%	
	가격(원)	가격변화율(%)	가격(원)	가격(원)	가격변화율(%)
1	10,484.75	4.85	10,000	9,543.57	−4.56
2	10,946.01	9.46	10,000	9,149.65	−8.50
3	11,384.91	13.85	10,000	8,809.66	−11.90
4	11,802.53	18.02	10,000	8,516.22	−14.84
5	12,199.91	22.00	10,000	8,262.97	−17.37
10	13,915.86	39.16	10,000	7,431.12	−25.69

주 : 표면이자율 10%, 3개월후급 이표채

채권수익률이 10%에서 5%로 하락 시, 4년 만기 채권가격 변화율은 18.02%로 2년 만기 채권가격 변화율 9.46%보다 크나, $\frac{4년}{2년}$ = 2배보다는 작다.

4) 만기가 일정할 때 이자율 하락으로 인한 가격상승폭은 같은 폭의 이자율 상승으로 인한 가격 하락폭보다 크다.

〈표 14-2〉에 의하면, 만기 3년인 경우 채권수익률이 10%에서 5%로 하락 시 가격은 13.85% 상승하고, 15%로 상승 시 가격은 11.90% 하락한다.

5) 표면이자율이 낮은 채권일수록 일정한 이자율 변동에 따른 채권가격 변동폭이 크다.

그림 14-2 채권가격 변화에 대한 표면이자율의 영향

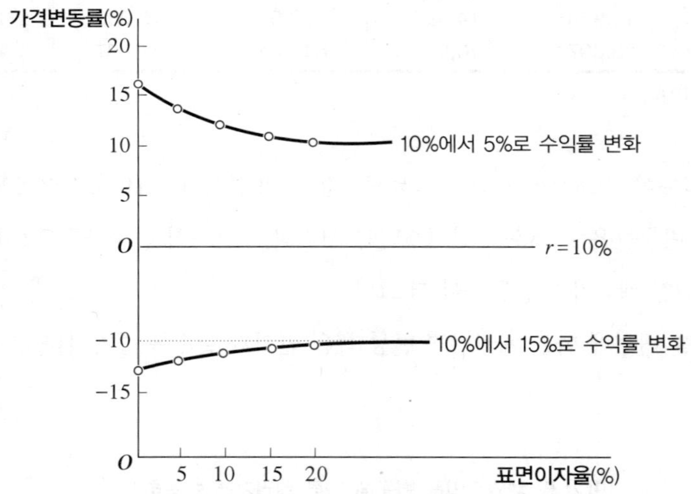

채권가격정리는 채권가격은 수익률에 반비례하고, 만기가 길수록, 표면이자율이 낮을수록 채권가격의 변동폭이 커진다는 것을 보여주고 있다. 이 정리에 의하면 장기 할인채가 동일한 수익률 변동에 대한 가격변동폭이 가장 크게 된다는 것을 알 수 있다. 그러나 채권가격에 영향을 주는 요인들이 채권가격 변동에 복합적으로 영향을 미치는 것을 고려하지 않고, 만기 이전에 발생되는 이자에 대한 시간가치를 무시하고 있으며, 위험이 서로 다른 채권을 표면이자율만으로 비교하는 것은 채권가격정리의 한계라 볼 수 있다.

채권가격에 절대적인 영향을 미치는 채권수익률은 만기까지 적용되는 수익률을 의미하며 채권수익률은 만기별, 위험별로 차이가 발생한다. 만기별 수익률 차이를 규명하는 것을 채권수익률 기간구조(term structure), 위험별 수익률 차이를 규명하는 것을 채권수익률 위험구조(risk structure)라 한다. 채권 수익률 기간구조와 위험구조에 대해서 설명해 보자.

3. 채권수익률의 기간구조

3.1 수익률곡선과 채권수익률의 기간구조(Term Structure)

기간구조는 어느 일정시점에서 채권의 다른 조건(발행조건, 위험 등)은 모두 동일하고, 만기만 다른 채권들의 채권수익률과 만기 사이의 관계를 말하며 이 관계를 그림으로 표시한 것이 수익률곡선(yield curve)이다(〈그림 14-3〉 참조). 수익률곡선은 채권의 잔존기간과 수익률의 관계를 나타내며, 만기까지의 잔존기간을 가로축에, 채권의 시장수익률을 세로축에 대응시켜 작성하며 상승형, 하강형, 수평형, 낙타형의 4가지 형태로 구분된다.

수익률곡선 형태에 대한 설명 이론인 기간구조이론을 설명해 보자. 기간구조이론 설명에 앞서 이 이론 이해에 필요한 현물이자율, 선도이자율에 대해서 설명해 보자.

3.2 현물이자율, 선도이자율

3.2.1 현물이자율(S : spot rate)

현물이자율은 계약기간 동안에 현금흐름이 단 한번 있게 되는 경우의 이자율로서,

그림 14-3 수익률곡선 형태

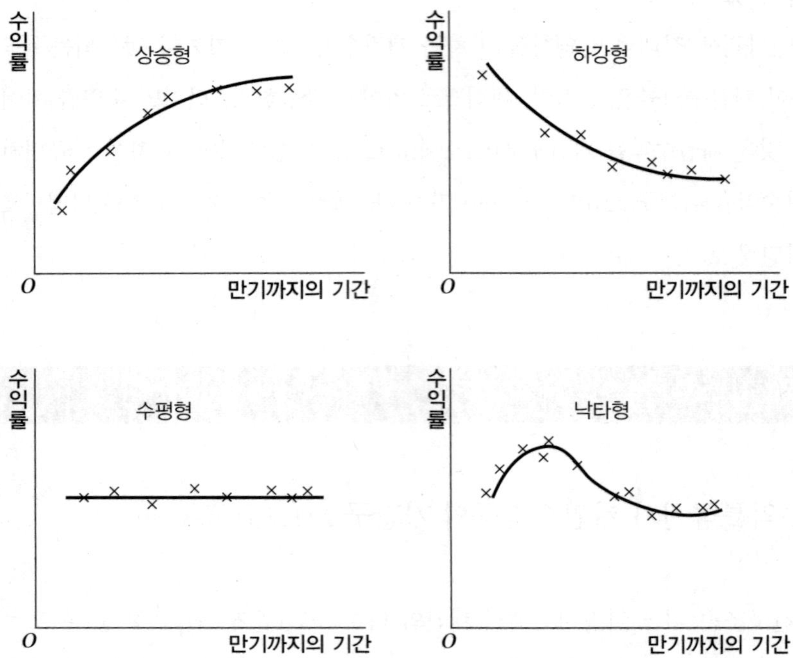

계약과 계약의 실행이 동일 시점에서 이루어지는 경우의 이자율이다. 예를 들어, 2011년 대출계약(금액, 이자율)과 동시에 대출이 이루어진다면, 이 시점에 적용되는 이자율을 현물이자율이라 하고, 대출기간이 1년이면 1년 현물이자율(S_1), 2년이면 2년 현물이자율(S_2)이 된다.

예 14-7

S_2(2년 현물이자율)이 10%이면, 무액면금리 채권(액면가격 : 1,000)의 현재가격은 $P = \frac{1,000}{(1+0.1)^2} = 826.45$가 된다.

3.2.2 선도이자율

선도이자율(f : forward rate)은 특정 기간 동안의 기간별 단기이자율로서 계약하는 시점과 계약을 실행하는 시점이 서로 상이한 경우 적용되는 이자율로 계약 실행시점의 선도이자율은 계약 시점에 결정된다. 선도이자율과 2년 현물이자율과는 다음의 관계가 성립한다.

$$(1+S_2)^2=(1+S_1)(1+{}_1f_2) \tag{14.8}$$

단, ${}_1f_2$: 현재시점에 결정되어 1년 뒤 적용되는 선도이자율

예 14-8

2011년에 적용되는 2년 현물이자율 $S_2=12\%$, 1년 현물이자율 $S_1=11\%$라면 2011년에 결정되어 2012년에 적용되는 선도이자율(${}_1f_2$)은?

해답

S_t : 2011년에 결정된 t기간 현물이자율

${}_1f_2$: 2011년에 결정된 2012년 시점 선도이자율

$(1+S_2)^2=(1+S_1)(1+{}_1f_2)$로부터

${}_1f_2=13\%$

가 된다.

2년 만기 채권의 만기수익률을 r이라 할 때 액면금리채권(coupon bond)에서 선도이자율과 현물이자율은 다음과 같은 관계가 있다.

$$P_0=\frac{C_1}{(1+r)}+\frac{C_2}{(1+r)^2}+\frac{F}{(1+r)^2} \text{ (만기수익률로 표시)}$$
$$=\frac{C_1}{(1+S_1)}+\frac{C_2}{(1+S_2)^2}+\frac{F}{(1+S_2)^2} \text{ (현물이자율로 표시)}$$

$$= \frac{C_1}{(1+S_1)} + \frac{C_2}{(1+S_1)(1+{}_1f_2)} + \frac{F}{(1+S_1)(1+{}_1f_2)} \text{ (선도이자율로 표시)}$$

C_t : t기 현금흐름　　F : 액면가

예 14-9

홍익(주) 회사채 만기와 만기수익률이 다음과 같을 때 기간 1의 현물이자율(S_1), 기간 2의 현물이자율(S_2) 그리고 기간 2에 기대되는 선도이자율(${}_1f_2$)를 구하시오. 액면 100,000원, 액면금리 12%, 그리고 연 1회 이자지급을 가정하시오.

만기(년)	가격(원)	만기수익률(%)
1	103,000	8.74
2	102,000	10.83

해답

만기수익률은 다음과 같이 계산된다.

$$102,000 = \frac{12,000}{(1+0.1083)} + \frac{112,000}{(1+0.1083)^2}$$

액면금리 채권이므로 다음과 같이 선도이자율을 구한다.

$$2\text{년 만기} : 102,000 = \frac{12,000}{(1+0.0874)} + \frac{112,000}{(1+0.0874)(1+{}_1f_2)}$$

선도이자율 ${}_1f_2 = 13.23\%$

현물이자율은 다음과 같이 계산된다.

$$102,000 = \frac{12,000}{(1+S_1)} + \frac{112,000}{(1+S_2)^2}$$

기간 1의 현물이자율 $S_1 = 8.74\%$

기간 2의 현물이자율 $S_2 = \sqrt{(1+0.0874)(1+0.1323)} - 1 = 10.96\%$

3.3 기간구조이론

기간구조이론은 수익률이 만기에 다라 다르게 결정되는 원리를 설명하는 이론으로 기대이론, 유동성선호이론, 시장분할가설이 있다.

3.3.1 기대이론

기대이론은 이자율 변동에 대해서 위험중립형 투자자를 상정하며, 단기채와 장기채는 완전대체 관계에 있다는 가정 하에 수익률 곡선이 미래 단기이자율에 대한 기대에 의해 결정된다는 이론으로 선도이자율은 미래 단기금리에 대한 투자자들의 기대값(기대현물이자율), 즉

$$ {}_{t-1}f_t = E({}_{t-1}S_t) \tag{14.9} $$

라고 주장한다.

무액면금리채권(zero coupon bond)의 만기수익률(${}_0R_n$)은 n기간 현물이자율(spot rate)이므로, 현물이자율과 선도이자율의 관계식

그림 14-4 기대이론에 의한 수익률 곡선

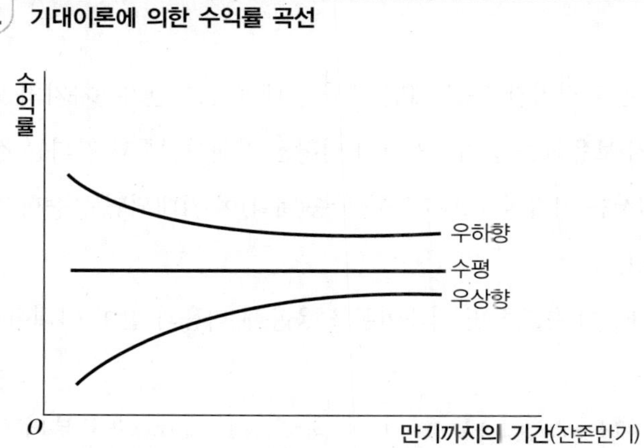

$$(1+S_n)^n = (1+S_1)(1+{}_1f_2)\cdots(1+{}_{n-1}f_n) \tag{14.10}$$

의 S_n에 R_n을 대입하면

$$(1+{}_0R_n)^n = (1+{}_0S_1)(1+{}_1f_2)(1+{}_2f_3)\cdots(1+{}_{n-1}f_n) \tag{14.11}$$

이 된다.

식 (14.11)에 기대이론 가정인 식 (14.9)를 대입하면 만기수익률과 기대현물이자율의 관계가 다음과 같이 유도된다.

$$(1+{}_0R_n)^n = (1+{}_0r_1)(1+{}_1r_2)\cdots(1+{}_{n-1}r_n) \tag{14.12}$$

${}_0R_n$: 만기가 n년도인 장기채권의 연평균수익률(만기수익률)
${}_{t-1}r_t$: 특정 연도 $n-1$에서 n시점 사이의 기간별 기대수익률(= $E({}_{t-1}S_t)$)
($_0r_1$은 0시점에서의 1기간 현물이자율(S_1)임)

이 식으로부터 무액면금리채권 만기수익률은

$$_0R_n = \sqrt[n]{(1+{}_0r_1)(1+{}_1r_2)\cdots(1+{}_{n-1}r_n)} - 1 \tag{14.13}$$

이 된다.

식 (14.13)은 일정기간 동안 매년 채권을 매매하는 단기투자자의 연평균 기대수익률이 만기까지 보유하는 장기투자자의 연평균 기대수익률과 같다는 것을 의미한다.

기대이론에서는 기간별 단기수익률 상승(하락)이 기대되면 상승형(하강형) 수익률 곡선을 나타낸다.

기대이론 가정이 유효하면 기대이론을 응용해 다음과 같이 미래이자율을 예측할 수 있다.

$(1+{}_0R_n)^n = (1+{}_0r_1)(1+{}_1r_2)\cdots(1+{}_{n-2}r_{n-1})(1+{}_{n-1}r_n)$으로부터 $(1+{}_0R_{n-1})^{n-1} = (1+{}_0r_1)(1+{}_1r_2)\cdots(1+{}_{n-2}r_{n-1})$가 유도되고, 이 식으로부터 $(1+{}_0R_n)^n = (1+{}_0R_{n-1})^{n-}$

$(1 + {}_{n-1}r_n)$이 된다.

따라서 미래 기간별 이자율(= 기대현물이자율)은 다음과 같이 구할 수 있다.

$$ {}_{n-1}r_n = \frac{(1 + {}_0R_n)^n}{(1 + {}_0R_{n-1})^{n-1}} - 1 \tag{14.14} $$

예 14-10

채권의 수익률곡선으로부터 장기채권의 만기수익률이 다음과 같이 추정되었다.

만기(n)	만기수익률(YTM)
1년 만기채	10%
2년 만기채	12%
3년 만기채	13%

기대이론의 가정 하에 다음을 구하시오.

(1) 둘째 해 기대현물이자율(${}_1r_2$)

(2) 셋째 해 기대현물이자율(${}_2r_3$)

해답

미래 기간별 이자율 ${}_{n-1}r_n = \dfrac{(1 + {}_0R_n)^n}{(1 + {}_0R_{n-1})^{n-1}} - 1$을 이용하여

(1) 둘째 해 기대현물이자율 ${}_1r_2 = \dfrac{(1 + {}_0R_2)^2}{(1 + {}_0R_1)^1} - 1 = \dfrac{(1.12)^2}{(1.10)^1} - 1 = 14.04\%$,

(2) 셋째 해 기대현물이자율 ${}_1r_2 = \dfrac{(1 + {}_0R_3)^3}{(1 + {}_0R_2)^2} - 1 = \dfrac{(1.13)^3}{(1.12)^2} - 1 = 15.03\%$

이 된다.

3.3.2 유동성선호이론

위험회피형 투자자들은 장기채권 보유에 따른 위험보상으로 단기채권의 경우보다 더 높은 기대수익률을 원하게 되며 이런 추가적인 기대수익률을 유동성 프리미엄이라고 한다. 유동성선호이론은 기대이론에 유동성 프리미엄 개념을 추가한 것(선도

이자율 = 기대현물이자율 + 유동성 프리미엄)으로 잔존만기에 따라 유동성에 따른 수익률에 차이가 존재한다고 설명한다. 그리고 장기채일수록 단기채에 비해 유동성위험이 커서 높은 유동성 프리미엄이 지불되기 때문에 이에 대한 보상으로 장기채에 더 높은 수익률을 요구한다는 이론이다. 따라서 이 이론에 의한 수익률곡선은 기대이론에 의한 수익률곡선보다 유동성 프리미엄만큼 상위에 있게 되며 식 (14.15)로 표현된다.

$$ {}_0R_n = \sqrt[n]{(1 + {}_0r_1 + L_1)(1 + {}_1r_2 + L_2)\cdots(1 + {}_{n-1}r_n + L_n)} - 1 \qquad (14.15) $$

단, L : 각 기간의 유동성 프리미엄, $L_1 < L_2 < L_3 < \cdots < L_n$

그림 14-5 유동성 프리미엄 이론에 의한 수익률곡선

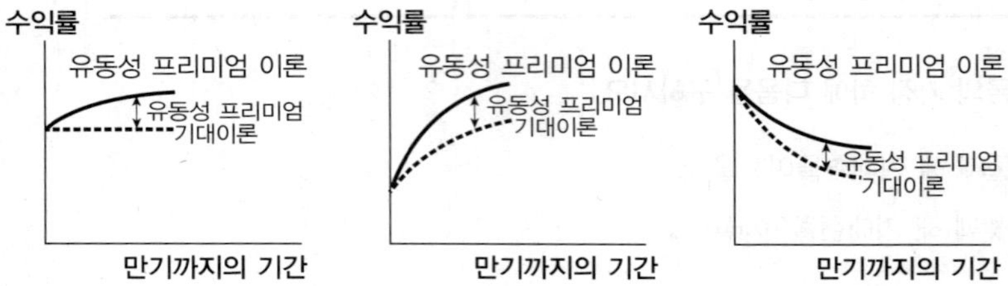

예 14-11 장기채 만기수익률의 추정

2011년 1월 증권전문가들이 향후 3년간에 걸친 각 연도별 이자율 수준을 다음과 같이 예측하고 있다.

첫째 해(2011년)의 이자율 : ${}_0r_1 = 12\%$

둘째 해(2012년)의 이자율 : ${}_1r_2 = 10\%$

셋째 해(2013년)의 이자율 : ${}_2r_3 = 9\%$

다음을 구하시오.

(1) 기대이론에 근거한 2년 만기, 3년 만기 수익률(${}_0R_2$, ${}_0R_3$)

(2) 유동성 프리미엄이 $L_2 = 0.3\%$, $L_3 = 0.2\%$라고 할 경우 만기수익률 (${}_0R_2$, ${}_0R_3$)

해답

(1) $_0R_2 = \sqrt{(1 + {_0r_1})(1 + {_1r_2})} - 1 = \sqrt{(1.12)(1.10)} - 1 = 11\%$

$_0R_3 = \sqrt[3]{(1 + {_0r_1})(1 + {_1r_2})(1 + {_2r_3})} - 1 = \sqrt[3]{(1.12)(1.10)(1.09)} - 1 = 10.33\%$

(2) $_0R_n = \sqrt[n]{(1 + {_0r_1})(1 + {_1r_2} + L_2) \cdots (1 + {_{n-1}r_n} + L_n)} - 1$

$_0R_2 = \sqrt{(1.12)(1.10 + 0.003} - 1 = 11.14\%$

$_0R_3 = \sqrt[3]{(1.12)(1.103)(1.09 + 0.002)} - 1 = 10.49\%$

3.3.3 시장분할가설

시장분할가설은 채권시장이 만기가 다른 몇 개의 하부시장으로 구성되고 채권수익률은 하부 시장 내에서의 수요공급에 의해서 결정된다는 이론으로 시장의 불완전성

그림 14-6 시장분할가설에 의한 수익률곡선

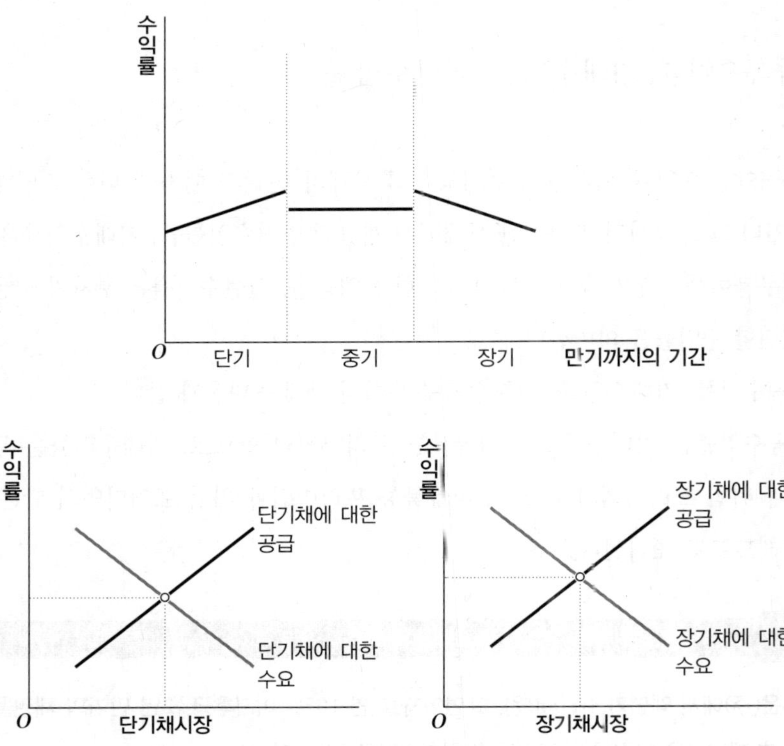

을 가정하고 있다.

4. 채권수익률의 위험구조

채권은 확정소득증권(fixed-income securities)이지만 채권 발행주체의 위험으로 인해서 이자와 원금을 지급할 수 없는 경우가 발생할 수 있으므로 채권 위험도에 따라 채권수익률이 결정된다. 이와 같이 채권위험이 달라짐에 따라 나타나는 채권수익률의 체계적인 차이를 채권수익률의 위험구조라고 한다. 채권위험에는 채무불이행위험, 만기 전 상환에 따른 수의 상환위험, 유동성 위험, 인플레이션 위험, 채권수익의 재투자위험과 가격변동위험 등이 있다. 채권수익률 위험구조(Risk Structure)는 채권의 약속수익률, 기대수익률, 실현수익률에 대한 이해를 통해서 파악될 수 있다.

4.1 약속수익률, 기대수익률, 실현수익률

약속(약정)수익률은 채권 발행기업이 회사채의 원금과 이자에 대한 지급의무를 이행하거나 그럴 것이라고 가정한 상태에서 계산된 만기수익률을, 기대수익률은 회사채의 채무불이행 가능성을 고려하여 계산한 수익률을, 실현수익률은 투자자가 궁극적으로 실현할 수익률을 의미한다.

약속수익률, 기대수익률, 실현수익률 사이의 관계는 다음과 같다.

약속수익률은 기대수익률과 지급불능 프리미엄의 합으로, 기대수익률은 무위험수익률과 위험 프리미엄의 합으로, 지급불능 프리미엄과 위험 프리미엄의 합은 수익률 스프레드로로 표시된다.

예 14-12 채무불이행위험과 수익률 스프레드의 측정

서울해운(주)에서 액면가 10,000원, 표면이자율 연 10%, 이자후급, 2년 만기의 채권을 발행했고 현재의 시장가격은 9,662원, 무위험수익률 7%이다.

다음을 계산하시오.

(1) 이 기업이 약속대로 원리금을 지급할 경우의 약속수익률

(2) 이 기업이 만기 이전에 지급불능이 될 위험이 다음과 같이 예상될 경우 실현수익률의 기대치(기대수익률)

상황	확률
1년 이내 파산	0.01
2년 이내 파산	0.02
2년 이후 원금의 90% 지급	0.07
약속이행	0.90

(3) 채무불이행 위험으로 인한 지급불능 프리미엄

(4) 수익률 스프레드

해답

(1) 발행기업이 약정대로 원리금을 지급하면 약속수익률은 12%가 된다.

$$9,662 = \frac{1,000}{(1+r)} + \frac{11,000}{(1+r)^2}, \quad r = 12\%$$

이 경우는 약속수익률과 실현수익률이 일치하게 된다.

(2) 발행기업이 만기 이전에 지급불능이 될 위험을 고려하면 각 상황별로 실현될 수익률은 다음과 같다.

1) 1년 이내 파산되는 경우 실현될 수익률

$$9,662 = \frac{0}{(1+r)} + \frac{0}{(1+r)^2}, \quad r \fallingdotseq -100\%$$

2) 1년 후 2년 이내 파산되는 경우 실현될 수익률

$$9,662 = \frac{1,000}{(1+r)} + \frac{0}{(1+r)^2}, \quad r \fallingdotseq 90\%$$

3) 2년 후에 부분적인 지급불능(원금의 90%만 상환)인 경우 실현될 수익률

$$9,662 = \frac{1,000}{(1+r)} + \frac{10,000}{(1+r)^2}, \quad r \fallingdotseq 7\%$$

따라서 실현될 수익률의 기대치는 다음과 같이 8.49%가 된다.

$$E(r) = (-100\%)(0.01) + (-90\%)(0.02) + (7\%)(0.07) + (12\%)(0.90) = 8.49\%$$

(3) 서울해운(주)의 지급불능 프리미엄은 약속수익률 12%와 기대수익률 8.49%의 차이인 3.51%이다.

(4) 수익률 스프레드는 위험 프리미엄(= 기대수익률 − 무위험수익률) + 지급불능 프리미엄 = 1.49 + 3.51 = 5%이다.

4.2 채권등급 평가

채권위험 중에서 채무불이행 위험이 가장 중요하다. 채권등급 평가(bond rating)란 채권불이행 위험을 전문적인 채권평가기관에서 여러 자료들을 종합 · 분석해서 채권발행주체의 신용도와 채무불이행의 가능성을 평가하고 그 위험정도에 따라 각 채권의 등급을 결정하는 것을 말한다. 채권등급은 채권을 평가할 때의 할인율에 영향을 주어서 (채권가격은 할인율에 의해서 결정되므로) 채권가격결정에 직접적인 영향을 미친다. 투자등급 채권은 BBB 등급 이상을, 정크본드는 BB 등급 이하를 말한다.

표 14-3 **채권등급기준**

S&P 등급	평정기준	Mood's 등급	만기수익률
AAA	원리금 지급능력이 최고 수준(고급채권)	Aaa	최저 수준
AA	원리금 지급 확실성이 매우 높지만 AAA 증권에 비해 다소 열등함	Aa	
A	원리금 지급 확실성은 높지만 장래 환경변화에 따라 다소 영향을 받기 쉬운 면이 있음	A	
BBB	원리금 지급 확실성은 인정되지만 장래 환경변화에 따라 저하될 가능성을 내포하고 있음(중급채권)	Baa	
BB	원리금 지급능력에는 문제가 없으나 장래의 안전성은 보장할 수 없는 투기적인 면이 있음	Ba	
B	원리금 지급능력에 문제가 있고 투기적인 면이 강함	B	
CCC	채무불이행이 발생할 위험요소를 내포하고 있음(투기성 채권)	Caa	
CC	채무불이행이 발생할 위험이 큼	Ca	
C	현재 이자지급이 연기되고 있고 채무불이행의 위험성이 매우 높음	C	

D	원금 또는 이자가 지급불능상태에 있음(채무불이행채권)	
E	파산상태	최고 수준

신용등급과 잔존기간의 관계는 다음과 같다.

신용등급이 높은 채권은 잔존기간이 짧아지면 위험은 감소되어 수익률은 하락하고, 신용등급이 낮은 채권은 잔존기간이 짧아지면 위험은 증가하고 수익률은 상승하게 된다.

그림 14-7 잔존기간과 채무불이행 위험

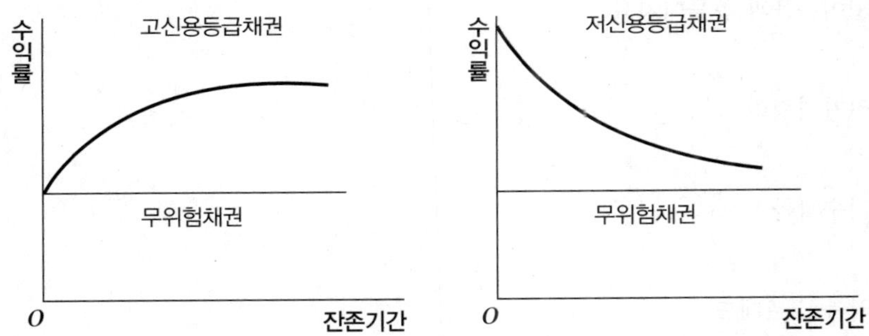

연습문제

I. 다음을 설명하시오.

01. 채권수익률의 기간구조 설명이론(3가지)

02. 채권수익률의 위험구조

03. 선도이자율과 현물이자율

04. 채권가격정리

05. 만기수익률

06. 수익률 스프레드

II. 다음 문제에 답하시오.

07. 채권가격정리에 관한 설명이다. 틀린 답은?

① 다른 조건들이 동일하다면 만기가 4년인 채권이 3년 만기인 채권보다 같은 폭의 채권 유통수익률 하락 시 가격 상승폭은 더 크다.

② 동일한 채권에서 표면이자율이 9%인 경우가 10%인 경우보다 같은 폭의 수익률 변동시 가격 변동폭이 더 크다.

③ 같은 폭의 수익률 변동에 따른 이표채 가격 변동폭이 할인채의 가격 변동폭보다 작다.

④ 채권수익률 변동에 의한 채권가격 변동폭은 만기가 길어질수록 증가하고 그 증감률(변동률)도 체증한다.

08. 기간구조에 대한 설명 중 틀린 것은?

① 불편기대가설은 단기채권과 장기채권 사이의 완전대체관계를 가정한다.
② 유동성 프리미엄 가설에서 마이너스 프리미엄이 존재할 수 없다.
③ 시장분할 가설은 부채와 만기가 일치하는 자산에 투자하는 헤징 행동에서 근거를 찾는다.
④ 유동성 프리미엄 가설은 장기간에 걸친 이자율의 예측 가능성을 전제로 한다.

09. 채권 A, B, C, D의 가격과 각 기간에서의 현금흐름이 다음과 같다. 이 자료로부터 현물이자율($_0S_1$, $_0S_2$, $_0S_3$, $_0S_4$)과 선도이자율($_1f_2$, $_2f_3$, $_3f_4$)을 구하시오.

채권	가격	t_1	t_2	t_3	t_4
A	₩900	1,000			
B	820		1,000		
C	725			1,000	
D	675				1,000

10. 기대이론에 의한 만기수익률

다음 자료를 근거로 연도별(1년, 2년, 3년) 만기수익률을 구하시오.

연도	이자율(= 기대현물이자율)
2012년(현재)	12%
2013년	10%
2014년	9%

chapter **15**

채권투자 전략

1. 듀레이션과 볼록성 | **2.** 소극적 채권투자 전략
3. 적극적 채권투자 전략

15장에서는 투자전략의 기초가 되는 듀레이션, 볼록성을 설명하고 소극적 투자전략과 적극적 투자전략에 대해 설명하고자 한다.

채권투자 전략은 설정된 투자목표에 기초하여 투자를 행하는 것으로 이자율 변동위험을 유리하게 이용해 채권수익을 극대화시키고자 하는 적극적 투자전략과 일정한 규칙에 따라 기계적으로 운용하는 소극적 투자전략으로 구분된다. 그러나 많은 경우 두 전략을 혼용하여 운용한다.

1. 듀레이션과 볼록성

1.1 듀레이션

1.1.1 정의

듀레이션(Duration)은 채권의 만기와 표면이자율을 고려해 이자율의 상대적 변동에 따른 채권가격 상대적 변동정도를 표시하는 개념으로 채권가격의 변동요인 분석과 비교에 종합적이며 포괄적으로 사용할 수 있는 척도이다. 이는 채권가격정리의 한계점을 보완하고 있으며 다음과 같이 정의된다.

$$D = -\frac{\frac{dP}{P_0}}{\frac{d(1+r)}{(1+r)}} = -\frac{dP_0}{dr} \times \frac{1+r}{P_0} \tag{15.1}$$

P_0 : 현재가격, r : 이자율, dP : 채권가격 변동, dr : 이자율 변동

듀레이션은 수익률 곡선과 변동폭은 잔존만기에 따라 차이가 없다는 가정 하에서 채권의 이자수입과 원금상환액의 현재가치와 그 현금흐름의 유입시기를 고려한 투자원금의 가중평균회수기간(가중평균만기)이 된다.

$$D = + \frac{\Sigma \frac{t \cdot CF}{(1+r)^t}}{\Sigma \frac{CF}{(1+r)^t}} = 1 \times \frac{\frac{C_1}{(1+r)}}{P_0} + 2 \times \frac{\frac{C_2}{(1+r)^2}}{P_0} + \cdots + n \times \frac{\frac{C_n}{(1+r)^n}}{P_0}$$

$$= \sum_{t=1}^{n} (t) \cdot \frac{\frac{C_t}{(1+r)^t}}{P_0} = \frac{\sum_{t=1}^{n} \frac{t \times C}{(1+r)^t}}{P_0} \quad (15.2)$$

CF : 현금흐름, C_t : t시점 이자, P_0 : $t=0$시점 채권가격, r : 할인율

[증명]

C : 연간액면이자, 액면 : 100, r : 할인율, n : 만기라고 하면, 이표채의 현재가격 (P_0)은 다음과 같이 표시된다.

$$P_0 = \frac{C}{(1+r)} + \frac{C}{(1+r)^2} + \cdots + \frac{C+100}{(1+r)^N} \quad (15.3)$$

식 (15.3)을 $(1+r)$에 대해서 미분하면,

$$\frac{dP_0}{d(1+r)} = \frac{-C}{(1+r)^2} + \frac{-2 \cdot C}{(1+r)^3} + \cdots + \frac{(-N) \cdot (C+100)}{(1+r)^{N+1}}$$

$$= \frac{-1}{1+r} \left[\sum_{t=1}^{N-1} \frac{t \cdot c}{(1+r)^t} + \frac{N(C+100)}{(1+r)^N} \right]$$

듀레이션 정의로부터 위 식의 좌변은 $D \frac{-P_0}{1+r}$가 되므로 위 식의 양변에 $\frac{1+r}{-P_0}$을 곱하면 식 (15.2)가 유도된다.

1.1.2 듀레이션과 채권가격 변동

채권가격 변동(dP)은 듀레이션 및 채권가격을 이용해 구할 수 있다. 듀레이션의 정의로부터 $\frac{dP}{P_0} = -D\left(\frac{dr}{1+r}\right)$가 되고,

$$\text{수정 듀레이션}(D_m) = \frac{D}{1+r} \tag{15.4}$$

로 정의하면 채권가격 변동은 다음과 같이 구할 수 있다.

$$dP = -D\left(\frac{dr}{1+r}\right) \cdot P_0 = -D_m \cdot dr \cdot P_0 \tag{15.5}$$

예 15-1 듀레이션과 채권가격 변동

액면가(F) 10,000**원, 표면이자율**(c) 12%**, 만기**(n) 3**년인 채권이 있다.**

(1) 이 채권의 듀레이션을 구하라. 단, 채권의 만기수익률은 8%이다.

(2) 이 채권에 100억원을 투자한 투자자가 있는데 이자율이 8%에서 10%로 상승했다. 이 채권의 가치는 어느 정도 변동하겠는가?

해답

(1) 듀레이션

t기간	C_t	현재가치계수	현재가치	구성비(가중치)	t × 구성비
1	1,200	0.926	1,111	0.10072	0.10072
2	1,200	0.857	1,028	0.09322	0.18644
3	11,200	0.794	8,893	0.80606	2.41818
			P_0 = 11,032	1.0	D = 2.70

$$D = (1\text{년}) \times \frac{\frac{1,200}{1.08}}{11,032} + (2\text{년}) \times \frac{\frac{1,200}{(1.08)^2}}{11,032} + (3\text{년}) \times \frac{\frac{11,200}{(1.08)^3}}{11,032}$$

$$= 0.10072 + 0.18644 + 2.41818 \fallingdotseq 2.70\,(\text{년})$$

(2) D = 2.7년인 채권에 100억원(P_0)을 투자했는데, 이자율이 8%(r)에서 10%로 2%(= dr) 상승했다면 채권의 가치변동(dP)이 다음과 같이 약 5억원 정도가 감소하게 된다.

$$dP = -(2.7)\left(\frac{0.02}{1.08}\right)(100\text{억}) \fallingdotseq -5\text{억}(\text{원})$$

1.1.3 듀레이션의 특성

첫째, 듀레이션은 표면이자율, 채권수익률과는 음의 관계, 만기와는 양의 관계를 갖는다.

둘째, 무액면채권의 만기는 듀레이션과 같다.

셋째, 이자율이 r인 영구채권(만기가 없는 채권)의 두레이션은 $\frac{1+r}{r}$이다.

넷째, 듀레이션은 만기보다 작거나 같으며 채권 종류별 만기와 듀레이션 간의 관계는 다음과 같다.

그림 15-1 채권종류별 만기와 듀레이션 관계

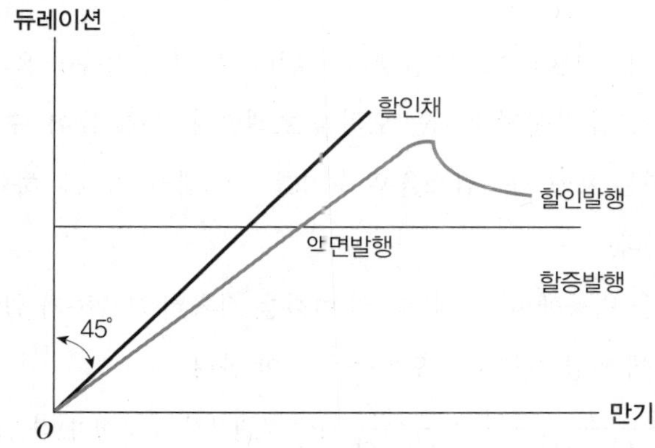

1.2 볼록성

1.2.1 볼록성의 정의

채권가격의 볼록성(convexity)은 채권수익률 곡선이 아래로 볼록한 형태를 보이는 것을 말한다. 채권가격과 수익률의 관계는 직선이 아닌 곡선이므로 수익률 변화가 클 경우 선형관계에 기초한 듀레이션을 이용해 가격을 추정한다면 볼록성으로 인해

그림 15-2 듀레이션을 이용한 가격 · 수익률곡선

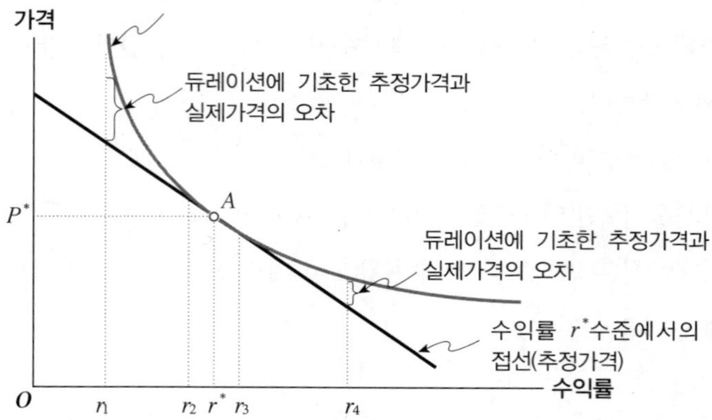

실제가격과 추정가격 간에 오차가 발생하게 된다. 특히 수익률이 올라감에 따라 채권 가격의 감소율이 점점 작아지게 되는 오차를 초래한다. 예를 들어, 수익률이 12%에서 14%로 상승에 따른 채권 가격감소율은 수익률 12%에서 10%로 하락에 따른 가격증가율보다 작게 된다.

따라서 이자율 변동에 따른 채권가격 변화를 정확히 산출하기 위해서는 볼록성을 이용해 듀레이션에 의한 가격추정 오차를 줄여야 한다.

$P = \frac{c}{(1+r)} + \frac{c}{(1+r)^2} + \cdots + \frac{c}{(1+r)^n}$ (P : 채권가격, c : 이자)라 할 때 볼록성(C)은 다음과 같이 정의된다.

$$C = \frac{1}{P} \cdot \frac{d^2 P}{dr^2} = \frac{\frac{1(2)c}{(1+r)} + \frac{2(3)c}{(1+r)^2} + \cdots + \frac{n(n+1)c}{(1+r)^n}}{(1+r)^2 \cdot P} \tag{15.6}$$

볼록성, 듀레이션과 채권가격 변화율의 관계는 다음과 같이 유도된다.

수익률 변동에 따른 채권가격 변화식 $P(r+\Delta r) \fallingdotseq P(r) + \frac{dP}{dr}dr + \frac{1}{2}\frac{d^2 P}{dr^2}(dr)^2$

$$\tag{15.7}$$

식 (15.5), (15.6)을 식 (15.7)의 우변에 대입하면 다음 식이 된다.

$$P(r) - D_m P(r)\,dr + \frac{1}{2} CP(r)(dr)^2 \tag{15.8}$$

따라서 식 (15.7)의 양변에서 $P(r)$을 빼면 식 (15.9)가 된다.

$$P(r+\Delta r) - P(r) = -D_m \cdot P(r)\,dr + \frac{1}{2} C \cdot P(r)(dr)^2 \tag{15.9}$$

$P(r+\Delta r) - P(r) = \Delta P^C$, $\frac{1}{2} \times C \times (dr)^2$ = 볼록성 조정률로 정의하고, 식 (15.9)의 양변을 $P(r)$로 나누면 채권가격변화정도 $\frac{\Delta P^C}{P}$는 $-D_m\,dr$ + 볼록성 조정률이 된다.

따라서 채권가격변화정도는 볼록성도 고려했을 때가 듀레이션만 고려할 때보다 볼록성 조정률만큼 큰 값을 갖는다.

1.2.2 볼록성의 특징

첫째, 볼록성이 큰 채권일수록 수익률 곡선이 원점에 대해 더 볼록하게 되며 볼록성이 큰 채권일수록 수익률이 하락하면 가격 상승률이 크고, 수익률이 상승하면 가격 하락률이 작게 된다.

둘째, 수익률과 만기가 일정할 때, 표면이자율이 감소하면 볼록성은 증가한다. 따라서 만기가 동일할 경우, 무이표채는 이표채보다 더 큰 볼록성을 갖는다.

셋째, 수익률과 표면이자율이 일정할 때, 잔존만기가 길어지면 볼록성은 커진다.

넷째, 표면이자율과 잔존만기가 일정할 때, 만기수익률이 낮을수록 볼록성은 커진다.

다섯째, 듀레이션이 2배가 되면 볼록성은 2배 이상이 된다.

따라서 볼록성이 큰 채권이 볼록성이 작은 채권에 비해 상대적으로 높은 프리미엄이 형성되고, 이것을 볼록성 프리미엄이라 한다. 볼록성 프리미엄은 시장이자율 변동성이 증가하면 증가한다.

예 15-2

다음과 같은 발행조건을 갖는 채권들이 있다.

- 채권 1 : 5년 후 162.89원 지급
- 채권 2 : 3년 후 67원, 7년 후 98.99원 지급
- 채권 3 : 1년 후 55.13원, 9년 후 120.33원 지급

채권 1, 2, 3 모두 수익률 10%에서 6개월마다 할인되고, $D = 5$라고 하자. 볼록성에 근거해 투자채권을 선택하시오.
채권가격은 모두 100이 된다.

해답

채권 1 : $\dfrac{162.89}{(1+0.05)^{10}} = 100$

채권 2 : $\dfrac{67.00}{(1+0.05)^{6}} = 50$

$\dfrac{98.99}{(1+0.05)^{14}} = 50$

채권 3 : $\dfrac{55.13}{(1+0.05)^{2}} = 50$

$\dfrac{120.89}{(1+0.05)^{18}} = 50$

그러나 볼록성은 $C_1 = 24.94, C_2 = 28.57, C_3 = 39.46$으로 채권가격변동은 다음과 같다.

수익률이 하락하면 $\Delta P_3 > \Delta P_2 > \Delta P_1 > 0$
수익률이 상승하면 $\Delta P_1 < \Delta P_2 < \Delta P_3 < 0$

볼록성이 제일 큰 채권 3이 제일 좋은 투자대상이 되고, 따라서 제일 큰 볼록성 프리미엄을 갖는다.

2. 소극적 채권투자 전략

소극적 투자전략은 채권투자 수익보다는 투자위험을 최소화하는 전략으로 다음과 같은 전략들이 있다.

2.1 채권지수펀드

채권지수펀드는 시장지수(market index)와 똑같은 구성종목과 비중으로 포트폴리오를 구성해 채권지수의 위험수준에 상응하는 수익을 올리려 하는 전략으로 구성과 운영에 있어서 다음과 같은 문제점들이 존재한다.

첫째, 채권지수에 포함된 채권종목을 매입하기가 힘들다.
둘째, 채권지수에 포함된 구성종목 고체가 어렵다.
셋째, 매 기간 채권에서 발생되는 이자수입의 관리가 어렵다.

2.2 면역화

이자율 변동 위험은 이자율이 변함에 따라 발생하는 가격변화로 채권가격변동위험, 이자수익의 재투자위험으로 구분된다. 이자율 상승(하락) 시 재투자수익은 증가(감소)하나 채권매도 수익은 감소(증가)해 이자율 변동에 대해서 두 수익의 변화가 서로 반대 방향으로 움직인다.

면역화는 이자율 변동 시 서로 반대방향으로 나타나는 채권가격 변동 위험과 이자재투자위험을 동일하게 해 이자율 변동 위험을 제거하는 채권투자전략으로 매입 당시의 약속수익율과 실현 수익율을 일치시키는 데 그 목적이 있다.

표 15-1 이자율 변동위험

채권투자 성과	이자율 상승 시	이자율 하락 시	투자위험
이자수입	불변	불변	
이자 재투자수입	+	−	재투자위험
채권매도 수입	−	+	가격변동위험

순자산면역화(Net Worth Immunization)

순자산면역화는 자산부채종합관리(ALM : Asset Liability Management)의 한 종류로 자산의 듀레이션과 부채의 듀레이션을 같게 해 이자율 변동에 따른 순자산가치의 변화를 최소화하는 데 목적이 있다. 예를 들어, 은행자산은 대부분 장기대출인 데 비해 은행부채는 단기예금이다. 따라서 이자율 인상은 단기예금보다는 장기예금에 더 큰 영향을 미쳐 심각한 순자산 감소를 가져온다. 이 경우 순자산면역화 전략을 사용한다.

※ 참고

ALM은 자산의 시장가치로 가중된 자산의 듀레이션과 부채의 시장가치로 가중한 부채의 듀레이션을 일치시켜 순자산가치 변화가 없도록 하는 전략이다.

자산가치 변화를 $d_A = -D_A \frac{\Delta r}{1+r} A$, 부채가치 변화를 $d_L = -D_L \frac{\Delta r}{1+r} L$로 정의하면($D_A$: 자산 듀레이션, D_L : 부채 듀레이션, A : 자산가치, L : 부채가치), 이자율 변동에 따른 순자산 변동이 없게 하기 위해서는 자산가치 변동(d_A)과 부채가치 변동(d_L)을 같게 해야 한다.

이를 위해서 $d_A = d_L$을 위 식에 적용하면 $D_A \cdot A = D_L \cdot L$이 된다. 따라서 이자율 변동에 따른 순자산가치 변동이 없게 하려면 $D_A = \left(\frac{L}{A}\right) \cdot D_L$이 되어야 한다.

예 15-3

$L = 15$, $A = 20$, $D_L = 3$**이면 이자율 변동에 따른 순자산가치변동이 없게 되는** D_A**는?**

해답

$D_A = \left(\frac{L}{A}\right) \cdot D_L = \left(\frac{15}{20}\right) \cdot 3 = 2.25$가 된다.

목표기간면역화(target date immunization)

목표기간면역화는 목표 투자기간과 같은 듀레이션을 갖는 채권관련 금융상품에 투자하는 전략으로 투자기간 만기 시 이자율 변동에 따른 미래 지급액 변동을 최소화하는 것이 목적이다.

이자율 변동에 관계없이 미래 지급액을 보호할 필요가 있을 때, 예를 들면 연금공단이나 보험회사들은 일정기간이 지난 후 확정금액을 의무적으로 지급해야 하는 경우가 있는데 이 때 목표 투자기간과 같은 듀레이션을 가진 채권에 투자하면 목표기간면역화가 달성된다.

예 15-4 듀레이션을 이용한 채권면역 전략

목표 투자기간이 2.7년인 투자자가 듀레이션이 2.7년인 액면가 10,000원, 액면이자율 12%, 만기 3년, 채권수익률이 8%인 채권에 투자했을 경우 채권수익률이 10%로 상승하는 경우에도 매입 당시 예상한 부가 확보되는지, 즉 채권면역이 되는지 설명하시오.

해답

(1) 8%로 채권수익률이 유지되는 경우 투자자의 2.7년 후의 부

① 이자소득과 이의 재투자수입 : $1,200(1.08)^{1.7}+1,200(1.08)^{0.7}=2.634$

② 2.7년 시점에서의 매각대금(8%로 할인) : $\frac{11,200}{(1.08)^{3-2.7}}=10,944$

③ 2.7년 후의 총투자수익 : $2.634+10,944=13,578$(원)

(2) 10%로 채권수익률 상승시의 투자자의 2.7년 후의 부

① 이자소득과 이의 재투자수입 : $1,200(1.1)^{1.7}+1,200(1.1)^{0.7}=2.694$

② 2.7년 시점에서의 매각대금 : $\frac{11,200}{(1.10)^{3-2.7}}=10,884$

③ 2.7년 후의 총투자수익 : $2.694+10,884=13,578$(원)

이자율이 8%에서 10%로 상승하는 경우에도 2.7년 후의 투자자의 부는 13,578원으로 동일하다.

면역화 전략의 한계점들은 다음과 같다.

첫째, 채권의 지급불능 위험이나 중도수의 상환위험이 없다고 가정한다.

둘째, 듀레이션은 수익률곡선이 수평임을 전제로 한다.

셋째, 이자율과 시간경과에 따라 듀레이션이 변동하므로 재면역에 따른 거래비용이 증가한다.

넷째, 인플레이션이 있는 경우 면역화 전략은 별로 효율적인 투자전략이 못 된다.

다섯째, 소액투자로는 힘들고, 전산시스템을 갖추고 있어야 한다.

2.3 사다리형 만기구성 전략

사다리형 만기구성 전략은 보유채권의 최종 만기를 정해 두고 이 기간 안에 각 만기별 채권을 균등하게 보유하는 전략이다.

2.4 바벨형 만기구성 전략

바벨형 만기구성 전략은 채권 포트폴리오에서 단기채와 장기채로만 만기를 구성하는 전략이다.

2.5 만기보유 전략

만기보유 전략은 채권을 만기까지 보유함으로써 투자시점에 미래 이자율 변동에 관계없이 투자수익을 확정하는 전략이다.

3. 적극적 채권투자 전략

적극적 투자 전략이란 초과수익 획득을 목표로 하는 투자전략으로 다음과 같은 전략들이 있다.

3.1 이자율 예측에 의한 채권 포트폴리오 투자계획기간분석 전략

이 전략은 이자율을 예측해 투자계획기간보다 긴 채권을 매입한 다음 투자계획기간이 끝나는 때에 비싼 값으로 매도해 매매차익과 수입이자를 얻는 전략으로 채권의 만기구성을 금리상승 시는 단기화, 금리하락 시는 장기화한다.

3.2 수익률곡선 타기 전략

수익률곡선 타기 전략은 상승하는 수익률곡선상에서 채권만기에 비해 수익률이 상대적으로 높은 만기의 채권을 매입 · 보유하다가 채권의 잔존만기가 줄어들면서 수익률 하락으로 인한 채권가격변동을 이용하는 전략으로, 잔존만기가 단축됨에 따라 수익률이 하락해 가격이 상승하는 롤링(rolling)효과와 단기채에서 볼 수 있는 극단적인 수익률 하락현상인 숄더(shoulder)를 이용한다. 5년 만기 채권을 만기까지 보유하는 것보다 잔존기간이 4년 되는 시점에 매각하고 다시 5년 만기 채권을 구입해 투자효과를 높이는 전략은 롤링효과를 이용한 전략이고, 투자기간이 1년인 경우 만기 1년 채권에 투자하는 것보다 2년 만기 채권에 투자하고 1년 후 매각하는 전략은 숄더를 이용한 전략이라 할 수 있다.

그림 15-3 수익률곡선상의 롤링 효과와 숄더

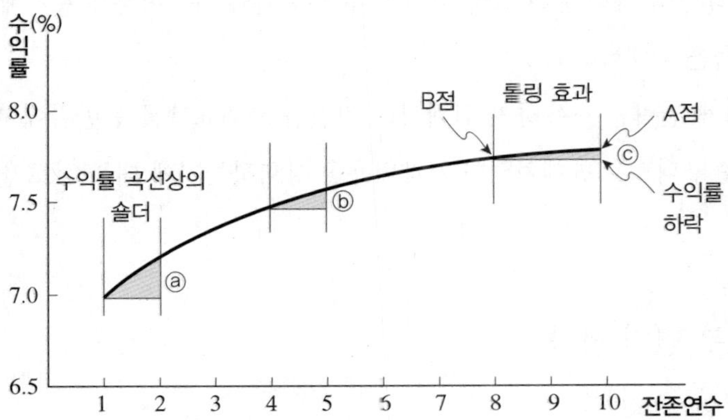

잔존연	1	2	3	4	5	6	7	8	9	10
수익률	6.98	7.22	7.36	7.46	7.53	7.60	7.65	7.69	7.73	7.77

3.3 채권교체 전략

채권교체 전략은 채권의 수익률, 만기, 앞으로의 시장이자율 변동, 세금 관계 등 채권가격에 영향을 주는 요인들을 고려해 현재 보유하고 있는 채권을 수익성이 더 좋다고 판단되는 새로운 채권으로 교체하는 것이다.

채권교체 전략은 단순수익률을 높이기 위한 교체, 만기수익률을 높이기 위한 교체, 세금스왑, 시장 간 스프레드 스왑, 국제적 스왑 등이 있다.

단순수익률을 높이기 위한 교체는 표면이자수입을 중시하는 경우에 이루어진다. 만기수익률을 높이기 위한 교체는 저수익률 채권을 매각하고 고수익률 채권을 매입하는 전략으로 동종채권과의 교체(수익률획득 스왑 : yield picking swap), 이종채권과의 교체(질적 스왑 : quality swap), 금리예상에 의한 교체로 구분된다.

세금스왑은 실질적인 납세율을 최소화, 시장 간 스프레드 스왑은 몇 개의 하위시장으로 세분된 시장에 있어 하위시장 사이의 수익률 차를 이용하며, 국제적 스왑은 외국 채권에 대한 투자를 통해 각국 사이의 수익률 차와 환율변동을 동시에 이용함으로써 자본이득을 극대화하고 있다.

채권교체 전략을 적용하기 위해서는 빈번한 채권교체를 동반함에 따른 많은 거래비용이 요구되므로 매매차익이 거래비용을 상회하는지에 대한 검토가 이루어져야 한다.

3.4 조건부 면역 전략

조건부 면역 전략(contingent immunization strategy)은 이자율 변동상황이 유리하지 않으면 면역전략, 초과수익을 얻을 수 있으면 적극적 관리를 하는 전략으로 투자계획기간 종료 시 목표금액을 확보하기 위한 최소 유지금액을 염두에 두면서 소극적 면역 전략과 적극적 투자 전략을 혼합해 운용한다.

연습문제

I. 다음을 설명하시오.

01. 순자산 면역화

02. 이자율 변동위험

II. 다음 문제에 답하시오.

03. 듀레이션의 설명 중 틀린 것은?

① 이표채의 경우 표면이자율과 듀레이션은 음의 관계를 갖는다.

② 듀레이션과 채권수익률 수준은 양의 관계를 갖는다.

③ 듀레이션과 잔존만기는 양의 관계를 갖는다.

④ 채권 듀레이션 변동폭은 정해진 수익률 수준에서는 듀레이션 변동에 영향을 미친다.

04. 듀레이션에 관한 설명 중 틀린 것은?

① 무액면채권의 듀레이션은 그 채권의 만기보다 작을 수 있다.

② 이자율이 i%일 때 영구채권(만기가 없는 채권)의 듀레이션은 $\frac{1+i}{i}$이다.

③ 콜옵션이 첨가된 채권의 듀레이션도 듀레이션 방법을 사용하기에 적합하다.

④ 듀레이션은 기간구조가 수평형곡선(Flat Curve)이고 모든 기간의 이자율이 동일한 폭으로 변동하는 것을 전제로 한다.

05. 볼록성에 관한 설명 중 틀린 것은?

① 두 채권의 듀레이션과 만기수익률이 동일하다면 볼록성이 큰 채권은 이자율이 같으면 이자율 수준에 관계없이 볼록성이 작은 채권보다 항상 높은 가격을 갖는다.
② 듀레이션이 증가함에 따라 볼록성은 체증적으로 증가한다.
③ 다른 조건들이 동일하다면 할인채가 이표채보다 볼록성이 작다.
④ 볼록성 프리미엄은 시장이자율의 변동이 커질 것으로 예상되면 커진다.

06. 수익률곡선 타기 전략에 대한 다음 설명 중 틀린 것은?

① 숄더효과가 롤링효과보다 항상 투자효율이 높다.
② 만기가 커질수록 만기수익률이 높아지되 증감률은 체감하는 수익률곡선의 형태를 예상할 때 채택한다.
③ 투자기간과 만기가 일치하는 장기채를 매입해 만기상환받는 것보다 매입한 채권을 일정기간 후 매각해 다시 장기채를 재매입하는 투자를 반복하면 수익률을 증대시킬 수 있다.
④ 기간구조가 기대이론으로 설명될 때 이 전략은 유효하지 않다.

07. 채권면역 전략에 대한 다음 설명 중 틀린 것은?

① 듀레이션과 채권투자기간을 일치시키면 이자율 변동 시 재투자수입 변동분은 채권가격(채권매각대금) 변동분과 서로 상쇄하게 된다.
② 듀레이션 전략 채택여부를 결정 시 표면이자수입도 고려해야 한다.
③ 금리가 높은 시기에 자산운용을 일정기간 높은 수익률로 고정시키고자 하는 경우에 사용하면 효율적이다.
④ 조달기간과 조달비용이 확정되어 있는 자금운용에 있어서 금리위험을 회피하고 현 시점에서 목표시점의 운용수익률을 고정시키고자 하는 경우에 효율적이다.

08. 소극적 운용전략에 대한 다음 설명 중 틀린 것은?

① 만기보유 전략은 채권투자 후 수익률이 하락한 경우 기회손실이 발생하지 않는다.
② 사다리형 만기구성 전략은 금리예측이 필요하다.
③ 바벨형 만기구성 전략은 관리비용이 높다는 단점이 있다.

④ 채권지수펀드 투자전략을 사용하는 이유에는 채권투자 관리자들의 운용성과가 비교적 시장지표 수익률 수준에 못 미치는 경우가 많은 것도 한 원인이다.

Ⅲ. 다음 문장의 진위를 답하시오.

09. 만기일이 일정한 경우 시중금리 하락으로 인한 가격 상승폭이 같은 크기의 금리상승으로 인한 가격 하락폭보다 큰 것은 채권가격의 볼록성 때문이다.

Ⅳ. 다음 문제에 답하시오.

10. 액면가(F) 10,000원, 쿠폰이자율(c) 12%, 만기(n) 3년의 채권이 있다.

(1) 이 채권의 듀레이션이 2.7년이라 할 때, 이 채권에 100억원을 투자한 투자가의 경우 이자율이 8%에서 7%로 하락한 경우 이 채권의 가치는 어떻게 변하는가?

(2) 이자율이 8%에서 9%로 상승한 경우의 가치변동과 (1)에서 구한 가치변동을 비교하면 어느 것이 더 많이 변화하는가?

11. 액면가 1,000원, 표면이자율 8%, 3년 간기 시장이자율 8%인 채권이 있다.

(1) 듀레이션을 구하시오.

(2) 이 채권에 10,000원을 투자한 투자자가 있는데, 만약 시장이자율이 8%에서 10%로 인상된다면 이 채권의 가치는 어떻게 변하는가?

12. 볼록성도 고려 시 채권가격 변화정도는 듀레이션만을 이용하여 산출된 채권가격 변화정도보다 큰가? 작은가? 크기는 얼마인가?

part **VII**

파생상품투자

16장 파생상품의 기초

17장 선물

18장 옵션의 기초

19장 옵션평가와 옵션의 운용

20장 스왑, 신용파생상품, 금융혁신, 파생상품 관리

VII편
개요

VII편은 기초자산의 가격에 의해서 가격이 결정되는 파생상품에 대해서 논한다. 파생상품은 기초자산의 가격 불확실성을 회피하기 위해서 위험회피자와 위험수요자 간의 거래를 상품화한 것으로 다양한 형태가 존재한다.

chapter **16**

파생상품의 기초

1. 파생상품의 정의 | **2.** 계약형태에 의한 분류 | **3.** 기초자산에 의한 분류
4. 시장 특성에 의한 분류 | **5.** 기능

16장은 파생상품의 정의, 종류와 주요기능에 대해서 설명한다.

1. 파생상품의 정의

파생(派生)의 사전적 정의는 '사물이나 현상이 본체로부터 갈려 나와 생기는 것'으로 파생상품은 옥수수, 쌀, 주식 등과 같은 기초상품의 가격변화 불확실성을 회피하기 위해 위험회피자와 위험수요자 간의 거래를 상품화한 것이다. 위험회피자는 위험회피 대가로 위험수요자에게 대가를 지불하며 파생상품 가격은 그 대가로서 기초상품의 가격위험과 비례하게 된다.

파생상품은 가격변동성 증대, IT발달, 파생금융상품의 표준화, 증권화 등으로 인해서 발달해 왔고 국제화, 자율화, 증권화에 따라 위험의 크기와 종류가 다양화하고 있으며 계약형태, 기초자산, 시장특성에 따라 세분된다.

2. 계약형태에 의한 분류

2.1 선도거래

선도(Forward)거래는 두 당사자 간에 미래의 일정한 시점에서 어떤 행위를 이행할 것을 사적으로 자유롭게 약속하는 거래로 주로 외환과 금리가 대상이 된다. 선도거래는 표준화되어 있지 않아 필요에 따라 계약조정이 가능하며, 필요한 상품에 대해 선물계약이 존재하지 않는 경우 혹은 선물에 의한 교차 헤지가 존재하지 않을 경우에 사용된다. 특히 헤지대상이 환위험에 노출되었을 때는 통화 선도거래를 많이 이용한다. 선물거래와의 차이점은 17장에서 자세히 논한다.

2.2 선물거래

선물(Futures)거래는 선도거래와 같이 장래의 일정한 시기에 미리 약정한 일정한 가격(선물가격)으로 기초자산을 인 · 수도하기로 하는 예약거래이나, 선도거래와 달리 거래조건이 표준화되어 있고, 거래소를 통해서 거래되며, 계약 이행보증을 위하여 일일정산과 증거금제도를 채택하고 있다.

2.3 옵션거래

옵션(Options)은 장래 일정한 시기 또는 일정한 기간 동안에 일정한 가격(행사가격)으로 기초자산을 매입하거나 또는 매도할 권리를 말하며 매입할 권리를 콜옵션, 매도할 권리를 풋옵션이라 한다.

2.4 스왑거래

스왑(Swaps)은 두 당사자가 일정한 기간 동안 일정한 조건(swap rate)에 따라 지급의 흐름을 서로 교환하는 여러 개의 선도계약으로 거래당사자가 각자 자신에게 비교우위에 있는 상품을 상대방과 교환한다. 스왑은 부채나 자산과 관련된 원금이나 이자의 지급을 교환하는 것이 일반적으로 금리스왑은 동일 통화 표시의 이자지급을 교환, 통화스왑은 이종통화 표시의 지급을 교환하며 만기 전에 반드시 원금교환이 이루어진다.

예 16-1 금리스왑의 예

A은행과 B기업의 자금 조달내역은 다음과 같다.

	자금조달 내역		
	A은행	B기업	금리차
필요한 자금	변동금리자금	고정금리자금	
고정금리 차입조건	12%	14%	2%
변동금리 차입조건	LIBOR	LIBOR + 1%	1%

A은행은 조달금리 차이를 이용해 많은 이익을, B기업은 고정금리 자금을 원하고 있다. 이런 경우 두 기관은 금리스왑으로 각자의 목적을 달성할 수 있다.

해답

두 기관의 금리스왑 거래과정은 다음과 같다.

▪1단계 : 비교우위가 있는 자금조달 방법으로 자금조달

A은행은 고정금리채 발행으로 12% 고정금리 자금 조달

B기업은 변동금리 방식으로 LIBOR + 1.0% 자금조달

▪2단계 : 금리스왑

A은행은 LIBOR를 B기업의 이자를 대신해서 지급

B기업은 A은행의 이자 12%를 대신 지급하고 A은행에 프리미엄 0.5% 지급

▪3단계 : 원금상환

금리스왑 거래효과는 다음과 같다.

	A은행	B기업
당초 금리비용(A)	LIBOR	14%
실질 금리비용(B)	LIBOR − 0.5%	13.5%
효과(A − B)	0.5%	0.5%

A은행은 B기업에 LIBOR를 지급하지만 B기업으로부터 12.5%의 이자를 받아 12% 고정금리를 지급하므로 실질금리는 LIBOR − 0.5%가 되며, B기업은 A은행으로부터 LIBOR

을 받아 채권자에게 LIBOR + 1%를 지급함에 따라 발생하는 금리손실 1%와 A은행에 지급한 12.5%를 합한 13.5%가 실질금리가 되어 금리스왑으로 인해서 A은행, B기업 모두 0.5%씩의 금리절감 효과가 발생한다.

2.5 2차 파생금융상품

2차 파생금융상품은 옵션과 스왑 등을 결합해 개발된 금융상품을 말하며, 구조가 매우 복잡하고, 다양한 형태를 갖는다. 주요 2차 파생금융상품들은 다음과 같다.

2.5.1 선물옵션

선물옵션은 기초자산이 선물인 옵션으로 미래 일정한 시기 또는 일정한 기간 동안에 현물이 아닌 선물을 매입 또는 매수할 수 있는 권리를 말한다.

2.5.2 캡

캡(Caps)은 여러 개의 금리 콜옵션을 묶은 집합체로 헤지대상 시장금리가 상한 금리(cap rate)를 상회할 경우 그 차액을 수취할 수 있는 장기금리 옵션거래이며, 금리상승 위험을 헤지하는 것이 목적이다.

2.5.3 플로어

플로어(Floors)는 여러 개의 금리 풋옵션을 묶은 집합체로 헤지대상 시장금리가 하한금리 이하로 하락할 경우 그 차액을 수취할 수 있는 장기금리 옵션거래로 금리하락 위험을 헤지하는 것이 목적이다.

2.5.4 칼라

칼라(Collars)는 금리 변동위험을 일정한 범위 내에서 제한할 수 있는 옵션으로 칼라 매입(캡 매입과 플로어 매도)은 자금조달 비용을 일정한 범위 내로 제한할 수 있으며, 칼라 매도(캡 매도와 플로어 매입)는 자금운용수익을 일정한 범위 내로 확정시킬 수 있다.

2.5.5 스왑션

스왑션(Swaptions)은 금리스왑과 옵션을 혼합한 거래로 금리가 일정수준 이상으로 변동하는 경우 금리스왑을 팔거나 살 수 있는 권한을 부여한 계약이다.

3. 기초자산에 의한 분류

파생상품은 주식, 금리, 통화와 같은 금융상품을 기초자산으로 하는 파생금융상품과 일반상품을 기초자산으로 하는 파생상품으로 구분된다.

3.1 통화

통화를 기초자산으로 하는 파생상품에는 통화옵션, 통화선물, 통화스왑, 선물환 등이 있다.

3.2 금리

금리를 기초자산으로 하는 대표적인 파생상품에는 선도금리계약(FRAs : Forward Rate Agreements), 금리선물, 금리옵션, 캡, 플로어, 칼라, 스왑션 등이 있다.

3.3 주식

주식관련 파생상품에는 개별주식옵션, 주가지수옵션, 주가지수선물 등이 있다.

3.4 상품

상품관련 파생상품은 농축산물, 에너지, 금속 등을 기초자산으로 하며 선물을 이용한 파생상품이 주로 거래되고 있다.

4. 시장 특성에 의한 분류

파생상품은 거래가 이루어지는 시장 특성에 따라 장내거래, 장외거래로 구분된다.

4.1 장내거래

장내거래는 상품의 품질과 만기가 표준화되어 있고 거래소에서 거래가 이루어지는 거래를 말한다.

4.2 장외거래

장외거래는 당사자 간의 편의에 따라 장외에서 거래되는 거래를 말하며, 개별상품별로 가격을 결정해야 하며, 만기에 계약 불이행에 따른 신용위험 등이 중요해진다. 상품선물거래의 경우 거래소 거래가 주종 이루며, 금융선물거래의 경우 장내 · 외 거래가 비슷한 규모이다.

〈표 16-1〉은 장내 · 외 파생상품의 특징을 비교한 것이다.

표 16-1 **장내 · 외 파생상품의 특징 비교**

구분	장내파생상품	장외파생상품
상품종류	제한되어 있음	다양함
거래조건	표준화	당사자 간 협의
신용위험	청산소가 계약 보증	신용위험에 노출
정산	일일정산	거래초기 및 만기정산

〈표 16-2〉는 주요 금융파생상품(장내 · 외)의 종류를 설명한 것이다.

표 16-2 **주요 금융 파생상품**(장내, 장외) **종류**

	장내거래	장외거래
통화관련	통화선물(currency futures) 통화선물옵션(currency futures options) 통화옵션(currency options)	선물환(forward exchange) 통화스왑(currency swaps) 통화옵션(currency options)
금리관련	금리선물(interest rate futures) 금리선물옵션 (interest rate futures options)	선도금리계약(forward rate agreements) 금리스왑(interest rate swaps) 금리옵션(interest rate options, caps, floors, collars) 스왑션(swaptions)
주식관련	주식옵션(equity options) 주가지수선물(index futures) 주가지수옵션(index options) 주식워런트증권(ELW)	주식옵션(equity options) 주식스왑(equity swaps)
신용관련	–	신용파산스왑(credit default swaps) 총수익스왑(total return swaps) 신용연계증권(credit linked notes)

5. 기능

파생상품은 특성상 신축적이고 효과적인 활용을 통해 다음과 같은 기능을 수행한다.

5.1 헤지 수단 제공

기초상품의 가격 변동위험을 낮은 비용으로 효율적으로 헤지한다.

5.2 가격 예측 정보 제공

선물가격은 기초상품의 미래 수요공급에 대한 경제주체들의 예상이 시장을 통해 실현된 것으로 미래 시장가격에 대한 유용한 정보를 제공한다.

5.3 자산운용수익 제고 및 거래비용 절감

투자자들은 파생금융상품을 이용한 차익거래를 통해서 자산운용수익을 증대시킨다. 또한 대부분의 파생금융상품은 현물의 인·수도를 수반하지 않으며 증거금과 수수료율이 낮아 거래비용 감축이 가능하다.

5.4 자금흐름 탄력성 제고

투자자들은 파생금융상품을 통해 자산 및 부채의 리스크 조정이 가능하며, 옵션과 선물을 이용해 미래의 현금흐름에 대비하고, 선도거래를 통해 미래의 소요자금의 사전 확보가 가능하다. 기업이나 금융기관들은 파생금융상품을 통해 용이하게 채권·채무 구조를 변경할 수 있어 안정적으로 자금을 운용할 수 있다.

5.5 기업 자금운용 혁신 수단 제공

파생상품에 의해서 리스크의 분리 및 통합이 가능해짐에 따라, 기업들은 파생상품을 통해 개별거래별 리스크 관리에서 포트폴리오 중심의 자산·부채를 집중 관리할 수 있게 된다.

5.6 금융시장 유동성과 효율성 증대

장내시장은 상품의 표준화 및 거래단위의 소량화로 유동성을 제공하며, 장외시장은 고객의 특별한 요구를 만족시키며, 차익거래 기회를 통해 금융시장 유동성과 효율성을 증대시킨다.

5.7 금융시장 구조 혁신

파생상품 개발을 통해 규제완화, 시장개방이 촉진되고, 상품간 · 시장 간 연계가 강화되며, 고객의 다양한 요구에 부응하는 상품 개발이 가능해진다.

5.8 기업가치 평가에의 응용

자기자본 가치나 특허권 등의 평가에 옵션가격결정모형을 적용할 수 있다.

5.9 실물옵션에의 적용

실물옵션(real option)은 MIT 경영대학원의 마이어 교수가 전략적 계획과 재무활동의 차이점을 설명하기 위해 고안한 개념으로, 옵션 이론을 전략적 투자가치에 적용함으로써 여러 사업기회를 갖고 있는 경영자들이 전략적 투자를 계획하고 관리하는데 효과적이다. 이에는 투자연기옵션, 투자확장옵션, 투자철수옵션 등이 있으며 투자안 가치는 순현가법에 의한 가치+실물옵션 가치가 된다.

5.9.1 투자연기옵션

전통적 투자분석방법인 순현가법에 의하면, 불확실한 투자안이라도 기대순현가가 0보다 크면 투자결정을 하지만, 투자연기옵션이 있는 경우는 순현가가 0보다 작아도 실물옵션 가치를 고려하면 투자안 가치가 0보다 클 수 있고, 순현가가 0보다 클 경우도 불확실성이 해소될 때까지 투자를 연기해서 경기가 좋아지면 투자를 실행하고, 경기가 나빠지면 투자를 포기하게 되어서, 이런 옵션가치만큼 투자가치가 증대된다.

5.9.2 투자확장옵션

현재 시점에서 투자안의 순현가가 0보다 작더라도 추가적인 확장 투자가 가능한 경우, 이런 옵션가치로 인해 투자안의 가치가 0보다 커질 수 있다.

5.9.3 투자철수옵션

기업이 투자 후 경영환경 변화로 인하여 사업을 중지하거나 철수할 수 있는 선택권이 있는 경우 투자안의 순현가가 0보다 작더라도 이런 철수옵션 가치로 인하여 투자가치가 0보다 커질 수 있다. 즉, 철수옵션 가치는 투자안의 처분가치를 행사가격으로 하고 철수시점의 투자안 가치를 기초자산으로 하는 풋옵션으로 볼 수 있고, 처분가치가 잔존기간 동안 투자안의 현금흐름의 현재가치보다 크면 이 풋옵션 가치로 인해 투자가치가 0보다 커질 수 있다.

연습문제

I. 다음을 설명하시오.

01. 파생상품 가격과 기초상품 가격 사이의 관계

02. 선물, 옵션, 선도, 스왑

03. 칼라(Collar), 스왑션(Swaption)

04. 장내파생상품, 장외파생상품

05. 파생상품의 기능

06. 실물옵션

07. 2차 파생금융상품

chapter **17**

선물

1. 선도계약과 선물계약 | **2.** 선물거래 손익 | **3.** 선물거래의 종류 | **4.** 선물의 기능
5. 선물거래의 구성요소 | **6.** 선물거래의 역사와 현황 | **7.** 선물거래의 특징 | **8.** 선물거래 투자전략
9. 선물가격결정이론 | **9.** KOSPI200 선물 투자전략

17장은 선도계약과 선물계약, 선물거래 손익, 종류, 기능, 구성요소, 역사, 특징, 투자전략, 가격결정이론에 대해서 논한다.

1. 선도계약과 선물계약

필요한 물건이 있으면 시장에 가서 물건값을 지불하고 물건을 구매하는 방식을 '현물거래' 라고 한다. 이와 달리 현재 물건이 필요하지는 않지만 3개월, 6개월 혹은 1년 후에 물건이 필요할 때가 있다. 이때 현재 시점에서 해당 물건값과 인도날짜 등을 확정해서 계약을 체결하고 약속된 날짜에 계약한 대로 물건과 대금을 교환하는 거래를 '선도거래' 라고 한다.

선도계약(先渡契約, forward contract)이란 미래 일정시점에서 특정 상품을 약정된 조건(수량, 등급, 가격, 장소)으로 인도할 것을 매매 쌍방이 협약하는 것을 말한다. 선도계약은 쌍방이 반드시 지켜야 할 의무를 지니기 때문에 매도자는 약정한 조건에 따라 상품을 인도해야 하고, 매입자는 그 상품을 반드시 인수해야 한다. 선도계약의 문제점으로는 가격위험은 부분적으로 줄이지만 예상치 못한 가격 변동위험을 회피 못하며, 계약이 비표준화되어 있고 유동성이 부족한 것 등을 들 수 있다.

이에 반해 선물계약(先物契約, futures contract)은 표준화된 특정 상품을 공인된 선물거래소에서 미래 일정시점에 현재 합의된 가격으로 인・수도할 것을 약속하는 법적 구속력을 갖는 계약을 말하며, 선도거래가 발전해서 거래소라는 기관을 통해 계약이 거래되는 형태이다. 거래소는 투자자들이 표준화된 상품을 거래소가 정한 규정과 절차에 따라 거래하도록 하며, 또한 거래의 이행을 보증하는 역할을 수행하게 된다.

1.1 선도거래와 선물거래의 차이

선도거래(forward)와 선물거래(futures)의 가장 큰 차이점은 거래조건이 선도거래는 비표준화, 선물거래는 표준화된 것이라는 점이며, 다음 〈표 17-1〉에는 그 밖의 차이점들이 잘 정리되어 있다.

표 17-1 선도거래와 선물거래의 차이

	선도거래	선물거래
1. 시장조직	은행 중심의 전신 · 전화망	조직화된 거래소가 있음
2. 거래조건	표준화 안 됨	표준화됨
3. 정산	만기에 가서 정산	일일정산
4. 인도여부	99% 이상 실물인도	거의 인도 안 함
5. 증거금	없음	있음
6. 가격폭제한	없음	있음
7. 투자자	실수요자 중심	누구나 참여 가능

1.2 선물거래와 선도거래에 따른 현금흐름의 비교

선물거래와 선도거래의 거래일별 현금흐름은 〈표 17-2〉와 같다. 선물거래는 거래일 별로 현금흐름이 발생하나 선도거래는 만기일에만 현금흐름이 발생한다.

표 17-2 선물거래와 선도거래에 따른 현금흐름의 비교 (단위 : 1,000)

날짜	결제가격	선도 1계약 매입	선도 1계약 매도	선물 1계약 매입	선물 1계약 매도
−9	66				
−8	67	0	0	+1	−1
−7	68	0	0	+1	−1
−6	65	0	0	−3	+3
−5	64	0	0	−1	+1
−4	66	0	0	+2	−2
−3	64	0	0	−2	+2
−2	68	0	0	+4	−4
−1	67	0	0	−1	+1
0	68	+2	−2	+1	−1
총 현금흐름		+2	−2	+2	−2

(+) 현금유입, (−) 현금유출

2. 선물거래 손익

선물계약에 따른 손익은 〈그림 17-1〉과 같이 나타나며 매도자와 매수자의 손익의 합이 항상 0이 되는 zero sum game의 특성을 갖는다.

매수 포지션(Long position)은 미래 특정 시점에서 상품을 매수하겠다고 약속하는 것이고, 매도 포지션(Short position)은 미래 특정 시점에서 상품을 인도하겠다고 약속하는 것이다.

그림 17-1 선물계약에 따른 손익

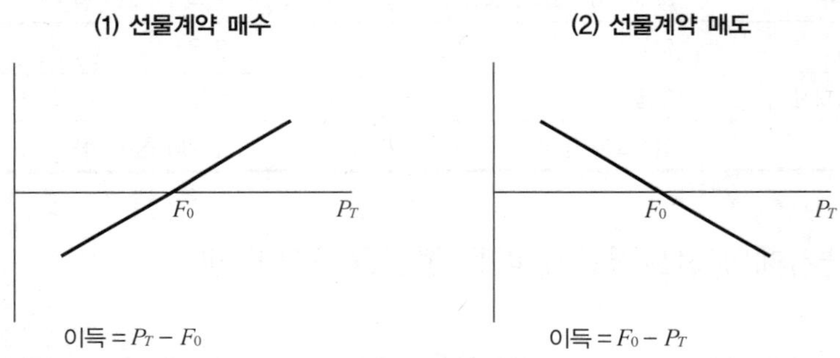

F_0 : 선물가격
P_T : T시점 현물가격

3. 선물거래의 종류

선물거래소에 상장되어 거래되는 상품은 거래소마다 다르며 각 거래소별로 상품을 특화해 경쟁체제를 유지하기 위해 노력하고 있다. 선물상품은 상품의 성질 및 저장성, 가격구조 및 헤징 수요, 현물시장의 규모 등 여러 가지 조건을 고려해 설계된다.

선물은 선물계약의 거래대상이 되는 상품에 따라 크게 전통적인 상품선물

(commidity futures)과 금융선물(financial futures)로 구분할 수 있다.

전통적으로 상품선물은 농축산물, 임산물, 비철금속, 귀금속, 에너지 등을 거래대상 품목으로 정하고 있으며 금융선물은 통화, 금리, 주가지수 등의 금융상품을 거래대상으로 하고 있다.

표 17-3 **선물거래의 종류**

- 선물거래
  - 상품선물거래
    - 농축산물 : 옥수수, 콩, 두유, 밀, 보리, 커피, 코코아, 솜, 오렌지주스, 설탕, 쌀, 목재, 소, 돼지
    - 금　　속 : 동, 알미늄, 금, 은, 플라티늄
    - 에 너 지 : 원유, 벙커시유, 천연가스, 가솔린, 프로판, CRB지수(농축산물, 금속, 에너지 종합지수)
  - 금융선물거래
    - 금리선물 : 유로달러, T-Bond, T-Note, T-Bill, CD, LIBOR
    - 통화선물 : 영국 파운드, 캐나다 달러, 스위스 프랑, 프랑스 프랑크, 독일 마르크, 일본 엔, 미국달러지수, 유럽통화(ECU), 오스트리아 달러
    - 주가지수 : S&P500, NYSE지수, Value Line지수, Major Market Index, OTC지수, Nikkei지수

4. 선물의 기능

선물의 주된 기능은 다음과 같다.

4.1 위험전가 기능(Risk shifting)

선물시장의 구조로 인해서 기초자산 가격변동의 위험을 원하지 않는 헤저(Hedger)로부터 기초자산 가격변동위험을 감수하면서 보다 높은 이익을 추구하려는 투기자(Speculator)로의 이전을 가능하게 한다(08 선물거래 투자전략 참조).

4.2 가격 예시 기능(Price discovery)

선물가격은 해당 상품(기초자산)의 수요와 공급에 관련된 각종 정보가 집약되어 결정되므로 현재 시점에서 기초자산의 미래 현물가격에 대한 수많은 시장참가자들의 공통된 예측을 나타낸다.

4.3 자본형성 기능

선물시장은 헤저(위험 회피자)에게는 가격 변동위험을 조절할 수 있는 위험조절의 장으로서, 투기자에게는 선물거래가 갖는 투자 레버리지의 효과로 인해 높은 수익을 얻을 수 있는 기회를 제공한다. 선물시장은 이런 투기자의 부동자금을 흡수해 기업을 안정적으로 경영하고자 하는 헤저들의 효율적인 자금관리와 자본형성에 도움을 준다.

4.4 자원배분 효율성 증대

상품선물시장은 장기보관이 가능한 농산물 출하시기의 시차를 적절히 조절함으로써 수급을 안정시키고 이를 통해 적절한 시기에 자원배분의 효율성을 증대시킨다.

5. 선물거래의 구성요소

5.1 기초상품 또는 기초자산

기초상품 또는 기초자산은 선물계약의 만기일에 인도되는 상품 또는 자산을 말한다. 선물가격은 이 기초자산가격에 연동되어 변한다. 일부 선물계약에서는 만기일 현물인도 대신에 만기일 기초상품가격에 의한 현금차액결제가 이루어지기도 한다. 선물은 선물계약의 거래대상이 되는 상품의 종류에 따라 크게 상품선물과 금융선물로 구분된다. 전통적인 상품선물은 농축산물 및 임산물, 비철금속, 귀금속, 에너지 등을, 금융선물은 통화, 금리, 주가지수 등을 기초자산으로 가진다(〈표 17-3〉 참조).

5.2 선물만기일(최종거래일과 만기월)

각 선물상품에는 보통의 경우 종목명에 계약이 종료되어 인 · 수도가 이루어지는 해당 연도와 해당 월이 미리 정해져 표시되어 있고, 해당 월에 실제 인 · 수도가 이루어지는 일자는 상품명세에 몇 번째 무슨 요일, 또는 해당 월의 마지막 영업일 등으로 정해져 있다. 해당 선물종목의 거래가 가능한 마지막날(만기일)을 '최종거래일(Last Trading Day)' 라 하며 인 · 수도가 이루어지는 날을 최종결제일 또는 인수도일이라 한다. 만기월이 가까운 선물계약을 근월물, 만기일이 많이 남은 선물계약을 원월물이라 한다. 국내 주가지수선물과 개별주식선물의 경우 만기일은 3, 6, 9, 12월 두 번째 목요일이고, 현금결제의 경우 최종결제일은 최종거래일 다음 거래일, 실물인수도의 경우는 최종결제일은 최종거래일로부터 3일째 거래일이 된다.

5.3 선물가격 표시방식

선물계약의 가격 표시방식은 선물 만기일에 대상 현물을 인수(인도)할 때 기준이 되는 상품의 계약단위당 가격으로 표시되며, 거래소의 상품명세로 사전에 정해져 거래가 이루어진다.

5.3.1 계약단위

계약단위는 거래소에서 거래되는 상품의 기본 거래단위로서 선물계약 1건의 규모를 말하며, 하나의 거래단위를 1계약이라고 한다. 예를 들면, KOSPI200 선물의 경우 계약단위는 지수에 거래단위 승수인 500,000원을 곱한 것이 된다. 이 계약단위의 결정은 해당 선물상품의 성공과 실패에 많은 영향을 미친다. 계약단위가 작은 경우는 많은 투자자의 참여로 유동성 확대에 도움이 될 수 있으나 무분별한 참여로 시장이 불안정하게 될 수 있으며, 반대로 클 경우는 기관투자자의 참여비중 증대로 시장의 안정성에는 도움이 되지만 유동성 확보에 문제를 야기할 수도 있다.

표 17-4 **한국거래소 파생상품 거래승수**

	상품	거래승수
주식상품	코스피200선물	50만
	코스피200옵션	50만
	스타지수선물	1만
	주식선물 · 주식옵션	10
금리상품	3년 · 5년 국채선물	100만
	10년 국채선물	100만
통화상품	달러선물 · 옵션, 엔 · 유로선물, 달러플렉스선물	1만
일반상품	금선물, 돈육선물	1천
	미니금선물	1백

주 : 2012년 말 기준

5.3.2 호가단위

호가단위(Tick size)는 선물계약의 매수 · 매도 주문 시에 제시하는 가격의 최소가격변동폭을 말한다. 각 선물상품별로 가격대에 맞는 호가의 크기를 표준화해 놓고 있다. 호가단위에 계약단위를 곱하면 최소호가단위 1단위 변동 시 계약당 손익변동금액이 산출되며 이를 한 틱의 가치(tick value)라 한다.

5.3.3 미결제약정(open interest)

미결제약정은 선물거래가 이루어진 후 반대매매나 최종결제가 이루어지지 않은 약정을 말한다. 예를 들어, 선물 매수 포지션이 3계약, 매도 포지션이 3계약이면 미결제약정은 3계약이 되며, 매수 포지션 중 1계약이 신규 투자자에게 매도되었다면 미결제약정은 전과 마찬가지로 3계약이 된다. 그러나 기존 매수 포지션 1계약이 매도주문,

기존 매도 포지션 1계약이 매수주문을 내면(반대매매) 미결제약정은 2계약이 된다. 전체 미결제약정 수량의 증가나 감소는 시장의 중요한 투자지표로 사용되는데, 상승 또는 하락 추세에서 해당 미결제약정이 증가하면 현재의 추세를 지속시킬 자금의 유입으로 판단할 수 있으며, 반대로 미결제약정이 감소하면 자금의 유출 및 추세의 전환이나 반전이 될 것으로 예측할 수도 있다.

표 17-5 KOSPI200 선물 시세표 (단위 : 포인트, 계약)

종목	시가	고가	저가	종가	전일대비	거래량	미결제약정
KOSPI200	55.89	58.55	55.89	58.47	+2.86	–	–
1998년 3월물	58.05	60.90	57.80	60.90	↑2.90	19,883	28,487
1998년 6월물	59.40	62.35	59.00	62.35	↑2.95	35	76
1998년 9월물	–	–	–	66.90	–	–	–
1998년 12월물	–	–	–	70.20	–	–	–

6. 선물거래의 역사와 현황

선물거래의 시초는 17세기경 일본의 드쿠가와 막부시대에 오사카 근교의 도지마를 중심으로 한 미곡거래로 여겨지나, 오늘날의 거래소 형태를 갖춘 최초의 선물거래소는 1848년 미국의 시카고에 설립된 시카고상품거래소(CBOT : Chicago Board of Trade)라고 할 수 있다(CBOT는 2007년 시카고상업거래소(CME : Chicago Mercantile Exchange)와 CME그룹으로 합병됨).

6.1 일본 도지마의 쌀 거래소

17세기경 도쿠가와 막부 시절에 지방 제후들의 세력확장 방지를 위해 이들을 매년 6개월 동안 오사카(당시 수도)에 강제로 살도록 했다. 이렇게 오사카에 묶여 지내던 제후들 중 일부가 경비가 부족해 가을에 수확 예정인 쌀을 담보로 물표를 발행해 경비를 조달해 사용하곤 했다. 이 물표들은 상인들 사이에서 거래되기도 했다. 상인들 중 요도야라는 거상이 있었는데 오사카 근교 도지마에 있는 그의 집은 항상 많은 상인이 몰려들어 정보를 교환하고 물표 거래를 성사시키는 거래소 역할을 했다. 지금 '도지마 쌀거래소' 로 이름이 알려진 일본 최초의 상품거래소는 선물거래와 일치하지는 않지만 매우 흡사한 기능을 갖추고 있었다.

6.2 미국 시카고의 상품거래소

현대적 의미의 선물거래소는 1848년 미국의 시카고에서 시작되었다. 미국의 동부지방에 위치하고 있는 시카고는 19세기 중반 일리노이주와 미시간주의 운하 개통으로 미국 중서부 곡창지대의 중심지인 동시에 곡물의 집산지가 되어 밀, 옥수수, 그리고 커피 등의 거래가 활발히 이루어졌다. 곡물거래의 중심지가 된 시카고에는 여러 문제가 발생하기 시작했다. 1842년에는 브라질에 허리케인이 발생했는데 그로 인해 커피농장이 모두 쑥대밭이 되어 버렸다. 통신수단이 부족했던 그 시절 미국의 커피업자는 그 사실도 모른 채 원두커피 가공시설을 마구 늘려 놓았다. 커피 수확기가 되어도 브라질에서 원두커피가 오지 않자 시설투자를 늘린 사람은 대부분 망하게 되었다. 또 곡물거래 물량에 비해 창고나 운송시설이 부족한 시카고는 겨울이 되면 운하에 얼음이 얼어 수송수단이 부족하게 되어 시카고에 발이 묶인 곡물은 아주 낮은 가격에 거래되었고, 얼음이 녹으면 재고 부족으로 매우 비싼 가격에 곡물이 거래되기도 했다. 이런 폐단을 막기 위해 상인들은 고민 끝에 미리 가격을 정해서 사고팔자는 선물시장을 고안해내었다. 즉, 곡물생산이 급격이 늘거나 줄어도 미리 가격을 가격을 정해 놓았기 때문에 뒤늦게 낭패를 보는 사람이 줄게 되었다. 사업을 하는 사람들은 원료를 미리 구매해 가격이 크게 오르는 것을 방지할 수 있었고, 농부들은 미리 팔아버려서 수확한 다음에 물건이 팔리지 않아 손해를 보는 일이 적어졌다.

이런 선물거래는 처음에는 곡물만 거래되었으나 시간이 흐르면서 날로 활성화되기 시작했고 금, 은, 동, 그리고 원유 등 많은 상품으로 확대되었다. 1970년대부터는 주가지수 등 금융상품이 발달하기 시작해 오늘날 전 세계 파생상품의 대부분을 금융

표 17-6 **KRX 상장 파생상품의 종류**(2011년 말)

주가지수	3개	코스피200선물(1996), 코스피200옵션(1997), 스타지수선물(2005)
개별주식	2개	개별주식선물(25개 종목 : 2008), 개별주식옵션(33개 종목 : 2002)
채권/금리	3개	3년 국채선물(1999), 5년 국채선물(2003), 10년 국채선물(2008)
통화	5개	미국달러선물(1999), 미국달러옵션(1999), 엔선물(2006), 유로선물(2006), 미국달러플렉스선물(2009)
상품	3개	금선물(1999), 돈육선물(2008), 미니금선물(2010)

자료 : 한국거래소, ( )는 상품 도입 연도

표 17-7 **KRX 주요 선물거래 명세**

구분	코스피200선물	주식선물	3년국채선물	미국달러선물	돈육선물
기초자산	코스피200*	주식	■ 표면금리 5% ■ 6월단위 이자 지급 ■ 3년만기 국고채권표준물	미국달러	돈육대표가격(축산물품질평가원 산출)
매매시간	09:00~15:15(최종거래일 제외)				10:15~15:15
(최종거래일)	09:00~14:50	09:00~14:50	09:00~11:30	09:00~11:30	10:15~15:15
최종거래일	결제월의 두 번째 목요일	결제월의 두 번째 목요일	결제월의 세 번째 화요일	결제월의 세 번째 월요일	결제월의 세 번째 수요일
결제월	분기월 (3, 6, 9, 12월)	분기월 (3, 6, 9, 12월)	분기월(2개)	연속월물 4개 분기월물 4개	연속월물 4개 분기월물 2개
거래기간	1년	1년	6개월	연속월물 6개월 분기월물 1년	6개월
거래승수	50만	10	100만	1만	1,000
호가단위	0.05	호가가격에 따라 차등화**	0.01	0.10	5원
가격제한폭	10%	15%	1.5%	4.5%	21%
위탁증거금률	15%	18%	0.9%	5.25%	21%

*CME연계 코스피200선물 글로벌시장(2009.11.16 개장)의 경우 야간시장(18시~익일 05시) 동안 CME Globex를 이용해 코스피200선물을 거래하며, 가격제한폭은 정규종가의 ±5%이고 지정가 호가 및 접속거래만 가능한 시장이다.

** 1만원 미만 : 5원, 1만원 이상 5만원 미만 : 25원, 5만원 이상 10만원 미만 : 50원, 10만원 이상 50만원 미만 : 250원, 50만원 이상 : 500원

상품이 차지하게 되었다. 국내에는 1996년 한국증권거래소에서 주가지수를 이용한 KOSPI200 선물과 KOSPI200 옵션을 상장해 처음 파생상품거래가 시작되었으며 1999년 한국선물거래소의 설립으로 국채, 금, 달러 등 다양한 상품이 거래되고 있다 (한국선물거래소는 2008년 한국거래소(KRX)로 통합되었음, 〈표 17-6〉, 〈표 17-7〉 참조).

6.3 세계 파생상품 거래현황과 세계 주요 파생상품거래소

세계 파생상품 거래현황과 주요 거래소는 다음과 같다.

6.3.1 EUREX

EUREX는 유럽 최대 현 · 선물 통합거래소인 DEUTSCHE BORSE 그룹자회사로 1998년 5월 독일선물거래소(DTB : Deutsche Termin Borse)와 스위스 옵션 선물거래소(SOFFEX : Swiss Options and Futures Exchange)가 공동으로 설립했고 완전한 전자거래를 하고 있다. 2008년 12월 한국거래소와 KOSPI200 옵션 연계거래 계약을 체결했다.

6.3.2 CME 그룹

Chicago Mercantile Exchange는 세계 최대 파생상품거래소로 CBOT(Chicago Board of Trade)(2007년)와 NYMEX(New York Mercantile Exchange)(2008년)가 CME그룹으로 합병되었다. 2008년 9월 4일 KOSPI200 선물 연계 계약을 체결했다.

6.3.3 NYSE Euronext

시가총액 세계 1위 초대형 거래소로 2007년 NYSE(뉴욕증권거래소)와 Euronext 합병으로 탄생되었다.

Euronext는 2000년 9월 암스테르담 거래소, 브뤼셀 거래소, 파리거래소 합병으로 유럽 최초의 범유럽 거래소가 되었고, 2002년 LIFFE(런던국제금융선물옵션거래소)와 합병했고, 리스본거래소도 합류했다.

그림 17-2 세계 파생상품 거래현황(2009년)

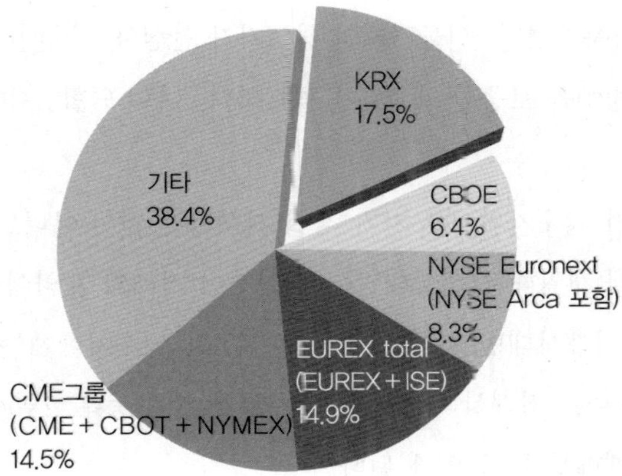

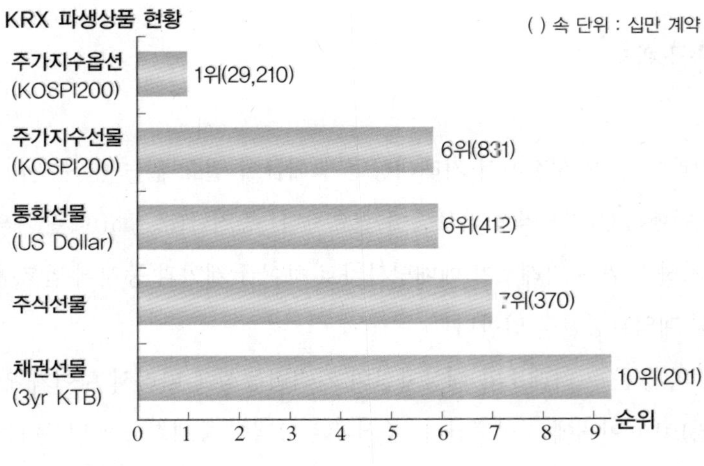

자료 : FIA (Future Industry Association) 통계

7. 선물거래의 특징

7.1 청산소

선물거래는 불특정 다수가 참여하기 때문에 거래상대방의 신용을 파악하지 못한 상태에서 매매가 이루어진다. 선물거래의 참여자가 안심하고 매매하기 위해서는 모든 거래의 계약이행(결제)을 보증할 제3자가 필요하다. 이런 역할을 하는 기관이 청산소이다.

파생상품거래가 매수자와 매도자가 직접 거래하는 것이 아니므로 청산소는 매수자와 매도자 사이에 개입해 거래상대방이 되어주어 거래의 계약이행 보증을 해준다. 즉, 매도자에게는 거래상대방인 매수자가 되어주고, 매수자에게는 매도자가 되어줌으로써 거래당사자들은 거래상대방의 신용상태(결제이행능력 여부)에 대해 염려할 필요 없이 안심하고 매매를 할 수 있게 된다.

7.2 증거금제도

선물거래는 현재 시점에서 거래대상물과 대금이 필요 없는 대신 미래 특정 시점에 계약을 이행하겠다는 약속의 보증이 필요하다. 증거금(margin)이란 계약불이행의 위험을 방지하기 위해 거래소가 매매당사자로 하여금 계약과 동시에 납부하도록 하는 일정비율의 계약보증금을 말한다.

증거금의 수준은 거래소와 대상자산의 가격변동성에 따라서 차이가 있으나 대개 계약금액의 10% 이내에서 정해진다. 증거금은 고객이 중개회사에 납부하는 위탁증거금과 결제회원(중개회사)이 결제기관(거래소)에 납부하는 매매증거금으로 구분된다.

7.2.1 위탁증거금

위탁증거금(customer' s margin)은 다시 개시증거금(initial margin)과 유지증거금(maintenance margin)으로 구분된다. 개시증거금이란 고객이 새로운 선물계약을 매도하거나 매수할 때 매수자 및 매도자 모두가 납부하는 증거금이고, 유지증거금이란 고객이 자신의 선물미결제약정을 유지하는 데 필요한 최소한의 증거금이다. 선물거래에서는 일일 시장가격변동에 따라 발생하는 손익이 매일 일일정산(daily settlement 혹은 marking to market)되어 고객의 증거금에 반영된다. 단일 선물가격이 크게 하락해 증거금이 일정한 수준(유지증거금) 이하로 떨어지게 되면 중개회사는 고객에게 증거금을 당초의 개시증거금 수준까지 충당하도록 요구하는데(Margin Call), 이 자금을 추가증거금(variation margin or additional margin)이라 한다(구체적인 예는 일일정산제도에서 설명함).

7.2.2 매매증거금

매매증거금(member' s margin)은 결제회원이 자신 또는 고객의 미결제약정을 성실하게 결제하겠다는 증거로 결제기관에 납부하는 것으로 중개회사가 고객으로부터 납입받은 위탁증거금 중에서 일부를 결제기관(거래소)에 납부하는 것이 일반적이며, 결제회원이 아닌 중개회사는 결제회원인 중개회사를 통해 결제기관에 납부하게 된다.

선물거래는 이와 같이 총 계약금액의 일부분인 증거금만 있으면 거래가 가능하므로 레버리지 효과(Leverage Effect)가 상대적으로 크다.

표 17-8 KRX 주요 상품별 증거금률

상품		개시증거금률	유지증거금률
주가지수상품	코스피200선물	15%	10%
	코스피200옵션	15%	10%
금리상품	3년 국채선물	0.9%	0.6%
	5년 국채선물	1.2%	0.8%
	10년 국채선물	2.4%	1.6%
통화상품	미국달러선물	5.25%	3.5%
	엔선물	6.75%	4.5%
	미국달러플렉스선물	5.25%	3.5%
일반상품	금선물	9%	6%
	미니금선물	9%	6%
기초주권상품	주식선물	18%	12%

* 증거금률은 시장상황에 따라 변동됨.

7.3 일일정산제도

청산소는 당일 장이 끝난 후 종가를 기준으로 해 매일의 정산가격(settlement price)을 발표한다. 정산가격은 거래 마감 직전에 거래된 선물계약의 평균가격이다. 이 가격을 기준으로 모든 거래참여자들의 미결제약정(open interest)에 대한 잠정이익과 손실을 정산한다. 이런 정산의 결과 증거금계정의 수준이 유지증거금 이하의 수준으로 하락하면 추가증거금을 납부해야 하며, 반대로 개시증거금을 초과하는 이익에 대해서는 현금인출이 가능하다. 청산소는 일일정산(daily settlement 혹은 marking to market) 기능을 통해 계약당사자들로 하여금 일정수준의 증거금을 유지하도록 해 계약불이행 위험을 미연에 방지한다.

예 17-1

2011년 5월 1일 선물 1계약을 1,000,000원으로 매수했다. 개시증거금이 150,000원, 유지증거금이 100,000원이다. 5월 2일 선물가격이 900,000원으로 하락했다면, 매수자 증거금 잔액은 50,000원이 되고 이 잔액은 유지증거금 이하이므로 마진콜로 인해서 개시증거금 150,000원이 되도록 추가증거금 100,000원을 납부해야 한다. 만약 5월 2일 선물가격이 1,200,000원이 되면 손실이 발생한 매도자 계좌에서 이익이 발생한 매수자 계좌로 200,000원이 입금된다.

7.4 최종결제제도

만기일까지 청산되지 않은 선물 포지션(미결제약정)을 결제하는 방식으로 실물인수도(physical delivery) 방식과 현금결제(cash settlement) 방식이 있다.

7.4.1 실물인수도 방식

실물인수도 방식은 선물 매도자와 매수자가 최종결제 시 실물을 인수도하는 것을 말하며, 한국거래소에 상장된 상품 중 미국달러선물과 금선물은 실물인수도를 한다.

7.4.2 현금결제방식

현금결제방식은 대상자산이 지수(index) 등으로 되어 있어서 실물인도가 불가능한 품목에 대해 채택하고 있는 최종결제 방법이다. 계약을 체결한 당시의 가격과 만기일의 정산가격의 차액만큼을 수수함으로써 결제가 이루어진다. 선물거래는 현금결제방식이 대부분이고, 실물인수도 방식은 미미하며 최종결제일 이전이라도 반대매매를 통해 계약을 종료시킬 수 있다.

반대매매란 선물계약이 매수 포지션인 경우 선물계약을 매도하고, 매도 포지션인 경우 매수를 하는 것을 의미하며 전매와 환매가 있다. 전매는 이미 매수를 한 자가 최종거래일 이전에 매수한 수량과 동일한 수량을 매도해 소멸시키는 것을, 환매는 이미 매도를 한 자가 최종거래일 이전에 매도한 수량과 동일한 수량을 매수해 소멸시키는 것을 말한다.

7.5 고객(투자자)

선물투자자는 헤저, 투기자, 차익거래자로 구분된다.

7.5.1 헤저

헤저(hedger)는 주가, 이자율이나 환율의 변화에 따르는 위험을 줄이기 위해 현물시장의 포지션과 반대되는 포지션을 선물시장에서 취하는 투자자이다.

7.5.2 투기자

투기자(speculator)는 주가, 이자율이나 환율의 변동으로부터 적극적으로 이득을 취하기 위해 현물시장에서의 포지션에 관계없이 위험을 부담하면서 선물가격 변동을 유리하게 이용하려는 투자자이다. 투기거래자는 헤지 또는 차익거래자의 상대방 역할을 함으로써 헤지거래와 차익거래가 원활히 이루어지도록 한다.

투기자는 초단기 포지션을 가지는 스캘퍼(Scalper), 하루 동안의 포지션을 갖는 데이 트레이더(Day Trader), 그리고 몇 일 혹은 몇 주일 포지션을 갖는 포지션 트레이더(Position Trader)가 있다.

7.5.3 차익거래자

차익거래자(arbitrager)는 현물가격과 선물가격의 차이를 이용해 무위험수익을 얻으려는 투자자이다. 예를 들어, 상대적으로 높은 가격을 갖는 상품을 매도하고 낮은 가격을 갖는 상품을 매수하는 차익거래를 하면, 가격이 정상으로 왔을 때 반대매매를 통해서 위험부담 없이 수익을 얻을 수 있다.

7.6 매매계약 체결방법

7.6.1 가격우선 원칙

동일 주문에 대해 여러 가격이 나올 경우 수량에 관계없이 매입주문은 비싼 것부터, 매도주문은 싼 것부터 성립된다.

7.6.2 시간우선 원칙

동일 종목에 대한 주문이 동일한 가격으로 나올 경우 먼저 주문한 것부터 체결된다.

7.6.3 수량우선 원칙

가격과 시간이 동일할 경우 주문량이 많은 주문부터 체결된다.

8. 선물거래 투자전략

선물거래의 종류를 그 거래목적에 따라서 분류하면 헤지거래, 차익거래, 그리고 투기거래로 대별된다. 본 절에서는 이와 같은 거래들을 차례로 살펴보기로 한다.

8.1 헤지거래

8.1.1 의의

헤지거래(hedging)란 선물거래자가 자신의 실물 포지션에 대해 반대되는 선물 포지션을 취해 가격 변동위험을 헤지 거래자들로부터 투기 거래자들에게 이전시키는 거래이다. 예를 들어, 현물시장에서 매수 포지션을 갖고 있는 사람이 가격 하락으로 인한 손실로부터 보호받기 위해 그 현물 상품을 대상으로 하는 선물계약을 매도하는 거래를 말한다. 헤지거래에 의해서 현물과 선물 시장에서 서로 반대되는 포지션을 취하면 한쪽 포지션에서의 손실은 다른 쪽 포지션에서의 이익에 의해 상계되므로 가격변동으로부터의 위험을 피할 수 있게 된다. 이때 그 손실과 이익이 같은 경우를 완전헤징(perfect hedging)이라고 한다. 예를 들어, 현물 10억이 있는 경우 현물과 동일한 가격변동을 갖는 선물을 매도하면 완전헤지가 된다. 완전헤징은 헤지기간과 선물만기가 같고, 현물과 선물의 기초자산이 동일하면 가능하다.

┃매수헤징

매수헤징(long hedging)은 장래 일정한 시점에 매수할 현물가격의 변동위험을 회피하기 위해 그 시점을 만기로 하는 선물을 매수하는 행위이다. 장래에 가격상승이 염려될 경우 제조업자는 현재 확보하지 못한 원자재의 가격이 장차 원자재 매입 시점에는 현재보다 높아져서 제품원가에 압박요인으로 작용할 위험에 대비해 미리 그 원자재 선물을 매수해 둔다. 따라서 원자재 구입비용이 사업계획 당시의 수준(선물가격)으로 고정된다. 매수헤징은 주로 농산물 수출업자 및 제조기간이 비교적 장기인 가공업자가 이용한다.

┃매도헤징

매도헤징(short hedging)은 현재 보유하고 있는 현물가격 하락이 염려될 때 이용하는 방법으로서 선물매도를 통해 수행한다. 어떤 상품의 가격이 하락세를 보이면 생산자는 장래에 완성될 제품이 현재의 수준보다 낮아져서 손해를 보게 된다. 이때 생산자는 제품의 출하시기를 만기로 하는 그 선물상품을 매도해 놓음으로써 현재의 가격수준으로 장래 판매가격(선물가격)을 고정시킨다. 만기에 제품이 완성되어 출고될 때에 선물시장에서 동일 물량을 재매수함으로써 매도 포지션을 청산한다.

그러나 현실에서는 헤징기간과 선물만기가 다르거나 현물과 선물기초자산의 불일치로 인해서 완전헤징이 되는 경우가 드물기 때문에, 헤징효과를 최대화하기 위한 다양한 이론들이 있다.

8.1.2 헤징이론

헤징이론들은 현물과 선물을 동일한 가치로 반대매매하게 되면 현물과 선물 손익을 완전히 상쇄시킬 수 있다는 전통적 헤징이론, 기대수익극대화 헤징이론, 효용극대화 헤징이론, 위험-수익 헤징이론, 최소분산 헤징이론 등이 있다. 여기서는 불완전헤징의 경우 포트폴리오 가치변화의 분산을 최소화하는 데 목적이 있는 최소분산 헤징이론을 중심으로 최소분산 포트폴리오, 완전헤지가 되기 위한 조건, 헤지비율, 헤지 한계 등을 설명해 보자.

매도(매수) 헤징 포트폴리오 구성을 위한 헤지비율은 다음과 같이 산출된다.

헤지기간(Δt)의 헤지비율을 구하기 위해 매수헤지 포트폴리오는 $hF - S$, 매도헤지 포트폴리오는 $S - hF$로 정의하자.

F : 선물 1계약가치, S : 현물가치

ΔF : 헤지기간 동안 선물가격 변화, σ_F : ΔF의 표준편차

ΔS : 헤지기간 동안 현물가격 변화, σ_S : ΔS의 표준편차

ρ : ΔS와 ΔF의 상관계수, h : 헤지비율(현물가치가 선물 1계약가치와 동일할 경우 헤지를 위해서 필요한 선물계약수), σ_{SF} : ΔS와 ΔF의 공분산

$\Delta S - h\Delta F$는 Δ 동안 매도헤지 포트폴리오 가치변화,

$$h\Delta F - \Delta S \tag{17.1}$$

는 Δt 동안 매수헤지 포트폴리오 가치변화, 헤지 포트폴리오 가치변화의 분산은

$$V = \sigma_S^2 + h^2\sigma_F^2 - 2h\rho\sigma_S\sigma_F \tag{17.2}$$

가 된다. 헤지 포트폴리오 가치변화의 분산을 최소화하는 h는 분산을 h에 대해 미분하면 구해진다.

$$\frac{dv}{dh} = 2h\sigma_F^2 - 2\rho\sigma_S\sigma_F = 0 \tag{17.3}$$

으로부터

$$h = \frac{\sigma_{SF}}{\sigma_F^2} = \rho\frac{\sigma_S}{\sigma_F} \tag{17.4}$$

가 구해진다. h는 현물가치(S)와 선물 1계약가치(F)가 동일할 경우 최소분산 포트폴리오(혹은 헤지)를 위해서 필요한 선물계약수를 말한다.

이 값을 헤지 포트폴리오 분산(17.2)에 대입하면 헤지 포트폴리오 분산(최소분산)은 $(1-\rho^2)\sigma_S^2$이 된다. ρ가 1이면 포트폴리오 분산(V)은 0이 되어 완전헤지 포트폴리오가 되나 예를 들어 ρ가 0.5이면 포트폴리오 분산(V)은 $0.75\sigma_S^2$이 되어 완전헤지가 되지 않는다. $\rho = 0$이면 헤징효과가 없게 된다.

전통적 헤지이론에서는 $\rho = 1$, 즉 포트폴리오 분산 = 0와 $\sigma_F = \sigma_S$, 즉 $h = 1$을 가정한다. 만약 $\rho = 1$이고 $\sigma_F = 2\sigma_S$이면, 포트폴리오 분산 = 0이나 $h = 0.5$가 된다.

현물가치와 선물 1계약가치가 다른 경우 헤지 포트폴리오에 필요한 선물계약수(N_f)는 $h \times \frac{V_S}{V_F}$가 된다(V_S : 현물가치, V_F : 선물 1계약가치). 예를 들어, 현물가치(V_S)를 KOSPI200 선물로 완전헤지할 경우($\rho = 1$ 가정), V_S가 KOSPI200 선물 1계약가치와 다르면, 필요한 선물계약수는 KOSPI200지수 × 50만원이 선물 1계약 가치이므로 다음과 같이 된다.

$$N_f = h \times \left(\frac{V_S}{\text{KOSPI200지수} \times 50\text{만원}}\right) \tag{17.5}$$

예 17-2

주식가치(V_S)가 40억이 있다. σ_F^2 : 0.5 σ_{SF} = 0.75, KOSPI200 선물지수(F) : 50이면, $N_f = \frac{0.75}{0.5} \times \frac{40억}{50 \times 50만} = -240$이 된다. 다라서 KOSPI200 선물 240계약을 매도하면 주식과 KOSPI200 선물로 구성된 헤지 포트폴리오가 된다.

만약 $\rho_{SF} = 1, \sigma_S = \sigma_F$이면 $h = 1$이 되고 $N_f = \frac{40억}{50 \times 50만} = 160$계약이 된다.

만약 현물이 주식이면, h는 주식수익률을 선물수익률에 회귀시킨 선형식($R_S = \alpha + \beta R_F + \varepsilon$, R_S : 주식수익률, R_F : 선물수익률)의 기울기인 선물수익률 변동에 대한 주식수익률 변동 정도(β)와 같게 된다.

8.1.3 헤징의 한계

헤징을 통해 기초자산 가격변동에 의한 위험을 회피하려면 헤지기간 동안 앞에서 설명한 관계가 지속적으로 성립해야 하고 이에 따라 헤지비율을 지속적으로 수정해야 한다. 그러나 현실적으로 다음과 같은 이유 때문에 헤징기간 동안 예상했던 헤징효과가 실제와 차이를 보인다.

- 과거 자료에 의해서 추정된 헤지비율이 미래에 적용되지 않는다.
- 헤지대상 현물이 선물의 기초자산과 정확히 동일하지 않거나, 헤징과 선물의 만기가 일치하지 않아서 발생하는 선물베이시스 위험이 존재한다. 전자의 경우 헤지대상 현물과 다른 기초자산을 거래대상으로 하는 선물계약을 활용하는 교차헤지를 적용하고, 후자의 경우 짧은 만기선물을 여러 번 계약하는 롤링헤지를 적용하나 헤지에는 한계가 있다.
- 헤징하려는 현물상품의 수량이 선물 계약단위와 정확히 일치하지 않을 수 있다.

상품선물의 경우 다음 사항들이 추가된다.

- 헤지하려고 하는 상품과 선물상품 간의 품질이 똑같지 않은 경우가 많다.
- 현물시장과 선물시장의 지역 간 차이에 의해 같은 상품의 가격이 다르면 헤징의 효과는 감소된다.

헤징기간 동안 완전한 헤지가 불가능하지만 헤징효과를 극대화하기 위해서는 현물가격 변동과 선물가격 변동을 관찰해야 한다. 만약 선물가격과 현물가격 변동폭의 차이가 헤지기간 동안 일정하다면, 헤지비율조정을 통해서 헤징의 성과를 극대화할 수 있다. 그러나 현실에서는 두 가격 변동폭의 차이가 일정한 경우가 거의 없다. 헤징효과와 두 가격 변동폭의 관계를 이해하기 위해서 베이시스와 베이시스 위험에 대해서 설명하고자 한다.

8.1.4 베이시스와 베이시스 위험

베이시스(basis)는 선물가격과 현물가격과의 차이를 말하며 (현물가격 – 선물가격) 또는 (선물가격 – 현물가격)으로 표시되는데 일반적으로 양수로 표시된다. 그러므로 현물가격이 선물가격보다 큰 포지티브 캐리가 일반적인 시장에서는 (현물가격 – 선물가격)으로, 선물가격이 현물가격보다 큰 네거티브 캐리가 일반적인 시장에서는

그림 17-3 베이시스의 변화

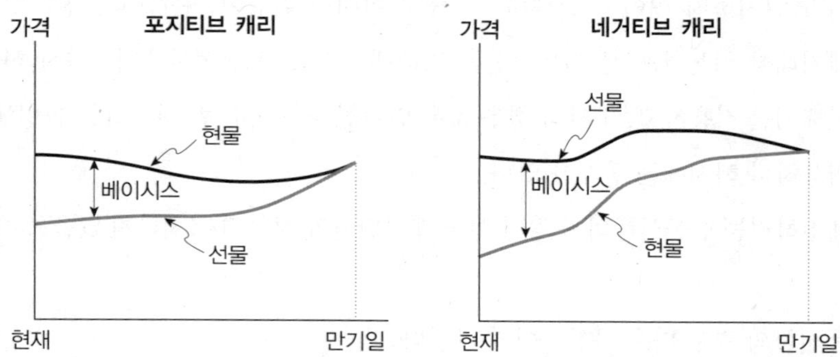

(선물가격 – 현물가격)으로 표시되며 일반적으로 베이시스는 선물의 만기가 가까워질 수록 작아져서 만기가 되면 선물가격과 현물가격이 같아져서 0(零)이 된다. 베이시스는 선물거래에 있어서 매우 중요한 투자판단의 기준이 되므로 선물거래자는 베이시스의 움직임을 계속 관찰해야 한다. 그러나 베이시스는 기간 경과에 관계없이 항상 일정한 것이 아니므로 선물거래에 있어서 헤징기간 동안 베이시스의 변동이 불확실함에 따라서 헤지의 손익이 불확실하게 되는 베이시스 위험(basis risk)이 발생하게 된다. 선물을 이용한 헤징은 현물가격 변동위험을 베이시스 위험으로 전환시키는 기능을 한다.

8.1.5 완전헤지와 헤저손익

베이시스와 베이시스 위험을 이용해 완전헤지와 헤저의 손익에 대해서 알아보자.

1) 완전헤지

완전헤지란 베이시스 위험이 0이 되는 것을 의미하며, 헤지 종료일과 선물 만기일이 동일해 만기일 베이시스가 0이 되어서 헤저 손익이 헤지 시작시점의 베이시스인 상수가 되는 경우와 헤지 종료일과 선물 만기일이 동일하지 않더라도 헤지 종료시점의 베이시스가 헤지 시작시점의 베이시스가 같은 경우에, 베이시스 위험은 0이 되어 완전헤지가 된다. 즉, 헤지 종료일 베이시스를 사전에 정확히 알 수 있으면 베이시스 위험은 0이 된다.

2) 헤저손익

헤저의 손익은 헤지 시점과 헤지 종료일 간의 베이시스 차이로 표시되며, 구체적인 손익은 다음과 같이 산출된다.

| 매수헤저의 손익

매수헤저는 헤지 종료시점의 현물가격이 기대현물가격보다 상승함에 따른 손실을 상쇄하기 위해 선물을 매수하므로 매수헤저의 손익은 현물가격변동 손익과 선물가격변동 손익의 합으로 다음과 같이 표시된다.

(헤지 시작시점 현물가 − 헤지 종료시점 현물가) (17.6)
+ (헤지 종료시점 선물가 − 헤지 시작시점 선물가)
= (헤지 종료시점 선물가 − 헤지 종료시점 현물가)
− (헤지 시작시점 선물가 − 헤지 시작시점 현물가)
= 헤지 종료시점 베이시스 − 헤지 시작시점 베이시스

따라서 베이시스가 헤지 시작시점보다 헤지 종료일에 크게(작게) 되면 매수헤저에게는 이익(손실)이 발생한다.

| 매도헤저의 손익

매도헤저는 현재 보유 중인 현물의 헤지 종료시점의 가격이 기대현물가격보다 하락함에 따른 손실을 상쇄하기 위해 선물을 매도하므로 매도헤저의 손익은 다음과 같다.

(헤지 종료시점 현물가 − 헤지 시작시점 현물가) (17.7)
+ (헤지 시작시점 선물가 − 헤지 종료시점 선물가)
= (헤지 시작시점 선물가 − 헤지 시작시점 현물가)
− (헤지 종료시점 선물가 − 헤지 시작시점 현물가)
= 헤지 시작시점 베이시스 − 헤지 종료시점 베이시스

따라서 베이시스가 헤지 시작시점보다 헤지 종료일에 작게(크게) 되면, 매도헤저에게는 이익(손실)이 발생한다.

예 17-3

4월 1일과 6월 14일(헤지종료일) **코스피**200 **현물가격과 선물가격이 다음과 같다.**

4월 1일

현물 100
선물 110
베이시스 10

6월 14일

제1안	제2안	제3안
현물 120	현물 120	현물 120
선물 130	선물 115	선물 140
베이시스 10	베이시스 −5	베이시스 20

제4안(헤지 종료일과 선물 만기일이 모두 6월 14일로 가정)

현물 120
선물 120
베이시스 0

각 경우에 매수헤저와 투기자의 손익과 베이시스 위험은?

해답

매수헤저와 선물매도자(투기자) 간의 손익은 다음과 같다.

매수헤저 손익은 6월 14일 베이시스 − 4월 1일 베이시스(= 10)
선물매도자(투기자) 손익은 4월 1일 선물가격 − 6월 14일 선물가격
매수헤저 손익와 투기자 손익의 합은 4월 1일 현물가격 − 6월 14일 현물가격인 −20이 된다.

▪ **제1안**

6월 14일 베이시스가 10이므로
매수헤저 손익은 10 − 10 = 0, 투기자 손익은 −20
매수헤저 손익 + 투기자 손익 = −20

▪ **제2안**

6월 14일 베이시스가 −5이므로
매수헤저 손익은 (−5) − 10 = −15 투기자 손익은 −5
매수헤저 손익 + 투기자 손익 = −20

■ **제3안**

6월 14일 베이시스가 20이므로

매수헤저 손익은 20 − 10 = 10, 투기자 손익은 −30

매수헤저 손익 + 투기자 손익 = −20

■ **제4안**

6월 14일 베이시스가 0이므로

매수헤저 손익은 0 − 10 = −10, 투기자 손익은 −10

매수헤저 손익 + 투기자 손익 =−20

제1안의 경우 베이시스가 4월 1일과 6월 14일이 모두 10으로 매수헤저 손실 0이 되고, 제4안은 4월 1일 베이시스가 10, 만기일(6월 14일) 베이시스가 0이 되어서 매수헤저는 10의 손실이 발생하나, 만기일과 헤지 종료일이 동일해 헤지 시작일 베이시스와 헤지 종료일 베이시스를 확정적으로 알 수 있으므로 두 안 모두 베이시스 위험이 0이 된다. 반면에 제2안과 제3안은 헤지 시작시점과 종료 시점의 베이시스가 다르고 또한 만기일과 헤지 종료일도 일치하지 않아 헤지 종료시점의 베이시스 불확실성으로 인해서 베이시스 위험이 0이 되지 않는다.

8.2 차익거래와 스프레드 거래

선물 차익거래(arbitrage)는 현물가격과 선물가격과의 차이를 이용해 이익을 취하려는 거래를 말한다. 차익거래자는 시장에서 현물 및 선물가격의 변동을 주시하고 있다가 실제 선물가격이 예상 선물가격과 괴리를 나타내어 일정수준 이상으로 벌어지면 즉시 시장에 개입해 선물매수(매도)와 현물매도(매수)를 동시에 행하며, 과대 · 과소평가된 실제 선물가격을 정상적인 선물가격으로 움직이게 해준다. 현물을 매도하고 선물을 매수하는 것을 매도차익거래(short arbitrage)라고 하며, 현물을 매수하고 선물을 매도하는 것을 매수차익거래(long arbitrage)라고 한다. 대표적인 선물차익거래인 주가지수차익거래(index arbitrage)는 주가지수선물가격과 현물가격 사이의 일시적인 가격불균형을 이용해 이론가격보다 높은 가격의 선물을 매도하고 낮은 가격의 현물은 매수한 후 가격이 정상 수준일 때 반대매매를 하는 거래를 말한다. 주가지수 차익거래는 주가지수를 직접 매매할 수 없기 때문에 지수를 복제한 인덱스펀드(index fund)를 매매하며, 매매의 신속 · 정확을 위해 프로그램 매매를 한다.

프로그램 매매란 일정조건에 따라 매매될 수 있도록 컴퓨터 프로그램을 미리 설정해 놓고 이에 근거해서 현물과 선물을 거래하도록 하는 방식으로 현물시장에 매물 압박요인이 되기도 하며 차익거래 이외에 비차익거래가 있다. 비차익거래는 현물과 선물가격에 상관없이 다수의 종목을 한번에 프로그램에 의해서 매수 또는 매도하는 거래를 말한다. 한국거래소에서 정의하고 있는 프로그램 매매는 모든 지수차익거래와 동일인이 일시에 코스피200 구성종목 중 15종목 이상을 거래하는 비차익거래를 말한다.

선물 스프레드(spread) 거래란 상이한 선물상품 간 또는 서로 다른 선물시장에서 거래되고 있는 동일한 선물상품 간에 동시에 매수 및 매도 포지션을 취하는 거래를 말하며, 양 선물가격의 차이에서 이익을 얻게 된다. 선물 스프레드 거래는 작은 자본으로 위험이 작은 선물거래를 원하거나, 헤지하려는 선굴의 결제월을 연장하거나 또는 여러 결제월의 포지션을 청산하는 것을 목적으로 하고 단일선물계약보다 손익위험이 작고 증거금이 작다는 특징을 갖는다.

선물 스프레드 거래는 결제월이 서로 다른 시장 내(intra-market) 스프레드, 기초자산이 서로 다른 시장 간(inter-market) 스프레드, 두 개의 스프레드를 동시에 매매하는 버터플라이(butterfly) 스프레드가 있다.

결제월이 다른 시장 내 스프레드 거래의 경우 선물 스프레드 거래가격은 원원물 가격에서 근월물 가격을 뺀 수치로 정의되고, 매수(도)란 원원물을 매수(도)하고 근월물을 매도(수)하는 것을 말한다. 매수(도)자의 손익은 매수시의 스프레드보다 더 크게(작게)되면 이익이 발생하고, 작아(커)지면 손실이 발생한다. 예를 들어, 2011년 4월 28일 현재 상장되어 있는 6월물과 9월물로 구성되어 있는 선물 스프레드 1계약을 3P에 매도했다면 9월물(원원물) 1계약을 매도하고 6월물(최근월물) 1계약을 매수한 것이 되고, 스프레드 가격 3P는 9월물 1계약 가격에서 6월물 1계약 가격을 차감한 값이 된다. 스프레드 매도자는 당해 종목 간 스프레드가 미래에 3P보다 낮아지면 이익, 크게 되면 손실이 발생한다. 따라서 스프레드가 적정수준보다 확대가 예상되면 매수 포지션(Bull calendar spread), 축소가 예상되면 매도 포지션(Bear calendar spread)을 취한다.

8.3 투기거래

투기거래란 현물시장에의 참여 없이 선물 매수 또는 매도 포지션 중 어느 한 쪽만을 취해 선물가격 변동위험을 감수하고 거래자의 가격예측을 바탕으로 해 선물가격 변동으로부터 이익을 얻으려는 거래를 말한다. 선물시장에서는 소액의 증거금으로 거액의 선물상품을 운용할 수 있어서 레버리지 효과가 크며, 따라서 투기적 거래에 참여하려는 동기를 제공해 준다. 투기적 거래는 전체 선물거래 중 90% 이상을 차지하고 있으며, 그 역할은 다음과 같다. 첫째, 헤지거래자들이 회피하고자 하는 가격 변동위험을 떠맡는다. 둘째, 시장에 풍부한 유동성을 제공하며, 시장경쟁성을 제고시킨다. 셋째, 투기거래자들은 자신들이 수집한 정보를 분석해 미래 상품가격을 예측함으로써 이익을 극대화하려고 하기 때문에 그 결과 시장에 가격에 대한 정보공급 역할을 한다.

선물 투자전략에 따른 구체적인 사례들은 KOSPI200 선물 투자전략에서 설명한다.

8.4 헤징거래, 차익거래, 투기거래의 관계

선물거래의 본래 목적은 헤징이며 이를 원활히 수행하기 위해서 일정규모의 차익거래와 투기거래가 필요하다. 차익거래는 현물가격과 선물가격의 불균형을 균형 상태로 복귀시키는 역할을 통해 헤징의 효과를, 투기거래는 선물시장의 수급불균형을 완화시킴으로써 헤징을 위한 유동성을 제공한다.

8.5 합성선물

선물매수와 매도는 선물매수와 매도를 통해서 행해지지만, 옵션을 이용해서도 동일한 효과를 얻을 수 있다. 합성선물(synthetic option for futures)은 콜옵션과 풋옵션을 결합하여 선물과 동일한 손익형태의 포지션을 구성하는 전략이다. 선물매수는 풋옵션 매도와 콜옵션 매수로, 선물매도는 풋옵션 매수와 콜옵션 매도로 합성이 가능하다.

9. 선물가격결정이론

선물가격결정이론인 보유비용모형과 선물가격과 기대현물가격의 관계를 설명하는 가설들에 대해서 살펴보자.

9.1 보유비용모형

보유비용모형은 현물이 손상없이 무한정 보관 가능하고, 선물과 현물가격 불균형 발생 시 손쉽게 차익거래가 발생해 균형가격이 형성된다는 가정 하에 유도된 모형으로, 일시적으로 선물가격이 이론선물가격과 괴리를 보일 경우 현물자산을 이용해 차익거래가 가능한 경우에 적용된다.

선물가격은 미래의 현물가격에 대한 기대치이므로, 그 기간 동안의 현물자산(기초자산) 보유비용만큼 현물가격과 선물가격 간에 간격이 형성되어야 한다. 따라서 선물가격은 현물가격에 만기까지의 순보유비용을 합한 것이 된다.

선물가격 = 현물가격 + 순보유비용(carry cost) (17.8)

$$F_0 = S_0(1 + R_f) + C - D$$

F_0 : 선물가격, S_0 : 현물가격, R_f : 이자율, C : 현물보유비용,
D : 현물보유수익(배당, 이자)

상품선물의 경우 기초자산이 투자목적인 상품선물은 보유비용모형을 적용할 수 있지만, 기초자산이 소비목적인 상품선물은 차익거래가 쉽지 않으므로 보유비용모형을 수정해 적용해야 한다.

보유비용모형을 이용한 구체적인 가격결정모형을 설명해 보자.

9.1.1 주가지수선물

주가지수선물은 그 시점에서의 주가지수선물에 대한 수급을 반영해 가격이 형성된다는 점에서는 현물주식의 경우와 동일하다. 그러나 주가지수선물의 최종거래일에는 현물지수로 선물의 결제가격을 정하므로 선물과 현물의 구별이 없어지기 때문에(선물가격과 현물가격이 일치) 선물가격은 선물의 수급을 반영함과 아울러 현물지수의 수준과 밀접한 관계를 가지면서 움직이게 된다.

주가지수선물 이론가격은 현물가격 이외에 현물주식을 매수하는 데 필요한 자금조달비용인 이자비용과 현물주식보유에 따라 발생하는 배당금을 반영해 결정한다. 주가지수의 경우 현물주식과 달리 배당금을 받을 수 없지만 배당금의 지급은 주식의 보유비용을 감소시키는 효과를 가져오므로 주가지수선물도 이를 감안해 반영해야 한다.

한국거래소에 상장되어 거래되는 KOSPI200 선물의 이론가격은 다음과 같은 산식으로 표시될 수 있다.

$$\begin{aligned}\text{이론가격} &= \text{현물가격} + \text{금융비용} - \text{배당수입} \\ &= \text{현물가격} + \text{현물가격} \times (\text{단기금리} - \text{예상 배당수익률}) \\ &\quad \times \frac{\text{결제일까지의 일수}}{365}\end{aligned} \tag{17.9}$$

배당수입은 KOSPI200 선물 1단위에 해당하는 현물을 보유했을 경우의 배당금 수입을 말하며, 금융비용이란 KOSPI200 선물 1단위에 해당하는 현물을 매입하는 데 필요한 자금조달 이자로서 콜금리나 CD금리가 주로 사용된다. 상기 식 (17.9)에서 알 수 있는 바와 같이 단기금리가 예상 배당수익률을 상회할 경우 이론선물가격은 현물가격보다도 높게 되고, 반대의 경우에는 이론선물가격이 현물가격보다 낮게 된다. 그러나 통상 단기금리가 배당수익률보다 높기 때문에 KOSPI200 선물가격이 현물가격보다 높은 것이 보통이다. 금융비용에서 배당수입을 차감한 금액을 순보유비용

(Carry Cost)이라고 하는데 이 금액은 결제일까지의 잔존기간이 길수록 크며, 최종거래일에는 0이 되어 현물가격과 선물가격은 일치하게 된다.

KOSPI200 선물 이론가격은 다음과 같은 차익거래를 통해 도출될 수 있다. 투자자 A와 B는 동일한 금액을 투자한다고 가정하자. 투자자 A는 KOSPI200 지수 구성종목과 동일한 현물주식을 매수하고, 투자자 B는 KOSPI200 선물을 매수함과 동시에 투자자 A가 투자한 금액과 동일한 금액을 무위험자산에 투자한다(투자의 단순화를 위해 선물의 위탁증거금과 현물 · 선물 양자의 거래비용을 0으로 함).

두 투자자의 수익을 보다 쉽게 계산하기 위해 다음과 같은 부호를 사용한다.

- 투자자 A의 현물주식 매수액 : S
- 투자자 B의 KOSPI200 선물매수가격 : F
- 투자자 B의 무위험자산 투자액 : $I(=S)$
- 현물주식으로부터의 배당금 수입 : D
- 무위험자산 투자 시 이자수입 : R
- 현물주식의 만기 시 가격 : S'
- 선물의 최종결제가격 : $F'(=S')$

선물의 최종결제 시 투자자 A와 B는 다음과 같은 수익을 얻을 수 있다.

$$\text{투자자 A의 수익} : S' + D - S \tag{17.10}$$

$$\text{투자자 B의 수익} : F' - F + R \tag{17.11}$$

식 (17.10)과 (17.11)은 반드시 같아야 한다. 왜냐하면 식 (17.10)과 (17.11) 중에 하나가 더 크다면 투자자들은 수익이 적은 투자방법을 이용하지 않을 것이기 때문이다. KOSPI200 선물 매수시에는 투자금액이 발생하지 않으므로 투자자 A와 B는 투자금액이 같다. 따라서, (17.10) = (17.11)이므로 $S' + D - S = F' - F + R$이 된다. KOSPI200 선물거래의 최종결제일에는 $S' = F'$이 되므로 $D - S = R - F$, 즉 $F = S + R$

$-D$가 된다.

이 식은 무위험자산 투자 시 발생하는 이자수입 R은 KOSPI200 선물 1단위에 해당하는 주식을 매수하려고 자금을 차입하는 투자자에게는 금융비용이 되므로 KOSPI 200 선물 이론가격은 KOSPI200 현물가격에 금융비용을 더하고 배당수입을 차감한 가격이 된다는 것을 의미한다.

9.1.2 통화선물

통화선물가격은 이론적으로 외국통화 매수에 필요한 자금대출시의 국내통화에 대한 이자율, 외국통화 예치에 따른 외국통화 이자율과 현재 시점의 외국통화환율로 결정되며 다음과 같은 원리를 적용하여 도출된다.

국내 통화를 외국통화로 바꾼 뒤 만기에 받는 외국 통화를 국내 통화로 다시 바꿀 경우, 차익거래가 발생되지 않으려면 이때의 원리금은 국내통화로 지속적으로 보유시의 원리금이 되어야 한다.

예를 들어, 원화금리 5%, 달러금리 2%, 현재 환율(S_0)이 1,300원일 경우, 현재 1,300만원을 $\frac{1,300\text{만}}{S_0} = 1\text{만}$ 달러로 바꾼 뒤 1년간 보유하다가 원리금 10,000(1 + 0.02)달러를 선물환율(F_0)을 적용해 다시 원화로 바꾸면 $\frac{1,300\text{만}}{S_0}(1+0.02)F_0$가 되고 이 금액은 원화 1,300만원을 1년간 보유 시 원리금 1,300만(1 + 0.05)와 같아야 한다. 즉, $\frac{1,300\text{만}}{S_0}(1+0.02)F_0 = 1,300\text{만}(1+0.05)$이 성립해야 한다. 이 식을 F_0에 대해서 정리하면 $F_0 = S_0\left(\frac{1+0.05}{1+0.02}\right)$이 된다. 이 식을 일반화하면 아래 식이 도출된다.

$$F_0 = S_0\left(\frac{1+r_D}{1+r_F}\right) \tag{17.12}$$

r_D : 자국통화 이자율, r_F : 외국통화 이자율, S_0 : 현물환율

식 (17.12)에서 나타나듯이 통화선물 이론가격은 자국통화의 이자율(r_D)이 외국통화의 이자율(r_F)보다 높으면 선물환율이 현물환율보다 높은 할증상태가 되고, 반대로 자국통화의 이자율(r_D)이 외국통화의 이자율(r_F)보다 낮으면 선물환율이 현재 환율

보다 낮은 할인상태가 된다.

9.1.3 3년 · 5년 · 10년 국채선물

국채선물은 이자지급을 통해 예정된 소득을 제공하는 증권에 대한 선물이다. 따라서 국채의 현물가격에 국채매입자금 조달비용을 가산하고 국채를 보유할 경우에 지급받게 될 이자를 차감해 이론가격을 산출할 수 있다. 우리나라의 국채선물은 실물인수도 방식이 아닌 현금결제 방식을 채택하고 있으며 현금결제를 위한 최종결제기준채권(Basket 채권)을 지정하고, 해당 채권들의 가격들을 이용해 결제수익률(r)을 산출한 후 국채선물가격결정모형에 적용해 국채선물의 최종결제가격을 산출한다.

표 17-9 국채선물별 가격결정모형

	3년 국채선물	5년 국채선물	10년 국채선물
최종결제가격	현가모형	현가모형	현가모형
	$\sum_{i=1}^{6}\frac{\left(\frac{5}{2}\right)}{\left(1+\frac{r}{2}\right)^{i}} + \frac{100}{\left(1+\frac{r}{2}\right)^{6}}$	$\sum_{i=1}^{10}\frac{\left(\frac{5}{2}\right)}{\left(1+\frac{r}{2}\right)^{i}} + \frac{100}{\left(1+\frac{r}{2}\right)^{10}}$	$\sum_{i=1}^{20}\frac{\left(\frac{5}{2}\right)}{\left(1+\frac{r}{2}\right)^{i}} + \frac{100}{\left(1+\frac{r}{2}\right)^{20}}$

r : 최종결제기준채권으로부터 산출되는 국채선물의 결제수익률로 최종결제기준채권들로부터 도출되는 수익률들의 평균값을 채택함.

9.1.4 상품선물

기초자산이 실물상품인 경우 투자목적인 경우(금, 은 등)와 소비목적인 경우로 구분된다.

기초자산이 투자목적인 경우 앞에서 설명한 보유비용모형을 적용한다. 그러나 기초자산이 소비목적인 경우 상품보유에 따른 편익가치(convenience value) 포기에 대한 보상이 불확실하므로 선물시장가격이 이론가격과 차이를 보이더라도 기초자산을 매도하고 선물을 매수하는 것과 같은 차익거래가 쉽지 않다. 편익가치는 일시적인 상품 부족에 대한 대비 또는 상품보유로 인해서 지속적인 생산이 가능한 것 등이 예가 된다. 이 경우 상품선물가격은 보유비용모형에 의한 이론가격보다 낮은 수준에서 형성되고 이 차이를 편익수익(convience yield)이라 한다.

따라서 소비목적인 상품 선물가격결정모형은 보유비용모형에서 편익수익을 차감한 다음과 같은 모형이 된다.

$$\text{상품 선물가격} = \text{현물가격} + \text{순보유비용} - \text{편익수익} \quad (17.13)$$

이 모형을 적용하려면 편익수익이 정확히 정의되고, 측정이 쉬워야 하나 편익수익은 상품 및 보유자에 따라 달라지고 측정이 어렵다는 한계가 있다.

지금까지 설명한 보유비용모형에 연속수익률을 적용하면 기초자산별 선물가격결정모형은 다음과 같이 표현된다(연속수익률 r의 정의 : $\lim_{m \to \infty}\left(1+\frac{r}{m}\right)^m = e^r$, m : 복리이자 적용횟수, e : 2.7183⋯).

| 주가지수 $F = Se^{(r-g)T}$ (17.14)

r : 연속 복리수익률, g : 연속 배당수익률, T : 잔존만기

| 통화 $F = Se^{(r_D - r_f)T}$ (17.15)

r_D : 국내이자율, r_f : 외국이자율

| 상품

투자목적 $F = (S+u)e^{rt}$ (17.16)

u : 보관비용의 현재가치

u가 상품가격에 비례하면 $F = Se^{(r+u)T}$

소비목적 $F = (S+u)\,e^{(r-y)T}$ (17.17)

y : 편익수익률

u가 상품가격에 비례하면 $F = Se^{(r+u-y)T}$

| 채권 $F = (S-I)\,e^{rT}$ (17.18)

I : 선물만기일까지 채권이자 수입의 현가

9.2 선물가격과 기대현물가격 설명 가설

"선물가격이 만기 시점의 현물가격에 대한 정확한 측정치"가 되는가에 대해서 3가지 가설들이 있다.

첫째, 기대가설이다.

투자자의 위험중립을 가정하고 있으며, "선물가격은 만기일의 기대 현물가격이다" 라고 주장한다.

$$F_0 = E(S_t) \quad (17.19)$$

F_0 : 현재시점 선물가격, S_t : 만기일 현물가격, $E(S_t)$: 만기일 기대현물가격

둘째, 정상적 백워데이션(Backwardation) 가설이다.

영국 경제학자 케인즈와 힉스 등이 주장했으며 "만기 전에

$$F_0 < E(S_t) \quad (17.20)$$

가 되나, 만기일에 근접하면 F_0가 $E(S_t)$에 근접한다"는 가설로 선물계약의 위험보상 성격을 반영하고 있다.

셋째, 콘탱고(Contango) 가설이다.

"선물가격은 항상 기대 현물가격보다 높게 형성된다"고 주장하며 매수헤저가 매도헤저보다 위험헤징에 대한 보상을 더 요구한다는 가정을 하고 있다.

$$F_0 > E(S_t) \tag{17.21}$$

그림 17-4 선물가격과 기대 현물가격 관계

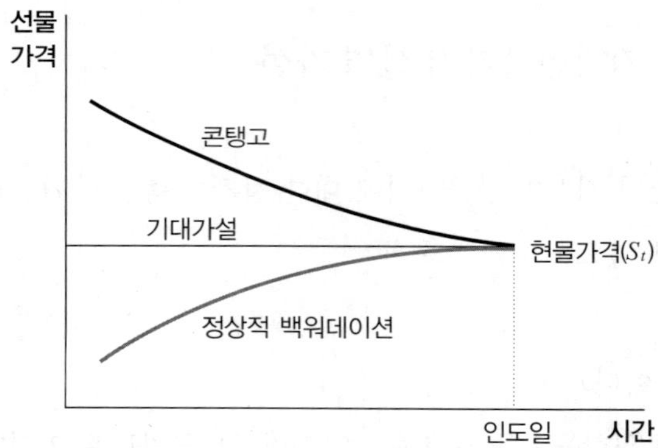

상품 선물시장의 경우 선물가격이 현물가격보다 높은 경우를 콘탱고(contango)라고 하며 정상시장인 상태이다. 이때 선물의 만기가 길수록 그 폭은 커진다. 그러나 생산라인의 고장이나 부두 노동자의 파업 등 상품공급 측면에서 애로가 발생해 일시적으로 공급이 수요보다 부족하면 선물가격이 현물가격보다 낮게 되는 현상이 생기는데 그런 경우를 백워데이션(backwardation)이라 하며 역조시장(inverted market) 또는 비정상시장(abnormal market)이라고도 한다.

10. KOSPI200 선물 투자전략

KOSPI200 선물을 활용한 투자전략을 설명해 보자.

10.1 헤지거래

기관투자자 A는 현재 50억원어치의 주식을 보유하고 있다. 그런데 주가가 하락할 것으로 예상해 보유 중인 주식을 팔려고 한다. 그러나 주식수가 많은데다 종목도 다양해 일일이 가격을 결정해 팔자 주문을 내기에는 시간이 모자랄 것으로 판단됐다. 그래서 KOSPI200선물을 이용해 주가하락으로 생길 손실을 막기로 마음먹었다(단 KOSPI200 선물이 현재 100포인트에 거래되고 있다고 가정). A는 주식 50억원어치에 해당하는 KOSPI200 선물 100계약[50억원 ÷ (100포인트 × 50만)]을 매도했다. 일정기간 후 주가가 10% 하락한 경우와 10% 상승한 경우로 나눠 투자손익을 따져 보면 다음과 같다.

주가가 10% 하락하면 보유 중인 주식에서 5억원의 손실(50억원 × 10%)이 발생한다. 그러나 KOSPI200 선물가격은 90포인트로 떨어져 선물거래에서 5억원의 수익(10포인트 × 50만원 × 100계약)을 올릴 수 있다. 결국 전체 손익은 0이 된다. 선물거래로 주가하락에 따른 손실을 만회했음을 알 수 있다. 반대로 주가가 10% 오르면 현물에서 5억원의 이익이 생긴다. 그러나 KOSPI200 선물가격은 110포인트로 높아져 선물거래에서는 5억원의 손실이 발생한다. 이 경우에도 전체 손익은 0이다. 헤지거래는 주가의 오르내림에 관계없이 손실이 발생하지 않는다는 것을 알 수 있다.

10.2 투기거래

투자자 A는 선물가격이 상승할 것으로 예상하고 보유자금 6억 7,500만원으로 KOSPI200 선물을 매수하기로 마음먹었다(현재 선물가격은 100포인트, 거래승수 50만원 위탁증거금률 13.5%로 가정). A는 6억 7,500만원으로 매수할 수 있는 최대 수량인 100계약[6억 7,500만원 ÷ (100포인트 × 50만원 × 13.5%)]을 매수했다. 주가가 5% 오를 경우와 내릴 경우의 손익을 계산해 보면 다음과 같다. 주가가 5% 오르면 KOSPI200 선물가격은 105포인트가 된다. 이때 선물거래로 얻는 이익은 2억 5,000만원(5포인트 × 50만원 × 100계약)이 된다. 6억 7,500만원을 투자해 37%의 수익을 올린 셈이다. 만약 현물에 투자했다면 수익률은 주가상승률인 5%에 불과했을 것이다. 반대로 주가가 5% 하락했다면 KOSPI200 선물가격은 95포인트가 된다. 이때 선물거래로 입는 손실은 2억 5,000만원이 된다. 이처럼 주가지수선물에 투자하는 것은 주식에 투자하는 것보다 지수선물거래의 위탁증거금률이 13.5%로 인해서 손익효과가 7배 정도 크다. 지수선물거래는 현물주식 투자에 비해 손익폭이 매우 크기 때문에 투기거래 시에는 세심한 주의가 필요하다.

10.3 차익거래

2011년 5월 9일 현재, 현물시장의 KOSPI200지수는 100이고 KOSPI200 선물 6월물(최종거래일 6월 9일) 가격은 102이다. 단기금리 9%, 예상 배당수익률 3%로 가정하면, 6월물 선물이론가격은 100.5가 되어 선물가격이 고평가되고 있다.

$$\text{선물이론가격} : 100 + 100(0.09 - 0.03) \times \left(\frac{1}{12}\right) = 100.5$$

5월 9일, 투자자 A는 6월물 KOSPI200 선물 10계약을 102에 매도함과 동시에 선물 10계약에 해당하는 현물주식 5억원(100 × 50만원 × 10계약)을 연 9% 금리로 차입해 매수하는 차익거래를 했을 경우, 최종거래일인 6월 9일, KOSPI200 현물지수가 97인 경우 투자자 A의 손익을 구해 보자.

5월 9일

- 현물주식 매수 : 5억, 선물 매도 : 5.1억(102 × 50만원 × 10계약)

6월 9일

- 현물주식 매도 : 4.85억(5억원 × $\frac{97}{100}$), 선물 최종결제 : 4.85억(5억원 × $\frac{97}{100}$), 차입금이자 : 5억원 × 0.09 × $\frac{1}{12}$ = 0.0375억, 배당수입 : 5억원 × 0.03 × $\frac{1}{12}$ = 0.0125억으로
- 현물주식 손실(자본손실 0.15억 + 차입금 이자와 배당수입 고려 후 손실 0.025억)은 0.175억, 선물 이익은 5.1억 − 4.85억 = 0.25억이 되어 차익거래 총이익은 0.25억 − 0.175억 = 0.075억이 된다.

  현물지수에 관계없이 이익은 (102 − 100.5) × 50만 × 10계약 = 0.075억원이 된다.

10.4 스프레드 거래

투자자 A는 주가상승이 예상되나 주가하락 위험을 회피하고자, 7월 25일 주가지수선물 9월물 1계약을 100포인트에 매도하고, 동시에 12월물 1계약을 110포인트에 매수하는 스프레드 매수거래를 하였다(1거래승수 50만원).

이 거래의 9월 5일 손익을 구해 보자.

주가가 상승한 경우(9월물 105포인트, 12월물 120포인트)

9월물 1계약을 105포인트로 환매에 따른 손익;

(105 − 100) × 50만원 = 250만원 손실

12월물 1계약을 120포인트로 전매에 따른 손익;

(120 − 110) × 50만원 = 500만원 이익,

따라서 스프레드 매수는 500만원 − 250만원 = 250만원 이익이 발생한다.

주가가 하락한 경우(9월물 95포인트, 12월물 90포인트)

9월물 1계약을 95포인트로 환매에 따른 손익;

(100 − 95) × 50만원 = 250만원 이익,

12월물 1계약을 90포인트로 전매에 따른 손익;

(90 − 110) × 50만원 = 1,000만원 손실,

따라서 스프레드 매수는 250만원 − 1,000만원 = 750만원 손실이 발생한다.

이와 같이 스프레드 거래는 단일 선물계약보다 주가변화에 따른 손익이 작게 된다.

연습문제

I. 다음을 설명하시오.

01. 금융선물의 종류 3가지

02. 차익거래를 정의하고 이에 대한 구체적 예

03. 베이시스와 베이시스 위험

04. 헤지거래, 차익거래, 투기거래 간의 관계

05. 선물 투기 거래자의 종류

06. 선물(F)과 현물(S)을 이용해 헤지 포트폴리오를 구성하려고 한다. 투자전략을 구체적인 문장으로 서술하고 완전헤지가 되기 위한 조건 및 그 이유를 설명하시오.

07. 선물거래에서는 일일정산제도가 있다. 이 제도를 설명하고 만약 이 제도가 없다면 선물거래에 어떤 영향을 미치겠는가?

08. 선물거래의 기능

09. 소비가 목적인 상품선물의 가격결정모형

10. 선도거래와 선물거래의 차이점

II. 다음 문제에 답하시오.

11. 홍길동은 1998년 2월 28일 KOSPI200 선물 3월물 9계약을 44포인트에 매입했다. 3월 5일 3월물을 55포인트에 전매했을 경우(거래승수 50만원, 위탁증거금 15%).

(1) 손익

(2) 투자수익률

12. 홍길동은 5억 2,500만원을 현재 70포인트인 12월 선물에 투자하려고 한다. 거래승수 50만원, 위탁증거금 15%, 유지증거금 10%을 가정한다.

(1) 가능한 계약수

(2) 선물가격이 얼마일 때부터 마진콜을 당하는가?

(3) 이 투자가는 선물가격이 55포인트일 때 청산했다. 손익은?

13. (주)홍익은 주가상승을 예상하고 3억원을 증거금으로 주가지수선물을 매수하려고 한다. 거래승수 10만원, 개시증거금이 10%, 현재시점 기준 6월 말 주가지수선물이 1,000포인트라고 가정하자. 다음 경우 손익을 구하시오.

(1) 6월 말 주가가 1,100포인트

(2) 6월 말 주가가 900포인트

14. 1월 4일 향후 주가상승을 예상하고 15억원을 증거금으로 KOSPI200선물을 매수하려고 한다(거래승수 50만원, 개시증거금 15%). 1월 4일 선물가격이 100pt이다. 2월 31일 선물가격과 KOSPI200 현물이 5%씩 상승한 경우와 하락한 경우에 선물투자 시와 현물투자 시 손익을 구하시오.

15. 투자자 A는 선물가격이 상승할 것으로 예상하고 보유자금 7억 5,000만원으로 KOSPI200 선물을 매수하기로 마음먹었다(거래승수 50만원, 현재 지수 100포인트, 위탁증거금 : 주문금액의 15%).

(1) 7억 5,000만원으로 매수할 수 있는 KOSPI200 선물의 최대 계약수는?

(2) 이 경우 KOSPI200 선물가격이 5%오른 경우의 손익은?

16. 경기가 불투명해 향후 주가가 하락할 것을 예상하고 1월 4일 보유주식 100억원 상당액의 주가지수선물을 매도해 주가하락으로 인한 손실을 보전하고자 한다. 주가지수선물 거래승수가 50만원이고, 현재 주가지수 100포인트에 거래되고 있다. 주가가 변동된 만큼 주가지수선물 가격도 변동하는 것으르 가정하고 매매에 따른 수수료는 감안하지 않는다.

(1) 주가지수선물 매도 계약수는?

(2) 주가가 10% 하락한 경우의 손익은?

17. 5월 10일 현재 KOSPI200은 100pt, KOSPI200 선물은 104pt에 거래되고 있다(거래승수 50만원, 단기금리 연 15%, 예상 배당수익률 연 3%). 6월 10일 만기가 되는 KOSPI200은 주가지수, 단기금리 및 배당수익률을 고려할 때, 101pt가 적정한 것으로 평가된다(증거금 수수료는 감안하지 않음). 5월 10일 KOSPI200 선물 20계약을 104pt에 매도하고, 동시에 선물 20계약 상당액의 주식 10억원을 연 15%로 차입 후 매수했다. 6월 10일 주가가 90pt로 하락한 경우와 110pt로 상승한 경우의 투자손익을 구하시오.

18. 투자자 정은 9월 1일 주가상승을 예상하나 하락 가능성도 배제하지 못해서 지수변동폭이 큰 거래승수 5만원인 주가지수선물 A 계약을 700포인트에 매수하고 지수변동폭이 적은 1포인트당 10만원인 주가지수선물 B 계약을 350포인트에 매도했다고 하자. 10월 15일 주가지수선물 A를 800포인트에 매도하고 주가지수선물 B를 380포인트에 매수한 경우의 손익은?

chapter **18**

옵션의 기초

1. 옵션의 개념 | **2.** 옵션의 종류 | **3.** 옵션의 기원, 역사 | **4.** 옵션의 손익
5. 옵션거래의 구조 | **6.** 옵션의 기능 | **7.** 옵션투자 전략 | **8.** 풋-콜 패리티

18장은 옵션의 개념, 종류, 기원, 역사, 손익, 거래구조, 기능, 투자전략 등 옵션의 기초에 대해서 설명한다.

1. 옵션의 개념

옵션(options)이란 선택할 수 있는 권리를 의미하며 파생상품에서의 옵션 역시 이와 비슷한 개념이다. 옵션거래는 특정 대상물(underlying asset)을 (사전에 정한) 일정한 가격(exercise price)으로 일정한 미래시점(expiration date) 또는 그 이전에 사거나 팔 수 있는 권리를 부여한 '선택권' 으로 정의되며, 이런 선택권을 매매하는 것이 옵션거래이다. 옵션은 권리이지 의무가 아니기 때문에 옵션을 매수하는 사람은 해당 옵션을 매도한 사람에게 일정한 구입의 대가를 지불해야 하는데 이것을 '옵션 프리미엄(가격)' 이라 한다. 옵션매수자는 '선택권' 이기 때문에 자신에게 유리한 경우에는 행사하고 불리하면 포기하는 것이 가능하다. 반면에 옵션매도자는 옵션매수자로부터 프리미엄을 받았기 때문에 권리행사에 반드시 응해야 할 의무를 갖는다. 옵션매도자는 옵션의 매수자가 권리를 행사하지 않는 경우에는 이미 받아둔 프리미엄이 이익이 되고, 권리를 행사하는 경우에는 손실을 무한대로 책임진다.

2. 옵션의 종류

옵션은 기초자산, 선택권 행사형태, 권리행사 가능시기, 거래장소, 옵션의 표준화 정도에 따라 분류할 수 있다.

2.1 기초자산

주식 옵션은 1973년 CBOE(Chicago Board Option Exchange)에서 처음으로 도입했고 역사가 가장 오래된 옵션으로 발행 물량이 많고 유동성이 높은 대형 우량주 중심으로 거래되고 있으며, 이 밖에 주가지수 옵션, 채권 옵션, 통화 옵션, 선물계약을 기초자산으로 하는 옵션인 선물 옵션 등이 있다.

2.2 선택권 행사형태

2.2.1 콜옵션

콜옵션(call option)은 특정 대상물에 대해 일정량을 정해진 가격으로, 정해진 기간 이내에 언제든지 살 수 있는 권리를 매입자에게 부여하는 계약이다. 일정량은 한 계약당 거래단위, 정해진 가격은 권리행사가격, 정하진 기간은 만기일을 의미한다. 콜옵션 매수자는 콜옵션 매도자로부터 만기일 혹은 그 이전에 언제든지 옵션 대상물을 옵션 행사가격에 매수할 수 있는 권리를 부여받게 되며 이 권리에 대한 대가, 즉 프리미엄(옵션가격)을 지불하며, 콜옵션 매도자는 프리미엄을 얻는 대신 콜옵션 매도자가 대상물을 매수하고자 할 때에는 언제든지 대상물을 행사가격에 매도해야 할 의무를 지게 된다. 콜옵션 매수자는 대상물 가격이 향후 행사가격 이상으로 상승을 예상하며, 콜옵션 매도자는 대상물 가격이 향후 행사가격 이상으로 상승하지 않을 것으로 예상한다.

콜옵션을 매수한 사람은 사전에 정한 가격(행사가격)보다 높은 가격으로 시장에서 해당 상품이 거래될 경우, 그 권리를 행사함으로써 싼 값에 상품을 구입할 수 있다. 그러나 해당 상품의 가격이 사전에 정한 가격보다 낮게 시장에서 형성되는 경우는 그 권리를 포기하고 시장에서 시장가격으로 상품을 구입한다.

예 18-1

현재 가격이 10,000원인 주식 A를 3개월 후에 11,000원의 가격으로 살 수 있는 콜옵션이 100원에 거래된다. 콜옵션매입자(purchaser)는 3개월 후 만기 시 주식 A의 가격이 12,000원이 되었을 경우 11,000원에 살 수 있는 콜옵션의 권리를 행사해 900원(= 10,000 – 100)의 이득을 본다. 그러나 주식 A의 가격이 만기 시 9,000원으로 하락했을 경우 콜옵션의 권리를 행사할 필요가 없어지게 되어 옵션의 가격인 100원을 손해보게 된다.

2.2.2 풋옵션

풋옵션(Put Option)은 특정 대상물에 대해 일정량을 정해진 가격으로, 정해진 기간 혹은 그 이내에 언제든지 팔 수 있는 권리를 매입자에게 부여하는 계약으로 풋옵션 매수자는 대상물을 매도할 수 있는 권리를 갖고, 풋옵션 매도자는 매수자가 권리행사 시 대상물을 행사가격에 매수해야 할 의무를 갖는다.

풋옵션을 매수한 사람은 사전에 정한 가격(행사가격)보다 낮은 가격으로 시장에서 해당 상품이 거래될 경우, 그 권리를 행사함으로써 비싼 값에 상품을 팔 수 있다. 그러나 해당 상품의 가격이 사전에 정한 가격보다 높게 시장에서 형성되는 경우는 콜옵션의 경우와 같이 권리를 포기하고 시장에서 시장가격으로 대상물을 매도하는 것이 유리하다.

예 18-2

현재 가격이 5,000원인 주식 B를 3개월 후에 6,000원에 팔 수 있는 풋옵션이 120원에 거래되고 있다. 풋옵션을 산 사람은 3개월 후 만기 시 주식 B의 가격이 4,000원이 되었을 경우 6,000원에 팔 수 있는 풋옵션의 권리를 행사해 1,880원(= 2,000 – 120)의 이득을 얻을 수 있다. 그러나 주식 B의 가격이 만기 시 6,000원 이상으로 상승했을 경우 풋옵션의 권리를 행사할 필요가 없어지게 되어 옵션의 가격인 120원만 손해를 보게 된다.

2.3 권리행사 가능시기

옵션의 매수자가 권리를 만기일 이전에 아무 때나 행사할 수 있는 미국형 옵션과 만기일에만 행사할 수 있는 유럽형 옵션으로 구분한다.

2.3.1 유럽형 옵션

유럽형 옵션(European Options)은 권리행사를 만기일에만 행사가 가능한 옵션으로 우리나라 KOSPI200 옵션이 여기에 해당한다.

2.3.2 미국형 옵션

미국형 옵션(American Options)은 옵션의 만기일을 포함해 그 이전에 언제라도 자신에게 유리하다면 권리의 행사가 가능한 옵션이다. 따라서 유럽형 옵션에 비해 매수자에게 유리하므로 다른 조건이 동일하다면 일반적으로 미국형 옵션의 프리미엄이 유럽형 옵션보다 더 비싸다.

2.4 거래장소

2.4.1 거래소옵션

거래소옵션(exchange traded option)은 정규거래소에 상장되어 거래되는 옵션으로 장내옵션이라고도 한다.

2.4.2 장외옵션

장외옵션(over-the-counter option)은 거래당사자끼리 장외에서 거래하는 옵션이다.

2.5 옵션 표준화 정도

2.5.1 표준옵션

표준옵션(standard option)은 표준화된 특성과 거래조건을 갖는 옵션을 말하며, 주로 거래소에서 거래된다.

2.5.2 비표준옵션

비표준옵션(non-standard option)은 표준옵션의 변형으로 복잡한 수익구조를 가지며, 주로 장외에서 거래된다.

1) 디지털 옵션

디지털옵션(digital option)은 만기일 혹은 그 이전에 옵션매수자가 옵션을 행사하면 약속한 현금이나 기초자산을 받을 수 있는 옵션으로, 유럽형인 경우 옵션 수익은 다음과 같다.

디지털 콜옵션 수익(C^D)

$$C^D = \begin{cases} D & S_T \geq E \\ O & S_T < E \end{cases}$$

D : 약속한 현금 혹은 기초자산
S_T : 만기시점의 기초자산가격
E : 행사가격

디지털 풋옵션 수익(P^D)

$$P^D = \begin{cases} O & S_T \geq E \\ D & S_T < E \end{cases}$$

2) 경로종속 옵션

경로종속 옵션(path-dependent option)은 행사시점의 기초자산가격에 따라 수익이 결정되는 표준옵션과 달리 옵션의 발행시점부터 만기시점까지 기초자산가격이 움직인 경로에 따라 수익이 결정되는 옵션으로 장애물옵션(barrier option), 평균옵션(average option), 룩백옵션(lookback option) 등이 있다.

장애물 옵션은 만기까지 기초자산가격이 사전에 정한 기준가격을 통과했는지의 여부에 따라 수익이 결정되는 옵션으로 기초자산가격이 기준가격을 통과하면 옵션가치가 사라지는 옵션인 소멸옵션(knock-out option)과 기초자산가격이 기준가격을 통과하면 옵션가치가 발생하는 생성옵션(knock-in option)으로 세분된다.

평균옵션은 사전에 정한 일정기간 동안의 기초자산가격의 평균에 따라 수익이 결정되는 옵션으로, 만기 시 옵션수익을 기초자산의 평균가격에서 행사가격을 빼는 경우인 평균가격옵션(average price option)과 기초자산가격에서 평균가격을 빼는 경우인 평균행사가격옵션(average strike option)이 있다.

룩백옵션은 옵션만기일까지의 기초자산가격 중에서 최대값 또는 최소값으로 행사가격이 결정되는 옵션이다.

3) 복수자산옵션

복수자산옵션(option on multiple assets)은 여러 기초자산가격에 따라서 수익이 결정되는 옵션으로 바스켓옵션(basket option), 콴토옵션(quanto option), 무지개옵션(rainbow option) 등이 있다.

바스켓옵션은 여러 기초자산의 평균가격에 의해서 수익이 결정되는 옵션, 콴토옵션은 만기수익이 기초자산가격뿐만 아니라 환율과 같은 다른 자산가격에 의해서 영향을 받는 옵션, 무지개옵션은 여러 개의 기초자산가격을 이용하여 만기에 수익이 결정되는 옵션으로 만기 시 수익을 기초자산가격 중 최고가격으로 하면 최상옵션(best-of-option), 최저가격으로 하면 최하옵션(worst-of-option)이라 한다.

3. 옵션의 기원, 역사

옵션거래의 시초는 17세기경 네덜란드의 튤립투기 붐이 일어나던 때까지 거슬러 올라간다. 이와는 다르게 아주 먼 그리스 시대 철학자 탈레스의 일화로부터 시작했다는 설도 전해진다. 옵션의 기원, 역사 및 우리나라 옵션 상장현황은 다음과 같다.

3.1 옵션의 기원

3.1.1 그리스의 탈레스

그리스 밀레투스 지역에는 탈레스라는 철학자가 있었다. 그는 매우 가난했는데 주위에서는 그가 가난하다고 항상 조롱을 했다. 그런 조롱이 싫었던 탈레스는 자신의 가난은 스스로 선택한 것이라는 것을 증명해 보이고 싶어했다. 그러던 어느날 탈레스는 점성술로 그 해의 날씨를 예측해 올리브가 대풍작을 이루게 될 것이라고 예상을 하게 되었다. 그는 올리브 열매가 열리기 전에 그 지역에 있는 모든 압착기 소유주에게 선금(옵션가격)을 주고 그가 필요할 때 언제든지 압착기를 빌릴 수 있는 권리를 샀다. 그리고 압착기를 실제로 빌리는 데 필요한 대여금(행사가격)도 압착기 주인들과 협상을 통해 결정해 두었다. 마침내 올리브 수확기가 되었을 때 그가 예상한 대로 올리브는 대풍작이 되었고 압착기 소유주들에게 미리 협상한 대여금을 지불하고 그 지역의 모든 압착기를 빌려 두었다.

올리브 생산자들은 엄청나게 수확된 올리브를 가공하기 위해 압착기가 필요했으나 압착기를 가지고 있는 사람은 오직 탈레스 한 사람뿐이었다. 탈레스는 자신이 지불한 대여금보다 훨씬 높은 가격을 압착기 대여금으로 책정해 놓았지만, 올리브 생산자들은 울며 겨자 먹기로 압착기를 빌릴 수밖에 없었다. 그 결과 탈레스는 막대한 돈을 벌었으며, 그 이후부터는 누구도 탈레스를 가난하다고 놀리는 일이 없었다.

3.1.2 네덜란드의 튤립

현대적 의미의 옵션거래는 네덜란드의 튤립투기 붐이 있었던 17세기경에 시작되었다. 1630년대 네덜란드에서는 튤립재배가 유명했고 많은 사람들이 튤립재배로 돈을 벌고 있었는데 작황에 따라 가격변동의 폭이 커짐에 따라 재배자들과 중개업자들은 안정적인 가격으로 거래하는 방법을 찾게 되었다. 튤립을 매수할 중개인들은 콜(Call)을 매입함으로써 일정기간에 정해진 가격으로 튤립을 매수할 수 있게 되었으며, 튤립재배자는 풋(Put)을 매수함으로써 일정한 가격에 팔 수 있게 되었다.

3.2 옵션의 역사

주식을 대상으로 하는 옵션거래는 1690년대에 런던에서 최초로 시작되었고, 그 후 뉴욕의 월가(Wall Street)에서 점두거래 형태로 거래되던 19세기 말부터 현대적인 옵션거래로 발전하게 되었다. 옵션거래의 조직적인 시장형태는 1973년 미국의 시카고상품거래소(CBOT)가 시카고옵션거래소(CBOE)라는 독립회사를 설립하고 우량주식 16개로 이루어진 주식 콜옵션을 거래하면서 시작되었고, 1977년에는 풋옵션이 상장되었다. 1982년 10월에는 T-bond와 T-Note를 기초자산으로 하는 금리옵션이 상장되었고, 동년 12월에는 필라델피아 증권거래소(PHLX : Philadelphia Stock Exchange)에서 영국 파운드화에 대한 통화옵션거래, 1983년 CBOE에서 S&P 100 지수를 기초자산으로 하는 주가지수옵션이 시작되었다. 우리나라에는 1997년 7월 7일 KOSPI200 주가지수옵션이 도입되었고, 이 지수 옵션 거래량은 2011년 말 현재 세계 1위이다.

3.3 우리나라 옵션 상장현황

〈표 18-1〉은 우리나라 옵션 상장현황이다.

표 18-1 우리나라 옵션 상장현황

구분	코스피200옵션 (1997.7.7 상장)	개별주식옵션 (2002.1.28 상장)	미국달러옵션 (1999.4.23 상장)
기초자산	코스피200지수	33개 개별주권	미국달러화(USD)
거래단위	옵션프리미엄×50만*	옵션 프리미엄×10	옵션 프리미엄×$10,000
결제월	최근 연속 3개월 및 3, 6, 9, 12월	최근 연속 3개월 및 3, 6, 9, 12월	분기월 중 2개와 그 밖의 월중 2개
상장결제월	6월 이내의 4개 결제월	6월 이내의 4개 결제월	6월 이내의 4개 결제월
행사가격설정	① 최근 3개월 : 2.5포인트 간격으로 ATM 1개, ITM 6개, OTM 6개 ② 최원월(분기물) : 5포인트 간격으로 ATM 1개, ITM 3개, OTM 3개	■ 행사가격의 수 : 9개 ■ 행사가격의 간격 : 대상주가 수준에 따라 달리 적용	ATM을 기준으로 10원 간격으로 상하 각 3개(총 7개)
권리행사유형	유럽형	유럽형	유럽형
가격표시	프리미엄(포인트)	프리미엄(포인트)	프리미엄
호가가격단위	프리미엄 3 이상 : 0.05포인트 프리미엄 3 미만 : 0.01포인트	옵션가격(프리미엄) 수준에 따라 상이함	0.10원
최소가격 변동금액	프리미엄 3 이상 : 5,000원 (10만원×0.05) 프리미엄 3 미만 : 1,000원 (10만원×0.01)		1,000원($10,000×0.10)
거래시간	09:00~15:15 (최종거래일 09:00~14:50)	09:00~15:15 (최종거래일 09:00~14:50)	09:00~15:15 (최종거래일 09:00~11:30)
최종거래일	결제월의 두 번째 목요일 (공휴일인 경우 순차적으로 앞당김)	결제월의 두 번째 목요일 (공휴일인 경우 순차적으로 앞당김)	결제월의 세 번째 월요일 (공휴일인 경우 순차적으로 앞당김)
최종결제일	최종거래일의 다음 거래일(T+1)	최종거래일의 다음 거래일(T+1)	최종거래일로부터 기산해 3일째 거래일(T+2)
결제방법	현금결제	현금결제	실물인수도
가격제한폭	기초자산 기준가격 대비 ±15%에 해당하는 옵션이론가격	기초자산 기준가격 대비 ±18%에 해당하는 옵션이론가격	기초자산 기준가격 대비 ±4.5%에 해당하는 옵션이론가격
단일가격 경쟁거래	개장시(08:00~09:00) 및 거래종료시(15:05~15:15)	개장시(08:00~09:00) 및 거래종료시(15:05~15:15)	개장시(08:00~09:00) 및 거래종료시(15:05~15:15)

주 : 2012년 말 기준

* 2012년 3월부터 거래승수 50만을 적용

4. 옵션의 손익

옵션의 손익은 기초자산을 살 권리인 콜(Call)옵션과 팔 권리인 풋(Put)옵션, 이들의 매수(Long)와 매도(Short)에 따라 달라진다. 각 경우에 대해서 알아보자.

4.1 콜옵션 매수의 경우(Long Call)

콜옵션을 매수하는 경우 기초자산가격이 행사가격보다 클 경우 이익이 되며, 그 이익은 기초자산의 시장가격(최종 정산가격)에서 행사가격을 뺀 차액만큼으로 된다. 반대로 기초자산가격이 행사가격보다 낮을 때에는 그 차액이 마이너스가 되더라도 이미 옵션매수 시에 지급한 프리미엄으로 한정되기에 더 이상의 책임이 필요 없다.

4.2 콜옵션 매도의 경우(Short Call)

콜옵션을 매도한 사람을 콜옵션 발행자라고도 하며, 해당 옵션을 매수한 사람으로부터의 권리행사에 반드시 응해야 하는 의무의 대가로 옵션 프리미엄을 받게 된다. 콜옵션매도의 경우 옵션의 행사가격보다 기초자산가격이 낮아서 옵션을 행사하지 않는 경우, 이미 받은 프리미엄은 이익이 되지만, 반대로 기초자산가격이 행사가격보다 높아 매수자가 옵션을 행사하는 경우, 기초자산가격에서 행사가격을 차감한 차액만큼 손실을 보는 손익구조로 되어 있다.

〈그림 18-1〉은 만기 시 기초자산가격(S_T)과 행사가격(E)에 따른 콜옵션 손익을 보여주고 있다.

그림 18-1 콜옵션과 만기 시 손익흐름

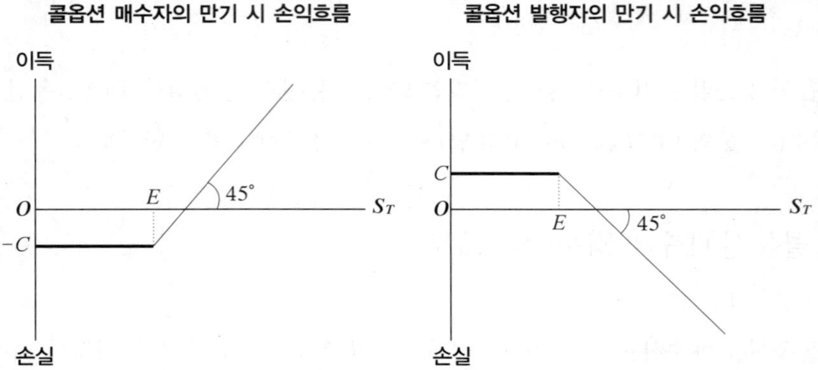

4.3 풋옵션 매수의 경우(Long Put)

풋옵션을 매수하는 경우 손익의 구조는 콜옵션의 경우와 반대로 기초자산의 가격이 행사가격보다 작을 경우 이익이 되며, 그 이익은 행사가격에서 기초자산가격을 차감한 차액이 된다. 반대로 기초자산가격이 행사가격보다 높을 때에는 콜 매수와 마찬가지로 손실이 풋옵션 매수 시에 지급한 프리미엄으로 한정되고 더 이상의 책임이 필요 없게 된다.

4.4 풋옵션 매도의 경우(Short Put)

풋옵션을 매도한 사람은 콜옵션 매도자처럼 해당 옵션을 매수한 사람으로부터의 권리행사에 반드시 응해야 하는 의무의 대가로 옵션 프리미엄을 받게 된다. 이때 콜옵션 매도의 경우와 다른 점은 옵션의 행사가격보다 기초자산가격이 높은 경우 매수자가 옵션의 권리행사를 포기하게 되어 의무가 면제되므로 이미 받은 프리미엄만큼 이익이 되고, 반대로 기초자산가격이 행사가격보다 낮아 매수자가 옵션을 행사하는 경우 행사가격에서 기초자산가격을 차감한 차액만큼 손실을 보는 손익구조로 되어 있다는 것이다.

〈그림 18-2〉는 만기 시 풋옵션 손익을 보여주고 있다.

그림 18-2 풋옵션과 만기 시 손익흐름

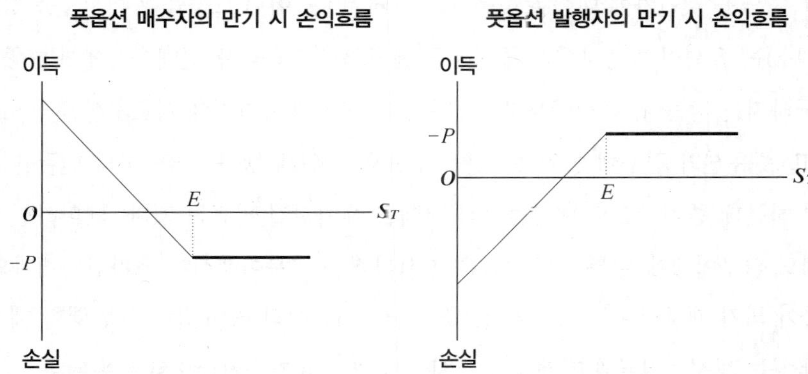

5. 옵션거래의 구조

옵션거래를 하기 위해서는 다음과 같은 사항들을 이해해야 한다.

5.1 발행자와 매수자

콜옵션의 경우 콜옵션 발행자는 일정 프리미엄을 받고 기초자산을 행사가격에 팔아야 하는 의무를 지게 되고, 콜옵션 매수자는 일정 프리미엄을 지불하고 기초자산을 행사가격에 살 수 있는 권리를 획득하게 된다. 풋옵션의 경우 발행자가 일정 프리미엄을 받고 매수자가 권리행사를 했을 때 기초자산을 행사가격에 매입해야 하는 의무를 지게 되고, 매수자는 일정 프리미엄을 지불하고 기초자산을 행사가격에 팔 수 있는 권리를 획득하게 된다.

5.2 증거금

옵션거래는 기본적으로 옵션의 발행자가 의무를 지고, 옵션의 매수자는 권리를 획득하게 되는 거래이므로, 매수자는 자신의 권리를 행사했을 때 옵션발행자가 의무를 이행할 수 있을 것인가에 대한 보증을 요구하게 된다. 이런 보증을 위해서 옵션청산회사(거래소)는 옵션의 발행자에게 증거금을 예치하도록 하나 옵션매수자에게는 증거금을 요구하지는 않는다. 옵션발행자는 콜옵션의 경우 행사가격에 기초자산을 인도해야만 하고, 풋옵션의 경우에는 기초자산을 인도받기 위해 행사가격만큼의 현금을 지불해야만 하는데 증거금으로 대상물가격 전액을 예치시킬 필요는 없다. 왜냐하면 어느 경우에도 의무이행에 따른 실제비용은 행사가격과 의무이행시 기초자산가격과의 차이만큼이 되기 때문이다. 이런 증거금을 위탁증거금이라 하며 옵션을 발행할 때 예치시켜야 하는 개시증거금과 거래를 유지시키기 위한 유지증거금으로 분류된다.

개시증거금(initial margin)은 일반적으로 옵션의 행사가격과 기초자산가격과의 차액을 충분히 충당할 수 있는 금액이 되며, 콜옵션 발행자의 경우 기초자산가격이 계속 상승해 행사가격과의 차이가 커지면 의무이행 비용도 커져 최소한의 증거금 금액도 커지기 때문에 유지증거금(maintenance margin)을 유지하기 위해서 추가적으로 증거금을 예치시켜야 한다. 고객이 회원에게 납부하는 증거금인 위탁증거금 중 전부 또는 일부를 회원이 거래소에 납부하는 증거금을 매매증거금이라 한다.

5.3 세부 거래조건

5.3.1 행사가격

모든 콜과 풋 옵션은 하나가 아닌 여러 개의 행사가격을 가진 옵션이 상장된다.

5.3.2 거래단위

거래단위는 옵션계약 1건의 규모를 말한다. 예를 들어, KOSPI200 옵션의 경우 '옵션 프리미엄(가격) × 50만' 이 된다.

5.3.3 만기월

한 가지 대상물에 대해서도 서로 다른 만기월을 가진 옵션들이 발행되며 일반적으로 결제월은 최근 연속 3개월물과 원원월물 1개이다. 즉, 3, 6, 9, 12월 중 2개와 기타월중 2개의 총 4개가 된다. 예를 들어, 2011년 4월 29일 시점에서 결제월은 2011년 5월, 6월, 7월과 9월의 4개이다. 3, 6, 9, 12월물의 거래기간은 6개월이고 기타 월물의 거래기간은 3개월이다. 최종거래일(만기일)은 각 결제월의 두 번째 목요일이며 새로운 결제월의 거래개시일은 최종거래일의 다음날이 된다.

국내 주가지수옵션과 개별주식옵션의 경우 만기일은 매월 두 번째 목요일이고, 주가지수선물 및 개별주식선물은 3, 6, 9, 12월 두 번째 목요일이므로 3, 6, 9, 12월 두 번째 목요일은 옵션과 선물 4가지가 만기일이 드는 네 마녀의 날(quadruple witching day)이라 불린다.

5.3.4 최소가격 변동단위

최소가격 변동단위(tick size)는 옵션거래 가격체결에 있어서 가장 기본적인 단위를 말한다. 예를 들어, KOSPI200 옵션의 경우 프리미엄이 3 이상이면 5,000원(50만원 × 0.05), 프리미엄이 3 미만이면 1,000원(50만원 × 0.01)이 된다.

표 18-2 KOSPI200 옵션 시세표(24일) (단위 : 포인트, 계약)

종목			종가	전일대비	시가	고가	저가	거래량	미결제 약정수량
	만기일	행사가격							
콜	9802	65.0	1.90	+0.30	1.58	2.10	1.23	9,450	7,868
	9802	62.5	2.80	+0.40	2.50	3.00	2.00	2,383	5,031
	9802	60.0	4.00	+0.70	3.50	4.20	3.00	611	1,362
	9802	57.5	5.15	+0.75	4.20	5.60	4.00	564	3,141
	9802	55.0	5.40	+0.05	5.35	6.90	5.30	397	1,961
	9802	52.5	8.50	+0.70	7.00	10.00	7.00	227	1,972
	9802	50.0	9.10	+1.10	9.45	10.50	9.10	18	948
	9802	47.5	10.00	+0.90	–	–	–	0	728
	9802	45.0	13.50	+2.45	13.55	13.50	13.50	1	405
	9802	42.5	16.00	+2.50	16.00	13.00	16.00	8	230
풋	9802	65.0	9.20	−1.85	9.00	9.20	9.00	28	103
	9802	62.5	7.95	−1.05	8.70	8.70	7.95	103	196
	9802	60.0	5.95	−1.55	7.50	7.50	5.95	69	138
	9802	57.5	4.75	−0.95	5.55	6.00	4.50	210	549
	9802	55.0	3.15	−1.35	4.80	4.80	3.15	436	1,385
	9802	52.5	2.95	−0.95	3.20	3.65	2.56	596	2,281
	9802	50.0	1.90	−0.89	2.85	3.00	1.82	1,257	4,540
	9802	47.5	1.13	−0.77	1.70	1.99	1.12	1,736	4,291
	9802	45.0	0.60	−0.50	1.16	1.16	0.56	1,892	5,091
	9802	42.5	0.21	−0.20	0.39	0.40	0.20	1,327	5,381

5.3.5 결제

옵션계약은 투자자(회원) 간에 이루어지나, 결제시에는 거래소가 매도회원에 대해서는 매수자, 매수회원에 대해서는 매도자가 된다. 거래소가 법적으로 결제이행 당사자가 되고 투자자(회원)에게는 매도·매수 상대방이 동일인(거래소)이므로 포지션 상계가 가능하게 된다. 옵션에서도 증거금제도는 있지만, 매도자와 매수자 간 손익의 정산이 권리행사 시점에서 이루어지기 때문에 선물과 달리 일일정산제도는 없다.

- **1차 거래시** : 옵션권리와 프리미엄(옵션가격)을 매매하는 거래로, 주식현물 거래의 결제와 동일하다.
- **2차 거래시** : 옵션매수자가 권리를 행사함에 따라 새롭게 성립하는 거래로, 반대매매, 권리행사, 권리포기가 있고 대부분 반대매매에 의해서 결제된다.

반대매매는 최종거래일 이전에 기존에 매수(매도)한 계약과 동일한 종목, 동일한 수량을 매도(매수)해 옵션거래에 의한 결제의무를 벗어나는 결제를 의미하며 전매와 환매가 있다(자세한 내용은 17장 선물 결제방법 참조). 권리포기는 최종거래일까지 옵션의 매수자가 반매매매나 권리행사를 하지 않는 경우에 사전에 정한 기한(최종거래일)이 지나면 권리가 소멸되는 것을 말한다. 권리행사가 이루어지면 옵션의 매수자는 옵션의 매도자로부터 권리행사일의 주가와 권리행사가격과의 차이에 해당하는 현금(현금결제시)을 받게 된다(한국거래소 상장 옵션상품 중 미국달러옵션 이외에는 현금결제이다).

그림 18-3 1차 결제, 2차 결제

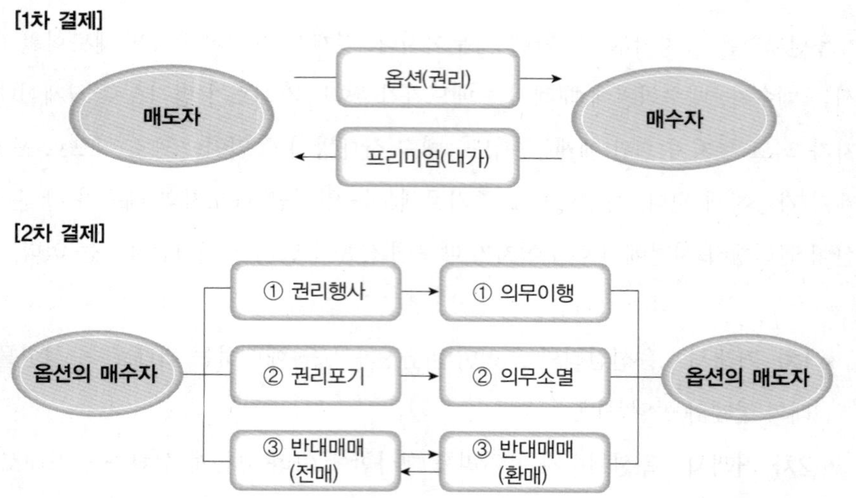

5.3.6 미결제수량

미결제수량은 계약이 청산되지 않고 남아 있는 계약을 말한다.

6. 옵션의 기능

옵션의 기능은 다음과 같다.

6.1 이득획득 기회와 손실위험의 분리 : 손익구조의 비대칭성

일정액의 프리미엄(옵션가격)을 지불하면 콜옵션의 경우 기초자산의 가격상승에 따른 이득은 전부 향유할 수 있는 대신, 가격하락에 따른 손실위험은 지불한 프리미엄

(가격)에만 한정되며, 풋옵션의 경우 기초자산의 가격하락에 따른 이득은 향유할 수 있는 대신, 가격상승에 따른 손실위험은 지불한 프리미엄(가격)에만 한정된다.

6.2 다양한 투자전략 제공 : 거래기법의 다양성

주식 등의 기초자산에 대한 투자만으로는 불가능한 투자전략을 옵션과 결합함으로써 가능하게 된다. 따라서 투자자들은 자신의 위험선호도나 향후 가격변화에 대해서 예상되는 자신의 자금 사정이나 기타 투자목적에 적합한 투자전략을 선택할 수 있게 된다.

6.3 저렴한 투자비용

옵션 투자비용은 매입자의 경우 옵션 프리미엄에만 국한되어, 투자비용이 기초자산에 직접 투자하는 것보다 저렴해진다.

7. 옵션투자 전략

옵션을 이용한 투자전략 유형은 일반적으로 순수 포지션(naked position 혹은 uncovered position), 헤지 포지션(hedge position), 스프레드 포지션(spread position), 결합 포지션(combinatin)의 4가지 전략과 합성옵션으로 나뉜다.

7.1 순수 포지션

순수 포지션이란 한 가지의 증권, 즉 주식(S)이나 옵션(C, P)만을 매수하거나(long) 매도하는(short) 포지션을 말하며, 순수 포지션은 6가지가 있고 옵션 만기 시 주식가격(S_T)에 따른 손익흐름을 그림으로 나타내면 〈그림 18-4〉와 같다.

그림 18-4 순수 포지션의 손익흐름

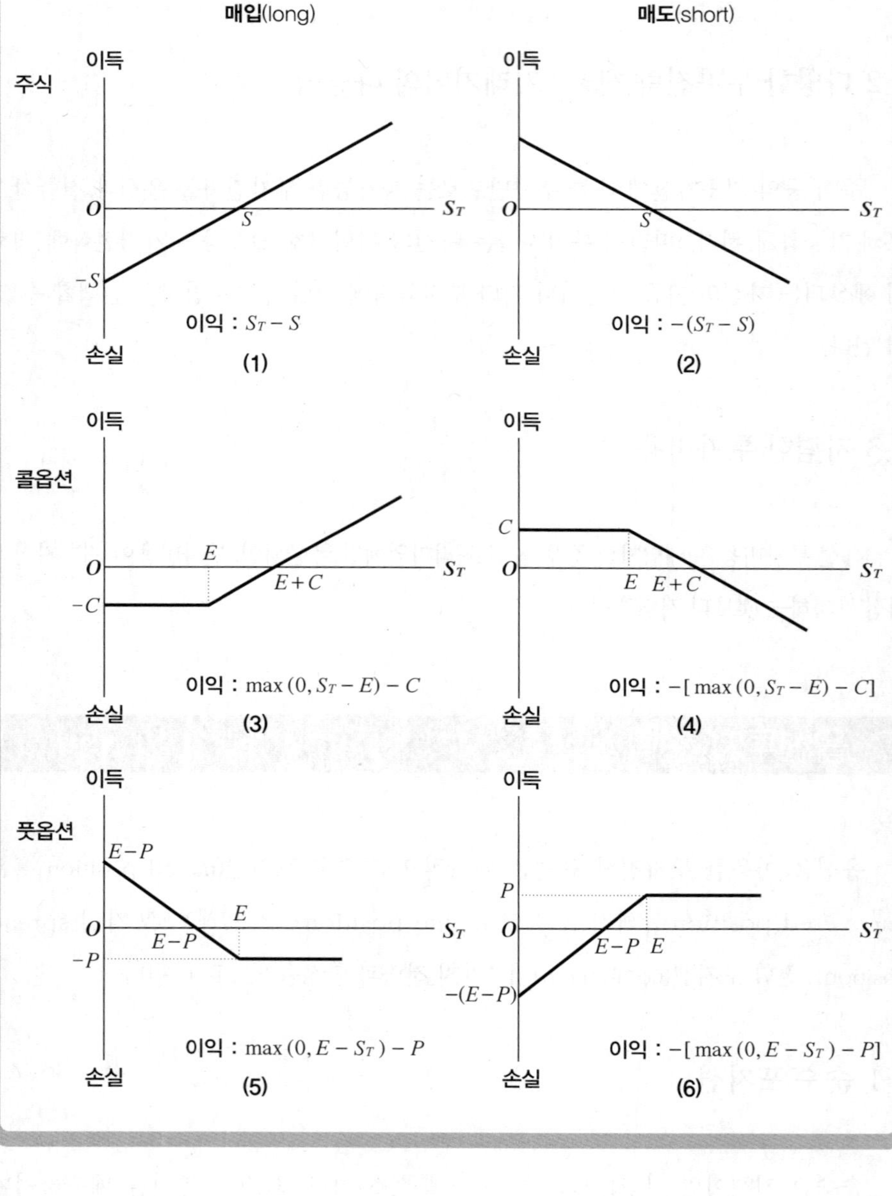

옵션의 4가지 전략 중 다음에 설명할 헤지, 스프레드, 결합 전략은 위의 6가지 기본적인 순수전략을 복합시킨 커버드(covered) 포지션 전략이다.

7.2 헤지 포지션

헤지(hedge) 포지션은 옵션과 대상 주식을 결합시켜 주식이 옵션의 손해를 상쇄시키거나 옵션이 주식의 손해를 상쇄시키도록 하는 전략이다. 여기에는 주식을 보유하면서 콜옵션을 매도하거나 풋옵션을 매수하는 전략이 있고, 이와 반대로 주식을 공매한 상태에서 콜옵션을 매수하거나 풋옵션을 매도하는 전략, 즉 역헤지(reverse hedge) 포지션이 있다. 또한 한 주식당 매입하거나 매도하는 옵션의 수를 하나가 아닌 둘 이상의 비율로 결합시키는 전략도 있다. 그러나 가장 보편적인 헤지 포지션은 주식을 보유하면서 대상 콜옵션을 발행하는 이른바 커버드 콜 전략이다.

그러나 옵션은 손익구조의 비대칭으로 인해서 완전헤지가 불가능하다.

이런 헤지 포지션을 그림으로 나타내면 〈그림 18-5〉와 같다.

헤지 포지션 전략 중 1:1 헤지란 실제적으로 한 주식당 한 옵션을 매입하거나 매도하는 것이 아니라 일반적으로 옵션 한 계약은 대상주식 10주를 한 단위로 하기 때문에 주식 10주 보유당 하나의 옵션을 매입 또는 매도하는 전략을 의미한다. 여기서 비율을 달리한 1:2 헤지 또는 2:1 역헤지(reverse hedge)는 삼각형의 손익흐름을 나타내는데, 이런 전략은 흔히 대형 사건의 유무와 관련이 있다. 예를 들어, 많은 자본을 투자한 유전개발 사업을 진행 중인 석유회사의 주식은 유전개발 종료 시 그 사업의 성공여부에 따라 그 회사의 주식은 큰 폭의 상승 또는 하락을 예상할 수 있다. 따라서 이런 주식에 대해서 사용하는 전략이 바로 (4)와 (5) 전략이다. 이와 달리 별 다른 사건이 일어나지 않을 것으로 예상되는 기업의 주식에는 (3)과 (5)의 전략이 이용된다.

그림 18-5 헤지 포지션의 손익흐름

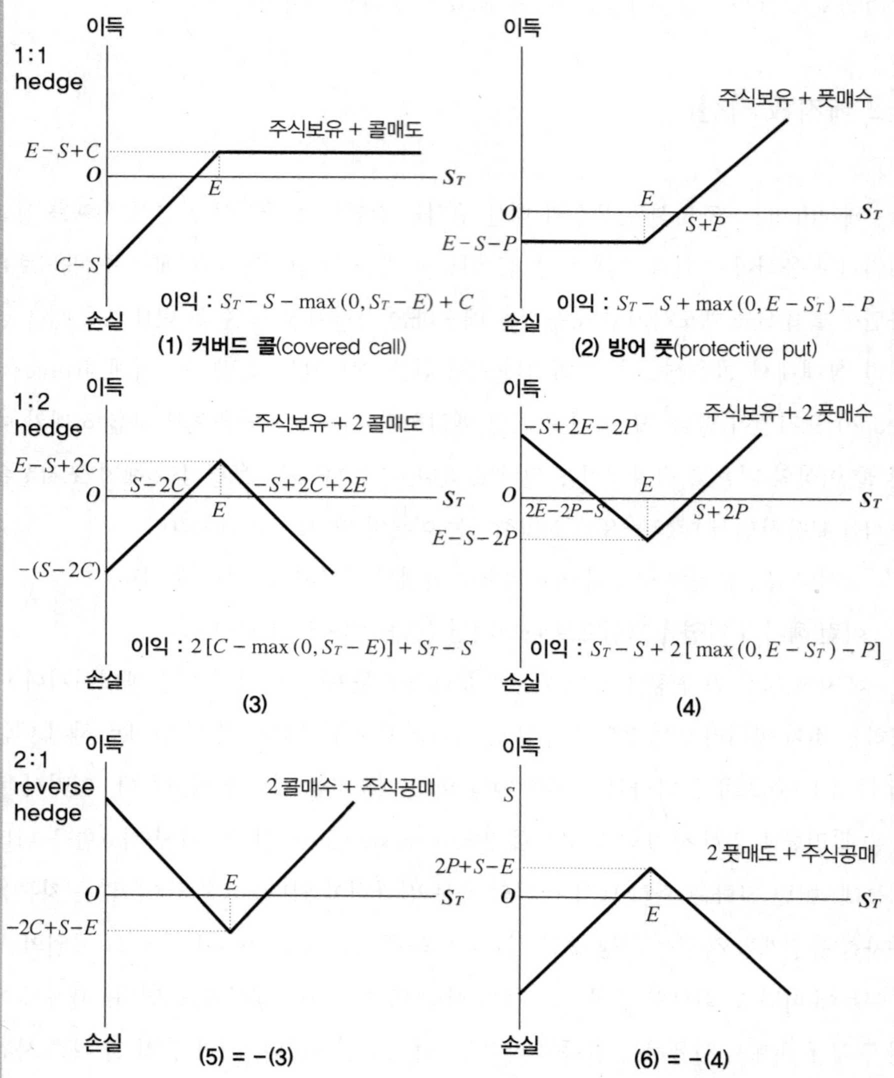

7.3 스프레드 포지션

스프레드(spread) 포지션은 대상 주식은 동일하나 만기일이나 행사가격이 서로 다른 옵션을 매입하거나 발행해 결합시키는 전략이다. 행사가격이 다른 옵션끼리의 결합을 수직 스프레드(vertical spread)타고 하고, 만기일이 다른 옵션끼리의 결합을 수평 스프레드(horizontal spread)라 한다. 또한 만기일과 행사가격이 모두 다른 옵션끼리의 결합을 대각선 스프레드(diagonal spread)라 한다. 모든 스프레드 포지션은 상승장세 스프레드와 하락장세 스프레드로 나눌 수 있다.

상승(Bull)장세 스프레드 경우, 수직 스프레드는 행사가격이 낮은 옵션을 매수하고 행사가격이 높은 옵션을 발행하게 되고, 수평 스프레드는 만기가 긴 옵션을 매수하고 만기가 짧은 옵션을 발행하게 되고, 대각선 스프레드는 발행하는 옵션의 행사가격보다 낮은 행사가격, 긴 만기일을 가진 옵션을 매수하게 된다. 하락(Bear)장세 스프레드는 이런 매수와 매도를 반대로 하게 된다.

나비형(butterfly) 스프레드는 행사가격이나 만기일이 중간인 옵션을 발행(매수)하고 다른 두 옵션을 매수(발행)함으로써 형성되고, 하락장세 스프레드와 상승장세 스프레드를 결합한 형태가 된다.

수평 스프레드(horizontal spread)와 대각선 스프레드(diagonal spread)는 만기가 다르기 때문에 그림으로 나타내기가 어려워 수직 스프레드에 대한 설명만 하기로 한다. 이들의 만기 시 주가(S_T)에 따른 손익흐름은 〈그림 18-6〉과 같다.

그림 18-6 **수직 스프레드 포지션의 손익흐름**

상승장세 스프레드(Bull spread) **: 상승장세에 적용**
- 낮은 행사가격의 콜옵션 매수, 높은 행사가격의 콜옵션 매도 (1)
- 낮은 행사가격의 풋옵션 매수, 높은 행사가격의 풋옵션 매도 (2)

하락장세 스프레드(Bear spread) **: 하락장세에 적용**
- 높은 행사가격의 콜옵션 매수, 낮은 행사가격의 콜옵션 매도 (3)
- 높은 행사가격의 풋옵션 매수, 낮은 행가가격의 풋옵션 매도 (4)

나비형 스프레드 매수(Long butterfly) **: 보합세 예상시**
- 중간 행사가격의 콜(풋)옵션 2개 매도, 낮은, 높은 가격의 콜(풋)옵션 각각 1개 매수 (5), (6)

나비형 스프레드 매도(Short butterfly) **: 강세 혹은 약세 예상시**

■ 중간 행사가격의 콜(풋) 옵션 2개 매수, 낮은, 높은 행사가격 콜(풋) 옵션 각각 1개 매도

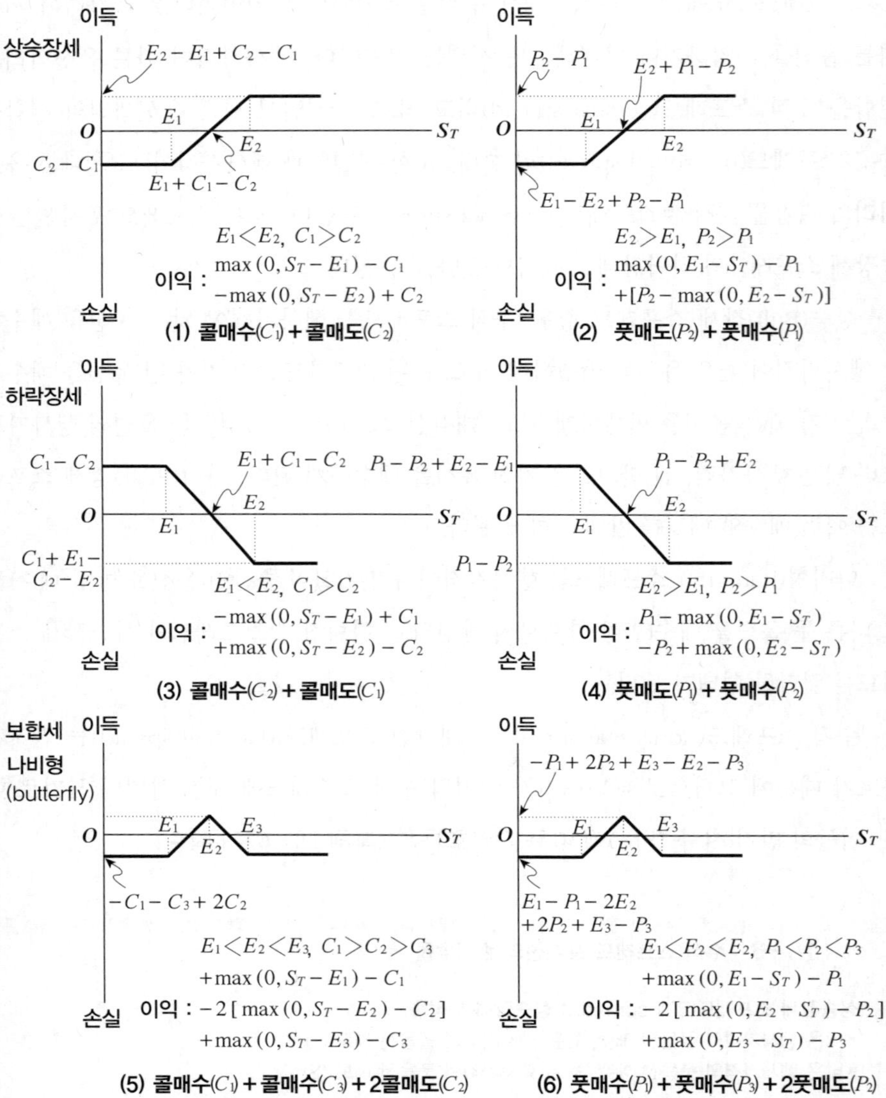

7.4 결합 포지션

결합(combination) 포지션은 동일한 대상 주식에 대해 콜과 풋 옵션을 동시에 발행하거나 매수하는 전략이다. 가장 보편적인 결합전략은 동일한 행사가격과 동일한 만기일을 갖는 콜과 풋 옵션을 결합시킨 스트래들(straddle)이다. 또한 이들의 결합비율을 달리한 스트립(strip)과 스트랩(strap)이 있으며 행사가격이 서로 다른 콜과 풋 옵션을 결합시킨 스트랭글(strangle)이 있다. 이들을 만기 시 주가(S_T)에 따른 손익흐름으로 나타내면 〈그림 18-7〉과 같다.

그림 18-7 결합(combination) 포지션의 손익흐름

스트래들

- long straddle : 가격 변동성이 커질 때 동일한 행사가격과 만기일을 가진 콜옵션 매수, 풋옵션 매수 : (1)
- short straddle : 가격 변동성이 작아질 때 동일한 행사가격과 만기일을 가진 콜옵션 매도, 풋옵션 매도 : (2)

스트립

- long strip : 가격변동이 커질 때 콜매수 + 2풋매수 : (3)
- short strip : 가격변동이 작아질 때 콜매도 + 2풋매도 : (4)

스트랩

- long strap : 가격변동이 커질 때 2콜매수 + 풋매수 : (5)
- short strap : 가격변동이 작아질 때 2콜매도 + 풋매도 : (6)

스트랭글

- long strangle : 가격변동성이 커질 때 행사가격이 다른 콜옵션과 풋옵션 매수 : (7)
- short strangle : 가격변동성이 작아질 때 행사가격이 다른 콜옵션과 풋옵션 매도 : (8)

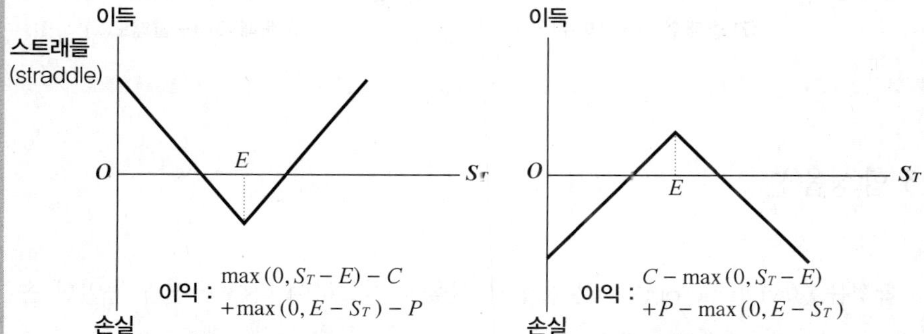

(1) 콜매수 + 풋매수

(2) 콜매도 + 풋매도

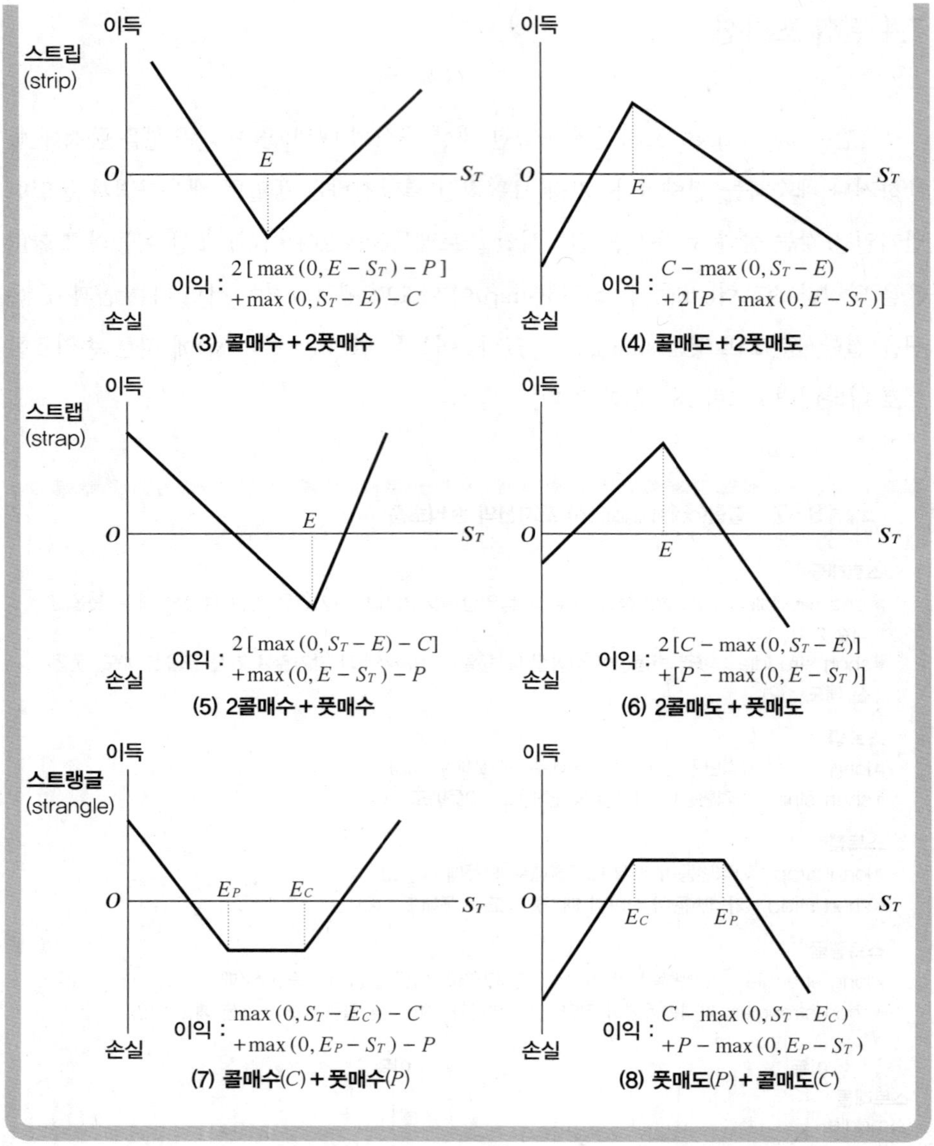

7.5 합성옵션

합성옵션(synthetic option)은 옵션과 선물을 결합하여 다른 옵션과 동일한 손익 형태의 포지션을 구성하는 전략이다.

콜옵션 매수의 합성은 선물매수와 풋옵션 매수로, 풋옵션 매수의 합성은 선물매도와 콜옵션 매수로 가능하다.

8. 풋-콜 패리티

차익거래 기회가 존재하지 않는 정상시장을 가정하면 무배당 유럽형 풋옵션과 콜옵션의 가격 간에는 일정한 관계가 성립하게 되는데, 이런 관계를 식 (18.1)로 표시한 것을 풋-콜 패리티(put-call parity)라 하며 옵션시장의 차익거래를 이해하기 위해서 반드시 이해해야 할 개념이다.

$$S+P-C=\frac{E}{1+r} \tag{18.1}$$

S : 현재 주가, P : 풋옵션 가격, C : 콜옵션 가격
E : 행사가격, r : 현재부터 만기까지 무위험수익률

연속수익률을 적용하면 풋-콜 패리티는

$$S+P-C=E\cdot e^{-r} \tag{18.2}$$

이 된다.

[증명]

어떤 투자자가 다음과 같은 포트폴리오를 구성했고 콜옵션과 풋옵션은 동일한 만기일과 동일한 행사가격 E를 갖고 만기 시에만 권리행사를 할 수 있는 무배당 유럽형 옵션이라 가정하자.

1) A주식 매수

2) A주식에 대한 풋옵션 매수

3) A주식에 대한 콜옵션 발행

이 투자자의 투자 시작시점에서의 투자금액은 다음과 같다.

투자전략	투자금액
A주식 매수금액 풋옵션 매수금액 콜옵션 매도금액	S P $-C$
총투자금액	$S+P-C$

이 투자자가 만기가 되었을 때 회수하게 되는 금액을 A주식의 가격이 옵션행사가격(E)보다 낮아진 경우와 A주식의 가격이 옵션행사가격보다 높아진 경우로 나누어 살펴보자. 매수한 주식의 만기 시 주가를 S_T라 할 때 만기 시의 주가 S_T가 행사가격 E보다 더 작으면 이 투자자는 매수했던 풋옵션의 매도권리를 행사해 $E-S_T$만큼의 차익을 얻을 것이고 발행했던 콜옵션은 권리행사가 되지 않을 것이다. 반면에 만기 시 주가 S_T가 행사가격 E보다 더 크면 이 투자자는 매수했던 풋옵션의 매도권리를 행사하지 않을 것이며, 발행했던 콜옵션은 권리행사가 되어 S_T-E만큼 손해를 볼 것이다.

따라서 만기시점에 아래 표에서 보는 바와 같이 만기 시 주가 S_T가 어떻게 되든 상관없이 이 투자자는 만기 시 행사가격 E만큼을 회수할 수 있게 된다.

투자전략	만기 시 회수금액	
	$S_T<E$	$S_T>E$
1) 주식 매수 2) 풋옵션 매수 3) 콜옵션 매도	S_T $E-S_T$ 0	S_T 0 $-(S_T-E)$
현금흐름 종합	E	E

$S+P-C$만큼의 금액을 위의 포트폴리오에 투자하면 미래에 어떤 상황이 발생하더라도 만기 시의 행사가격 E만큼을 얻을 수 있게 된다. 따라서 차익거래 기회가 존재치 않는 정상시장이라면 만기 시 받는 금액 E는 $S+P-C$만큼의 금액을 국공채 등의 무위험자산에 투자한 원리금과 동일해야 할 것이다. 즉, 다음 식이 성립해야 한다.

$$(S+P-C)(1+r)=E \tag{18.3}$$

식 (18.3)으로부터 풋-콜 패리티가 유도된다.

$$S+P-C=\frac{E}{1+r} \tag{18.4}$$

식 (18.4)의 의미는 증권시장에서 의 등식이 성립하지 않을 때 차익거래 기회가 발생한다는 뜻이다.

$S+P-C<\frac{E}{1+r}$일 경우, 은행에서 $S+P-C$ 만큼의 금액을 차입해 위의 포트폴리오에 투자하면 만기 시에는 E만큼을 회수하고, 은행에는 원리금 합계 $(S+P-C)(1+r)$을 상환하여 $E-(S+P-C)(1+r)$의 금액을 어떤 위험도 감수하지 않고 이득으로 얻을 수 있게 되어 차익거래가 발생한다.

$S+P-C>\frac{E}{1+r}$일 경우, $S+P-C$ 간큼의 포트폴리오를 매도한 후 이 금액으로 은행예금 $S+P-C$를 하면 만기에 원리금 $(S+P-C)(1+r)$을 받고 E을 상환해야 하므로 $(S+P-C)(1+r)-E$만큼 이득이 되어 차익거래가 발생된다. 이런 차익거래는 풋-콜 패리티 관계가 성립할 때까지 지속된다.

만기 전에 배당이 존재하거나 미국형 옵션의 경우에 풋-콜 패리티는 다음과 같다.

τ를 현재시점에서 배당지급 시점까지 기간이라 하면

확정배당(D) 주식에 대한 유럽형 옵션 경우,

$$S + P - C - \frac{D}{(1+r)^{\tau}} = \frac{E}{1+r} \tag{18.5}$$

무배당주식에 대한 미국형 옵션의 경우,

$$\frac{E}{1+r} \le S + P - C \le E \tag{18.6}$$

확정배당주식에 대한 미국형 옵션의 경우,

$$\frac{E}{1+r} \le S + P - C \le E + \frac{D}{(1+r)^{\tau}} \tag{18.7}$$

관계가 성립한다.

연습문제

I. 다음을 설명하시오.

01. 콜옵션, 풋옵션

02. 콜옵션 매도자와 매수자의 손익의 합

03. 유지증거금

04. 만기월

05. 옵션의 1차결제, 2차결제

06. 옵션의 기능

07. 상승장세 스프레드(Bull Spread)

08. 결합 포지션

09. 풋-콜 패리티

10. 디지털 옵션

II. 다음 문장의 진위를 설명하시오.

11. 유상증자는 회사에 자금을 제공하는 역할을 한다. 투자자가 주식옵션을 매수해도 자

금제공 역할을 하는가?

12. 유럽형 풋–콜 패리티 식은 주가와 잔존만기에 관계없이 성립한다.

13. 콜옵션 매입과 동일한 수익창출은 선물매수와 풋매수로 가능하다.

Ⅲ. 다음 문제에 답하시오.

14. 홍길동은 1,000만원이 있다. 이 돈을 주가지수 풋옵션에 투자하려고 한다. 이 풋옵션은 행사가격이 KOSPI200지수 50포인트, 프리미엄이 0.2포인트이다(거래승수 : 50만원 가정).

(1) 가능한 계약수는?
(2) 풋옵션을 2.5포인트에 매도했다면, 손익은?
(3) 투자수익률은?

15. KOSPI200가 50일 때 행사가격 47인 콜옵션을 프리미엄 9로 10계약을 매수했다(거래승수 : 50만원 가정).

(1) 만기 전에 프리미엄이 10으로 상승했다. 콜옵션을 매도했다면 이익은?
(2) 투자수익률은?

16. 현재 주식가격은 25,000원이다. 이 주식에 대해 만기가 12개월이고 행사가격이 30,000원인 유럽형 콜옵션이 50원에 거래된다고 하자(연간 무위험수익률 12%, 무배당 가정).

(1) 실제 풋옵션을 매수한 것과 동일한 수익을 얻기 위한 콜옵션을 이용하는 투자전략을 제시하시오.
(2) (1)에서 구한 전략을 이용하여 풋옵션의 가격을 구하시오.

17. 다음 옵션 포지션 전략들의 만기 시 손익함수를 구하시오.

S : 현재 주식가격 S_T : 만기 시 주식가격

(1) 주식매수 + 풋매수(풋가격 : 10, 풋행사가격 : 100)

(2) 풋 2개 매수(풋가격 : 10, 풋행사가격 : 100) + 콜매수(콜가격 : 12, 콜행사가격 : 100)

18. 만기 시 행사가격(E_p)을 갖는 풋(P)매도, 행사가격(E_c)을 갖는 콜(C)매도하는 전략이 있다($E_p < E_c$). 다음을 구하시오.

(1) 만기 시 손익함수

(2) 만기 시 손익의 최대값

(3) 만기 시 손익이 0이 되는 주가

19. 옵션 전략

동일 주식에 대해 행사가격이 E_1인 콜옵션과 행사가격이 E_2인 풋옵션을 모두 매도했다($E_1 < E_2$). 다음을 구하시오.

(1) 손익이 0이 되는 만기 시 주가

(2) 만기 시 주가가 0일 때 손실

20. (주)고려의 주식에 대한 콜옵션 가격이 다음과 같다. 단, 만기일은 모두 같다.

행사가격	옵션가격
50(E_1)	9(C_1)
60(E_2)	4(C_2)
70(E_3)	2(C_3)

이런 옵션을 가지고 버터플라이 스프레드를 구성했다.

콜 1주 매수(행사가격 50), 콜 2주 발행(행사가격 60), 콜 1주 매수(행사가격 70)

(1) 만기일 주가에 따른 스프레드에 의한 현금흐름

(2) 이런 스프레드를 구성할 경우 투자비용

(3) 행사가격 50인 콜옵션의 가격을 C_1, 행사가격 70인 콜옵션 가격을 C_3라 할 때, 차익거래가 발생되지 않게 하기 위한 행사가격 60인 옵션(C_2)의 가격범위

chapter 19

옵션평가와 옵션의 운용

1. 옵션가격과 옵션가격 결정요인 | 2. 옵션가격결정모형
3. 옵션의 응용

19장은 옵션가격과 옵션가격결정요인, 옵션가격결정모형 그리고 옵션의 기능에 대해서 논한다.

1. 옵션가격과 옵션가격 결정요인

1.1 옵션가격과 옵션가치

1.1.1 옵션가격(프리미엄)

옵션이란 일정한 보험료를 지불하고 미래 가격변화에 의한 손실위험을 타인에게 전가시키는 것이라고 할 수 있고, 위험전가에 따른 보험료가 옵션가격(프리미엄)에 해당한다. 풋옵션 매수자의 경우, 옵션가격을 지불한 대가로 주가하락 시 기초자산을 미리 정해진 가격(행사가격)에 매도할 수 있는 권리를 획득하게 되며, 반면에 콜옵션 매수자의 경우, 옵션가격을 지불한 대가로 주가상승 시 행사가격에 기초자산을 매입할 수 있는 권리를 획득하게 된다.

1.1.2 옵션가치

옵션가치는 현재 시점에서 권리행사 시 얻을 수 있는 이득금액(= 내재가치)과 미래 시점에서 권리행사 시 얻을 수 있는 초과이득 가능성(= 시간가치)으로 구성된다.

1) 내재가치

내재가치(parity value)란 옵션을 지금 즉시 행사해서 얻을 수 있는 실현 가능한 가치를 말한다. 콜옵션은 기초자산의 가격이 행사가격보다 높은 경우에만 내재가치를 가지게 된다. 반면에 풋옵션은 기초자산의 가격이 행사가격보다 낮은 경우에만 내재가치를 갖고, 높을 경우에는 내재가치를 갖지 않는다. 내재가치는 음(−)의 값을 갖을 수 없으므로 최소 0보다 크거나 같다. 이를 수학기호로 표시하면 콜옵션의 내재가치 = Max[(기초자산가격 − 행사가격), 0], 풋옵션의 내재가치 = Max[(행사가격 − 기초자산가격), 0]이 된다.

내재가치는 기초자산 현재가격과 행사가격 크기에 따라 내가격, 등가격, 외가격으로 분류된다.

표 19-1 내가격, 등가격, 외가격

내가격 (in-the-money)	콜	기초자산가격 > 행사가격
	풋	기초자산가격 < 행사가격
등가격 (at-the-money)	콜	기초자산가격 = 행사가격
	풋	기초자산가격 = 행사가격
외가격 (out-of-the-money)	콜	기초자산가격 < 행사가격
	풋	기초자산가격 > 행사가격

2) 시간가치

옵션의 '시간가치(premium over parity)' 는 옵션가격 중 내재가치를 초과하는 부분을 말하며 만기일까지 시장가격이 옵션 매수자에게 유리하게 변동할 가능성에 대한 가치라 볼 수 있다. 따라서 대부분의 경우 옵션은 만기일 이전에는 시간가치로 인해 내재가치 이상의 가격으로 거래된다. 시간가치는 미래에 현재의 내재가치보다 더 큰 이득을 실현할 가능성에 대한 대가이므로 0보다 크며 만기에 가까울수록 줄어들다가 만기 시에는 0가 된다. 시간가치는 행사가격에 대한 화폐의 시간가치(할인가치)인 레버리지 가치와 가격변동으로부터 이득을 취하고 동시에 포지션을 보호해 주는 가치인 보험가치의 합으로 구성된다.

$$콜옵션의\ 시간가치 = C - MAX(O, S - E) \quad (19.1)$$

$$풋옵션의\ 시간가치 = P - MAX(O, E - S) \quad (19.2)$$

C : 콜옵션 가격, P : 풋옵션 가격
S : 기초자산의 현재가격, E : 기초자산의 행사가격

그림 19-1 만기에 따른 옵션가치 변화

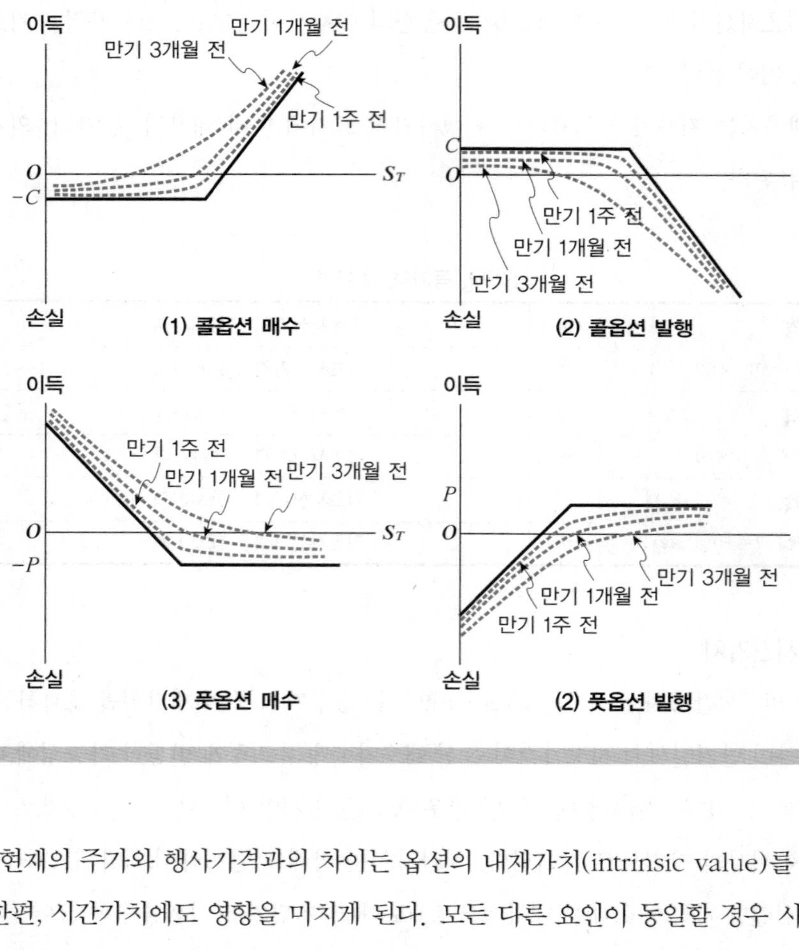

현재의 주가와 행사가격과의 차이는 옵션의 내재가치(intrinsic value)를 결정짓는 한편, 시간가치에도 영향을 미치게 된다. 모든 다른 요인이 동일할 경우 시장가치는 등가격 옵션, 즉 현재의 주가와 행사가격이 동일한 옵션에서 가장 높게 된다. 현재의 주가가 행사가격보다 높은 내가격 옵션은 등가격 옵션보다 시간가치가 다소 낮아지는데 이는 옵션가격이 높아져 적은 금액으로 많은 옵션을 매수할 수 있는 레버리지

효과가 줄어들게 되기 때문이다. 한편 옵션가격이 가장 낮은 외가격 옵션의 경우는 레버리지 효과가 가장 크지만 권리행사에 따른 이득실현 가능성이 적어 등가격 옵션보다 시간가치가 낮아진다.

그림 19-2 옵션의 시간가치

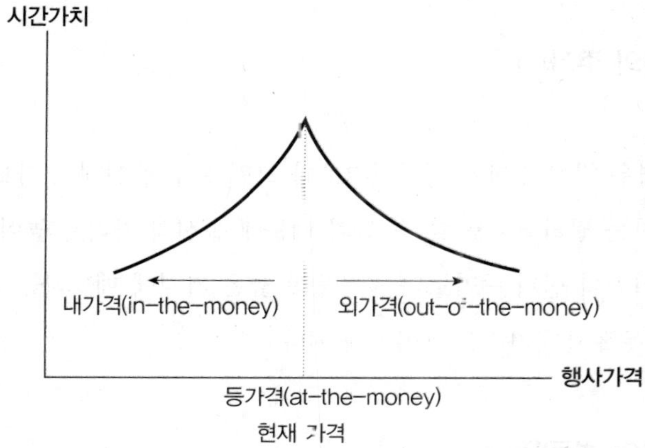

1.2 옵션가격 결정요인

옵션의 중요한 기능은 미래의 예측치 못한 위험을 회피할 수 있도록 하는 것이다. 따라서 옵션을 매입하기 위해 지불하는 옵션의 가격은 일종의 위험회피에 대한 대가(프리미엄)라고 할 수 있는데, 이런 위험 프리미엄은 위험의 종류나 정도에 따라 그 크기가 결정되나 일정한 범위를 벗어날 수는 없다. 위험 프리미엄인 옵션가격에 영향을 미치는 요인들을 살펴보고 이들 가격이 형성될 수 있는 범위를 살펴보자.

옵션가격에 직·간접적으로 영향을 미치는 요인들은 무수히 많다. 특히 옵션가격에 가장 기본적인 영향을 미치는 요인으로 옵션 기초자산의 가격을 들 수 있는데 옵션 기초자산의 가격 또한 무수히 많은 경제적·비경제적 요인들에 의해 영향을 받고 있다. 주식옵션을 대상으로 옵션가격에 직접적인 영향을 미치는 요인들을 살펴보면, 현재 주가(S), 주가의 수익률 변동폭(σ), 만기까지 남은 기간(T), 시장이자율(r), 행사가격(E) 등 5가지를 들 수 있다(배당도 포함하면 6가지가 된다).

다른 모든 요인들은 모두 동일한 상태이고 한 가지 요인만이 서로 다른 두 개의 옵션이 존재한다고 가정할 때 이들 요인들이 옵션가격에 어떤 영향을 미치는가를 살펴보면 다음과 같다.

1.2.1 현재의 주가(S)

콜옵션의 경우 현재 주가가 행사가격보다 크면 클수록 현재 주가보다 낮은 행사가격으로 매수하는 권리행사를 할 수 있기 때문에 옵션의 가격은 높아진다. 반면에, 풋옵션은 행사가격이 현재 주가보다 높을수록 높은 가격에 매도하는 권리행사를 할 수 있기 때문에 풋옵션의 가격은 높아지게 된다.

1.2.2 주가의 변동폭(σ)

주가의 예상되는 변동폭이 클수록 옵션의 가치는 올라간다. 이는 옵션의 손실은 옵션 프리미엄으로 한정되는 반면, 이득은 변동분 전부에 대해 얻을 수 있는 특성을 가지고 있기 때문으로, 콜옵션의 경우에는 변동폭이 클수록 만기 이전에 주가가 행사가격보다 높아질 가능성이 (풋옵션의 경우에는 행사가격이 주가보다 높아질 가능성이) 커져서 이득실현 기회가 커지게 된다.

1.2.3 만기까지 남은 기간(잔존만기) (T)

옵션은 만기까지 남은 기간이 줄수록 그 가치는 낮아지게 된다. 이는 만기까지 남은 기간이 줄어들수록 옵션보유자에게 유리한 상황이 발생할 가능성이 적어지기 때문이다. 따라서 시간이 지남에 따라 시간가치는 점차 줄어들어 만기 직전에는 0이 되어서 내재가치만 남게 되어 옵션가치는 하락하게 된다.

유럽형 풋옵션의 경우, 긴 잔존만기는 가격변동성을 크게 하여 풋옵션 가격 상승 요인이 되나 동시에 행사가격의 현재가치를 감소시켜 가격 하락요인으로도 작용한다. 일반적으로 전자의 효과가 후자의 효과보다 커서 잔존만기가 길면 유럽형 풋옵션 가격은 상승한다. 그러나 주가가 매우 낮은 경우 잔존만기가 길다고 가격이 상승하지는 않는다. 유럽형 콜옵션의 경우, 잔존만기 내에 고액 배당이 이루어지면 배당시점 이전에 만기가 되는(짧은 잔존만기) 콜옵션 가격이 배당시점 이후에 만기가 되는(긴 잔존만기) 콜옵션 가격보다 높아지지만, 배당을 고려하지 않는다면 유럽형 콜옵션 가격은 잔존만기가 길 때 상승한다.

1.2.4 무위험이자율(r)

콜옵션을 매수한다는 것은 주식을 현재 시점에서 매수하는 대신에 미래에 매수할 수 있는 권리를 확보하는 것을 의미한다. 다라서 이자율 변화를 제외한 다른 요인들이 모두 동일하다고 가정하면 콜옵션 매수와 주식 매수는 미래에 주식들을 보유하게 되는 결과는 같지만 주식 매수대금을 현재 시점에서 지불하느냐 미래에 지불하느냐의 차이만 남게 된다. 여기에서 이자율이 올라가면 콜옵션을 이용해 미래에 주식 매수대금을 지불하는 것이 유리해진다. 왜냐하면 매수대금 지불을 미래로 연기시킬 경우 현재 시점부터 매수대금을 지불할 때까지 이자수입이 증가할 것이기 때문이다. 따라서 이자율이 올라가면 주식 매수대금 지불을 디래로 연기시킬 수 있는 옵션의 이용이 유리해지며 따라서 콜옵션의 가치는 상승할 것이다. 그러나 풋옵션의 경우는 정반대의 이유, 즉 주식매도를 미래로 연기시킴에 따라 매도대금 회수가 지연되므로 이자율 상승의 결과 풋옵션의 가치는 하락할 것이다.

1.2.5 행사가격(E)

콜옵션의 경우 행사가격이 낮을수록, 풋옵션은 행사가격이 클수록 옵션행사에 따른 이득이 커져서 옵션가격은 올라간다.

1.2.6 배당(D)

배당을 지급하면 기초자산가격이 하락하므로 콜옵션 가격은 하락, 풋옵션 가격은 상승하게 된다.

표 19-2 옵션가격 결정요인과 옵션가격

변수	콜옵션 가격	풋옵션 가격
현재 주가(S)	상승	하락
주가의 변동폭(σ)	상승	상승
만기까지 남은 기간(T)	상승*	상승**
무위험이자율(r)	상승	하락
행사가격(E)	하락	상승
배당(D)	하락	상승

$$\text{콜옵션}: \frac{\partial C}{\partial S} > 0, \frac{\partial C}{\partial E} < 0, \frac{\partial C}{\partial \sigma} > 0, \frac{\partial C}{\partial T}^{*} > 0, \frac{\partial C}{\partial r} > 0, \frac{\partial C}{\partial D} < 0 \quad (19.3)$$

$$\text{풋옵션}: \frac{\partial P}{\partial S} < 0, \frac{\partial P}{\partial E} > 0, \frac{\partial P}{\partial \sigma} > 0, \frac{\partial P}{\partial T} > 0, \frac{\partial P}{\partial r} < 0, \frac{\partial P}{\partial D} > 0 \quad (19.4)$$

*유럽형 콜옵션의 경우 만기 전에 배당이 존재하면 배당시점 이전에 만기(짧은 잔존만기)가 되는 옵션가격이 배당시점 이후에 만기(긴 잔존만기)가 되는 옵션가격보다 크게 된다.

**유럽형 풋옵션의 경우 주가가 매우 낮은 경우 잔존만기가 길다고 옵션가격이 상승하지는 않는다.

1.3 옵션의 가격형성 가능영역

현대 투자론에서는 수익률을 높이려면 그만큼 위험을 감수해야 한다는 것이 상식이다. 그러나 옵션시장에서는 옵션이 기본 증권이 아닌 기본 증권에 대한 파생증권이므로 옵션 기초자산가격과의 관계에 따라 시장의 비효율성을 이용해 위험을 전혀 부담하지 않고 이득을 얻는 차익거래(Arbitrage Transaction) 기회가 종종 발생할 수가 있다. 따라서 이런 차익거래 기회가 존재하지 않는 정상시장이라고 가정하면 옵션의 가격은 일정한 영역 내에서만 형성되며 이때 콜옵션과 풋옵션은 다음과 같은 일정한 관계를 가지게 된다.

1.3.1 콜옵션의 가격형성 가능영역

콜옵션의 가격을 C라 하면 C는 다음과 같은 영역을 갖는다.

(C_E : 유럽형 콜옵션 가격, C_a : 미국형 콜옵션 가격)

- 콜옵션의 가격은 항상 0보다 크거나 같다($C \geq 0$).
  콜옵션은 유리하면 행사할 수 있는 권리는 있지만 의무는 없기 때문에 0보다 작을 수 없다.
- 콜옵션의 가격은 항상 대상물의 가격보다 작거나 같다($C \leq S$).
  만일 콜옵션의 가격이 대상물의 가격(S)보다 크다면 대상물을 매입하고 이에 대한 옵션을 발행해 항상 이득을 얻을 수 있는 아래와 같은 차익거래 기회가 발생하므로 $C > S$는 성립할 수 없다.

	투자시점 현금흐름	만기 현금흐름	
		$S_T < E$	$S_T > E$
주식 매수	$-S$	S_T	S_T
콜옵션 매도	C	O	$-(S_T - E)$
현금흐름	$C-S > O$	S_T	E

- C_E는 0과 $S - E \cdot B(T)$ 중 큰 것보다 항상 크거나 같다($C_E \geq \max\{0, S - E \cdot B(T)\}$).
  [C_a는 0과 $S - E$ 중 큰 것보다 항상 크거나 같다.] ($C_a \geq \max[0, S - E]$)

  $B(T)$: 만기 시 액면가격 1원을 지불받는 무위험할인 채권의 잔존만기 T시점의 시장가격. ($B(0) = 1$, $B(1) = 0$)

[증명]

$C_E \geq \max\{0, S - E \cdot B(T)\}$

만일 $C_E < S - E \cdot B(T)$의 경우라면 다음과 같은 포트폴리오를 이용해 차익거래

가 가능하게 된다.

1) 콜옵션 매수

2) 주식 공매

3) 만기 시 원리금 합계가 E가 되는 할인채권을 $E \cdot B(T)$만큼 매수

이 포트폴리오의 잔존만기 T시점에서 현금흐름은 다음과 같이 된다.

투자전략	현금 유출 · 유입액
콜옵션 매수	$-C_E$
주식 공매	$+S$
채권 매수	$-E \cdot B(T)$
포트폴리오 구성 시 현금흐름	$-C_E + S - E \cdot B(T)$

만약 $C_E < S - E \cdot B(T)$가 되면

$$C_E - S + E \cdot B(T) < 0$$

이 되어 이 포트폴리오는 현재 시점에서 현금흐름 유입이 발생한다.

만기가 되어 주식가격이 S_T가 되었을 때 $S_T < E$일 경우와 $S_T \geq E$일 경우로 나누어 현금흐름을 살펴보면 다음과 같이 어떤 경우에든 만기 시에 현금유출이 되는 경우는 없다.

투자전략	만기 시 현금흐름	
	$S_T < E$	$S_T > E$
콜옵션 매수	0	$S_T - E$
주식 공매	$-S_T$	$-S_T$
채권 매수	E	E
현금흐름 종합	$E - S_T > 0$	0

이 경우 이 포트폴리오는 최초 구성 시나 만기 시나 항상 현금의 유입만 발생케 하는 차익거래 기회가 발생한다. 따라서 차익거래 기회가 존재치 않는 정상시장이라면 반드시

$$C_E - S + E \cdot B(T) \geq 0, \text{ 즉 } C_E \geq S - E \cdot B(T)$$

가 성립되어야 한다.

이런 콜옵션의 가격영역을 그림으로 나타낸 것이 〈그림 19-3〉이다.

그림 19-3 콜옵션의 가격영역

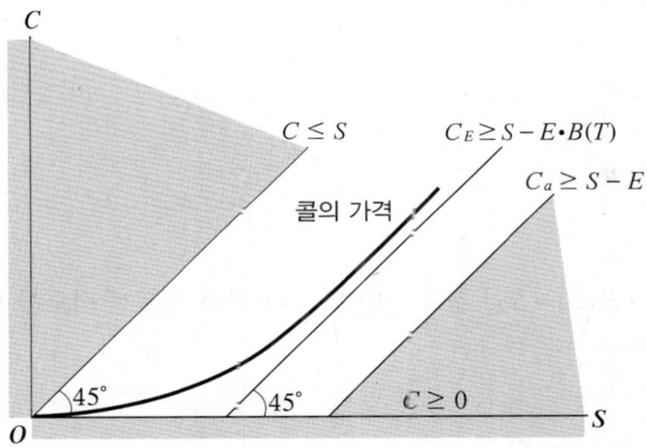

위 그림에서 음영 부분을 제외한 영역이 콜옵션의 가격형성 가능영역이다.

1.3.2 풋옵션의 가격형성 가능영역

풋옵션의 가격을 P라 할 때 P는 항상 다음과 같은 영역 내에서만 가격이 형성된다. (P_E : 유럽형 풋옵션 가격, P_a : 미국형 풋옵션 가격)

- 풋옵션의 가격은 항상 0보다 크거나 같다($P \geq 0$).

  풋옵션은 유리하면 행사할 수 있는 권리는 있지만 의무는 없기 때문에 0보다 작을 수는 없다.
- 미국형 풋옵션의 가격은 항상 행사가격보다 작거나 같다($P_a \leq E$).

  만일 풋옵션의 가격(P_a)이 행사가격(E)보다 크다면 풋옵션을 발행해 항상 ($P_a - E + S$)만큼의 이득을 얻을 수 있는 차익거래 기회가 발생하므로 $P_a > E$는 성립할 수 없다(유로피언 풋옵션 가격(P_E)은 행사가격의 현재가치보다 클 수 없다. $P_E \leq E \cdot B(T)$).
- 유럽형 풋옵션(P_E)의 가격은 0과 $E \cdot B(T) - S$ 중 큰 것보다 항상 크거나 같다($P_E \geq \max\{0, E \cdot B(T) - S\}$). [미국형 풋옵션 가격은 0과 $E - S$ 중 큰 것보다 항상 크거나 같다($P_a \geq \max\{0, E - S\}$).]

[증명]

$P_E \geq \max\{0, E \cdot B(T) - S\}$

만일 $P_E < E \cdot B(T) - S$일 경우라면 다음과 같은 포트폴리오를 이용해 차익거래가 가능하게 된다.

1) 주식 S 매수
2) 풋옵션 매수
3) 만기 시 E를 지불해야 하는 채권을 $E \cdot B(T)$만큼 발행

이 포트폴리오의 현재 시점에서 현금흐름은 다음과 같이 된다.

투자전략	현금 유출 · 유입액
주식 S 매수	$-S$
풋옵션 매수	$-P_E$
채권 매도(발행)	$E \cdot B(T)$
포트폴리오 구성 시 현금흐름	$E \cdot B(T) - S - P_E$

만약 $P_E < E \cdot B(T) - S$이라면 $E \cdot E(T) - S - P_E > 0$이 되어 이 포트폴리오의 잔존만기 T시점에서 현금흐름은 유입이 발생한다. 만기 시 주식가격이 S_T가 되었을 때 $S_T < E$일 경우와 $S_T \geq E$일 경우로 나누어 현금흐름을 살펴보면 다음과 같다.

투자전략	만기 시 현금흐름	
	$S_T \geq E$	$S_T < E$
주식 매수	S_T	S_T
풋옵션 매수	0	$E - S_T$
채권 매도(발행)	$-E$	$-E$
현금흐름 종합	$S_T - E > 0$	0

이를 보면 어떤 경우이든 만기 시에 현금이 유출되는 경우는 없으므로 이 포트폴리오는 구성 시나 만기 시나 항상 현금의 유입만 발생하게 하는 차익거래 기회가 발생한다. 따라서 차익거래 기회가 존재하지 않는 정상시장에서는 반드시

$$P_E + S - E \cdot B(T) \geq 0, \text{ 즉 } P_E \geq E \cdot B(T) - S$$

가 성립해야 한다.

이런 풋옵션의 가격영역을 그림으로 나타낸 것이 〈그림 19-4〉이다.

그림 19-4 풋옵션의 가격 영역

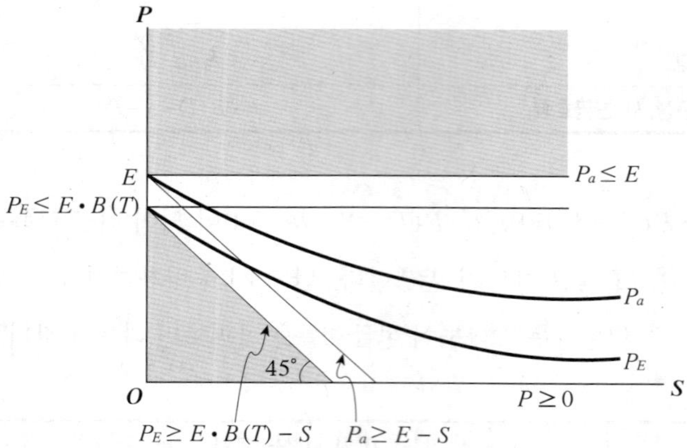

위 그림에서 음영 부분을 제외한 영역이 풋옵션의 가격형성 가능영역이다.

2. 옵션가격결정모형

앞 절에서 옵션의 가격형성이 가능한 영역을 살펴보았다. 이런 영역 내에서 옵션가격은 구체적으로 어떻게 결정되는가를 설명해 보자. 가장 대표적인 옵션가격결정모형(option pricing model)으로는 1973년 F. Black과 M. Scholes[1]가 발표한 블랙-숄즈(Black-Scholes) 옵션가격결정모형을 들 수 있다. 이 모형은 가격형성이 연속적으로 이루어진다는 가정 하에서 옵션의 이론가격 산출을 가능하게 함으로써 옵션거래에 지대한 영향을 끼쳤다. 이후 1979년 J. Cox, S. Ross, M. Rubinstein 등[2]은 옵션의 가격산출을 보다 직관적으로 살펴볼 수 있는 이항 옵션가격결정모형을 발표했다.

---

1. F. Black and M. Scholes, "The Pricing of Option and Corporate Liabilities," *Journal of Political Economy* (May/June 1973), pp.637–659.

2. J. Cox, S. Ross and M. Rubinstein, "Option Pricing : A Simplified Approach," *Journal of Financial Economics* 7 (Oct. 1979), pp.229–264.

본 절에서는 이 모형들의 가정, 핵심 도출과정, 모형의 의미와 모형을 이용한 가격산출 사례에 대해서 살펴보고자 한다.

2.1 이항 옵션가격결정모형

이항 옵션가격결정모형(Binomial Option Pricing Model)은 다음과 같은 가정 하에서 유도된 모형이다.

첫째, 자본시장은 완전하고 경쟁적이다.

자본시장에서는 거래비용, 위탁증거금과 세금이 없고 투자자는 공매가 가능하며 무위험이자율로 대출과 차입을 할 수 있고 차익거래의 기회를 가질 수 없다.

둘째, 기초증권(주식)의 가격은 매 기간마다 상승과 하락 두 가지뿐이다.

옵션가치는 주가 상승확률이나 하락확률이 이미 반영되어 있는 다음 기간 주가에 근거해서 평가되며, 투자자의 위험회피도(위험선호, 위험중립, 위험회피)와 관계없이 결정된다. 따라서 본 모형에서는 주가 상승 혹은 하락 확률과 투자자들의 위험회피도에 대해서는 어떤 가정도 하지 않는다.

2.1.1 단일기간모형

단일기간모형은 기초자산가격이 1회에 한해 상승과 하락의 두 가지 변동을 한다는 가정 하에서 옵션가격이 도출되는 모형이다. 기초자산(S)의 가격이 〈그림 19-5〉와 같이 된다고 가정하자.

그림 19-5 기초자산(S)의 가격변화

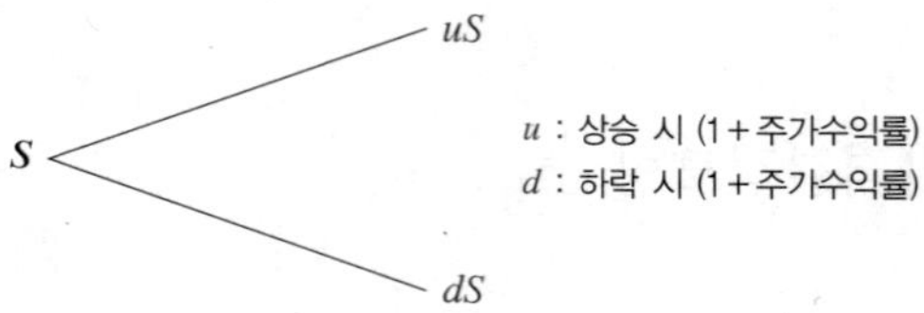

기초자산가격 변화에 따른 콜옵션의 현금흐름은 다음과 같다.

그림 19-6 콜옵션의 현금흐름

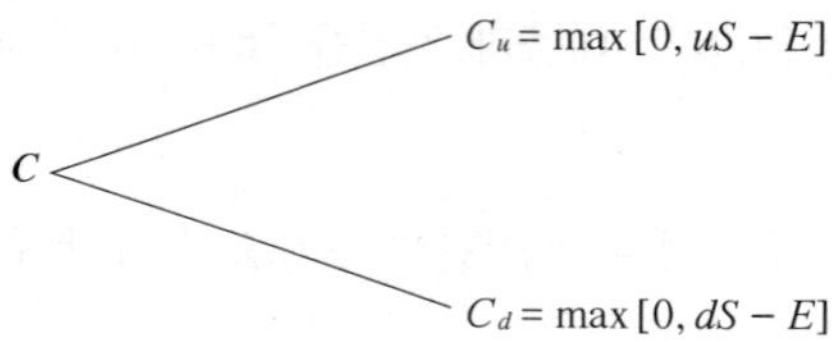

E : 행가가격, C : 콜옵션 현재가격

이항 옵션가격결정모형에 의한 옵션가격결정 방법은 완전헤지 포트폴리오를 구성하는 방법과 콜옵션과 동일한 수익(payoff)을 갖는 포트폴리오를 구성하는 방법이 있다. 무배당 콜옵션을 중심으로 설명해 보자.

1) 완전헤지 포트폴리오를 구성

옵션가격결정 절차는 다음과 같다.

첫째, 주식과 콜옵션 간의 헤지비율을 계산한다.

둘째, 주식과 콜옵션을 이용하여 완전헤지 포트폴리오를 구성한다.

셋째, 완전헤지 포트폴리오의 기말가치의 현가와 완전헤지 포트폴리오의 현재 시점 투자액을 같게 하는 콜옵션 가격을 구한다.

예 19-1

현재 (주)한국 주식이 100원에 거래되고 있다.

이 주식은 1기간($N=1$) 후에 나타날 수 있는 상황이 단 두 가지, 120원으로 오르거나 80원으로 떨어지는 단 두 가지이며, 이 주식에 대해 행사가격이 100원인 콜옵션이 있고 10% 이자율($r=1.1$)로 차입과 예금이 가능하다고 가정하자.

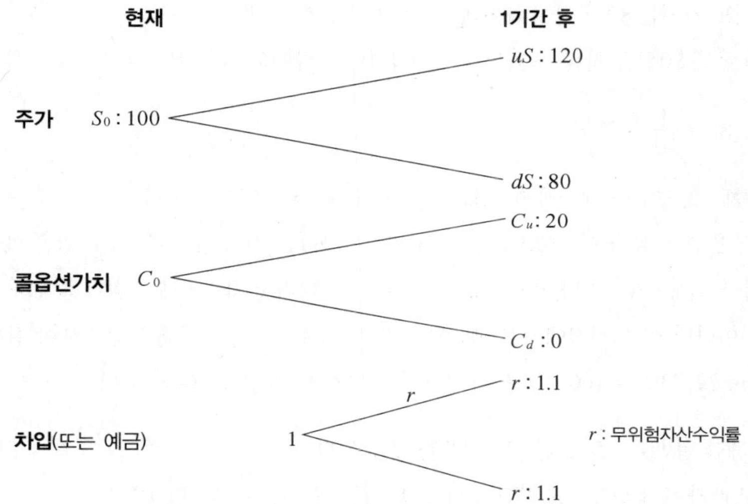

해답

이 모형에서 가장 중요한 것은 만기 시 동일한 수익을 얻도록 무위험 포트폴리오를 구성하는 일이다. 이를 위해 만기 시 주가에 관계없이 동일한 수익을 얻도록 주식 1개당 필요한 콜옵션의 수(헤지비율)(h)을 얻기 위한 공식은 다음과 같다.

$$h = \frac{S_0(u-d)}{C_u - C_d} \tag{19.5}$$

C_u : 주가상승시 콜옵션 가격, u : $\frac{\text{상승시 주가}(uS)}{\text{현재주가}(S_0)}$

C_d : 주가하락시 콜옵션 가격, d : $\frac{\text{하락시 주가}(dS)}{\text{현재주가}(S_0)}$

이 식에 $S_0=100$, $u=1.2$, $d=0.8$, $C_u=20$, $C_d=0$을 대입하면

헤지비율 $h = \frac{100(1.2-0.8)}{20-0} = 2$(주식 1주당 콜옵션 수)가 된다.

헤지비율 2를 이용해 한 개의 주식을 보유하고 두 개(헤지비율)의 콜옵션을 발행하는 포트폴리오를 구성하면, 이 포트폴리오의 현재가치(V_0)는 다음과 같다.

$$V_0 = S_0 - 2C_0$$

1기간 후에 주가가 상승했다면 이 포트폴리오의 가치(V_1)는 $V_1 = 120 - 2(20) = 80$이 되고, 주가가 하락했다면 $V_1 = 80 - 2(0) = 80$이 되어, 이 포트폴리오는 1기간 후에 어떤 경우가 발생해도 가치는 80이 되어 완전헤지 포트폴리오가 된다.

1기간 후에 80원을 찾을 수 있는 무위험자산인 예금액은 다음과 같다.

$$80 \times \frac{1}{1.1} = 72.73$$

즉, 현재 72.73원을 예금하면 1기간 후에 80원을 찾을 수 있게 된다.

주식 · 옵션 시장을 이용해 $V_0 = S_0 - 2C_0$를 투자하는 것과 은행에 72.73원을 예금하는 것이 1기간 후에 동일하게 80원이 됨을 알 수 있다. 따라서 차익거래 기회가 존재하지 않는 정상시장이라면 현재 시점에서의 예금과 무위험 포트폴리오 투자액은 동일해야 한다. 즉, $S_0 - 2C_0 = 72.73(S_0 = 100)$으로부터 옵션의 현재가치($C_0$)는 13.64가 된다.

이 관계를 일반식으로 표현하면 다음과 같게 된다.

차익거래가 존재하지 않으려면 무위험 포트폴리오 수익률(S : 현재주가)

$$\frac{uS - h \cdot C_u}{S - h \cdot C} = \frac{dS - h \cdot C_d}{S - h \cdot C} \tag{19.6}$$

은 무위험수익률과 같아야 하므로 $\frac{uS - h \cdot C_u}{S - h \cdot C} = r$로부터

$$C = \frac{1}{h}\left[S - \frac{uS - h \cdot C_u}{r}\right] \tag{19.7}$$

가 된다. 단, $h = \frac{uS - dS}{C_u - C_d}$

만약 $h = \frac{C_u - C_d}{uS - dS}$로 정의하면 $\frac{h \cdot uS - C_u}{h \cdot S - C} = r$로부터

$$C = h \cdot S - \frac{h \cdot uS - C_u}{r} \tag{19.8}$$

가 되고, 식 (19.8)에 h를 대입하면

$$C = \frac{p \cdot C_u + (1 - p) C_d}{r} \tag{19.9}$$

가 된다. 단, $p = \frac{r - d}{u - d}$

2) 콜옵션과 동일한 수익(payoff)을 갖는 포트폴리오를 구성

이 방법은 콜옵션의 기말수익과 주식과 채권으로 구성되는 포트폴리오의 기말수익이 같게 되는 포트폴리오를 구성해 이 포트폴리오 현재 시점 투자액이 콜옵션 가격과 같도록 하여 옵션가격을 결정하는 방법이다.

〈그림 19－5〉의 가격변화를 하는 주식 △개와 현재가격이 B인 채권으로 구성된 포트폴리오의 다음 기말 수익은 다음과 같다.

포트폴리오	기달수익
	$uS\triangle + rB$
$C = S\triangle + B$	
	$dS\triangle + rB$

S : 현재 주가, B : 현재 채권가격, r : 1 + 무위험이자율, △ : 주식수

차익거래가 발생하지 않기 위해서는 포트폴리오 기말수익은 주가상승 시는 C_u, 주가하락 시는 C_d가 되어야 한다.

$$uS\triangle + rB = C_u \tag{19.10}$$

$$dS\triangle + rB = C_d \tag{19.11}$$

식 (19.10), (19.11)들을 정리하면 △, B가 구해진다.

$$\triangle = \frac{C_u - C_d}{(u-d)S} = \frac{\partial C}{\partial S} \text{ : 헤지를 위한 콜옵션 한 개당 주식수(헤지비율)} \tag{19.12}$$

(앞으로는 헤지비율을 이 식으로 사용함)

$$B = \frac{uC_d - dC_u}{(u-d)r} \text{ : 채권투자액} \tag{19.13}$$

주가변동폭($u-d$)에서 주가하락폭($r-d$)이 차지하는 비중, 즉 $\frac{r-d}{u-d}$를 p라 정의하면 $C = S\triangle + B = \frac{pC_u + (1-p)C_d}{r}$가 된다($d < r < u$).

여기서 p는 실제확률이 아니고 옵션가치를 산출하기 위해 계산되는 편의상의 확률이며 위험중립 하에서는 주가 상승확률이 되나, 위험회피 하에서는 반드시 주가 상승확률일 필요는 없다.

| 위험중립가치평가

옵션가치는 투자자들의 위험회피도에 관계없이 결정된다. 가치평가의 단순화를 위해서 위험중립형 투자자를 가정하면 위험자산의 위험 프리미엄이 0이 되므로, 주가 기대수익률, 옵션기대수익률 모두 무위험수익률이 된다. 따라서 위험중립 하에서는 옵션 기대값을 무위험수익률(r)로 할인하면 옵션 현재가치가 되어야 한다.

콜옵션을 대상으로 위험중립가치평가를 해보자.

q를 주가 상승확률로 정의하면 콜옵션 기대수익은

$$q \cdot C_u + (1-q)\,C_d \tag{19.14}$$

이므로 콜옵션 현재가치(C)는 다음과 같이 된다.

$$C = \frac{q \cdot C_u + (1-q)\,C_d}{r} \tag{19.15}$$

식 (19.15)는 앞에서 유도된 $C = \dfrac{p \cdot C_u + (1-p) \cdot C_d}{r}$와 같아야 하므로 $p = q$가 된다. 따라서 위험중립 하에서 콜옵션 가치는 옵션 기대수익을 무위험수익률로 할인한 현가로 산출되며, 이것을 '위험중립가치평가(risk-neutral valuation)' 라 한다.

마찬가지로 위험중립가치평가를 하면 풋옵션 가치는 $\dfrac{pP_u + (1-p)\,P_d}{r}$가 된다.

$$P_u = \max[0, E - uS],\ \ P_d = \max[0, E - dS]$$

예 19-2

현재 주가가 100이고, 다음 기 주가 상승 시 130, 하락 시 90, 콜옵션 행사가격 120, 풋옵션 행사가격 105, 무위험이자율이 20%이면 다음과 같은 콜옵션과 풋옵션 수익이 산출된다.

			콜옵션	**풋옵션**
		S_1	$(S_1-120)^+$	$(105-S_1)^+$
		130	10	0
S_0	100			
		90	0	15

$(X-E)^+ = \max[X-E, 0]$

이항 옵션가격결정모형을 이용하여 콜옵션, 풋옵션 가격과 헤지비율을 구하시오.

해답

$p = \frac{r-d}{u-d} = \frac{1.2-0.9}{1.3-0.9} = \frac{3}{4}$이므로

콜옵션 가격은 $\frac{pC_u + (1-p)C_d}{r} = \frac{1}{1.2} \times 10 \times 0.75 = 6.25$,

풋옵션 가격은 $\frac{pP_u + (1-p)P_d}{r} = \frac{1}{1.2} \times 15 \times 0.25 = 3.125$이 된다.

헤지비율은 다음과 같다.

콜옵션 헤지비율 : $\frac{\delta C}{\delta S} = \frac{C_u - C_d}{uS_0 - dS_0} = \frac{10-0}{130-90} = \frac{10}{40} = \frac{1}{4}$

주식 1주당 콜옵션 4개를 매도하면 헤지 포트폴리오를 구성할 수 있다.

풋옵션 헤지비율 : $\frac{\delta P}{\delta S} = \frac{P_u - P_d}{uS_0 - dS_0} = \frac{0-15}{130-90} = \frac{-15}{40} = -\frac{3}{8}$

주식 3주당 풋옵션 8주를 매수하면 헤지 포트폴리오를 구성할 수 있다.

2.1.2 2기간 모형$(n=2)$

앞에서 설명한 단일기간모형을 다음과 같이 2기간 기초자산가격(주가)와 이에 따른 콜옵션 가치로 확장시켜 보자($u \cdot dS_0 = d \cdot uS_0$를 가정함).

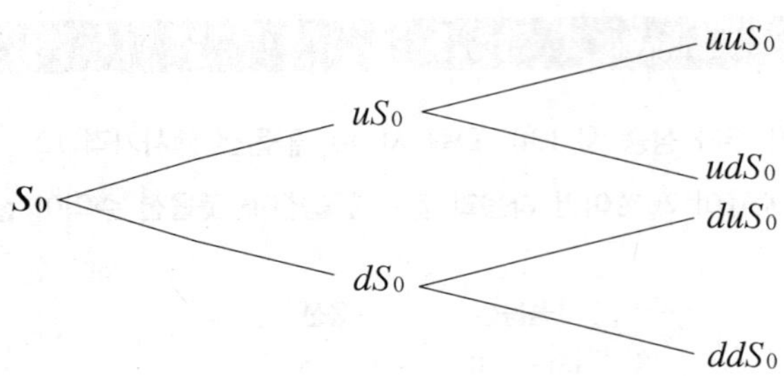

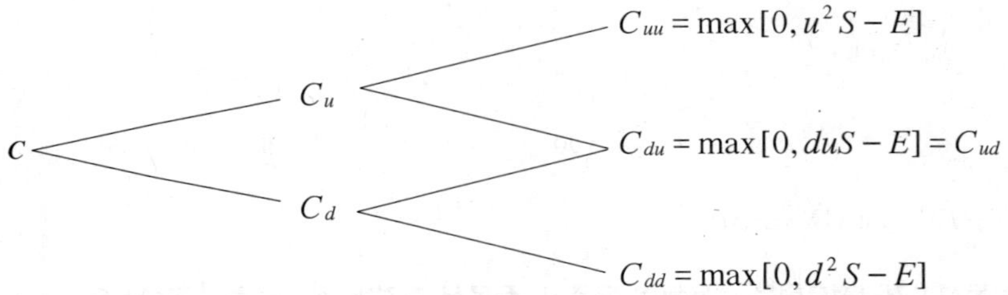

2기간 이항 옵션가격결정모형의 현재 시점의 콜옵션 가치(C)는 $C = \frac{pC_u + (1-p)C_d}{r}$ 에 식 (19.16), (19.17)의 C_u, C_d 를 대입하면 구해진다.

| 유럽형 콜옵션의 경우

$$C_u = \frac{1}{r}[pC_{uu} + (1-p)C_{ud}],\ C_d = \frac{1}{r}[pC_{du} + (1-p)C_{dd}] \qquad (19.16)$$

$$C = \frac{1}{r}[pC_u + (1-p)C_d] = \frac{1}{r^2}[p^2 C_{uu} + 2p(1-p)C_{up} + (1-p)^2 C_{dd}]$$

$$= \frac{[p^2 \max[0, u^2 S - E] + 2p(1-p)\max[0, duS - E] + (1-p)^2 \max[0, d^2 S - E]}{r^2}$$

| 미국형 콜옵션의 경우

$$C_u = \max\left[u \cdot S_0 - E, \frac{P \cdot C_{uu} + (1-r)C_{ud}}{r}\right],\ C_d = \max\left[d \cdot S_0 - E, \frac{P \cdot C_{ud} + (1-r)C_{dd}}{r}\right] \qquad (19.17)$$

미국형 콜옵션의 경우, 만기전 시점(이 경우 $n=1$시점) $uS_0 - E > \frac{P \cdot C_{uu} + (1-r)C_{ud}}{r}$이면, 이 시점에 조기 행사를 하게 된다.

마찬가지로 현재 시점의 풋옵션 가치(P)는 $P = \dfrac{p \cdot P_u + (1-p)P_d}{r}$에 식 (19.18), (19.19)의 P_u, P_d를 대입하면 구해진다.

❙ 유럽형 풋옵션의 경우

$$P_u = \frac{p \cdot P_{uu} + (1-p)P_{ud}}{r}, \quad P_d = \frac{p \cdot P_{du} + (1-p)P_{dd}}{r} \tag{19.18}$$

❙ 미국형 풋옵션의 경우

$$P_u = \max\left[E - uS_0,\ \frac{p \cdot P_{uu} + (1-p)P_{ud}}{r}\right], \quad P_d = \max\left[E - dS_0,\ \frac{p \cdot P_{uu} + (1-p)P_{dd}}{r}\right] \tag{19.19}$$

❙ 헤지비율

헤지비율(h)은 각 시점($n = 0,\ 1$)과 주가수준($u,\ d$) 각각에 대해 단일기간모형을 적용하여 다음과 같이 산출된다.

콜옵션 사용 시 : $n = 0$시점 헤지비율 $h = \dfrac{C_u - C_d}{uS_0 - dS_0} = \dfrac{\max[0, uS-E] - \max[0, dS-E]}{uS_0 - dS_0}$

$n = 1$시점 uS_0일 경우 $h_u = \dfrac{C_{uu} - C_{ud}}{uuS_0 - udS_0}$

dS_0일 경우 $h_d = \dfrac{C_{ud} - C_{dd}}{udS_0 - ddS_0}$

풋옵션 사용 시 : $n = 0$시점 헤지비율 $h = \dfrac{\max[0, E-uS] - \max[0, E-dS]}{uS - dS}$

$n = 1$시점 uS_0일 경우 $h_u = \dfrac{P_{uu} - P_{ud}}{uuS_0 - udS_0}$

dS_0일 경우 $h_d = \dfrac{P_{ud} - P_{dd}}{udS_0 - ddS_0}$

예 19-3

2기간 주가가 아래와 같고 $r = 1.10$, $E = 70$일 때 무배당 유럽형 콜옵션, 풋옵션 가격과 헤지비율을 구하시오.

주가 :

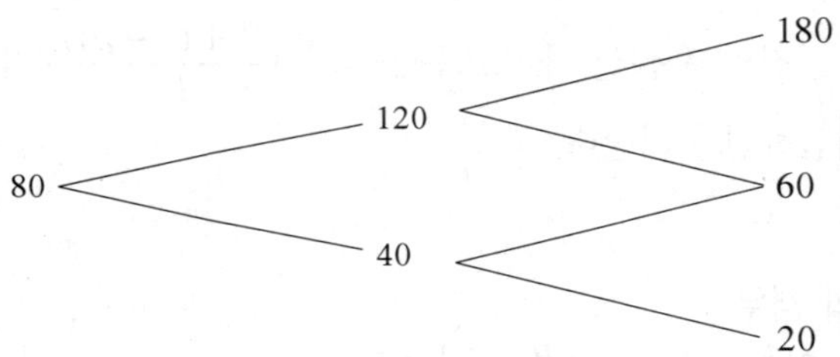

해답

$$p = \frac{r-d}{u-d} = \frac{1.1-0.5}{1.5-0.5} = 0.6$$

콜옵션 가격 : $C_{uu}=110$, $C_{ud} = C_{du} = 0$, $C_{dd} = 0$이므로, $C_u = \frac{(0.6)(110)+(0.4)(0)}{1.10} = 60$, $C_d = 0$으로부터 $C_0 = \frac{(0.6)(60)+(0.4)(0)}{1.10} = 32.73$가 된다.

풋옵션 가격 : $P_{uu} = 0$, $P_{ud} = P_{du} = 10$, $P_{dd} = 50$이므로, $P_u = \frac{0.6 \times 0 + 0.4 \times 10}{1.1} = \frac{4}{1.1} = 3.64$, $P_d = \frac{0.6 \times 10 + 0.4 \times 50}{1.1} = \frac{26}{1.1} = 23.64$로부터

$$P = \frac{p \cdot P_u + (1-p)P_d}{r} = \frac{0.6 \times 3.64 + 0.4 \times 23.64}{1.1} = 10.58$$이 된다.

헤지비율 :

콜옵션 사용 시 : $n = 0$시점 $h = \frac{50-0}{120-40} = \frac{5}{8}$

$n = 1$시점 $S_1 = 120$일 경우 $h_u = \frac{110-0}{180-60} = 0.92$

$S_1 = 40$일 경우 $h_d = \frac{0-0}{60-20} = 0$ (콜옵션으로 헤지가 안 됨)

$n = 0$일 때 주식 $\frac{5}{8}$개를 보유하고 콜옵션 1개를 매도하는 포트폴리오(투자액 : $\frac{5}{8} \times 80 - 27.3 = 22.7$)를 구성하면, $n = 1$에 주가가 120 혹은 40이 되어도 25의 무위험수익이 발생한다($C_0 = 27.3$은 단일기간모형에 $C_u = 50$, $C_d = 0$을 적용하여 산출된 값). 이는 $n = 0$시점 투자액 22.7에 무위험이자율 10%가 적용된 결과인 25와 같다.

풋옵션 사용 시 : $n = 0$일 때 $h = \frac{0-30}{120-40} = -\frac{3}{8}$

$n = 1$일 때 $h_u = \frac{0-10}{180-60} = -0.08$

$h_d = \frac{10-50}{60-20} = -1$

2.1.3 T기간 모형

T기간 무배당 유럽형 콜옵션 이항 옵션가격결정모형은 다음과 같다.

$$C=\left(\sum_{n=0}^{T}\frac{T!}{(T-n)!n!}p^{n}(1-p)^{T-n}\cdot\max[0,u^{n}d^{t-n}S-E]\right)\div r^{T}$$

$$=\left(\sum_{n=a}^{T}\frac{T!}{(T-n)!n!}p^{n}(1-p)^{T-n}[u^{n}d^{t-n}S-E]\right)\div r^{T}$$

$$=S\left(\sum_{n=a}^{T}\frac{T!}{(T-n)!n!}p^{n}(1-p)^{T-n}\frac{u^{r}d^{T-n}}{r^{-T}}\right)-Er^{-T}\left(\sum_{n=a}^{T}\frac{T!}{(T-n)!n!}p^{n}(1-p)^{T-n}\right)$$

$$=SB(n\geq a\mid T,p')-Er_{f}^{-T}B(n\geq a\mid T,p) \tag{19.20}$$

(T : 단위기간 동안 주가변동 횟수, a : T회 동안 주가상승 횟수, $p'=\frac{pu}{r}$)

단위기간(예 : 1일, 1년) 동안에 T가 무한대로 움직이면, $r=1+r_f$이라고 정의했을 때 식 (19.20)의 이항분포는 정규분포가, r^{-T}는 e^{-r_f}, 콜옵션 잔존기간이 τ이면 $e^{-r_f\tau}$가 되어 식 (19.21)이 유도되고, 블랙–숄즈 옵션가격결정모형과 같게 된다.

$$C=SN(d_1)-Ee^{-r_f\tau}N(d_2) \tag{19.21}$$

(참고 : $\lim_{T\to\infty}\left(1+\frac{r_f}{T}\right)^{T}=e^{r_f}$, e : 2.7183)

T기간 무배당 유럽형 풋옵션의 가격결정모형은 풋–콜 패리티 관계식, $P=C-S+E\cdot B(\tau)$에 콜옵션 가격결정모형 식 (19.21)을 대입하면 쉽게 구할 수 있다(τ : 잔존만기).

예 19-4

1기간 모형은 T기간 모형에 $T=1$을 대입하면 T(단일기간 동안 가격변동 횟수) = 1이 되고, $u=\frac{120}{100}=1.2$, $d=\frac{80}{100}=0.8$, $r=1.1$, $p=\frac{r-d}{u-d}=\frac{1.1-0.8}{1.2-0.8}=0.75$, S(주식의 현재 가격) = 100, E(행사가격) = 100이므로 1기간 콜옵션의 현재가격은

$$C = \frac{[{}_1C_0(0.75)^1(1-0.75)^0\{(1.2)^1(0.8)^0(100)-100\}]}{(1.1)^1} = 13.64$$

가 된다.

2.2 블랙-숄즈 옵션가격결정모형

2.2.1 가정

앞에서 설명한 이항 옵션가격결정모형은 주가의 변동이 불연속적이며 실현 가능한 주가가 두 가지로 국한되는 반면에, 블랙-숄즈 옵션가격결정모형(Black-Scholes Option Pricing Model)은 주가변동이 연속적으로 랜덤워크(random walk)를 한다고 가정한다. 블랙-숄즈 옵션가격결정모형도 이항 옵션가격결정모형과 마찬가지로 주식과 콜옵션을 적절히 구성해 무위험 포트폴리오를 구성한 후 이 포트폴리오의 수익률과 무위험자산 수익률이 동일해야 한다는 것으로부터 옵션의 가격결정모형을 산출하며 구체적인 가정은 다음과 같다.

첫째, 신용매수 혹은 공매(short selling)에 대한 제약이 없다.
둘째, 거래비용과 세금이 없는 완전자본시장이다.
셋째, 만기까지 무배당 유럽형 옵션이다.
넷째, 연속적인 주가변화를 한다.

주가는 기하브라운 운동 혹은 로그정규분포, 주가수익률은 정규분포를 하고, 만기까지 순간 주가수익률 변동은 일정하다고 가정한다.

브라운 운동(Brownian Motion)과 로그정규분포는 다음과 같이 정의된다.

기하브라운 운동 : $ds = \mu \cdot Sdt + \sigma Sdz$

브라운 운동 : $\frac{ds}{s} = \mu \cdot dt + \sigma dz$

위너 프로세스 운동 : $dz \sim N(0, 1dt)$

S : 주가, μ : 순간 주가기대수익률, σ : 순간 수익률 표준편차, dt : 순간적인 시간변화

주가수익률 : $r \sim N(u, \sigma^2)$, $r = \log_e X$, 주가 : $X\sim$ 로그정규분포함수

$$E(X) = e^{u+\frac{1}{2}\sigma^2}, \quad V(X) = e^{2u+2\sigma^2} - e^{2u+\sigma^2}$$

$E(X)$: 기대수익률, $V(X)$: 분산

다섯째, 대출과 차입은 제한이 없고, 무위험수익률은 만기까지 일정하다.

여섯째, 차익거래 기회가 존재하지 않는다.

2.2.2 모형

콜옵션의 가격형성 가능영역 내의 콜옵션 가격선을 살펴보고, 콜옵션에 대한 블랙-숄즈 모형을 중심으로 설명해 보자.

그림 19-7 콜옵션의 가격선

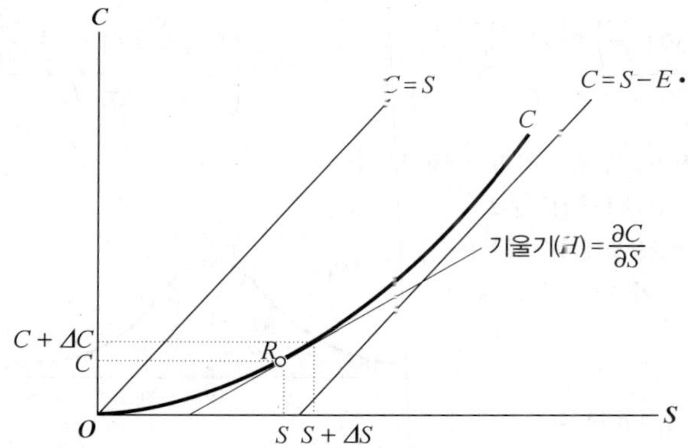

〈그림 19-7〉의 R점에서 주가 S가 미세하게 변화(ΔS)하면 콜옵션 가격도 ΔC만큼 변하며, ΔC의 크기는 R점에서 옵션가격의 기울기(H)에 의해 결정된다.

$$\Delta C = H \cdot \Delta S \tag{19.22}$$

주식 H개를 보유하고 콜옵션 1개를 발행한 포트폴리오를 고려해 보자.

이 포트폴리오에서 주가가 ΔS만큼 변해서 주가 전체가 $H \cdot \Delta S$만큼 움직이면 콜옵션의 가격이 ΔC만큼 변하므로 이 포트폴리오는 이익과 손해가 완전 상계되는 완전헤지 포트폴리오가 된다. 이런 가격변화는 순간적으로 발생하기 때문에 헤지비율인 기울기 H도 순간적으로 변한다. 따라서 매 순간 완전헤지를 이루려면 이 포트폴리오의 주식구성비율도 계속 조정해야 한다. 블랙과 숄즈는 주가 움직임이 계속적으로 랜덤하게 움직이는 브라운 운동을 한다고 가정하여 시간변화(Δt)를 고려한 콜옵션 가격의 순간적 변화(dc)를 구했다. 이를 이용해 Δt 동안의 완전헤지 포트폴리오를 구성한 다음 이 포트폴리오의 수익률이 차익거래 기회가 없는 정상시장 하에서는 무위험이자율과 같다는 등식을 도출해냈다.

이 등식에 $C = \max(0, S - E)$의 경계 영역을 적용하고 물리학의 열교환 방정식을 이용해 다음과 같은 콜옵션 가격(C)을 도출했는데, 이를 블랙–숄즈 옵션가격결정모형이라 한다.

$$C = S \cdot N\left(\frac{\ln\left(\frac{S}{E}\right) + \left(r + \frac{\sigma^2}{2}\right)T}{\sigma\sqrt{T}}\right) - e^{-rT} \cdot E \cdot N\left(\frac{\ln\left(\frac{S}{E}\right) + \left(r - \frac{\sigma^2}{2}\right)T}{\sigma\sqrt{T}}\right) \quad (19.23)$$

$N(Z) = \int_{-\infty}^{z} f(Z)\,dZ$, 즉 누적 표준정규분포 함수

$f(Z)$: 평균 0, 분산 1의 정규분포

$N(d)$: 표준정규분포에서 음영 부분

σ : 연속복리 주가수익률의 표준편차

E : 행사가격

S : 현재주가

r : 연속복리 무위험수익률

e : 2.7183⋯

T : 잔존만기

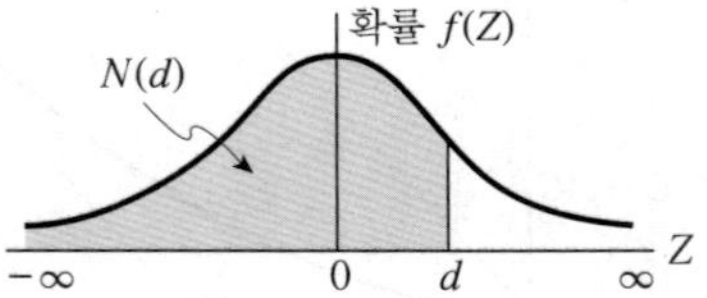

t시점 콜옵션식은 다음과 같이 표현된다.

$$C(t, S, T, E) = S_t \cdot N(d_1) - e^{-rT} \cdot E \cdot N(d_2) \quad (19.24)$$

$$d_1 = \frac{\ln\left(\frac{S}{E}\right) + \left(r + \frac{1}{2}\sigma^2\right)T}{\sigma\sqrt{T}}, \quad d_2 = \frac{\ln\left(\frac{S}{E}\right) + \left(r - \frac{1}{2}\sigma^2\right)T}{\sigma\sqrt{T}} = d_1 - \sigma\sqrt{T}$$

2.2.3 모형의 해석

블랙–숄즈 옵션모형 식 (19.23)에 $H = N(d_1)$, $B = Ee^{-rT}N(d_2)$를 대입하면,

$$C = H \cdot S - B \tag{19.25}$$

로 표시되고 아래와 같은 해석 및 응용이 가능하다.

첫째, 콜옵션 가격은 주가 × 헤지비율 – 행사가격 할인가치 × 옵션이 행사될 확률이 된다.

$N(d_1)$ (= H)는 무위험 포트폴리오를 구성하기 위한 옵션 1계약당 주식의 수, 즉 헤지비율을 나타내며($0 \leq H \leq 1$), $N(d_2)$는 만기 시 옵션이 행사될 확률을 나타내므로, 식 (19.25)의 첫째 항 $H \cdot S$는 만기 시 주가(S_T)가 $S_T > E$일 때(옵션의 권리가 행사될 때), 받을 주식의 현재가치가 되고, 둘째 항 B는 $S_T > E$일 때 행사를 하게 되면 지불해야 할 행사가격의 현재가치를 의미한다. 주식가격(S)이 행사가격(E)보다 훨씬 커서 $S_T > E$가 될 확률이 거의 1에 가깝다면, 누적 표준정규분포함수 $N(\cdot) = 1$이 되어 둘째 항은 $e^{-rT} \cdot E$, 즉 행사가격의 현재가치가 된다.

둘째, 콜옵션은 주식 $N(d_1)$개를 매수하고, 만기에 액면 1을 받는 할인채 $EN(d_2)$개를 매도한 포트폴리오와 같게 된다.

$$V = SN(d_1) + e^{-rT}[-EN(d_2)] \tag{19.26}$$

V : 포트폴리오 가치, $N(d_1)$: 주식수, e^{-rT} : 채권가격, $-EN(d_2)$: 채권수

셋째, 헤지 포트폴리오에 응용된다.

주식 보유 + 콜옵션 매도를 통해 헤지 포트폴리오 $HS-C$를 구성할 수 있고, 이 포트폴리오 수익률은 만기까지 보유 시 $r \cdot T$, 현재가치는 $E \cdot e^{-rT} N(d_2)$가 된다(만기 시 가치는 E가 됨).

넷째, 풋옵션 가격 및 풋옵션 헤지비율 산출에 응용된다.

풋–콜 패리티를 이용해 풋옵션 가격과 풋옵션을 이용한 헤지비율을 산출할 수 있다. 풋–콜 패리티 $P=C-S+Ee^{-rT}$에 블랙–숄즈 콜옵션 가격모형을 대입하면 다음과 같이 된다.

$$\begin{aligned} P &= SN(d_1) - Ee^{-rT} N(d_1 - \sigma\sqrt{T}) - S + Ee^{-rT} \\ &= Ee^{-rT}[1 - N(d_1 - \sigma\sqrt{T})] + S[N(d_1) - 1] \end{aligned} \tag{19.27}$$

$N(d_1)+N(-d_1)=1$으로부터

$$= Ee^{-rT}[1 - N(d_1 - \sigma\sqrt{T})] + S[-N(-d_1)] \tag{19.28}$$

이 된다. 식 (19.28)로부터 $\frac{\partial P}{\partial S}$는 다음과 같이 구해진다.

$$\frac{\partial P}{\partial S} = -N(-d_1) = -[1 - N(d_1)] < 0 \ (-1 \le \frac{\delta P}{\delta S} \le 0) \tag{19.29}$$

따라서 풋옵션을 이용한 헤지 포트폴리오는 주식 $N(-d_1)$ $(=1-N(d_1))$개 보유 시 풋옵션 1개를 매수하면 구성되고, 이 헤지 포트폴리오의 가치는 다음과 같이 된다(만기 시 가치는 E가 됨).

$$-\frac{\delta P}{\delta S} \cdot S + P = E \cdot e^{-rT}[1 - N(d_1 - \sigma\sqrt{T})] = E \cdot e^{-rT}[1 - N(d_2)] \tag{19.30}$$

2.2.4 블랙-숄즈 모형을 이용한 콜옵션 계산의 예

블랙-숄즈 모형을 이용해 옵션거래에서 어떻게 가격산출을 할 것이며, 시장의 상황이 변할 때는 이 모형을 투자 의사결정에 어떻게 이용할 수 있는가를 살펴보자.

예 19-5 옵션가격 산출

다음 표는 2010년 11월 29일자 A주식에 대한 옵션 거래조건과 A주식의 최근 26주간 주별 주가 자료이다.

옵션 거래조건	
만기	2011년 4월 14일
행사가격	\$40
A주식의 현재가	\$40 $\frac{3}{4}$
2011년 5월 14일 만기 T-bill의 현재 가격	\$9,467.23

A주식의 최근 26주간 주별 자료			
10.6.3	26 $\frac{3}{8}$	10.9.3	41 $\frac{1}{8}$
10.6.11	27 $\frac{1}{8}$	10.9.10	42 $\frac{1}{4}$
10.6.18	28 $\frac{7}{8}$	10.9.17	41 $\frac{1}{2}$
10.6.25	29 $\frac{5}{8}$	10.9.24	39 $\frac{1}{4}$
10.7.1	32 $\frac{1}{4}$	10.9.31	37 $\frac{1}{2}$
10.7.8	35	10.10.7	37 $\frac{1}{4}$
10.7.15	36	10.10.14	42
10.7.22	38 $\frac{5}{8}$	10.10.21	44
10.7.29	38 $\frac{1}{4}$	10.10.28	49 $\frac{3}{4}$
10.8.5	40 $\frac{1}{4}$	10.11.5	42 $\frac{3}{4}$
10.8.12	36 $\frac{1}{4}$	10.11.12	42
10.8.19	41 $\frac{1}{2}$	10.11.19	38 $\frac{5}{8}$
10.8.26	38 $\frac{1}{4}$	10.11.26	41

2010년 11월 29일 현재 시점 무배당 유럽형 콜옵션 이론가격을 블랙-숄즈 옵션가격결정 모형을 이용해 구해 보자.

해답

i) 현재 주가(S)

$S = 40\frac{3}{4}$

ii) 행사가격(E)

$E = 40$

iii) 잔존만기(T)

만기까지 남은 일 수를 365일로 나누어 연율로 환산한다.

$T = \frac{137}{365} = 0.3753$

iv) 이자율(r)

액면가격이 $10,000인 T-bill(미재무성 단기국채)의 현재 가격을 이용해 다음과 같이 구한다.

$9{,}467.23 \times e^{r\frac{165}{365}} = 10{,}000$로부터

$$r = \frac{365}{165}\ln\frac{10,000}{9,467.23} = 0.1211$$

v) 주가변동성(σ^2)

주가변동성은 다음과 같은 주가 수익률 분산으로 산출된다.

$$\text{주간 주가수익률 분산}(\sigma^2) \quad \frac{\sum(r_i - \bar{r})^2}{n-1}$$

r_i : i의 주간 수익률, $\bar{r}$: 주간 수익률평균, n : 표본기간 내 주일수(26주)

σ_w^2 : 주간 수익률 분산, 연간 수익률 분산 $\sigma_y^2 = \sigma_w^2 \times 52$

26주간 A주식의 주간 주가수익률 분산을 이용해 연간 주가수익률 분산을 구한다.

$$\sigma_y^2 = 0.005135 \times 52 = 0.2764$$

[참조] 콜옵션의 현재시장가격을 적정 균형가격으로 가정하여 이 가격에 블랙-숄즈 옵션가격결정모형을 적용하면 주가수익률 분산을 추정할 수 있다. 이 경우 산출된 분산을 내재변동성(implied volatility)이라 한다.

σ_y^2 값을 블랙-숄즈 모형에 대입하면 콜옵션 값을 구할 수 있다.

$C = 40.75N(d_1) - e^{-rT}EN(d_2)$

$$d_1 = \frac{\ln\frac{40.75}{40} + \left(0.1211 + \frac{0.2764}{2}\right)0.3753}{\sqrt{0.2764}\sqrt{0.3753}} = 0.3599, \quad N(d_1) = 0.6406$$

$$d_2 = d_1 - \sqrt{0.2764}\sqrt{0.3753} = 0.0378, \quad N(d_2) = 0.5160$$

$$C = 40.75 \times 0.6406 - 38.22 \times 0.516 = 6.38$$

이 된다.

2010년 11월 29일 콜옵션 시장가격이 이보다 낮으면 평가절하된 것이므로 판단하여 옵션을 매수하고 이보다 높으면 매도하여 시세차익을 얻을 수 있다.

2.2.5 옵션의 민감도 지표 : 시장변화와 옵션가격

옵션의 가치는 각종 경제적인 요소에 의해 시시각각 변동하므로 옵션거래자는 시장조건의 변화가 옵션가치에 미치는 영향을 파악해야 한다. 블랙-숄즈 옵션가격결정모형은 옵션가치의 변동방향과 크기를 추정하는 데 유용한 정보인 델타, 감마, 쎄타, 베가, 로 등의 지표를 제공하고 있다.

1) 델타(Delta)

델타(Δ)란 옵션 기초자산의 가격변화에 대한 옵션가격의 변화비율($\frac{\delta C}{\delta S}$)을 말하며 블랙-숄즈 옵션가격결정모형을 주가 S에 대해 미분한 값이다. 이 수치는 기초자산의 가격이 1단위 변화했을 때 이론적 옵션의 가격은 얼마나 변하는가를 나타낸다.

이론적으로 옵션의 가격은 기초자산의 가격보다 더 빨리 변할 수 없고 옵션가격 변화와 반대방향으로 바뀔 수 없으므로 $0 < \Delta < 1$의 범위를 갖는다. 만기시점에 외가격옵션의 델타는 0에 가깝고, 내가격옵션의 델타는 1에 가까우며, 등가격옵션의 델타는 0.5에 가깝게 된다.

델타는 또한 헤지비율(H)을 의미하며 델타를 이용한 헤지를 '델타헤지'라 한다. $\Delta = 0.3$인 콜옵션은 콜옵션 10계약 매도 시 3개의 주식을 보유하면 순간 완전헤지가 가능해진다.

그림 19-8 주가, 잔존만기와 델타

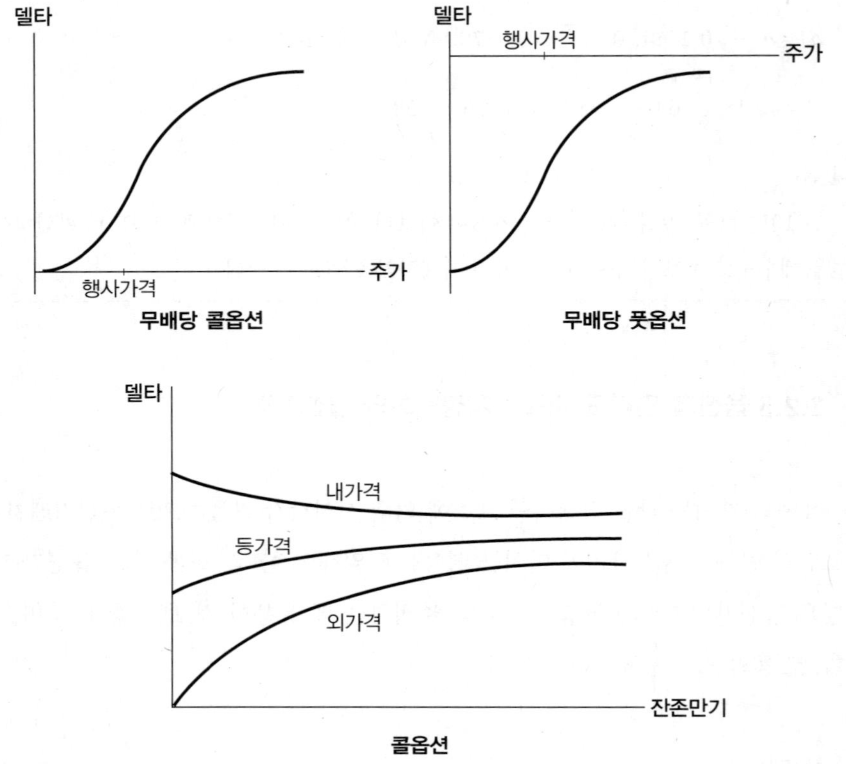

2) 감마(Gamma)

감마($\gamma : \frac{\delta \Delta}{\delta S} = \frac{\delta^2 C}{\delta S^2}$)는 기초자산의 가격변화에 대한 델타의 변화율로서 수학적으로 델타를 주가에 대해 미분($\frac{\partial \Delta}{\partial S}$)하면 구해진다. 만약 옵션가격이 주가에 대해 일차함수($C = a + b \cdot S$) 관계를 가지면 감마는 0이 된다. 델타가 옵션 민감도 중 가장 중요하게 활용되기 때문에 델타가 기초자산의 가격변동에 따라 얼마나 변동하는지를 나타내는 감마도 중요하다. 델타가 기초자산의 포지션과 관련된 위험을 나타내 주는 척도라면, 감마는 옵션의 포지션과 관련된 위험을 나타내는 척도가 된다.

델타가 헤지비율을 의미하므로, 감마는 기초자산의 가격변동에 따라 헤지비율이 어떻게 변동하는지를 나타내는 지표로 활용된다. 감마 값이 크다면 기초자산가격 변동에 의해 헤지비율이 크게 영향을 받기 때문에 헤지거래자는 헤지비율에 주의해야 한다. 예를 들어, 현재 $\gamma = 0.02$이고 $\Delta = 0.3$인 경우 기초자산의 가격이 1원 상승하면 $\Delta = 0.32$가 되고 1원 하락하면 $\Delta = 0.28$이 된다.

3) 세타(Theta)

세타($\theta : \frac{\delta C}{\delta T}$)는 옵션만기의 변화에 대한 옵션가격의 변화를 의미하며, 세타 값을 통해 시간경과에 따른 옵션가치 변동을 알 수 있다. 옵션에는 시간가치가 포함되어 있기 때문에 시간이 짧아질수록 옵션의 가치는 줄어들게 되어 (−)를 붙여 표시한다. 세타는 베가와 마찬가지로 등가격 옵션일 때 가장 크고, 내가격이나 외가격으로 갈수록 작아지게 된다.

4) 베가(Vega)

베가($\upsilon : \frac{\delta C}{\delta \sigma}$)는 기초자산의 변동성 변화에 대한 옵션가격의 변화를 나타내는 지표로 기초자산 변동성의 한 단위(1%)에 대한 옵션가격 변동 정도를 의미한다. 기초자산의 변동성이 커질수록 옵션의 가치는 높아지게 되므로 베가는 (+)를 갖는다. 베가는 등가격 옵션일 때 값이 가장 커지고 내가격, 외가격으로 갈수록 값이 작아지는데 이는 등가격 옵션이 변동성에 가장 민감하게 반응한다는 것을 의미한다.

5) 로(Rho)

로($\rho : \frac{\delta C}{\delta r}$)는 이자율 변화에 대한 옵션가격 변화 정도를 나타내며 $\frac{\text{옵션가격 변화}}{\text{이자율 변화}}$로 정의된다. 콜옵션 가격은 이자율에 (+), 풋옵션은 이자율에 (−) 관계이므로 로는 콜옵션에서는 (+), 풋옵션에서는 (−) 값을 가지며 외가격일수록 작아지고 내가격일수록 커진다.

3. 옵션의 응용

옵션은 많은 분야에 응용 가능하며 주요 응용분야는 다음과 같다.

3.1 포트폴리오 보험

포트폴리오 보험은 방어풋(protective put : 주식과 풋을 동시 보유)을 이용해 주가 상승기에는 무제한 투자수익, 주가하락기에는 일정 이상의 손실을 보지 않도록 포트폴리오를 구성하는 것을 말하며, 일정 이상의 손실을 보지 않게 된다는 의미에서 '포트폴리오 보험(portfolio insurance)' 이라고 한다. 포트폴리오 보험은 이와 같은 특성이 있지만 주가지수를 이용하지 않으면 풋에 대응되는 특정 주식포트폴리오 구성이 매우 어렵고, 대부분의 옵션이 만기가 짧으므로 만기가 일치하는 풋을 찾기가 어렵다는 한계가 있다. 이 경우 동적 헤징(dynamic hedging)을 통한 합성 풋(synthetic put)을 이용해 포트폴리오 보험 효과를 얻을 수 있다. 그러나 동적 헤징은 주가상승 시에는 주식매수, 주가하락기에는 주식매도를 하게 됨에 따라 주가의 변동성 확대요인으로 작용할 수 있어 1987년 주가폭락 사태인 Black Monday 발생요인 중 하나로 거론되기도 한다.

3.2 자기자본의 평가

회사채가 만기일에 액면금액을 상환하는 순수할인사채(pure discount bond)일 경우에, 주주는 사채를 발행할 때 기업의 모든 자산을 사채권자에게 팔고 그 대신 사채의 만기일에 사채 액면가격으로 그 기업을 다시 사들일 수 있는 옵션을 가지는 것으로 생각할 수 있다. 이 경우 옵션의 기초자산은 기업의 총자산이 되고 행사가격은 사채의 액면가격이 된다. 사채 만기일에 기업의 총자산 가치(V)가 사채의 액면가격(B_T)보다 클 경우, 주주는 옵션을 행사해 그 초과분($V - B_T$)에 대한 소유권을 획득하게 되지만, 반대로 사채 만기일에 기업의 총자산 가치가 사채의 액면가격보다 작을 경우에는 주주들은 옵션을 행사하지 않게 된다. 이때 주식의 가치는 0이 되는데, 이는 주식회사의 주주의 유한책임과 일치하는 것이다. 따라서 사차 만기일에서의 자기자본가치(S_T)는 다음과 같이 정의할 수 있다.

$$S_T = \max[0, V - B_T] \tag{19.31}$$

이와 같이 기업의 자기자본(S_T)은 유럽형 콜옵션으로 볼 수 있기 때문에 자기자본의 현재가치, 즉 주주의 부(S)는 옵션가격결정모형을 이용하면 기업의 총자산가치(V), 부채의 액면가격(B_T), 기업가치의 분산(σ_V^2으로 표시), 사채 만기일까지의 기간(T_B로 표시), 그리고 시장의 이자율(R_f) 등의 함수로 표시될 수 있다.

$$S = f(V, B_T, \sigma_V^2, T_B, R_f) \tag{19.32}$$

따라서 콜옵션의 특성으로부터 다음과 같은 관계가 성립한다.

$$\frac{\partial S}{\partial V} > 0, \ \frac{\partial S}{\partial B_T} < 0, \ \frac{\partial S}{\partial \sigma_V^2} > 0, \ \frac{\partial S}{\partial T_B} > 0, \ \frac{\partial S}{\partial R_f} > 0 \tag{19.33}$$

블랙-숄즈 옵션가격결정모형을 적용해 기업의 자기자본의 가치를 구하면 다음과 같다.

$$S = V \cdot N(d_1) - e^{-R_f T_B} B_T \cdot N(d_2) \tag{19.34}$$

$$d_1 = \frac{\ln\left(\frac{V}{B^*}\right) + R_f \cdot T_B}{\sigma_V \sqrt{T_B}} + \frac{1}{2}\sigma_v \sqrt{T_B}$$

$$d_2 = d_1 - \sigma_V \sqrt{T_B}$$

기업의 부채가치는 기업의 가치에서 자기자본의 가치를 차감해 다음과 같이 산출된다.

$$B = V - S \tag{19.35}$$

3.3 신주인수권부사채 및 신주인수권 평가

신주인수권부사채(BW : Bond With stock purchase warrant)란 일정한 기간 내에 약정된 가격으로 주식을 매수할 수 있는 권리가 부여된 채권을 말한다. 신주인수권부사채의 보유자는 일정한 가격에 정해진 수의 해당 기업의 보통주를 일정기간 동안 인수할 수 있는 권리를 자유롭게 양도할 수 있다. 신주인수권부사채의 주식인수권(warrant)은 채권을 보통주로 전환하는 권리가 아니라 신주의 매수권을 의미한다는 점에서 전환사채와 다르다. 즉, 신주인수권부사채를 가지고 있는 투자가가 주식인수권을 행사할 때는 약정된 매수대금을 기업에 납입해야 주식을 인수할 수 있다.

주식인수권이 콜옵션과 다른 점은 콜옵션의 행사가 유통시장에서의 주식거래에 불과한 반면에 주식인수권은 행사될 경우 그 기업의 발행주식수가 늘어나며 그에 따라 주주들의 지분이 희석(dilution)될 수 있다는 것이다. 주식인수권에는 분리불능 인수권(nondetachable warrant)과 분리가능 인수권(detachable warrant)이 있다.

분리불능 인수권은 인수권이 사채와 붙어 있는 경우로서 그 채권의 소유자만이 권리를 행사할 수 있으며, 그 사채가 상환되면서 인수권도 자동적으로 회수된다. 반면에 분리가능 인수권은 사채로부터 분리되어 주식거래소나 장외시장에서 거래될 수 있다. 우리나라의 신주인수권부사채는 기업이 유상증자를 할 때 구주주와 마찬가지로 약정된 신주인수비율에 신주인수권을 부여하고 있다. 이런 신주인수권부사채의 가격은 이론적으로 일반채 가치에 신주인수권의 가치를 합한 것과 같다. 따라서 주식인수권의 가치는 주식인수권의 행사로 인해 늘어나게 되는 발행주식수와 기업자산 가치의 증가를 고려해 결정해야 한다.

신주인수권 가치를 옵션으로 표시해 보자.

(주)한국의 현재 시점 발행주식수가 n개 이며, 행사가격(주식 발행가) E, 만기 T인 신주인수권(유럽식 워런트)을 m개 발행했다. T시점의 기업자본가치가 V_T이고, 이 시

점에 l개의 워런트가 행사되었다고 가정하자.

이 경우 워런트 소유자는

$$\frac{1}{n+l}[V_T + E \cdot l] > E \tag{19.36}$$

즉, $V_T + E \cdot l > E(n+l)$으로부터

$$V_T > n \cdot E \tag{19.37}$$

이면 혜택을 얻을 것이다.

따라서 $V_T > n \cdot E$이면 l워런트 소유자는 행사할 것이다. 다른 모든 워런트 소유자도 식 (19.37) 조건이 만족되면 행사를 하게 되고 행사 후 주식수는 $n+m$개가 된다. 이 경우 워런트 1개 가치는 다음과 같다.

$$\left[\frac{1}{n+m}(V_T + E \cdot m) - E\right]^+$$

$$= \left[\frac{V_T - n \cdot E}{n+m}\right]^+ = \frac{1}{n+m}[V_T - n \cdot E]^+ = \frac{n}{n+m}[S_T - E]^+ \tag{19.38}$$

S_T : T시점의 주가, ($[X]^+ = \max[0, X]$)

표 19-3 신주인수권부사채의 장단점

구분	발행자	투자자
장점	▪저금리에 의한 자금조달 ▪현금납입 → 추가자금조달 ▪재무구조 개선효과 ▪리스크 헤징 수단	▪사채의 안정성(확정이자)과 주식수익성 ▪주가상승 시 투자수익증대(레버리지 효과)
단점	▪자금조달 기대의 불일치 (신주인수권 행사는 고주가 또는 기업자금 사정악화 시 가능성 높음) ▪임의적 신주인수권 행사 → 재무불확실 요인	▪보통사채보다 저금리 → 이익실현 부담 ※주주의 경우 주식의 희석화 효과

3.4 전환사채 평가

전환사채(convertible bond)란 소유자의 의사에 따라 그 기업의 보통주식으로 전환할 수 있는 권리가 부여된 채권을 말한다. 전환사채 투자자는 법률적으로 서로 다른 두 개의 권리를 동시에 보유하게 되는데, 그 하나는 만기일까지의 원리금의 청구권이며 다른 하나는 주식으로 전환할 수 있는 전환권(conversion privilege)이다.

전환권은 일정기간 내에 일반채권으로서의 가치를 포기하고 주식을 취득할 수 있다는 점에서 미국형 콜옵션과 같은 성격을 갖고 있다. 따라서 전환사채는 현재의 주가가 높을수록, 전환기간이 길수록, 주식수익률의 분산이 클수록 가격은 상승하게 된다.

전환사채가치는 다음과 같이 표현된다.

$$\text{전환사채 가치} = \text{Max}[\text{일반사채 가치, 전환가치}] + \text{전환 콜옵션 가치} \quad (19.39)$$

전환가치가 일반사채가치보다 높다면 채권소유자는 전환권을 행사해 이익을 얻을 수 있고, 그렇지 못한 경우에는 전환권을 포기하고 일반채권으로서의 권리만을 행사할 것이다. 전환 콜옵션 가치는 옵션가격평가모형을 이용해 평가할 수 있다.

| 전환 프리미엄(convertible premium)

전환권의 현재가치로 전환가격이 주가를 초과하는 정도를 의미하며, 전환가격과 주가와의 차이로 표시한다.

$$\text{전환 프리미엄} = \frac{\text{전환가격} - \text{주가}}{\text{주가}} \times 100 \quad (19.40)$$

| 전환가치

전환사채를 주식으로 전환할 경우의 가치를 말한다.

$$전환가치 = 주가 \times 전환비율 \tag{19.41}$$

| 전환가격

주식 1주를 얻기 위해서 포기해야 하는 전환사채의 액면가액을 말한다.

$$전환가격 = \frac{전환사채의\ 액면가}{전환비율} \tag{19.42}$$

| 전환비율

전환사채 액면 1단위당 전환되는 주식수를 의미한다.

$$전환비율 = \frac{전환사채의\ 액면가}{전환가격} \tag{19.43}$$

예 19-6

액면가액 10만원, 액면이자율 6%, 만기 3년인 전환사채가 있다. 주가가 20,000원, 전환가격 25,000원이면 전환 프리미엄, 전환비율, 전환가치를 구하시오.

해답

$$전환비율 = \frac{10만원}{2만\ 5,000원} = 4,\ 전환가치 = 주가 \times 전환비율 = 20,000 \times 4 = 80,000원$$

$$전환\ 프리미엄 = \frac{전환가격 - 주가}{주가} \times 100 = \frac{25,000 - 20,000}{20,000} \times 100 = 25\%$$

전환사채의 가격은 이론적 가격과 다음과 같은 이유로 차이가 있을 수 있다.

첫째, 전환사채의 전환권이 유럽형 콜옵션이 아니라 미국형 콜옵션에 가깝다. 전환권의 행사가 특정 시점에 한정되는 것이 아니라 만기일 이전까지의 일정한 기간 동안으로 약정된다.

둘째, 전환사채는 시간의 흐름에 따라 전환가격이 높아지는 경우가 많다. 전환권의 행사시기에 따라 전환가격이 달라지는 것은 옵션의 행사가격이 행사시기에 따라 달라지는 것과 같은 의미를 갖는 것이다.

셋째, 전환사채는 기업의 현금배당으로부터 보호를 받지 못한다. 만일 전환시기 이전에 현금배당이 이루어지면 주가는 그만큼 하락하게 될 것이며, 그 결과 전환가치 및 전환 프리미엄도 하락하게 된다.

넷째, 전환권의 행사가 기업의 자본구조를 변화시키고 결과적으로 주가의 변동을 초래할 수 있다.

그림 19-9 전환사채 가격

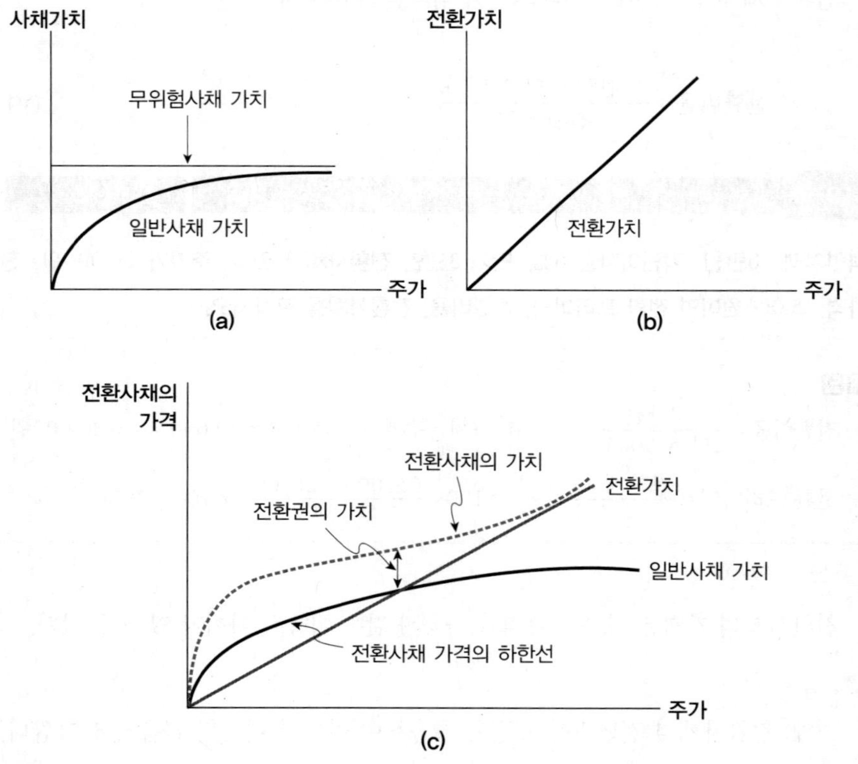

3.5 후순위채권(subordinated bond) 가격결정

만기 시 채권 원리금 상환에 우선순위가 있는 경우, 우선순위에 따른 채권가격결정에 옵션개념을 적용할 수 있다.

만기 시 선순위채권 상환금액 K_B, 후순위채권 상환금액 K_J라 하면, 만기 시 기업가치 V_T는 $K_B + K_J +$ 주식가치(S)가 되고 만기 시 기업가치(V_T)에 따른 선순위채권, 후순위채권, 주식의 가치는 다음과 같다(설명의 편의상 채권은 할인채를 가정함).

종류 \ V_T	$V_T \leq K_B$	$K_B < V_T \leq K_E + K_J$	$K_B + K_J < V_T$
K_B	V_T	K_B	K_B
K_J	0	$V_T - K_B$	K_J
S	0	0	$V_T - K_B - K_J$

콜옵션 개념으로 이들의 가치를 다음과 같이 표시할 수 있다.

선순위채권 가치 : $V_T - (V_T - K_B)^+$
후순위채권 가치 : $(V_T - K_B)^+ - (V_T - K_B - K_J)^+$
주식가치 : $(V_T - K_B - K_J)^+$

[참고] $(X)^+ = \max[X, 0]$

3.6 ELW

ELW(Equity Linked Warrant)는 한국거래소에 상장되어 있지만 거래가 부진한 개별주식옵션의 대안으로 도입되어 성격상 개별주식옵션이지만 유가증권시장에서 개별주식처럼 거래되고 있다. ELW 주요 특징에 대해서 알아보자.

3.6.1 정의

ELW는 유가증권시장에서 특정 주가 또는 주가지수의 변동과 연계해 미리 정해진 방법에 따라 만기 시 주권의 매매 또는 현금을 수수하는 권리가 부여된 옵션의 성격을 갖는 유가증권으로, 만기 시 ELW로 인한 손실, 이익은 개별주식옵션과 같다. 콜(풋) ELW는 특정 주식이나 지수를 사전에 결정된 행사가격으로 사전에 정해진 만기일에 살(팔) 수 있는 권리로, 투자자는 ELW를 순매수 포지션만 취할 수 있다.

국내 ELW 시장은 2005년 12월에 개설된 후 연평균 67% 성장률을 보이고 있으며, 2010년 9월 현재 7,413종목이 상장되어 있고, 시가총액은 14.6 조원으로 홍콩거래소에 이어 세계 2위 시장으로 위치를 차지하고 있다.

국내 ELW의 기초자산은 개별주식과 주가지수가 있으며, 개별주식으로는 코스피100지수를 구성하는 종목, 스타지수를 구성하는 종목 중 전월 말일 기준 시가총액 상위 5위 이내의 종목, 2개 이상의 개별주식으로 구성된 주식바스켓이, 주가지수로는 코스피200, 스타지수, 니케이225, 항셍지수 등이 기초자산이 된다. 투자자 중 스캘퍼(투기목적 초단타매매자)는 5% 내외지만 거래대금으로는 60% 정도를 차지하고 있다.

조기종료(KOBA : knock out barrier) ELW는 일반 ELW에 "기초자산가격이 조기종료 발생기준가격 이상이 되어야 한다"는 조기종료(knock-out) 조건이 부여된 ELW로 조기종료 조건이 충족되는 경우 만기 이전이라도 ELW의 효력이 종료되는 상품으로 지수형 ELW에 국한되고 내가격 구간에서만 상품이 발행되고 있다. 2010년 9월 6일 상장되어 2010년 9월 현재 188종목이 상장되어 있다.

예 19-7

행사가격 1만원인 콜 ELW 가격 1,000원이다. 만기 시 최대 손실 · 이익과 투자수익률은?

해답

최대손실은 1,000원, 이익은 주가 − 1만원 − 1,000원 = 주가 − 11,000원이 된다. 만기 시 주가가 13,000원이면, 이익 13,000 − 10,000 − 1,000 = 2,000원이고, 투자수익률은

$$\frac{2,000}{1,000} \times 100 = 200\%$$

가 된다.

3.6.2 투자지표

ELW 투자 시 다음과 같은 투자지표들이 많이 활용되고 있다.

1) 전환비율

전환비율은 ELW 1주당 기초자산 전환비율이다. 예를 들어, 전환비율이 0.2인 ELW는 5개가 있어야 권리행사 시 기초자산 한 개를 살 수 있다.

2) 기어링

$$\text{기어링} = \text{전환비율} \times \frac{\text{기초자산가격}}{\text{ELW가격}} \tag{19.44}$$

3) 델타

$$\frac{\text{ELW 가격변동}}{\text{기초자산가격 변동}} \tag{19.45}$$

4) 레버리지(유효 기어링)

레버리지는 기초자산 1% 변동 시 ELW 변동폭(%)을 의미하며 기어링 × 델타로 산출된다.

레버리지

$$= \frac{\text{ELW가격 변동폭(\%)}}{\text{기초자산가격 변동폭(\%)}} = \text{전환비율} \times \frac{\text{기초자산가격}}{\text{ELW가격}} \times \frac{\text{ELW가격 변동}}{\text{기초자산가격 변동}}$$

$$= \text{기어링} \times \text{델타} \tag{19.46}$$

레버리지가 7이라는 것은 주가 1% 상승 시 ELW가격 7% 상승을 의미한다.

예 19-8

기초자산 주가 8만원, 전환비율이 0.1인 ELW가격이 1,100원, 델타가 2인 경우 기어링은 $\frac{80,000원}{\frac{1,100원}{0.1}}=7.27$이 되고, 이것은 기초자산 1주 가격이 전환비율을 고려한 ELW 가격의 7.27배인 것을 의미한다. 레버리지는 기어링 × 델타 = 7.27 × 2 = 14.54가 되어, 주가 1% 상승 시 ELW가격은 14.54%가 상승된다.

5) 손익분기점률

콜 ELW 손익분기점률은 콜 ELW에 투자해서 손실을 보지 않기 위한 만기까지 주가상승률로, 예를 들어 콜 ELW 손익분기점률 7%는 주가가 7% 상승해야 ELW에 투자해서 손해를 보지 않는다는 것을 의미하며, 다음과 산출된다.

$$\text{콜 ELW 손익분기점} = \text{행사가격} + \frac{\text{ELW가격}}{\text{전환비율}} \tag{19.47}$$

$$\text{콜 ELW 손익분기점률} = \frac{\text{콜 ELW 손익분기점}}{\text{주가}} - 1 \tag{19.48}$$

풋 ELW 손익분기점률은 해당 %만큼 주가가 하락을 해야 손해를 보지 않는다는 것을 의미한다.

6) 자본지지율

자본지지율은 주가수익률과 ELW 수익률이 같아지는 주가의 기대상승률이다. 자본지지율 7%는 주가가 7% 상승 시 주가수익률과 ELW 투자수익률이 같아진다는 것을 의미한다.

3.6.3 ELW 특성

ELW 특성들은 다음과 같다.

1) 레버리지 효과

ELW 투자는 레버리지 효과를 갖는다. 레버리지 효과는 적은 투자금액으로 높은 투자수익 혹은 투자손실을 보게 되는 것을 말한다.

예 19-9

전환비율 1, 만기 1년, 행사가격 10,000원, 현재가 1,000원인 콜 ELW가 있다. 현재가 10,000원인 주식이 1년 후에 13,000원이 되어 30%의 수익률을 올렸다면 ELW의 투자수익은 만기 시 기초자산의 가격(13,000원) – 행사가격(10,000원) – ELW 매입가격(1,000원) = 2,000원이 된다. 이 경우 주식투자시 수익률은 30%이지만, 콜 ELW 투자는 초기자본 1,000원 대비 200%가 된다.

2) 제한된 손실금액

투자액 1,000만원으로 현대차 110주를 주당 89,700원에 구입했을 때, 주가가 63,500원으로 하락하면 288만 2천원 손실을 본다. 반면에 레버리지 4인 현대차 콜 ELW에 250만원 투자했을 경우 주가상승 시 얻는 이익은 레버리지가 4이므로 주식 1,000만원 투자와 비슷하나, 하락으로 인해 ELW 행사를 못 했을 경우 투자자는 콜 ELW 투자액 250만원만 손실을 본다.

3) 시간제약

ELW는 만기까지만 유효한 금융상품으로 시간이 경과할수록 시간가치가 하락한다.

4) 높은 유동성

ELW는 유동성 공급자(LP : Liquidity provider)가 존재하며 관련규정이 정하는 바에 따라 유동성 공급자는 해당 ELW에 대한 매수 또는 매도 호가를 제시함으로써 매수자에게 매도를, 매도자로부터 매수를 하며, 매도호가와 매수호가의 차이로부터 고정적인 수익을 얻는다.

5) ELW와 선물의 비교

ELW는 비대칭손실구조(수익은 무한대, 손실은 프리미엄에 국한됨)이며, 투자자가 처음에 매수해야만 매도가 가능하므로 증거금이 필요 없고 위탁계좌를 이용하며 10주 이상의 소액투자가 가능하다. 또한 LP(유동성 공급자)가 변동성 유지 역할을 한다. 반면에, 선물은 손실폭이 제한 없는 제로섬 게임이며 선물옵션계좌를 이용하고 증거금 1,500만원이 필요하다.

6) ELW와 주식옵션의 비교

ELW은 콜 또는 풋을 최초에는 매수만 가능하나, 옵션은 처음부터 매도가 가능하고 기본 예탁금이 필요하다.

표 19-4 ELW와 주식옵션의 비교

		ELW	주식옵션
법적구조	규제법	자본시장법	
	상품분류	증권(파생결합증권)	(장내)파생상품
	거래시장	증권시장	파생상품시장
	발행주체	금융투자업자	옵션매도자(일반투자자 가능)
시장구조	매매	주식거래 방식	파생상품 거래방식
	위험관리	별도 위험관리 장치 없음 (손실은 매수대금으로 한정)	증거금
	결제방식	T+2 결제	T+1 결제
	기초자산	지수(KOSPI200 등) 개별주식 및 바스켓 해외지수 등	개별주식(33개 종목)

연습문제

I. 다음을 설명하시오.

01. 포트폴리오 보험

02. 이항 옵션가격결정모형의 가정

03. 내재변동성

04. 옵션가격 결정요인 5가지

05. 차익거래를 정의하고 이에 대한 구체적 예

06. 시간가치(premium over parity)를 정의하고 잔존만기, 내가격, 등가격, 외가격이 시간가치에 미치는 영향

07. (주)한국은 자사 주식에 대해 콜옵션을 발행했다. 이 경우 자본금에 변동이 생기는가 ?

08. 콜옵션과 주식으로 구성된 무위험 포트폴리오의 헤지비율은 주가가 변하면 변하는가? 만약에 변하면 그 이유는 무엇인가?

09. 주가와 콜옵션 가격이 선형관계에 있을 때 주가가 변하면 헤지비율은 일정한가? 그 이유는?

10. ELW

11. 후순위채권

12. 감마

13. 블랙-숄즈 옵션가격결정모형의 가정

14. (주)한국이 수익이 일정한 사업을 하고 있다. 반면에 (주)서울은 (주)한국과 기대수익은 동일하지만 경영환경에 따라 손익변동이 심하다. 다른 조건이 같은 경우 어느 회사 주가가 높을까? 그 이유를 옵션 개념으로 설명하시오.

15. 이항 옵션가격결정모형은 어떤 경우 블랙-숄즈 옵션가격결정모형이 되는가 설명하시오.

16. 주가변동성이 증가되면 주가상승폭도 커지지만 하락폭도 커진다. 이런 특성에도 불구하고 옵션가치가 증가되는 이유는?

Ⅱ. 다음 문장의 진위를 답하시오.

17. 콜옵션 혹은 풋옵션과 동일한 현금흐름을 주식과 무위험채권의 포트폴리오를 통해 창출할 수 있다.

18. 유럽형 옵션에서 콜옵션은 잔존만기가 길어져도 가격변동을 예측하기 힘들지만 풋옵션은 가격이 상승한다.

19. 이항 옵션가격결정모형에서 위험중립 세계 하에서는 기간별 주가상승률, 주가하락률, 무위험이자율을 알면 기간별 주가 상승확률을 구할 수 있다.

20. 이항 옵션가격결정모형에서 기초자산가격 상승확률에 대한 가정이 있어야만 옵션가격을 구할 수 있다.

21. 옵션가격에 투자자의 위험회피도는 영향을 미치지 않는다.

Ⅲ. 다음 문제에 답하시오.

22. 블랙-숄즈 옵션가격결정모형 $C(t) = S_t \cdot N(d_1) - e^{-r(T-t)} \cdot E \cdot N(d_2)$을 이용하여 다음을 구하시오($T$: 만기).

(1) 헤지비율(주식 1개당 보유해야 할 콜옵션수)

(2) 만기에 옵션이 행사 안 될 확률

(3) $C(t)$를 주식과 만기 시 1을 받는 채권으로 합성하려고 한다. 주식수와 채권수를 구하시오.

(4) 콜을 이용한 헤지 포트폴리오와 만기까지 보유시 가치, 수익률

(5) 풋을 이용한 헤지 포트폴리오

(6) 주가(S)가 변동되면 헤지비율은 변하나? 그 이유는?

(7) 행사가격의 현재가치

23. 유럽형 옵션의 가격이 10이고 행사가격이 50일 때 만기 시 손익을 완성하시오.

(1) 콜옵션 매입자

(2) 콜옵션 매도자

(3) 풋옵션 매입자

(4) 풋옵션 매도자

24. 이항분포(2기간)

2기간 주가가 아래와 같고 행사가격이 110, 무위험 이자율이 10%일 경우

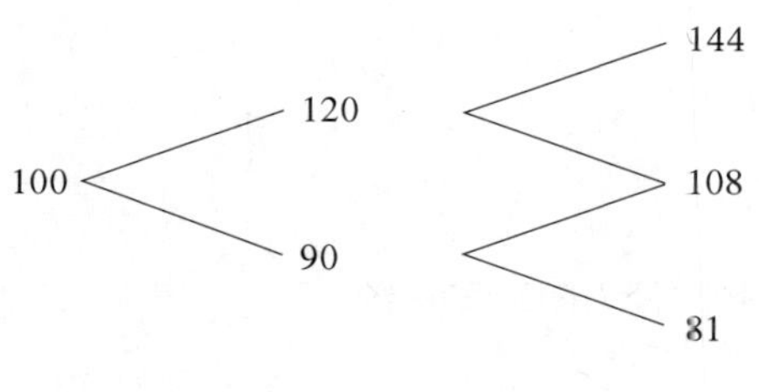

(1) 현재 시점($t=0$)의 유럽형 콜옵션, 풋옵션 가격을 구하시오.

(2) 콜옵션을 이용할 경우 기간별 헤지비율을 구하시오.

(3) 현재 시점($t=0$)에서 풋옵션을 이용하여 무위험 포트폴리오를 구성하고 이 포트폴리오의 $t=1$시점 가치를 구하시오.

25. 이항분포

현재 주가 **다음기 주가**

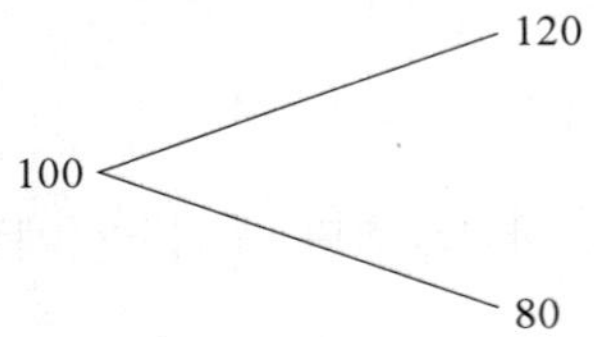

$E=70,\ \ r=1.05$

(1) 콜옵션 가격은?

(2) 이 콜옵션을 이용하여 헤지 포트폴리오를 구하시오.

(3) 이 헤지 포트폴리오의 수익률은?

26. 발행주식수가 100만주인 (주)홍익이 행사가격이 8,000원인 신주인수권 10,000주를 발행했다. 신주인수권 만기 시 이 회사 시가총액이 100억이면 다음을 구하시오.

(1) 신주인수권 투자자는 신주인수권을 행사하나?

(2) 신주인수권 가치는?

27. 현재 (주)한국의 주가는 30,000원이며 1기간 후에 33,000원으로 오르거나, 27,000원으로 떨어질 것으로 예상한다. 콜옵션의 행사가격이 28,000원이고, 무위험이자율은 5%라고 가정한다.

(1) C_u, C_d의 가치를 구하시오.

(2) 헤지비율(h)을 구하시오.

(3) 콜옵션의 가치(C)를 구하시오.

(4) 풋–콜 패리티를 이용하여 풋옵션의 가치(P)를 구하시오.

28. 현재 (주)서울의 주식가격은 60원이고 무위험이자율은 10%이다. 1기간 후에 주가는 72원으로 상승하거나 54원으로 하락할 것으로 예상된다. 행사가격이 60원인 콜옵션이 있다.

(1) 차익거래 기회가 존재하지 않기 위해 주식 100주에 대하여 발행해야 할 콜옵션의 수는?

(2) 이 콜옵션의 이론적인 가격은?

(3) (1)에 의한 헤지 포트폴리오를 구성하는 데 소요되는 비용은?

(4) 이 포트폴리오의 수익률은?

29. 선순위채권(K_B) 만기 시 상환가격이 1,000, 후순위채권(K_J) 만기 시 상환가격이 500일 경우 이 회사 채권 만기시점에 기업가치가 V_T라 할 때, 선순위채권, 후순위채권과 주식의 가치를 V_T로 표시하시오.

chapter **20**

스왑, 신용파생상품, 금융혁신, 파생상품 관리

1. 스왑 | **2.** 신용파생상품과 기타 파생상품

3. 금융혁신 | **4.** 파생금융상품 관리방안

20장은 스왑, 신용파생상품과 기타 파생상품, 금융혁신, 파생금융상품 관리방안에 대해서 설명한다.

1. 스왑

1.1 의의 및 역사

스왑(swaps)거래는 거래 쌍방이 서로가 상대적으로 유리한 조건으로 통화 및 금리 등을 대상으로 일정수량의 채무나 채권을 사전에 정해진 조건으로 교환하기로 하는 여러 개의 선도계약을 맺는 것으로, 금융기관들이나 기업들이 환율과 금리의 급격한 변동에 대응할 필요성에 맞춰 개발된 금융기법이다. 스왑거래는 선도거래처럼 계약의 체결시점과 이행시점이 다르고, 거래당사자들이 거래이행 의무를 가지며, 계약시점의 계약비용이 0이 된다는 점에서는 비슷하지만, 여러 기간에 걸쳐서 현금흐름이 교환된다는 점에서 현금흐름이 한 번 발생하는 선도거래와 차이가 있다. 스왑거래는 1970년대 영국에서 외환관리기법의 하나로 사용되던 상호융자(parallel loan)를 기초로 발전하게 되었으나, 본격적인 스왑거래는 1981년 World Bank와 IBM 사이에 이루어진 1억 7,500만 달러 상당의 스위스 프랑과 마르크 간의 거래가 시초이다. 최근에는 주로 은행 간에 활발히 이루어지고 있으며, 미국 달러화 중심에서 점차 여러 다양한 통화로 확대되고 있다.

1.2 동기

스왑거래의 동기는 다음과 같다.

1) 자금차입비용 절감

스왑거래는 기업 신용도 차이와 지역 간 금융여건 차이에서 발생하는 비교우위론을 이용하여 자금차입비용을 절감할 수 있다. 비교우위론은 각국이 상대우위가 있는 제품을 생산해서 교환을 하면 모두에게 이득이 된다는 이론이다.

예 20-1 비교우위론

단위당 생산비

상품	A국	B국	B/A
쌀	12만원	8만원	0.67
TV	10만원	9만원	0.9

B국이 두 제품 모두 절대우위에 있고, 쌀의 경우 B국이 상대우위에 있으나, TV의 경우 A국이 상대우위에 있다. B국이 두제품을 도두 생산하면 총비용은 17만원, A국이 모두 생산하면 22만원이 요구된다. 그러나 B국은 상대우위에 있는 쌀, A국은 상대우위에 있는 TV를 생산해 교환하면 B국은 쌀 생산비 16만원, A국은 TV생산비 20만원으로 A국, B국 모두 쌀, TV를 1대씩 생산할 경우보다 저렴하게 제픔을 갖게 된다.

2) 금리 및 환율변동에서 오는 위험을 헤지

선물이나 옵션은 헤지기간이 1년 미만인데 비해서, 스왑거래는 5 ~ 10년의 장기 헤징이 가능하다.

3) 금융 및 외환에 대한 규제회피 수단

다양한 스왑기법들을 이용해 규제를 회피할 수 있다.

1.3 종류

스왑은 교환대상물 종류에 따라 원유, 곡물 등을 대상으로 하는 상품스왑(commodity swap)과 금융스왑(financial swap)이 있으며, 금융스왑은 금리, 통화를 대상으로 하며 금리스왑(IRS : Interest Rate Swaps), 외환스왑(FX swaps), 통화스왑(CRS : Currency Rate Swaps)으로 세분된다.

1.3.1 금리스왑

금리스왑(IRS : Interest Rate Swaps)은 두 채무자가 각자의 채무에 대해서 동일한 통화로 표시된 이자지급의무를 일정기간 동안 서로 바꾸어 부담하기로 약정하는 거래로, 거래당사자 간 이자지급의무만 있고 원금상환 의무는 없다. 표준 금리스왑(plain vanilla IRS)은 고정금리와 변동금리를 교환하는 것으로, 고정금리를 지급하면 IRS pay 거래, 고정금리를 수취하면 IRS receive 거래라 한다.

1) 종류

| 자금조달비용 절감 금리스왑

자금조달비용 절감 금리스왑은 차입자 간의 신용평가 등급에 대한 금융시장 간의 평가 불일치를 이용해서 차입자 간의 차입비용을 줄이기 위한 거래이다.

예 20-2 자금조달비용 절감 금리스왑의 예

A기업과 B기업의 자금조달비용은 다음과 같다.

	고정금리부시장	변동금리부시장
A기업	13%	LIBOR+0.5%
B기업	11%	LIBOR
금리차	2%	0.5%

A기업은 고정금리로, B기업은 변동금리로 차입을 원한다. 이 경우 다음과 같은 금리스왑을 이용하면 차입비용을 줄이면서 원하는 금리형태로 조달이 가능하다.

B기업이 모든 시장에서 자금조달비용이 낮으나, 두 시장의 금리차가 고정금리부는 2%, 변동금리부는 0.5%이므로 A기업은 LIBOR + 0.5% 변동금리로, B기업은 11% 고정금리로 차입 후 A기업의 경우, B기업에 고정금리 12%를 주고, B기업으로부터 LIBOR + 0.5% 이자를 받아 차입금 이자를 지불하면, 고정금리 13%로 차입했을 때보다 1% 차입금리가 절감한다.

B기업의 경우, A기업에 LIBOR + 0.5%를 주고, A기업으로부터 12%를 받아 차입금 이자 11%를 지불하면, A기업으로부터 받은 이자차익 1%에 변동이자 손실 0.5%를 제하면 0.5% 차입금리가 절감된다.

그러나 대부분의 경우 스왑중개기관은 중개를 담당하고 그 대가로 거래당사자들부터 금리에 일정부분 가산한 금리를 수수료로 받으므로 수수료에 해당되는 이자만큼 거래당사자의 차입금리 절감효과가 줄어든다. 만약 스왑중개기관(은행)이 A기업으로부터 고정금리 12%를 받고, B기업으로부터 변동금리 LIBOR – 0.3%를 받는다면, 다음과 같은 금리스왑 거래가 된다.

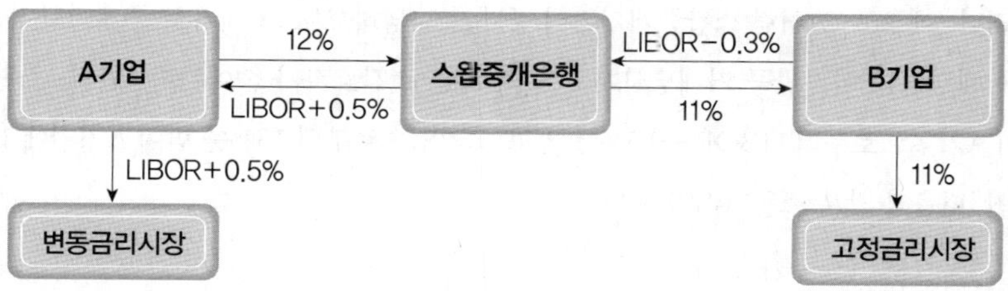

이 경우 A기업은 1%, B기업은 0.3%의 차입금리 절감효과가 있고, 스왑중개기관은 0.2%의 수수료를 얻게 된다.

❙ 자산부채 종합관리 금리스왑

자산부채 종합관리 금리스왑은 동일기업임에도 불구하고 자산 및 부채에 적용되는 금리형태의 불일치로 인한 위험을 기업 간 스왑거래를 통해 동일기업 내 자산 및 부채에 적용되는 금리형태를 일치시킴으로써 금리위험을 제거하는 방법이다.

예 20-3 자산부채 종합관리 금리스왑의 예

A기업과 B기업의 자산수익률, 부채이자비용은 다음과 같다.

	A기업	B기업
자산수익률(a)	LIBOR + 1.0%	14%
부채이자(b)	12%	LIBOR + 1.0%
순수익률(a - b)	LIBOR - 11%	13% - LIBOR

A기업과 B기업이 다음과 같이 금리스왑거래를 하면 부채에 적용되는 이자율 형태를 자산에 적용되는 이자율 형태로 일치시킬 수 있고 차입비용을 절감할 수 있다.

A기업의 경우, 자산수익률 LIBOR + 1.0%를 B기업에 주고, B기업으로부터 13% 고정이자를 받아 부채이자 12%를 지급하면, 고정금리부채를 자산수익률과 같은 변동금리부채로 전환시킬 수 있고 자산수익률과 부채 금리차이인 순수익률 1%를 안정적으로 얻을 수 있다.

B기업의 경우, 자산수익률 14% 중 13%를 A기업에 주고, A기업으로부터 받은 LIBOR + 1.0%로 부채이자를 지급하면, 변동금리 부채를 자산수익률과 같은 고정금리부채로 전환시킬 수 있고 순수익률 1%를 안정적으로 얻을 수 있다.

그러나 (예 20-2)처럼 스왑중개기관이 중개를 담당하므로 그 대가로 중개기관에 준 수수료에 해당하는 이자만큼 거래당사자의 수익 혹은 절감효과가 줄어든다. 만약, 스왑중개은행이 A기업으로부터 LIBOR + 0.5%를 받고, B기업으로부터 13%를 받아 A기업에 12.6%를 주면, 다음과 같은 스왑거래가 된다.

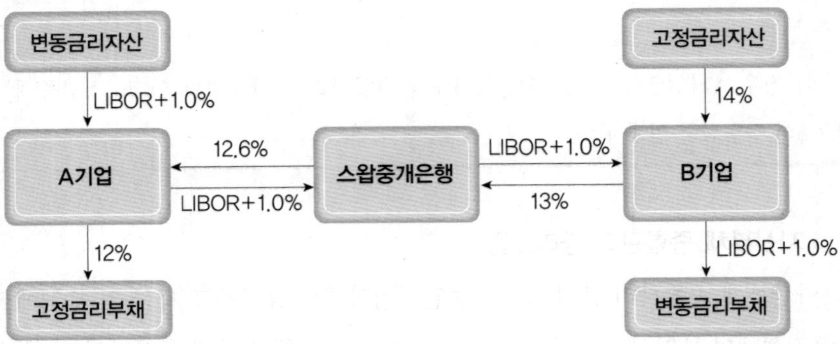

A기업은 순수익률 0.6%를, B기업은 1%를 안정적으로 얻을 수 있고, 스왑중개은행은

0.4%의 수수료를 벌게 된다.

2) 응용

| 베이시스 스왑

베이시스 스왑(Basis Swap)은 금리스왑을 응용한 변동금리 간의 스왑거래로 한 포지션 내 변동금리 사이의 베이시스 위험이 존재할 경우 이를 해소하기 위해서 사용된다. 베이시스 스왑은 1개월 Libor와 6개월 Libor 또는 Prime Rate나 Libor와 같이 종류가 다른 단기물 간에 이루어진다.

예 20-4 베이시스 스왑의 예

A기업은 현재 CP로 자금조달을 하고 있으나 LIBOR 금리를 원하며, B기업은 현재 11% 고정금리를 지불하나 CP금리를 원하고, C기업은 현재 LIBOR+0.5%를 지불하나 고정금리를 원하는 경우 다음과 같은 베이시스 스왑을 이용해 원하는 차입금리로 조달 가능하다.

A기업의 경우, B기업으로부터 CP금리를 받고, C기업에 LIBOR+0.5%를 지불하면, 변동금리 간의 스왑거래인 베이시스 스왑거래가 된다.

B기업의 경우, C기업으로부터 11% 금리를 받고, A기업에 CP금리를 지불한다.

C기업의 경우, A기업으로부터 LIBOR+0.5%를 받고, B기업에 11% 금리를 지불한다.

베이시스 스왑거래도 (예 20-2), (예 20-3)처럼 스왑중개기관(은행)이 중개를 담당하고 그 대가로 일정금리의 수수료를 받는다. 만약 스왑은행이 다음과 같은 금리스왑을 하면 스왑중개은행은 0.4%의 수수료를 얻게 된다.

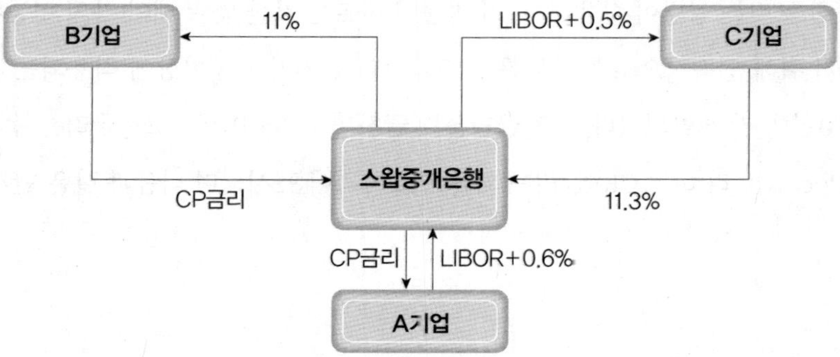

3) 가격

금리스왑가격(스왑률)은 기준이 되는 변동금리에 대해 교환되는 고정금리를 말하며, 스왑계약에 의해서 교환되는 현금흐름의 가치가 서로 같도록 하는 고정금리가 균형스왑가격이 된다. 기준변동금리는 3개월물 LIBOR 또는 6개월물 LIBOR를, 고정금리는 1년물을 주로 사용한다. 금리스왑가격의 고시방법은 고정금리를 고시하거나 국채수익률에 가산되는 스왑 스프레드 고시가 있다.

1.3.2 외환스왑

외환스왑(foreign exchange swaps)은 거래당사자 간 현재의 계약 환율에 따라 서로 다른 통화를 교환하고 일정기간 후 최초 계약시점에서 정한 환율에 따라 원금을 다시 교환하는 거래이다. 외환스왑은 만기가 1년 이내 단기이며, 통화 간 금리차가 선물환율에 반영되어 있기 때문에 이자를 교환하지 않으며, 현물환 및 선물환 또는 만기가 다른 선물환과 선물환, 현물환과 현물환을 서로 반대방향으로 동시에 주고받는다. 현물환을 매수하고, 선물환을 매도하는 경우를 buy&sell 거래, 현물환매도, 선물환매수의 경우를 sell&buy거래라 하며, 스왑포인트(선물환율 – 현물환율)가 가격이 된다.

1.3.3 통화스왑

통화스왑(CRS : Currency Rate Swaps)은 2개의 다른 통화가 관련되는 경우 서로 다른 통화를 갖는 쌍방이 환율 및 금리 변동에 따르는 자산 및 부채의 가치 변동위험을 헤지하기 위해 연속적으로 현금흐름을 교환하며 만기가 1년 이상에 적용되는 기법으로, 1970년대 말 개발되었다. 고정금리를 지급하면 'CRS Pay', 고정금리를 수취하면 'CRS Receive' 라 하고 CRS금리를 기준으로 가격이 표시되며 다음과 같은 단계를 거친다.

- **1단계** : 최초에 원금교환을 한다.
  시장환율을 기준환율로 사용할 경우 스왑 당사자 간 합의에 의해서 최초의 통화교환을 하지 않을 수 있다.
- **2단계** : 계약기간 중에 이자지급을 한다.
- **3단계** : 만기에 계약 당시 약정한 기준환율로 잔액교환을 한다.

1) 통화스왑의 종류

스왑의 탄생 역할을 한 상호융자와 고정금리 통화스왑, 변동금리 통화스왑, 고정금리–변동금리 통화스왑에 대해서 설명해 보자.

| 상호융자

상호융자(Parallel Loan)는 서로 다른 국가에 소재하는 기업이 상대방 국가에 자회사가 있는 경우, 각 기업이 상대방 국가에 소재한 자사의 자회사가 상대 기업으로부터의 대출금과 동일 금액, 동일 만기인 자국통화표시자금을 자국 금리로 자국 내 소재하는 상대방 자회사에 대출해 주는 거래로 스왑거래의 모태가 되었다. 일반적으로 이자율은 고정금리이며, 이자지급과 원금상환은 각 지사가 상대방 기업 본사에게 한다.

예 20–5 상호융자의 예

영국에 지사가 있는 미국계 A회사와 미국에 지사가 있는 영국계 B회사 간에 다음과 같은 상호융자계약을 체결되었다. A회사는 B회사의 미국지사에 달러화 부채 150만 달러를 제공하고 동시에 B회사는 A회사의 영국지사에 동일한 금액의 파운드화 부채 100만 파운드를 제공하고, A영국지사는 B본사에 12%의 이자와 만기 시 원금을, B미국지사는 A본사에 10% 이자와 만기 시 원금을 지급한다(〈그림 20–1〉 참조).

그림 20-1 상호융자

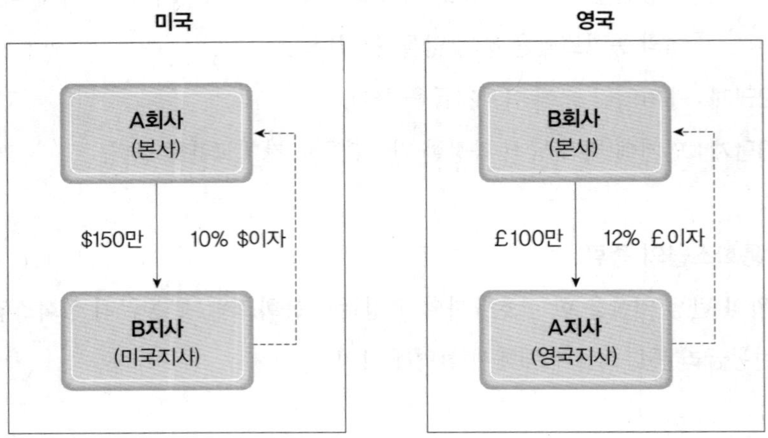

상호융자 시 환차손에 대한 처리문제를 명확히 해야 하며 지급불이행 위험에도 대비해야 한다.

| 고정금리 통화스왑

고정금리 통화스왑(Fixed Rate Currency Swaps)은 두 당사자가 서로 보유하고 있는 상대국 통화표시 고정금리채무를 서로 교환하기로 약정하는 거래이다.

예 20-6 고정금리 통화스왑의 예

A기업과 B은행의 자금 차입조건은 다음과 같다.

	A기업	B은행
목적	12억원 차입	100만 달러 차입
만기	5년	5년
원화 차입비용	11.25%	11.00%
달러화 차입비용	5%	5.75%

현재 환율을 ₩1,200/U$이라 하자. 상대적으로 유리한 차입조건인 A기업의 경우 100

만 달러를 연 5%, B은행의 경우 12억원을 11%로 차입 후 A기업과 B은행이 〈그림 20-2〉와 같은 고정금리 통화스왑을 체결하면, A기업은 11.0%로, B은행은 5%로 차입이 가능해져서 A기업은 0.25%, B은행은 0.75%의 차입비용을 절감할 수 있게 된다.

그림 20-2 고정금리 통화스왑

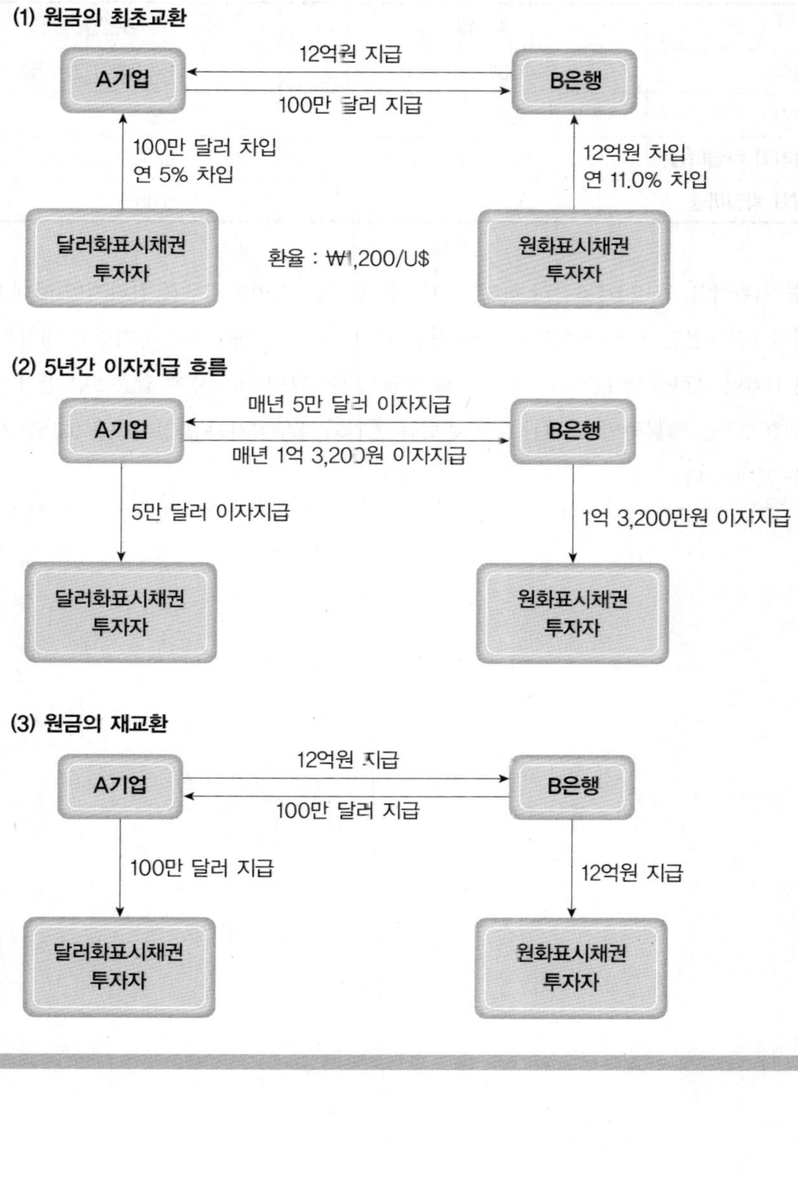

변동금리 통화스왑

변동금리 통화스왑(Floating Rate Currency Swaps)은 기본구조는 고정금리 통화스왑과 동일하나 적용되는 이자율이 변동금리라는 점에서 차이가 있다.

예 20-7 변동금리 통화스왑의 예

A기업과 B은행의 자금 차입조건은 다음과 같다.

	A기업	B은행
목적	100만 달러 차입	1억 2천만 엔 차입
만기	5년	5년
달러화 차입비용	LIBOR+0.5%	LIBOR+0.25%
엔화 차입비용	5.7%	5.95%

현재 환율을 ¥120/U$이라 하자. A기업은 달러표시 변동채무를 원하지만 상대적으로 유리한 1억 2천만 엔을 연 5.7%로, B은행은 엔화표시 고정채무를 원하지만 상대적으로 유리한 100만 달러를 연 LIBOR+0.25%로 차입한 후 〈그림 20-3〉과 같은 5년 만기 변동금리 통화스왑을 체결하면 두 기관 모두 원하는 조건의 채무이자와 차입비용을 0.25%씩 절감할 수 있게 된다.

그림 20-3 변동금리 통화스왑

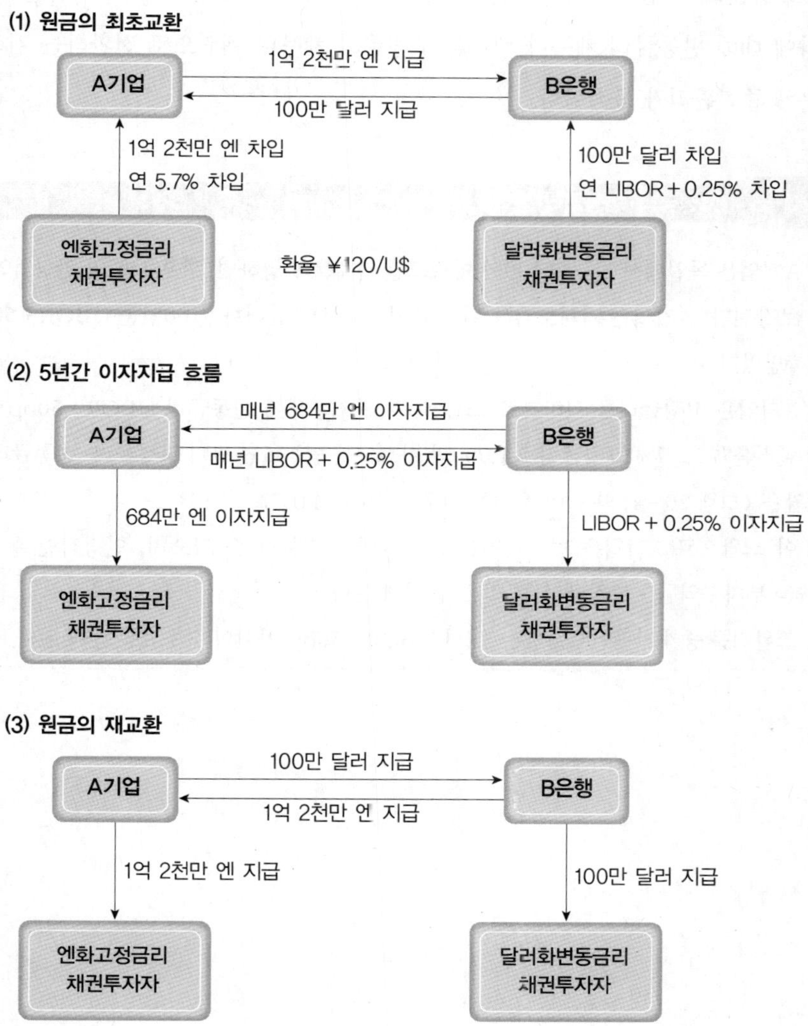

고정금리-변동금리 통화스왑

고정금리-변동금리 통화스왑(Fixed-Floating Rate Currency Swaps)은 두 개의 통화에 대해 변동금리 채무나 채권을 고정금리 채무나 채권으로 전환하는 거래로 자산부채 종합관리가 목적이다.

예 20-8 고정금리-변동금리 통화스왑의 예

A기업은 독일에서 가격이 100만 마르크인 기계를 도입하면, 향후 11%의 안정적인 수익이 보장된다. A기업은 기계도입을 위해 은행 B로부터 달러화 $700만을 LIBOR + 50bp로 대출받았다.

A기업은 고정금리를 원하므로 스왑전문기관 C은행에 변동금리 LIBOR + 50bp로 700만 달러를 주고, 7% 고정금리로 1,000만 마르크를 받는 5년 만기 고정금리-변동금리 통화스왑을 〈그림 20-4〉와 같이 체결했다(환율 : $/DM 0.7).

이 스왑으로 A기업은 변동금리를 고정금리로 전환할 수 있으며, 안정적인 투자수익 4%(= 투자수익률 - 고정금리)를 얻을 수 있게 된다.

스왑전문 중개기관인 C은행은 7%와 LIBOR + 50bp 차이의 수수료를 받게 된다.

그림 20-4 고정금리-변동금리 통화스왑

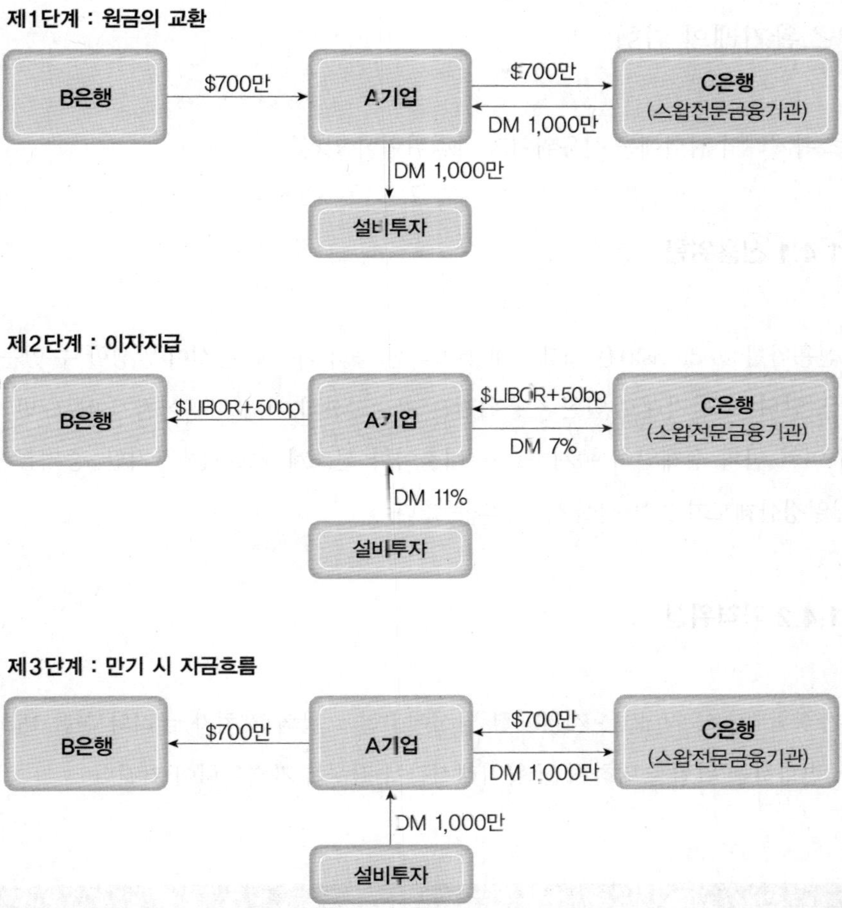

2) 통화스왑가격

통화스왑가격은 교환되는 두 통화의 고정금리를 말하며, 이 고정금리가 각 통화의 금리스왑가치가 0이 되는 고정금리인 균형스왑률과 일치하면 통화스왑가치가 0이 되어, 이 고정금리들이 통화스왑 균형가격이 된다.

예를 들어, 5년 만기 미국달러화금리 스왑률이 4%, 엔화금리 스왑률이 3%일 때, 5년 만기 달러-엔화 고정금리스왑에서 교환되는 고정금리가 달러 4%, 엔화 3%이면 통화스왑가격은 균형이 된다.

1.4 스왑거래의 위험

스왑거래의 위험에는 신용위험과 가격위험이 있다.

1.4.1 신용위험

신용위험(credit risk)은 거래상대방이 파산 등의 이유로 손실이 발생할 수 있는 위험을 말한다. 스왑거래로 인한 신용위험은 원금교환이 거의 이루어지지 않고, 만기일까지 여러 번의 결제일이 존재하므로 대출이나 선도계약보다는 작지만, 증거금제도 및 일일정산제도가 있는 선물거래보다는 크다.

1.4.2 가격위험

가격위험(price risk)은 계약체결 당시에 0인 스왑의 가치가 금리와 환율 변화에 따라 변화하는 위험을 말하며, 스왑거래기간이 길수록 가격위험이 커진다.

2. 신용파생상품과 기타 파생상품

2.1 신용파생상품

신용파생상품(credit derivatives)은 자산(대출, 채권, 채무 등)에 내재된 신용위험(부도위험)의 일부 또는 전부를 분리해 거래할 수 있게 만든 금융상품으로, 1990년대 초반 미국계 투자은행들에 의해서 도입된 후 국제금융시장에서 신용위험관리 및 투자수단으로 활용되면서 그 거래가 급격히 늘어났다. 이에 따라 2007년 3월 EUREX를 선두로 해 주요 거래소들이 경쟁적으로 신용파생상품 시장에 진출했으나, 국내 시장은 시장규모 및 거래실적이 미미한 수준이다. 보장매수자(protection buyer)는 신용위험을 이전시키기 위해서 위험의 대가인 프리미엄을 지급하고, 보장매도자(protection seller)는 신용위험을 이전받고 그 대가로 사전에 약속된 신용사건이 만기 이전에 발생 시 손실금을 보장매수자에게 제공하는 것이 일반적이다.

그림 20-5 기본적인 신용파생상품 개요

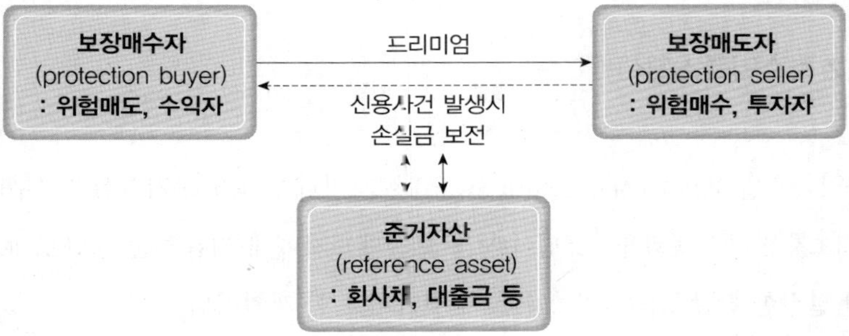

신용사건(Credit event)은 파산, 조기상환, 지급불이행 등과 같이 보장매도자가 보장 지급의무를 부담하는 사건으로, 파생상품거래 계약의 이행여부를 결정하는 중요한 기준이 된다. 준거자산(Reference asset)은 신용파생상품 계약상 신용사건의 발생 여부를 판단하는 기준이 되는 자산으로, 준거자산의 범위로는 기업 자체가 준거자산이 되는 준거기업(Reference entity), 준거채무, 기업채무 등으로 구분된다.

2.1.1 신용파산스왑

신용파산스왑(CDS : Credit Default Swap)은 보장매수자가 보장매도자에게 일정 프리미엄을 지급하고 신용사건 발생 시 손실을 보상받기로 하는 쌍방 간 계약이다.

그림 20-6 신용파산스왑 구조

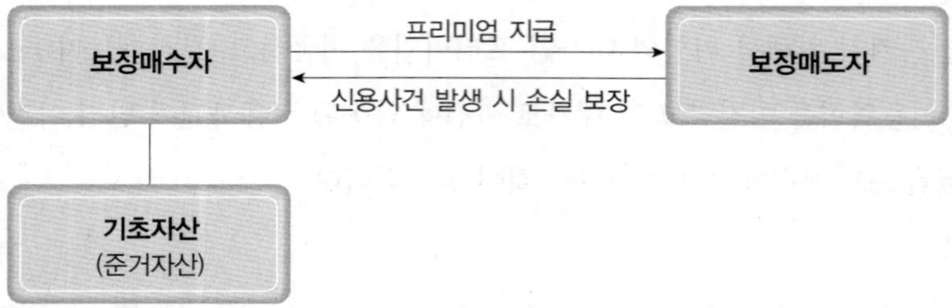

2.1.2 총수익률스왑

총수익률스왑(TRS : Total Return Swap)은 보장매수자가 준거자산으로부터의 현금흐름(기초자산 가격 변화율 + 표면이자)을 보장매도자에게 지급하는 대가로 보장매도자로부터 일정한 현금흐름(약장이자)을 수취하기로 한 계약이다.

그림 20-7 총수익스왑 구조

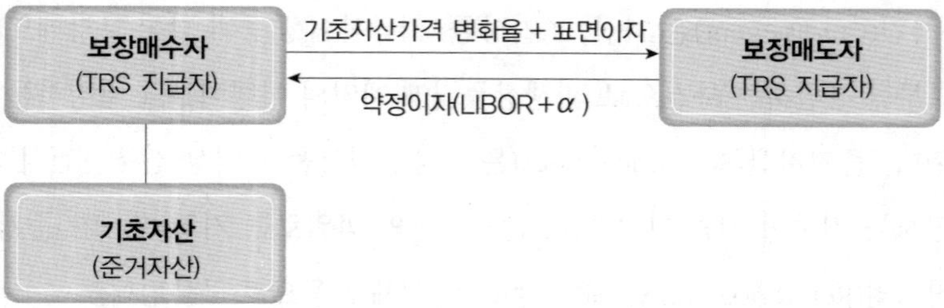

2.1.3 신용연계채권

신용연계채권(CLN : Credit Linked Notes)은 신용파생상품을 증권화한 형태로, 보장매수자는 준거자산의 신용상태와 연계된 증권(CLN)을 발행하고 약정된 방식으로 보장매도자에게 이자를 지급하며, 보장매도자는 이자를 받는 대신 신용사건이 발생하는 경우 준거자산의 손실을 부담하는 계약이다.

그림 20-8 신용연계증권 구조

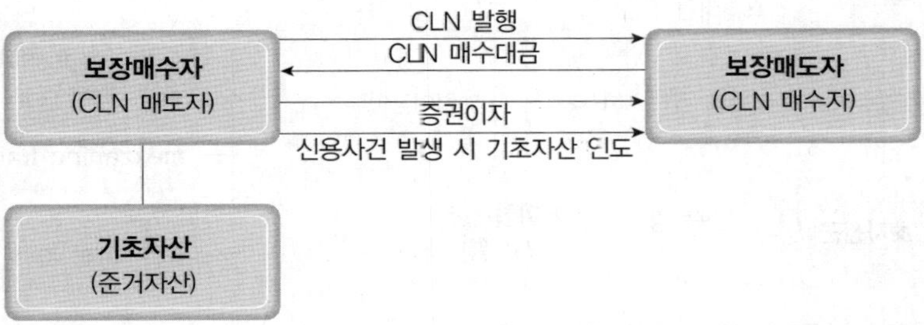

2.1.4 합성 CDO

합성 CDO(synthetic collateralized Debt obligation)는 신용파생거래를 이용해 다수의 준거자산에 내재된 신용위험을 특수목적법인 SPV(special purpose vehicle)에 이전하고 이를 바탕으로 SPV가 발행해 트자자에게 매각하는 여러 신용계층의 유가증권을 말한다.

그림 20-9 합성 CDO 구조

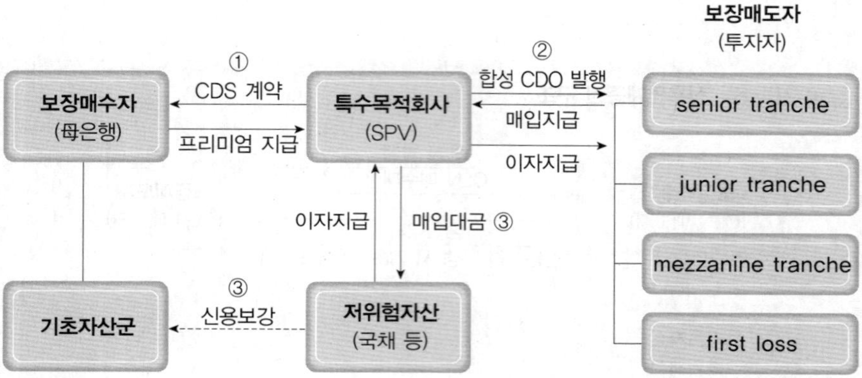

① 母은행과 특수목적회사(SPV) 간 기초자산군에 내재된 신용위험을 이전하는 CDS 계약을 체결한다.
② 특수목적회사는 기초자산군의 신용위험 정도 등을 기초로 손실부담조건, 이자율 등이 다른 3~4종의 합성 CDO를 발행해 투자자(실질적 보장매도자)에게 매각하고 약정이자를 지급한다. 기초자산군에서 신용사건이 발생하는 경우 손실 중 일정수준을 first loss에서 우선 부담하고 순위대로 손실을 부담한다.
③ 특수목적회사는 채권 발행대금으로 신용도 및 유동성이 높은 저위험자산을 매입하여 이를 母은행의 기초자산군에 대한 신용보강(담보) 수단으로 제공한다.

2.2 기타 파생상품

기타 파생상품으로는 물선물, 탄소배출권선물, 부동산선물, 연어선물, 펄프선물, 테러선물 등이 있다.

3. 금융혁신

3.1 정의

금융혁신(Financial Innovation)은 새로운 금융수단과 금융기술, 금융기관 및 금융시장을 창출하고 널리 보급하는 행위로 정의되며, 경제여건 변화에 따라 새로운 형태의 파생상품, 위험전이 대체상품(Alternative risk transfer product), ETF, 다양한 절세상품 등과 같은 상품(product)으로 구분된다.

3.2 금융혁신의 원인과 기능

금융혁신은 금융시장이 완전시장 혹은 완성(complete)시장이면 개인 혹은 사회에 아무런 혜택을 주지 않는다. 그러나 세금, 규제, 정보비대칭, 거래비용, 모럴헤저드와 같은 시장 불완전요인이 존재하면, 시장참여자들이 금융시스템으로부터 원하는 기능을 효율적으로 얻기 힘들게 되어 금융혁신이 이루어진다.

3.2.1 원인별 금융혁신 상품

1) 불완성시장인 경우

완성시장(complete market)이란 현실적으로 존재할 수 있는 모든 증권의 수와 발생할 수 있는 상태(state)의 수가 동일한 시장을 말한다. 불완성시장 하에서는 모든 상태(state)가 다 창출되지 않는다. 따라서 자금은 시간과 공간을 넘나들며 이동할 수 없고, 위험도 관리할 수 없게 된다. 기존의 이자지급 수단으로는 할인채권을 합성할 수 없는 경우 이를 해결하기 위해서 탄생한 원리금분리채권(STRIPS : Separate Trading of Registered Interest and Principal of Securities)이 예가 된다.

2) 불완전시장(imperfect market)인 경우

| 대리인비용과 정보비대칭

외부 자금공급자와 자기중심적인 경영자 간의 이해상충, 내부자와 외부자 간 정보 비대칭은 기업들로 하여금 다양한 증권을 발행할 유인을 제공한다.

하위등급 자산을 새로운 금융기법을 이용해 변형시켜서 판매하는 것이 예가 된다.

| 거래비용, 탐색비용, 마케팅비용

LYON(liquid yield option notes), ATM(Automated Teller Machines), Instinet, Open-IPO, Enron OnLine, Ebay 등이 이런 비용절감의 예가 된다.

| 세금과 규제

무쿠폰채권(Zero-coupon bond), 은행자본규제(Bank capital requirements)로 인해서 자본으로 간주되는 증권인 자본증권(Capital notes), 특수한 우선주들이 세금과 규제를 피할 수 있는 금융혁신의 예가 된다.

3) 국제화 증대와 위험인식

국제화에 따라 외환위험, 정치적 위험이 발생하며, 이에 따라 다양한 종류의 투자가들 요구에 부합되는 상품이 개발되고 있다. 일본 보험회사의 요구에 맞추어 개발된 국가 간 규제 아비트라지 형태 상품과 이자율, 환율, 상품가격 변동성 증대로 인해서 개발된 다양한 이자율 선물, 스왑, 옵션 선도상품 스왑이 그 예가 된다.

4) 기술발전(technological shocks)

기술발전에 의한 원인은 혁신을 공급 측면에서 설명한 것으로, IT와 인터넷 발달로 인해서 등장한 증권인수의 새로운 수단인 Open IPO(전통적인 발행과 인수 절차 없이 투자자에게 직접 IPO를 제공하는 방법), 포트폴리오 구성의 새로운 방법, 증권에 대한 신규시장과 기존 증권거래의 새로운 수단, 다양한 형태의 새로운 계약이 등장함에 따라 개발된 가격결정과 위험관리 모형, VAR과 같은 위험관리 시스템과 위험측정모형, 실물옵션(Real Option) 가격결정모형 등이 예이다.

3.2.2 기능

금융혁신은 다음과 같은 기능을 수행한다(Merton 정의 참조).

- 자금을 시간과 공간 간에 이동시킨다.
- 자금을 집단화(pooling)한다.
- 위험을 관리한다.
- 의사결정을 위한 정보를 제공한다.
- 모럴 헤저드와 정보비대칭 문제를 완화한다.
- 효율적인 지불시스템을 제공해 상품과 서비스의 판매와 구입을 원활히 한다.

3.2.3 사회적 영향

금융혁신의 사회적 영향에는 긍정적, 부정적 측면이 모두 존재한다는 것이 일반적인 견해이다. Merton은 금융파생상품, 뮤추얼펀드와 같은 금융혁신은 금융시스템이 실물경제의 성과를 향상시키는 목표로 향하게 하는 엔진이라고 설명하고 있다. 반면에 금융혁신의 혜택은 명확하지 않다는 견해도 있어 아직까지는 금융혁신이 사회적 부(social welfare)에 미치는 영향이 좋은 것인지, 나쁜 것인지 결론을 내리기 힘든 상황이다. 특히 특정 금융혁신의 혜택과 비용을 측정하는 것은 매우 어렵다. 또한 시장이 불완성(incomplete)일 경우 금융혁신은 금융상품 선택에 많은 기회를 주어서 사회적 부를 증진시킨다는 견해에 대해서도, 불완전시장에서 도입된 새로운 금융상품이 투자자 효용에 영향을 준다고는 하더라도, 예를 들어 투자자 전원의 효용이 증대 혹은 악화되거나 일부 투자자 효용이 다른 투자자 효용보다 증대되는 것 등은 우연일 뿐이라고 주장하는 반대의견도 존재한다.

4. 파생금융상품 관리방안[1]

4.1 파생금융상품거래 사고의 유형 및 사례

파생상품을 통한 헤지거래의 경우에는 기초자산가치가 변동되더라도 기초자산과 파생상품을 포함하는 포트폴리오 가치는 안정적으로 유지된다. 그러나 단기 시세차익을 목적으로 하는 투기거래 시 여러 가지 요인(거래모델의 하자, 부적절한 헤징, 자본금 대비 과도한 리스크 부담, 불충분한 감독)이 복합되어 사고위험이 높아진다. 파생상품거래의 대표적인 사고의 유형 및 사례는 다음과 같다.

4.1.1 거래목적을 잘못 설정한 경우

미국 캘리포니아 주 오렌지 카운티 파산사건(1994년)과 위스콘신 주 공공펀드(1995년) 사례들을 보면 원래 목적인 헤지 대신 투기거래를 해 파산 및 막대한 손실을 초래한 경우이다.

4.1.2 거래내용을 잘못 이해한 경우

미국 프록터 앤 갬블사 사례(1994년)는 금리가 예측치보다 낮은 수준이면 큰 이익을 보지만, 반대의 경우 큰 손실을 보는 레버리지 금리스왑에 대한 이해부족으로 발생했다.

---

1. 파생상품의 이해(1996), 쌍용경제연구소를 참조했음.

4.1.3 거래에 대한 내부통제가 불충분한 경우

영국 베어링 그룹 파산사례(1994년~1995년)는 베어링 그룹의 싱가포르 현지법인에서 니콜라스 리슨이 지수가 일정범위 내에서 움직일 때만 이익을 보는 스트래들 매도를 니케이(Nikkei)지수에 대해서 했으나 거래 및 결재를 리슨이 모두 담당한 결과 발생했다.

4.2 리스크 관리방안

리스크를 효율적으로 관리하기 위해서는 리스크 관리에 대한 이해와 다음과 같은 체계적 조직구조 및 역할분담이 필요하다.

4.2.1 리스크의 종류

리스크(risk)는 투자자산의 가치, 현금흐름, 손익 등의 영업활동 결과가 예상치를 벗어날 가능성을 말하며, 다음과 같은 종류가 있다.

1) 계량가능 리스크

- 시장리스크(Market Risk)는 계약시점과 결제시점 간의 시장가격 변동으로 자산가치 하락에 따른 리스크를 말한다.
- 신용리스크(Credit Risk)는 거래상대방의 파산 등에 의한 계약불이행으로 발생될 손실위험 또는 기대이익의 상실을 말한다.
- 유동성리스크(Liquidity Risk)는 현재 가격 또는 근접한 가격으로 특정 포지션을 헤지 또는 상쇄할 수 없는 리스크와 결제일에 차무를 변제할 수 없는 리스크를 말한다.
- 결제리스크(Settlement Risk)는 결제일에 거래상대방에게 자금 또는 현물을 인

도했으나 이에 대응하는 현물 또는 자금을 받지 못하는 리스크를 말한다.

- 금리리스크(Interest Risk)는 이자율의 불리한 변동에 따라 순익 또는 자본에 부정적 영향을 줄 수 있는 리스크를 말한다.

2) 계량불가능 리스크

- 법적리스크(Legal Risk)는 거래실행과 관련된 제도와 법의 부조화로 그 이행이 법적 뒷받침을 받지 못하게 되는 리스크를 말한다.
- 운용리스크(Operation Risk)는 부적절한 시스템과 통제, 실수, 관리소홀 및 사기 등으로 발생하는 손실위험을 말한다.
- 시스템리스크(System Risk)는 기업, 시장 또는 결제시스템 등 어느 부분에서의 장애가 다른 기업, 시장, 그리고 금융제도 전반에 걸쳐 광범위한 위기를 일으킬 위험을 말한다.
- 평판리스크(Reputation Risk)는 해당기관에 대한 부정적 인식에 따라 순익 또는 자본에 부정적 영향을 줄 수 있는 리스크를 말한다.
- 전략리스크(Strategic Risk)는 부적절한 경영의 의사결정 및 실행과 경영환경 변화에 적절히 대응하지 못해 발생하는 리스크를 말한다.

4.2.2 위험관리의 종류

위험을 어떻게 관리하느냐에 따라 다음과 같이 분류된다.

1) 위험회피

위험회피는 처음부터 위험을 택하지 않거나 위험에 노출되어 있는 대상의 소유를 포기함으로써 위험을 통제하는 방법이다. 신용이 불량한 고객에게 대출을 금지하거나, 금융기관이 부동산 담보대출과 같은 장기채권에 투자하지 않는 것이 예가 될 수 있다.

2) 위험축소

위험축소는 위험을 계속 보유하는 한편 여러 가지 방법을 이용해 발생빈도나 심도를 감소시키려는 적극적인 통제방법으로, 자산부채 종합관리(Asset Liability Management)가 예이다.

3) 위험전가

위험전가는 일정한 계약을 통해 위험의 일부 또는 전부를 제3자에게 전가시키는 방법으로, 보험, 선도계약, 금융선물, 옵션 및 스왑 등이 예이다.

4) 위험분배

위험분배는 한 금융상품에서 발생하는 위험을 몇 개로 분해하는 방법으로, 위험 수준에 따라 담보를 차등화한 후 위험이 없는 경우 과다담보를, 위험이 많은 경우 정크본드보다 위험이 크도록 설계하는 것이 예이다.

5) 위험공유

위험공유는 자금 제공자와 이용자가 위험을 공유하는 것으로, 전환사채가 예이다.

4.2.3 조직별 역할분담

리스크관리 조직별 역할 분담은 다음과 같다.

1) 경영진

경영진은 리스크의 종합적 파악 및 조직의 방향설정과 경영자원 배분을 한다.

2) 리스크 관리부서

관리부서는 리스크를 계량화하는 분석기능, 위험을 경영진에 보고하는 보고기능과 내부견제 기능을 수행한다.

3) 실무진

실무진은 개별 리스크 파악 및 헤지행위를 담당한다.

4.3 파생금융상품 운용에 대한 시사점

4.3.1 헤지 혹은 투기 등과 같이 거래목적을 명문화한다

경영자 의도, 현물과 파생상품 간의 상관관계, 계약이행의 확실성 등을 헤지와 투기 판단기준으로 한 후, 이를 근거로 하여 거래목적을 명문화한다.

4.3.2 상호견제를 통한 내부통제를 강화한다

파생금융상품의 리스크, 손익범위 등을 파악해 이를 자산부채 관리에 반영하고, 거래담당자와 백 오피스(back office), 리스크 관리부서를 독립시킨다.

4.3.3 업무처리 절차를 명확히 한다

위험한도 설정, 거래권한을 명시해 업무처리 절차를 명확히 한다.

4.3.4 포괄적인 리스크 측정기법, 리스크 허용 한도 및 지침, 리스크 관리 경영정보 시스템 등의 리스크 관리요소를 고려하여 다음과 같은 리스크 관리절차를 실행한다

- 리스크 관리 대상을 인식해야 한다.

  리스크는 파생금융상품거래와 관련된 모든 리스크를 대상으로 한다.
- 리스크 측정

  리스크 측정은 포괄적이고 정확해야 하며, 계량화가 가능한 양적 분석과 계량화가 힘든 질적 분석을 병행해야 한다.

- 리스크 한도의 설정 및 관리

  리스크 한도는 전사적으로 설정한 후 업무단위별로 세분해 리스크 한도를 초과할 경우 즉시 조치를 취해야 한다.

- 보고

  리스크 관리부서는 리스크 노출 정도와 손익상황을 매일 확인 후 경영진이 알기 쉽도록 보고해야 한다.

- 경영진에 의한 평가

  경영진은 리스크 관리절차 등을 정기적으로 평가해야 한다.

연습문제

I. 다음을 설명하시오.

01. 위험관리 중 위험공유의 예를 들고 그 예가 어떻게 위험을 공유하는지 설명하시오.

02. 스왑의 동기와 종류

03. 신용파생상품

04. 금융혁신과 그 기능

05. 베이시스 스왑

06. 스왑거래의 위험 종류

07. 위험의 종류

08. 선도거래와 스왑거래의 공통점과 차이점

09. 비교우위론

II. 다음 문제에 답하시오.

10. 고정금리 통화스왑

A은행은 5년 만기 이자율 6.5%인 유로 마르크 채권을 100억 마르크 발행 후, B기업에게 이자율 8%로 70억 달러를 대출했다(환율 마르크당 0.7달러).

A은행은 이자지급 및 만기 시에 환율변동위험을 제거하려고 한다. 고정금리 통화스왑을 설계하시오.

11. 변동금리 통화스왑

B기업은 투자수익이 LIBOR+150bp인 1,000만 마르크 투자를 위해 A은행으로부터 이자율 LIBOR+100bp인 700만 달러를 대출받았다(환율 달러당 0.7마르크).

B기업이 금리 및 환율위험을 헤지하기 위해 스왑전문은행과 변동금리 통화스왑을 하려고 한다. 스왑거래를 설계하시오.

part VIII

투자성과 평가

21장 투자성과 평가

chapter

21 투자성과 평가

1. 투자성과 평가방법 | **2.** 투자성과 평가 분해
3. 투자성과 평가방법의 한계

21장은 투자성과 평가방법, 투자성과 평가 분해, 투자성과 평가방법의 한계에 대해서 설명한다.

1. 투자성과 평가방법

1.1 포트폴리오 성과 평가과정

포트폴리오 성과 평가는 성과 평가기준 설정, 투자자산 회계처리, 투자수익률 계산, 리스크 산출, 벤치마크 대비 성과산출, 초과수익률 요인분해의 과정을 거쳐 이루어진다.

1.2 투자성과 평가기법

포트폴리오 투자성과 평가에 있어서 일정기간 동안에 걸친 투자수익률만을 단순비교해 우열을 가리는 것은 적절한 평가방법이 되지 못하며, 포트폴리오 운용에서 감수한 위험도 적절히 감안되어 있는 조정된 성과척도를 이용해야 한다.

위험이 조정된 성과 평가척도로는 샤프지수, 트레이너지수, 젠센지수, 평가비율, P-RAROC 등의 방법이 있다. 이런 평가방법들은 투자위험 중에서 어떤 성격의 위험을 기준으로 투자성과를 평가하느냐에 따라서 차이가 있다.

1.2.1 샤프지수

샤프(Sharpe,1996)[1]는 총위험에 기초한 자본시장선의 사후적 기울기를 이용해 포트폴리오 운용성과를 평가하는 방법을 제시하고 있다.

자본시장이 투자자들의 기대를 충족시켜 기대수익률과 실현수익률의 차이가 평균적으로 0이 되도록 움직인다고 가정하면 사전적(ex-ante) 균형관계식인 자본시장선

$$E(R_p) = R_f + \frac{E(R_m) - R_f}{\sigma_m}\sigma_p \tag{21.1}$$

단, $E(R_p)$: 포트폴리오 p의 기대수역률
$E(R_m)$: 시장 포트폴리오의 기대수익률
R_f : 무위험이자율
σ_m : 시장 포트폴리오 수익률의 표준편차
σ_p : 포트폴리오 p 수익률의 표준편차

은 다음과 같이 사후적(ex-post) 균형관계식으로 전환될 수 있다.

$$\overline{R}_p = \overline{R}_f + \frac{\overline{R}_m - \overline{R}_f}{\sigma_m}\sigma_p \tag{21.2}$$

단, $\overline{R}_p$: 포트폴리오 p의 실현수익률
$\overline{R}_m$: 시장 포트폴리오의 실현수익률
$\overline{R}_f$: 무위험이자율의 평균

식 (21.2)의 양변에서 $\overline{R}_f$를 차감한 후 σ_p로 나누면 식 (21.3)을 얻을 수 있다.

$$\frac{\overline{R}_p - \overline{R}_f}{\sigma_p} = \frac{\overline{R}_m - \overline{R}_f}{\sigma_m} \tag{21.3}$$

식 (21.3)의 좌변에서 $\overline{R}_p - \overline{R}_f$는 포트폴리오의 초과수익률이므로, 이를 총위험(σ_p)으로 나눈 좌변은 포트폴리오 P를 보유함으로써 실제로 부담하는 총위험 1단위당

1. William F. Sharpe, "Mutual Fund Performances," *Journal of Business*, Vol.36, No.1 (Jan. 1966), pp.119–138.

실현된 초과수익률을 나타내고 우변은 증권시장 전체의 투자자들이 실제로 부담한 총위험 1단위당 실현된 초과수익률을 나타낸다. 즉, 위 식은 시장이 균형일 때 잘 분산된 포트폴리오(well-diversified portfolio)의 총위험 1단위당 실현된 초과수익률을 의미한다.

샤프가 제시한 평가척도는 식 (21.3)의 좌변인데, 이를 샤프지수 혹은 변동성 대비 투자성과 비율(RVAR : reward-to-variability ratio)이라고 한다.

$$\text{샤프지수(RVAR)} = \frac{\overline{R}_p - \overline{R}_f}{\sigma_p} \tag{21.4}$$

샤프지수는 포트폴리오 P의 총위험 1단위당 무위험이자율을 초과해 실현된 수익률의 비율, 즉 1단위의 총위험을 감수하는 대신에 얼마나 큰 초과수익률을 얻었는지를 보여주므로, 여러 포트폴리오를 평가할 때 샤프지수에 의해서 서열을 매길 수 있게 된다. 샤프지수는 다른 운용투자자산은 없고 평가대상의 포트폴리오가 위험자산전부인 경우 적절한 평가척도가 된다. 자본시장선의 기울기는 시장 포트폴리오의 샤프지수에 해당되며 자본시장선의 기울기보다 작은 값을 갖는 포트폴리오는 시장 포트폴리오보다 열등한 성과를 얻었다고 할 수 있다. 따라서 어느 특정 포트폴리오의 성과를 평가할 때 자본시장선의 기울기는 시장지수의 운용성과로서 평가의 기준이 된다.

1.2.2 트레이너지수

트레이너(Treynor,1965)[2]는 위험의 측정치로서 샤프가 이용한 표준편차가 아닌 베타계수를 이용해 성과를 측정하는 지수를 제시하고 있다. 트레이너는 포트폴리오가 충분히 분산투자되면 비체계적 위험은 대부분 제거되고, 가격결정에 반영되는 것은 체계적 위험이기 때문에 포트폴리오의 성과를 측정하는 데 있어서도 총위험보다는 체계적 위험을 적용해야 한다는 생각 하에 체계적 위험을 기준으로 운용성과를 평가

2. Jack L. Treynor, "How to Rate Management of Investment Funds," *Harvard Business Review*, Vol.43, No.1 (Jan.-Feb. 1965), pp.63-75.

하는 다음과 같은 방법을 제시하고 있다.

증권시장선(Security Market Line : SML)

$$E(R_i) = R_f + [E(R_m) - R_f]\beta_i \tag{21.5}$$

단, $E(R_i)$: 증권 또는 포트폴리오 i의 기대수익률
$E(R_m)$: 시장 포트폴리오의 기대수익률
R_f : 무위험이자율
β_i : 증권 또는 포트폴리오 i의 베타계수

은 사전적 균형관계식이므로 식 (21.5)를 포트폴리오의 성과측정에 이용하기 위해서는 사후적 균형관계식으로 바꿔야 한다. 식 (21.5)를 사후적 균형관계식으로 바꾸면 다음과 같다.

$$\overline{R}_i = \overline{R}_f + [\overline{R}_m - \overline{R}_f]\beta_i \tag{21.6}$$

단, $\overline{R}_i$: 증권 또는 포트폴리오 i의 실현수익률
$\overline{R}_m$: 시장 포트폴리오의 실현수익률
$\overline{R}_f$: 무위험이자율의 평균
β_i : 증권 또는 포트폴리오 i의 베타계수

식 (21.6)의 양변에서 $\overline{R}_f$를 차감하고 다시 β_i로 나누어주면 식 (21.7)을 얻을 수 있다.

$$\frac{\overline{R}_i - \overline{R}_f}{\beta_i} = \frac{\overline{R}_m - \overline{R}_f}{\beta_m} \tag{21.7}$$

단, $\beta_m = 1$(시장 포트폴리오의 베타계수는 1이므로)

식 (21.7)이 의미하는 것은 시장이 균형상태이고 효율적이라면 체계적 위험 1단위당 실현된 초과수익률은 시장 포트폴리오의 체계적 위험 1단위당 실현된 초과수익률과 동일하다는 것이다.

트레이너지수(Treynor Index)는 식 (21.7)의 좌변으로, 포트폴리오 i의 체계적 위험 1단위당 무위험이자율을 초과해 실현된 초과수익률의 비율로서, 체계적 위험비율 대비 투자성과(RVOL : reward to volatility)라고 한다. 트레이너지수도 샤프지수처럼 값이 클수록 성과가 우수하다는 것을 나타낸다.

$$\text{트레이너지수(RVOL)} = \frac{\overline{R}_i - \overline{R}_f}{\beta_i} \tag{21.8}$$

트레이너지수는 각급 투자자산에 분산투자하고 있을 때 그 중 하나의 포트폴리오의 운용성과를 상대적으로 평가할 때 적절하다.

증권시장선의 기울기는 시장 포트폴리오의 트레이너지수에 해당되며, 특정 포트폴리오의 운용성과 평가의 기준이 된다.

1.2.3 젠센지수

젠센(Jensen,1968)[3]도 트레이너처럼 증권시장선을 이용한 포트폴리오 평정척도를 제시했다. 젠센은 임의의 체계적 위험수준이 주어졌을 경우 실증적 증권시장선을 이용해 예측한 수익률과 실제 실현수익률의 차이로 포트폴리오 성과를 측정하고 있다. 젠센지수는 실제로 실현된 초과수익률과 포트폴리오의 베타, 즉 체계적 위험에 기초해 예측되는 기대수익률과의 차이를 말하며 알파라고도 부른다.

$$\begin{aligned} \alpha_i &= \overline{R}_i - [\overline{R}_f + (\overline{R}_m - \overline{R}_f)\beta_i] \\ &= [\overline{R}_i - \overline{R}_f] - [\overline{R}_m - \overline{R}_f]\beta_i \end{aligned} \tag{21.9}$$

단, α_i : 젠센지수(알파)

$\overline{R}_i$: 포트폴리오 i의 실현수익률

3. Michael C. Jensen, "The Performance of Mutual Funds in the Period 1945–1964," *Journal of Finance*, Vol.23, No.2 (May 1968), pp.389–416.

젠센지수 α_i의 추정은 식 (21.10)과 같이 시계열회귀식을 추정하게 되면 베타 (β_i)의 추정과 함께 동시에 얻을 수 있게 된다.

$$\overline{R}_{i,t} - \overline{R}_{f,t} = \alpha_i + [\overline{R}_{m,t} - \overline{R}_{f,t}]\beta_i + e_{i,t} \tag{21.10}$$

단, $\overline{R}_{i,t}$: t기의 포트폴리오 i의 실현수익률
$\overline{R}_{f,t}$: t기의 무위험이자율
α_i : 상수
$\overline{R}_{m,t}$: t기의 시장 포트폴리오의 실현수익률
β_i : 포트폴리오 i의 베타계수
$e_{i,t}$: 오차항, 기대값은 0

즉, 자본시장이 균형상태에 있으면 식 (21.10)의 절편인 α_i는 0이 될 것이며 이는 포트폴리오의 체계적 위험에 기초해 예측된 위험 프리미엄과 실제로 실현된 위험 프리미엄이 차이가 없다는 것을 의미한다. α가 통계적 유의성을 가지고 0보다 큰 정(+)의 값을 갖는다면 시장 포트폴리오보다 우수한 성과를 거둔 것이고, 0보다 작은 부(−)의 값을 갖는다면 열등한 성과를 거둔 것으로 판단하는 것이다.

트레이너지수와 젠센지수는 모두 증권시장선을 근거로 하고 있으나 전자는 증권시장선의 기울기로서 성과를 비교하는 반면, 후자는 특정 포트폴리오 또는 개별 증권 수익률과 증권시장선 사이의 거리(절대적 차이)로 성과를 비교하는 차이점이 있다. 젠센지수도 트레이너지수처럼 여러 투자자산 중 하나의 포트폴리오의 운용성과를 평가할 때 유용한데, 다만 차이점은 상대적 비율로 측정하지 않고 절대적 차이로 측정한다는 점이다.

1.2.4 평가비율

평가비율(appraisal ratio)은 젠센지수를 비체계적 위험으로 나눈 것, 즉 비체계적 위험 1단위당 초과수익을 말하며, 두 포트폴리오 젠센지수가 같아 젠센지수로 우열을 가릴 수 없는 경우 그 한계점을 보완하기 위한 것이다. 정보비율(IR : Information Ratio)

은 평가비율과 비슷한 개념으로 벤치마크 대비 초과수익률을 초과수익률의 표준편차인 추적오차(Tracking Error)로 나눈 것이다.

1.2.5 P-RAROC

P-RAROC(Portfolio Risk Adjusted Return On Capital)는

$$\frac{\text{조정수익}}{\text{리스크 자본}(Var\text{의 합})} \tag{21.11}$$

으로 정의된다.

조정수익 : 포트폴리오 총액 × (포트폴리오 평균수익률 − 무위험수익률)
리스크 자본 : 신용, 시장, 운영부분의 통합 리스크 자본

P-RAROC는 포트폴리오의 개별자산별 리스크량을 직접 합산해 포트폴리오 리스크량을 비교적 정확하게 측정하여 이해하기 쉬우며, 사전적 투자의사결정 개념과 사후적 성과평가 개념으로 구분된다. 사전적 투자의사결정은 $\frac{\text{기대이익}}{\text{추정리스크 자본}}$을 사용해 전략적 자산배분이 가능하며, 사후적 성과평가는 $\frac{\text{실현이익}}{\text{리스크 자본}}$을 사용하며 사업단위별, 개인별 성과를 평가한다. 그러나 리스크 측정치인 Var은 다음과 같은 한계를 갖는다.

첫째, 과거 자료 사용에 따른 예측력 문제가 있다.
둘째, 펀드운영의 제약으로 Var의 유용성이 제한된다.

포트폴리오 성과는 펀드매니저의 능력에 따라서도 좌우된다.
펀드매니저의 장세 판단능력을 고려한 성과평가 모형들은 다음과 같다.

1.2.6 트레이너-마주이 모형에 의한 마켓타이밍

펀드매니저는 시장이 상승할 것이라고 예측한다면 시장 포트폴리오의 편입을 증가시키고, 시장이 하락할 것이라고 예상한다면 시장 포트폴리오의 편입을 감소시킬 것이다. 즉, 펀드의 수익률은 시장 포트폴리오의 수익률에 대해 2차함수 형태가 될 것이므로 시장 포트폴리오의 2차항을 포함시켜 시장예측능력을 측정할 수 있게 된다.

트레이너-마주이(Treynor-Mazuy, 1966)[4]는 이런 개념을 적용해 펀드의 수익률과 시장수익률의 관계가 2차함수를 따르고 2차항의 계수가 양의 값을 가질 때 장세판단 능력이 있다고 판단하며, 펀드수익률과 시장수익률이 1차 선형관계를 가질 때(식 (21.12)의 γ값이 0) 장세판단 능력이 없다고 판단하는 모형을 제시했다.

트레이너-마주이 모형을 수식으로 나타내면 다음과 같다.

$$R_{it} - R_{ft} = \alpha_i + \beta_i(R_{mt} - R_{ft}) + \gamma_i(R_{mt} - R_{ft})^2 + \varepsilon_t \tag{21.12}$$

단, R_{it} : t시점의 펀드 i의 수익률
R_{ft} : t시점의 무위험수익률
R_{mt} : t시점의 시장수익률

식 (21.12)에서 펀드매니저가 $R_{mt} > R_{ft}$인 상황의 판단을 맞게 할 경우 γ가 양의 값을 가지게 되고, 추정된 값이 통계적으로 유의할 경우 장세판단 능력이 있다고 판단한다.

1.2.7 헨릭슨-머튼 모형에 따른 장세판단능력 분석

헨릭슨-머튼(Henriksson-Merton 1981)모형[5]은 펀드매니저가 시장 포트폴리오의

---

4. J. L. Treynor and K. Mazuy, "Can Mutual Funds Outguess the Market?," *Harvard Business Review* 44, 1966.

5. D. J. Henriksson and R. C. Merton, "On Market Timing and Investment Performance, Statistical Procedure for Evaluating Forecasting Skills," *Journal of Business* 54(4), 1981.

수익률이 무위험수익률보다 클 것인지 작을 것인지 두 가지 형태로만 예측한다고 했을 때의 성과측정 모형이다.

펀드매니저의 시장예측능력은 펀드매니저가 다음 기에 시장수익률이 무위험수익률보다 클 것인가를 예측하고 그에 따라 펀드의 베타를 두 개의 수준으로 변화시킬 수 있는 것으로 가정한다.

헨릭슨–머튼 모형의 정의는 아래와 같다.

$$R_{it} - R_{ft} = \alpha_i + \beta_i (R_{mt} - R_{ft}) + \gamma_i \max(0, R_{mt} - R_{ft}) + \varepsilon_t \qquad (21.13)$$

단, R_{it} : t시점의 펀드 i의 수익률, R_{ft} : t시점의 무위험수익률, R_{mt} : t시점의 시장수익률

식 (21.13)에서 회귀계수 γ가 통계적으로 유의한 값을 가질 경우 장세판단능력이 있고, 0일 경우 장세판단능력이 없으며, 음의 값을 가질 경우 시장과 반대로 매매한 것을 나타낸다.

또한 펀드매니저가 $R_{mt} < R_{ft}$로 장세를 예측할 경우, 포트폴리오의 베타계수는 β_i이고, $R_{mt} > R_{ft}$로 예측할 경우, 베타계수는 $\beta_i + \gamma_i$가 된다.

1.2.8 데일리 타이머 모형

데일리 타일머(daily timer) 모형은 괴츠만–잉거솔–이브코빅(Goetzmann, Ingersoll, and Ivkovic, 2000)[6]이 헨릭슨–머튼 모형의 회귀식을 변형해 장세판단 능력 부분만을 월간 수익률 자료 대신 일간 수익률 자료로 교체해 만든 모형이다.

데일리 타이머란 펀드매니저가 일간 기준으로 양의 초과수익률을 예측한다면 100%를 위험자산에 투자하고, 음의 초과수익률을 예상한다면 100% 무위험자산에 투자할 수 있는 완전한 행동을 가정하는 것이다.

---

6. Goetzmann, Ingersoll and Ivkovic, "Monthly Measurement of Daily Timers," *Journal of Financial and Quantitative Analysis*, Vol.35, 2000.

데일리 타이머 모형의 정의는 아래와 같다.

$$R_{it} - R_{ft} = \alpha_i + \beta_i (R_{mt} - R_{ft}) + \gamma_i (P_{mt}) + \varepsilon_t \quad (21.14)$$

단, R_{it} : t시점의 펀드 i의 수익률

R_{ft} : t시점의 무위험수익률

R_{mt} : t시점의 시장수익률

$$P_{mt} = R_{mt} - \left[\prod_{T \in month(t)}^{t} \max(1 + R_{mt}, 1 + R_{ft}) - 1 \right]$$

식 (21.14)에서 초과수익률(P_{mt})은 펀드매니저가 시장수익률(R_{mt})과 무위험수익률(R_{ft})을 예측해 $R_{mt} > R_{ft}$일 경우 시장수익률(R_{mt})에 투자하고, $R_{mt} < R_{ft}$일 경우 무위험수익률(R_{ft})에 투자하는데, 일정기간 동안 연속적으로 투자를 수행함으로써 얻어진 누적수익률을 구한 후, 시장수익률(P_{mt})에서 차감한 후 계산된다.

2. 투자성과 평가 분해

2.1 투자성과 평가 분해(Decomposition of Overall Evaluation)

투자성과는 투자자의 증권선택능력, 분산투자의 정도, 투자시기 선택능력 등에 의해서 결정된다. 앞에서 살펴본 포트폴리오의 성과 평가 척도들은 평가대상 포트폴리오들 사이의 서열결정에는 유용하지만, 투자자의 포트폴리오 선택능력을 평가하는 데는 별로 도움이 되지 못한다. 특히 투자성과의 원인이 무엇인지 설명하지 못한다.

본 절에서는 고유요인 수익률, 즉 투자자의 증권 선택능력 평가에 대한 이론을 제시한 Fama(1972)[7]의 주장을 살펴보고, 분산투자 효과와 투자적기 선택능력을 평가하는 문제를 살펴본다.

7. E. Fama, "Components of Investment Performance," *Journal of Finance* (June 1972).

Fama는 총선택능력과 순선택능력의 개념을 도입해 불완전한 분산투자의 손실을 측정함으로써, 투자자의 포트폴리오 선택능력을 평가하는 새로운 기법을 제시했다. Fama는 포트폴리오 운용성과를 분해하고 투자자의 포트폴리오 선택능력(selectivity)을 나타내는 척도로 총선택능력과 순선택능력이 있으며, 투자성과 평가의 적절한 척도로서 순선택능력을 〈그림 21-1〉과 같이 제시했다.

그림 21-1 포트폴리오 운용성과의 분해

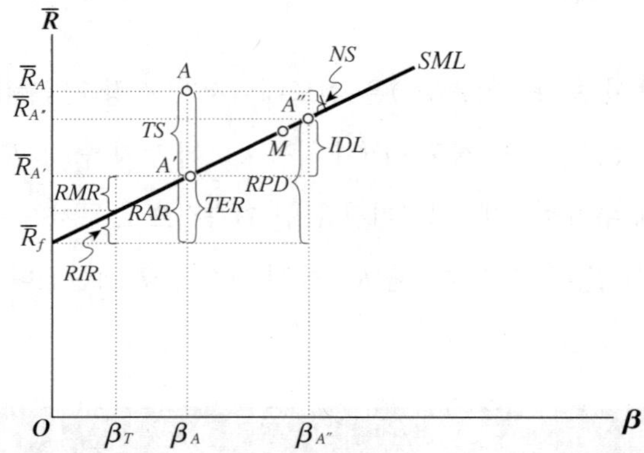

포트폴리오 A의 총초과수익률(TER : total excess return)은 실현수익률에서 무위험이자율을 차감한 $\overline{R}_A - \overline{R}_f$이며 이는 증권시장선(SML)을 중심으로 해 위쪽의 $\overline{R}_A - \overline{R}_{A'}$와 아래쪽의 $\overline{R}_{A'} - \overline{R}_f$로 나눠어진다. $\overline{R}_A - \overline{R}_{A'}$는 포트폴리오 A의 실현수익률인 $\overline{R}_A$와 체계적 위험인 베타가 β_A일 때 증권시장선을 이용해 예측한 균형수익률 $\overline{R}_{A'}$의 차이로서 이를 총선택능력(TS : total selectivity)이라고 한다. 즉, 실제로 실현된 수익률과 포트폴리오의 체계적 위험(β)을 근거로 예측한 수익률과의 차이가 총선택능력으로서, 이를 수식으로 나타내면 다음과 같다.

$$TS = \overline{R}_A - [\overline{R}_f + (R_m - \overline{R}_f)\beta_A] \tag{21.15}$$

총선택능력은 젠센지수와 동일하며, 따라서 이 값이 정(+)의 값이면 총선택능력은 시장의 평균적인 수준보다 우수한 것이라고 할 수 있다. 포트폴리오 A와 A'는 같은 베타이므로 동일한 분산 불가능한 위험(체계적 위험)은 같으나 총위험은 다르다. 왜냐하면 포트폴리오 A의 위험에는 시장 포트폴리오의 변동에 전적으로 의존하는 포트폴리오 A'(naive portfolio)의 총위험인 체계적 위험과 비체계적 위험이 포함되어 있기 때문이다. 즉, 포트폴리오 A는 초과수익을 얻는 과정에서 분산 가능한 위험을 부담하고 있기 때문에 시장 포트폴리오가 아니다. 만약에 이와 같이 분산 가능한 위험을 내포하고 있는 부분이 전체에서 상대적으로 적다면 별 문제가 안 된다. 왜냐하면 그 분산 가능한 위험은 투자자들이 보유하고 있는 전체적인 포트폴리오 입장에서 보면 제거될 수 있기 때문이다. 그러나 포트폴리오의 위험 중 대부분이 분산가능 위험인 포트폴리오라면 문제가 발생하며, 과연 분산가능 위험인 초과위험을 감수함으로써 얻는 초과수익이 초과위험에 상응할 만큼의 가치가 있는가 하는 의문이 제기된다. 이럴 경우 포트폴리오 A와 체계적 위험이 같은 포트폴리오 A'를 비교하는 것보다는 A와 총위험이 같지만 체계적 위험이 다른 포트폴리오 A''와 같은 포트폴리오와 비교할 필요가 있다. 포트폴리오 A''의 베타를 $\beta_{A''}$로 표시하자. 이대 포트폴리오 A의 실현수익률($\overline{R}_A$)과 이론상의 베타($\beta_{A''}$)수준의 위험을 부담하는 포트폴리오 A''의 수익률($\overline{R}_{A''}$)과의 차이를 순선택능력(NS : net selectivity)이라고 한다.

$$NS = \overline{R}_A - [\overline{R}_f + (\overline{R}_m - R_f)\beta_{A''}] \tag{21.16}$$

총선택능력(TS : Total Selection)에서 순선택능력(NS)을 차감한 부분은 불완전 분산투자에 기인한 것으로 불완전 분산투자의 손실(IDL : imperfect diversification loss)이라고 한다.

증권시장선 아래쪽의 $\overline{R}_{A'} - \overline{R}_f$가 의미하는 것은 시장의 변화에 따라 움직이는 포트폴리오에서 시장위험을 부담한 대가로 얻는 수익률 중 무위험이자율을 초과하는 수익률로, 포트폴리오 A가 β_A만큼의 체계적 위험을 실제로 부담함으로써 얻을 수 있는 시장위험 프리미엄인 실제위험에 대한 수익률(RAR : return for actual risk)을 의미한다. 이를 식으로 나타내면 다음과 같다.

$$RAR = \overline{R}_{A'} - \overline{R}_f = (\overline{R}_m - \overline{R}_f)\beta_A \tag{21.17}$$

포트폴리오를 완전 분산투자했더라면 부담하게 될 체계적 위험인 이론상의 베타에 의한 완전한 분산투자의 수익(RPD : return for perfect diversification)은 $\overline{R}_{A''} - \overline{R}_f$로 표시되고 있는데 이를 식으로 나타내면 다음과 같다.

$$RPD = \overline{R}_{A''} - \overline{R}_f = (\overline{R}_m - \overline{R}_f)\beta_{A''} \tag{21.18}$$

따라서 완전한 분산투자를 하지 못해 생긴 불완전한 분산투자의 손실(IDL)은 완전 분산투자로 얻을 수 있는 수익률(RPD)에서 실제위험에 대한 수익률(RAR)을 차감함으로써 구할 수 있다.

$$\begin{aligned} IDL &= RPD - RAR \\ &= (\overline{R}_m - \overline{R}_f)\beta_{A''} - (\overline{R}_m - \overline{R}_f)\beta_A \\ &= (\overline{R}_m - \overline{R}_f)(\beta_{A''} - \beta_A) \end{aligned} \tag{21.19}$$

불완전 분산투자 손실(IDL)은 $\overline{R}_{A''} - \overline{R}_{A'}$로 표시되는데, 이 IDL과 순선택능력을 합한 것이 총선택능력임을 알 수 있다.

파마는 위와 같은 포트폴리오의 성과 분해를 통해서 투자자 또는 투자관리자의 능력을 평가할 때 총초과수익률(TER)을 비교해서는 안 되며, 총초과수익률에서 실제위험에 대한 수익률(RAR)과 불완전한 분산투자의 손실(IDL)을 차감한 순선택능력(NS)으로 평가해야 한다고 주장하고 있다.

2.2 분산투자 효과에 대한 평가

위에서 살펴본 바와 같이 분산투자의 효과도 포트폴리오 성과의 한 부분을 차지한다. 포트폴리오 분산투자 효과를 알기 위해서는 포트폴리오의 위험 중 얼마나 많은 부분이 시장변동에 기인한 체계적 위험이고, 또 어느 정도의 위험이 개별증권의 고유한 위험에 기인한 것인가를 구분해야 한다. 이런 구분은 일반적으로 시장변동 총위험의 백분율로 측정된다. 예를 들어, 종합주가지수를 시장지수라 하면, 종합주가지수를 이용해 계산한 수익률과 포트폴리오 수익률의 상관계수를 구한 다음 이를 제곱한 값이 종합주가지수의 변동에 의해 설명될 수 있는 포트폴리오 수익률 총변동의 백분율이 되므로, 이 값을 알게 되면 체계적 위험이 총변동에서 차지하는 비율을 알 수 있다.

3. 투자성과 평가방법의 한계

지금까지 포트폴리오의 성과를 측정하는 여러 가지 기법에 대해 살펴보았다. 그러나 이런 기법들을 실제로 적용시키기에는 다음과 같은 몇 가지 문제점에 직면하게 된다.

3.1 CAPM과 CML의 구조적 결함(misspecification)에 의한 문제점

샤프의 RVAR, 트레이너의 RVOL, 그리고 젠센의 알파(α) 등과 같은 성과평가 측정치는 기본적으로 모두 CAPM에 근거하고 있다. 즉, 이 평가 측정치들은 증권의 가격이 CAPM에 의해 결정된다는 가정 하에서 유효하므로 그 가정상에 문제가 있다면 이 측정치들을 이용해 결정한 포트폴리오의 서열에는 오류가 내재할 가능성이 매우 크다.

예를 들어, CAPM에서는 무위험이자율로 차입과 대출이 가능하다고 가정하고 있으나 현실적으로 불가능한데 이런 비현실적 가정 아래서 다음과 같은 두 개의 증권시장선(SML)이 도출된다. 〈그림 21-2〉에서 실선은 진실된(true) SML을 나타내고, 점선은 (estimated) SML을 나타낸다. 이 경우 A포트폴리오는 진실된 SML 위에 있으므로, 사실 젠센의 α값이 0이지만 예측된 SML보다 위에 있으므로 양의 α값을 갖는다. 반대로 B포트폴리오는 진실된 SML 위에 있지만, 예측된 SML보다 아래에 있으므로 음의 α값을 갖는다. 따라서 CAPM의 구조적 결함(misspecification) 때문에 위험이 낮은 포트폴리오 A는 투자성과가 좋고 위험이 높은 포트폴리오 B는 투자성과가 나쁜 잘못된 성과평가를 낳게 된다. 이런 성과평가 오류는 트레이너의 성과측정치 RVOL에도 나타난다.

한편 샤프의 RVAR 측정치 역시 CAPM의 구조적 결함 때문에 성과평가상의 오류를 갖는다. 샤프의 RVAR는 자본시장선이 직선임을 가정하는데, 만약 투자자들이 현실적으로 대출이자율보다 높은 이자율로 차입하게 되면 자본시장선은 직선이 아니라 곡선이 된다. 따라서 시장 포트폴리오 위험(σ_m)보다 작은 위험을 가진 포트폴리오는 CML의 기울기가 크므로 투자성과가 좋은 것처럼 보이는 반면, 그 반대로 시장 포트폴리오보다 더 큰 위험을 가진 포트폴리오는 CML의 기울기가 작아지므로 투자성과가 나쁜 것으로 나타난다. 이런 상황에서는 위험이 큰 포트폴리오일수록 투자성과가 저조하게 나오는 오류를 낳는다.

그림 21-2 CAPM의 구조적 결함과 젠센의 측정치 오류

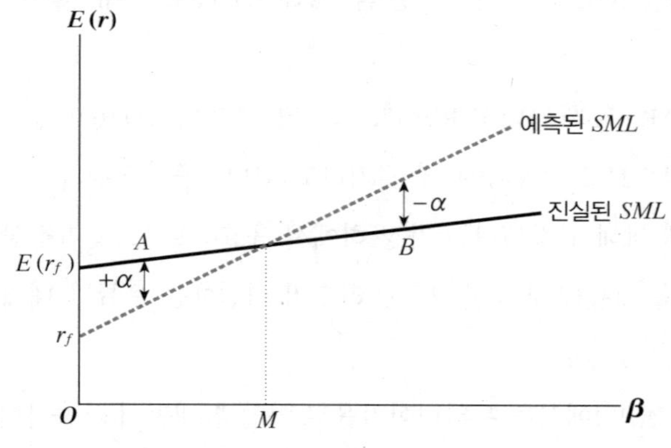

3.2 시장 포트폴리오 비효율성에 의한 문제점

젠센이나 트레이너의 성과측정치는 CAPM에 근거하고 있는데 만약 CAPM에서 시장 포트폴리오(market portfolio)가 효율적이지 못하면 이 근거에 기초한 성과측정치는 오류를 갖는다. Roll의 CAPM 비판에서도 지적되었듯이 CAPM의 검증은 시장 포트폴리오의 효율성이 전제되어야 기대수익률과 베타의 선형관계를 확인할 수 있다. Roll에 따르면 SML을 도출하는 과정에서 진정한 시장 포트폴리오는 알 수 없으므로 이를 대신해 이용되는 시장 포트폴리오 대용지수(proxy index)가 사후적(ex-post)으로 효율적 프론티어상에 위치하게 된다면, 모든 포트폴리오들의 성과는 증권시장선상에 위치하게 되어 SML에 근거한 트레이너지수와 젠센지수의 경우 정확한 성과측정이 불가능하다는 것이다.

젠센과 트레이너의 성과측정치는 CAPM에 근거하고 있으므로 이것에 기초한 시장 포트폴리오는 가능한 진실한 시장 포트폴리오(true market portfolio)여야만 성과평가의 오류가 줄어든다. 그러나 CAPM에서 진실한 시장 포트폴리오의 발견이란 거의 불가능에 가까우므로 포트폴리오 성과평가는 끊임없는 논란의 대상이 될 수밖에 없다.

만일 젠센과 트레이너의 성과측정에 의한 특정 포트폴리오의 성과가 다른 포트폴리오보다 우수 또는 열등하다는 결과가 나왔다면 이는 효율적 프론티어상에 위치하지 않은 시장지수(market index)를 이용했기 때문일 수 있다.

3.3 기타 문제점

샤프, 트레이너 그리고 젠센의 측정치에서 무위험자산 수익률(r_f)의 정확성은 성과평가 결과에 큰 영향을 미친다. 특히 시계열비교에서 무위험자산 수익률 선택에 일관성이 없으면 오류가 있는 성과평가가 도출된다. 일반적으로 미국에서는 미국 재무성 단기국채(U.S. Treasury-bill)를 무위험자산 수익률로 사용하는데 특별한 반대의견이 없으나, 우리나라에서는 대표적으로 사용되는 무위험자산 수익률이 없는 실정이다. 우리나라에서 흔히 사용되고 있는 무위험자산 수익률은 1년 만기 정기예금금리, 90일 만기 CD금리, 그리고 통화안정증권 수익률 등이다.

투자성과 평가에서 또 하나의 어려움은 투자성과가 양호한 것이 자금운용자의 기술이나 능력 때문인지, 아니면 운(luck) 때문인지를 구분하기가 쉽지 않다는 점이다. 양자를 구분하기 위해 통계적 유의성을 검증하자면 30여 년 정도의 긴 시계열자료가 필요한데, 사실 이처럼 긴 평가 기초자료를 얻기가 매우 어렵다.

만약 대단히 정교한 투자성과 측정치로서 각종 펀드나 연금기금 포트폴리오의 투자성과를 평가했더라도, 여전히 그 성과가 자금운용자의 몫 때문인지, 단순한 운(luck) 또는 불운(bad luck) 때문인지 구분하기는 거의 불가능하다.

[연습문제]

I. 다음을 설명하시오.

01. 샤프지수, 트레이너지수, 젠센지수, IR

02. 총선택능력, 순선택능력

03. 투자성과 평가방법의 한계점

부록

행동재무학

현재 · 미래 가치계산표

표준정규분포표

연습문제 해답

행동재무학[1]

행동경제학, 행동재무학은 최근 금융위기가 경제주체들의 비합리성이 얽히고 부풀어 오르면서 위기의 원인을 제공했다는 분석이 있음에 따라 관심을 받고 있으나 다른 재무이론들에 비해서 많이 알려져 있지 않다. 행동경제학과 행동재무학에 대해서 설명하고자 한다.

1. 행동경제학의 의의

전통 경제학은 규범적 이론으로 합리성과 이기심을 갖는 경제적 인간(economic man)을 가정하며 기대효용이론을 주장한다. 그러나 실제 인간행동들의 많은 부분들이 전통 경제학에서 주장하는 기대효용이론의 예측과 차이가 발생하고 있다.

행동경제학(behavioral economics)은 이와 같이 전통 경제학에서 주장하는 인간행동들이 현실에서는 다르게 나타나는 현상을 실질적으로 설명하기 위한 학문이다. 즉, 행동경제학은 인간이 실제로 어떻게 선택하고 행동하는지 그 결과로 어떤 사회현상이 발생하는가를 연구하는 학문이다. 그렇다고 행동경제학이 전통 경제학을 전면 부정하고 새로운 경제학을 새로 정립하려는 학문은 아니다.

행동경제학에서는 인간의 행동이 이익극대화와 합리성에 의해서 이루어지지 않으나 그렇다고 해서 완전히 비합리적 · 비이기적이지도 않은, 즉 완전 합리적 · 이기

---

1. 투자은행업과 한국자본시장, 주상룡 · 최선호, 신론사, 2011년 참조.

적이라는 점을 부정하는 제한적 합리성을 가정한다.

제한적 합리성(bounded rationality)은 Thorstein Veblen, John Maynard Keynes 등이 주장한 것으로 경제적 인간 모델 가정에 대한 비판으로 각 개인의 선택은 이성적이지만 지식이나 인지 능력에 대해서는 한계가 있다는 가정을 하여 인간의 행위가 최적의 합리적 수준에서 결정되지는 않지만 일정한 경향을 갖고 있는 경우를 말한다.

행동경제학에서는 사람들이 의사결정시 수학적 모델 대신 휴리스틱 접근법을 사용하고 이 결과 일정한 행동 패턴인 편견이 발생하게 된다고 주장하고 있으며 이 편견과 그 영향이 주된 연구대상이다.

전통 경제학과 행동경제학을 비교하면 다음과 같다.

	전통 경제학	행동경제학
가정	이익극대화, 합리성	제한적 합리성
선호도이론	기대 효용이론	전망이론
모델	수학적 모델	휴리스틱, 편향
결과	합리적 규범 제시	실제 행동 분석

행동경제학의 핵심이론인 전망이론(Prospect Theory)에 대해서 설명해 보자.

Daniel Kahneman과 Amos Tversky(1979)는 전통 경제학의 기대효용이론에 대한 대안으로 심리학적 선택이론인 전망이론(Prospect Theory)을 제시했다.

전망이론은 "사람은 변화에 반응한다" 에 기초해 출발한 이론으로 불확실성 하에서 인간의 의사결정은 고전 경제이론에서 예측한 대로 시스템적으로 출발하나 인간의 판단은 기본확률로부터 시스템적으로 분화된 휴리스틱을 취한다는 것을 주장하고 있다.

전망이론의 주요 내용인 가치, 분석모델인 휴리스틱, 의사결정과정에 대해서 설명해 보자.

(1) 가치

가치는 효용을 비선형함수로 표시한 것으로 비선형효용(가치함수)에 주관적 확률(확률가중함수)을 곱해서 구한다.

$$가치 = w(p)v(x)$$

$v(x)$: 가치함수, $w(p)$: 확률가중함수

가치함수($v(x)$)는 기준점(reference point)의 수준이 아니라 기준점으로부터의 변화로 측정된다.

기준점은 효용이 0이 되는 부의 수준을 말하며 개인마다 다르다. 기준점의 오른쪽은 이익의 크기, 왼쪽에는 손실의 크기, 위쪽은 플러스 가치, 아래쪽은 마이너스 가치로 측정된다. 사람들은 손실영역에서는 위험추구, 이익영역에서는 위험회피 성향을 가지므로 가치함수는 이득에 대해서는 일반적으로 오목함수, 손실에 대해서는 볼

그림 A-1 가치함수

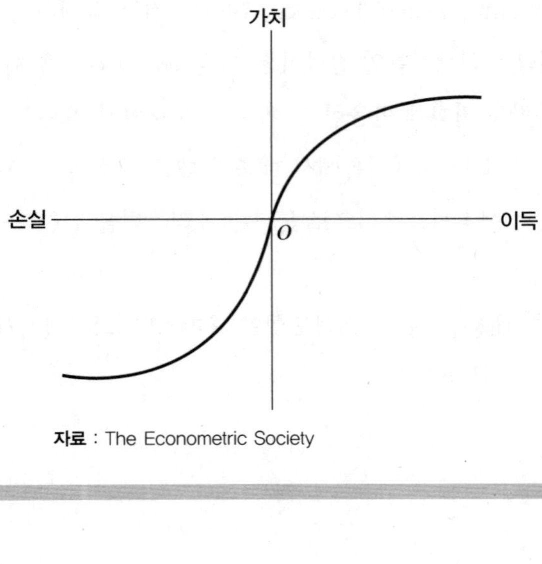

자료 : The Econometric Society

록함수로 표현된다.

각 개인이 이득과 손실을 어떻게 가치평가하는가가 가치함수의 핵심이다.

예를 들어, 현재 연봉이 5천만원인 사람, 3천만원인 사람이 있고 두 사람의 연봉에 따른 효용이 같다고 하자. 전망이론에 의하면 기준점은 연봉이 5천만원인 사람은 5천만원, 3천만원인 사람은 3천만원이 되고 이때의 효용은 0으로 된다.

얼마 후에 두 사람 모두 연봉이 4천만원이 되면 연봉이 동일함에도 불구하고 5천만원 연봉인 사람의 가치함수는 (−)가 되고 3천만원인 사람의 가치함수는 (+)가 된다.

모든 가치함수는 공통적으로 3가지 특징을 갖는다.

첫째, 가치는 기준점으로부터의 변화 또는 그것과 비교해 측정된다.
둘째, 이익이나 손실의 가치가 커짐에 따라 작은 변화에 대한 가치의 민감도는 감소한다,
셋째, 손실은 똑같은 금액의 이익보다도 훨씬 더 강하게 평가된다.

확률가중함수($w(p)$)는 휴리스틱 혹은 자료에 의해서 구해진 확률(p)에 주관성이 함수 형태($w(\cdot)$)로 적용된다. 즉, 확률이 작을 때는 과대평가되고 확률이 중간 정도 이상으로 커지면 과소평가되며 가치함수와 확률에 기초해 결정된다. 낮은 확률을 제외하면 일반적으로 확률가중함수는 효용이론의 확률보다 낮다.

그림 A-2 **확률가중함수**

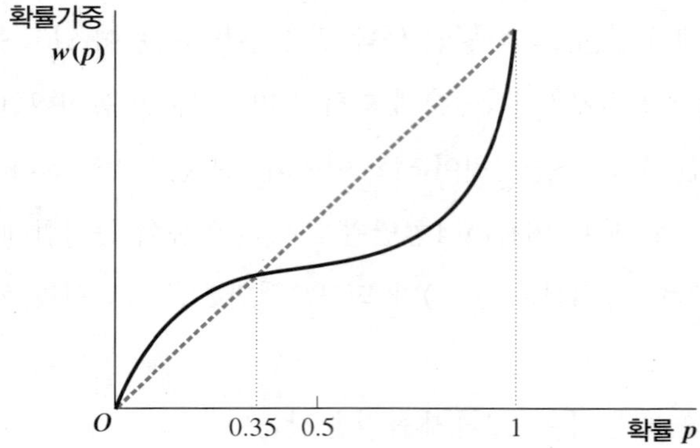

자료 : 행동경제학, Tomono Norio 저

(2) 휴리스틱

전망이론에서 사용되는 분석방법인 휴리스틱의 정의 및 특징은 다음과 같다.

휴리스틱(heuristic)은 문제를 해결하거나 불확실한 상황에 대해 판단을 내릴 필요가 있지만 명확한 실마리가 없는 경우에 사용하는 편의적이며 발견적 방법으로 일정한 순서대로 진행하면 정확한 해답을 얻을 수 있는 알고리즘과 대비된다.

휴리스틱을 이용해 추정할 경우 올바른 평가와 상당한 차이가 발생할 수 있다. 이 경우 바이어스가 발생한다.

휴리스틱의 3가지 특성은 다음과 같다.

첫째, 이용 가능성(availability)이다.

이용 가능성은 어떤 사건이 출현하는 확률을 판단할 때 그 사건이 발생했을 때 쉽게 알 수 있는 과거 사례에 기초해 판단하는 것을 말한다. 예를 들어, 주변에서 특정 질환으로 사망한 사람들이 많은 경우 국가 전체로는 그 질환으로 인한 사망자 비율이 높지 않더라도 높은 것으로 판단하게 된다.

둘째, 대표성(representativeness)이다.

일부만 보고 전체를 판단하는 잘못으로 일상생활 중 경험으로부터 의미를 추출하기 위해서 사물과 사고를 분류할 경우 미처 분류하지 못한 새로운 사건은 기존 분류에서 이 사건에 가장 적합한 분류로 구분짓는 현상을 말한다. 예를 들어, IPO 주식의 수익률이 좋을 경우 특정 기업의 IPO도 수익률이 좋을 것으로 간주하거나, 펀드는 미래에셋이라고 인식해 미래에셋의 인사이트펀드에 묻지마 투자를 하는 것을 말한다.

셋째, 기준점 효과(anchoring)이다.

최종적인 예측치가 처음에 설정한 가치에 영향을 받는 것을 의미한다.

백화점에서 상품 구매시 정찰가격보다 낮은 가격에 구입하면 비록 정찰가격이 적정가격이 아니어도 싸게 구입했다고 느끼는 것이 예이다.

휴리스틱 접근법에 의해서 발생하는 대표적인 편견 유형들은 다음과 같다.

심적 회계(mental accounting)

심적 회계는 시카고 대학의 리처드 테일러(Richard Thaler) 교수에 위해서 정의된 개념으로 사람들이 자신의 자산을 몇 개의 교환 불가능한 심리적 계정으로 그룹화함으로써 경제적 결과를 부호화하고 범주화하여 평가하는 경향을 말한다.

사람들은 같은 금액이라도 우연히 번 돈은 주로 소비하고 힘들여 번 돈은 저축하거나 보너스는 공짜돈이라고 생각해 정상적인 월급보다 쉽게 써버리는 등 실제 손익과 관계없이 마음속에 별도 회계장부를 보유한다고 주장한다.

손실회피(loss aversion)

손실회피는 사람들이 이익을 얻고자 하는 욕구보다 손실을 회피하고자 하는 욕구를 더 강하게 느낌에 따라 발생하는 편견이다. 급전이 필요한 경우 전망이 좋지 않은 손실을 본 펀드를 해지하지 않고 이익이 난 펀드를 먼저 해지하는 것이 예이다.

최근성(recency)

최근성은 과거 사건이나 결과보다는 최근 것을 잘 기억하고 강조하도록 하는 인지 성향으로 최근에 유지된 정보를 강조하고 과거 사건이나 관찰은 무시된다. 펀드 선택시 과거 5년, 3년보다 최근 1년 수익률을 중시한다는 경향이 예가 된다.

구조화(framing)

구조화는 개인의 선택이 구조화된 인식에 기초해 같은 상황에 대해서 서로 다르게 반응하는 다양한 의사결정 경향이다. 구조화된 인식은 행동이나 결과 혹은 특별한 선택상황에 대한 의사결정권자의 주관적 개념이다. 어떤 사고로 100명 중 60명이 죽었는데 40명이 생존했다고 인식하는 것과 60명이 죽었다고 인식하는 것은 사람들의 행동에 큰 영향을 주는 것이 예가 될 수 있다.

집단압력의 오류(information cascade)

정보가 폭포처럼 쏟아질 경우 다른 사람들의 결정을 참조해서 자신의 의사를 결정하는 현상을 말한다. 일단 이런 현상이 발생하면 아무리 정확한 정보가 주어지더라도 관련집단 전체가 판단의 오류를 범하게 될 가능성이 있게 된다. 주식시장이나 부동산시장의 거품현상이 그 예이다.

부존(endowment)

물건을 소유하고 있는 사람은 그 물건을 소유하지 않는 사람에 비해 그 물건가치를 높게 평가한다.

(3) 의사결정 프로세스

전망이론에서 의사결정 프로세스는 편집과정과 가치평가과정으로 분류된다.

편집과정은 기준점 선택 등과 같이 의사결정과 관련이 있는 행위나 조건, 결과 등이 인식된다. 가치평가과정은 가치함수, 확률가중함수가 적용되고 발생할 확률에 가중치를 부여한다. 산출된 가치에 확률을 가중한 값을 곱해 가치를 산출한다.

2. 행동경제학의 역사

경제학은 경제학적 인간만을 대상으로 연구하는 주류 경제학 이전 시기에는 Adam Smith, Alfred Marshall, Maynard Keynes와 같은 경제학자들이 자신들의 이론에 심리학적 관점을 표명하는 등 심리학과 매우 연관이 깊었다.

그러나 신고전주의 이후 주류 경제학에서는 불확실성 하에서 개인의 경제행위를 수학적으로 표현할 수 있기 위해서 경제적 인간을 가정해 심리학을 배제해 온 반면, 경제학에 심리학을 접목시키려는 시도는 드물게 간헐적으로 이루어져 왔다.

1950년대 Ward Edwards는 선택문제에 심리학을 도입해 효용이론이 행동과의 일치 여부를 연구했고, 1978년 노벨 경제학상을 수상한 Alexander Simon은 경제학적 합리성은 정보의 제한성, 인간의 비합리성으로 인해 인간의 합리성은 제한되며 현실적으로 가능하지 않다는 선택에 대한 심리학 연구의 기본 관점을 제시했다.

사이먼이 수립한 제한적 합리성 개념도 모델화가 힘든 관계로 경제학에서 무시되었다. 그 후 행동경제학은 1950년대오- 1960년대 실험경제학, 인지심리학(cognitive psychology)과 의사결정론(decision theory)으로 인해 발전되었다. 1979년 Daniel Kahneman과 Amos Tversky의 Prospect Theory에 의해 행동경제학이 탄생했고 2002년에는 Kahneman은 실험경제학자 Smith와 함께 노벨 경제학상을 공동 수상했다.

행동경제학 초창기에는 주류 경제학과의 차이 규명에 주안점을 두었으나 현재는 이례현상(anomaly) 축적을 통한 행동의 체계화, 이론화 및 경제 영향과 정책 입안을 연구대상으로 하고 있다.

3. 행동재무학(behavioral finance)의 의의

최근 재무관리 역사는 과거에 알고 있는 것과 많은 차이점을 보이고 있으며 시장 효율성에 대한 비판이 이런 중요한 변화 중의 하나이다. 이런 비판은 차익거래의 제한에 대한 인식, 주식수익률 예측에 대한 다양한 증거, 동일한 증권이 다양한 시장에서 서로 다른 가격으로 거래되는 현상, 1987년 주가폭락과 같은 설명이 힘든 주가 움직임 등에서 출발하고 있으며 이 논의의 중심에 행동재무학(behavioral finance)이 있다.

행동재무학은 전통 경제학에 인지심리학이 접목된 행동경제학 이론을 금융시장과 투자자들에 대해 적용하는 연구를 하는 학문으로 정의되며 미시 행동재무학과 거시 행동재무학으로 구분된다.

미시 행동재무학은 고전경제이론에서 밝힌 이성적인 개인과 차별화된 개인투자자의 행동 혹은 편견에 대한 연구를, 거시 행동재무학은 효율적 시장가설의 이례현상(anomalies)에 대한 설명을 하고 있다.

고전적 재무이론은 재무에 관한 수학적인 설명을 부과하기 위해 이성적 시장과 이성적 경제적 인간 가정 하에 설계되었다. 따라서 현실을 매우 간소화시킨 가정에 의존하는 반면 행동재무학은 현실적으로 관찰된 재무적인 행동에 대한 가정을 한다.

고전 재무학은 어떻게 행동해야만 하는지에 대한 규칙, 행동재무학은 금융시장과 개인투자자들 사이에서 실제로 인간의 심리학적 현상을 정의하고 이에 대한 연구를 하며, 고전 재무학은 재무의사결정에서 인간의 감정과 인지 오류를 무시하나, 행동재무학은 심리적 편견 이해가 투자 활동의 필수이다.

행동재무학자들로는 예일대학교의 Robert Shiller, 시카고대학교의 Richard Thaler, 캘리포니아 산타클라라대학교의 Hersh Shefrin, 하버드대학교의 Andrei Shleifer, 산타클라라대학교의 Meir Statman 등이 있다.

(1) 효율적 시장가설과 이례현상

고전재무학의 대표이론인 효율적 시장가설(EMH : Efficient Market Hypothesis)과 이례현상에 대해서 설명해 보자.

효율적 시장가설은 Eugene Fama 교수의 박사학위 논문(1970)에서 제시되었다.

시장효율성은 완전히 합리적인 투자자가 존재하는 경쟁시장에서 균형의 결과로 주가는 미래 기대 현금흐름의 현가의 합인 기본가치(fundamental value)와 같게 된다는 것을 의미한다.

합리성은 기호가 명확하며 모순이 없고 불변해야 하며, 그 기호를 토대로 자신의 효용이 가장 커질 수 있는 대안을 선택함을 의미한다. 합리성은 새로운 정보를 Bayes' Law 하에서 자신들의 믿음을 정확히 수정하며 주어진 믿음 하에서 주관적 기대효용(subjective expected utility)과 일관성을 갖는 수긍할 수 있는 선택을 한다는 특성을 갖는다.

투자자가 합리적(Investor rationality)이면 위험조정 수익률 이상의 초과수익을 얻지 못하게 된다. 초과수익은 위험조정 후의 수익을 말하며 초과수익 산출을 위해서는 기대수익과 위험 간의 정확한 관계 분석이 전제가 되어야 한다.

효율적 시장에서는 "가격은 가치를 정확히 반영하고(prices are right)", "위험에 대한 대가를 지불한다(there is no free lunch)"는 두 개념을 동시에 만족시키나, 비효율적 시장에서는 "위험에 대한 대가를 지불한다"가 성립한다고 해서 가격이 가치를 반드시 정확히 반영하지는 않는다.

시장효율성은 3가지 특성을 갖는다.

- 투자자는 합리적이다. 따라서 주가는 가치를 정확히 평가한다.
- 일부 투자자는 비합리적이다. 그러나 그들의 거래는 임의적이고, 따라서 거래는 주가에 영향을 주지 못하고 서로 상쇄된다.
- 일부 비합리적 투자자(irrational 혹은 noise trader)가 연관관계를 갖더라도 주가에 대한 그들의 영향력은 합리적 차익거래자에 의해서 제거된다. 또한 차익거

래자들 간의 경쟁은 주가가 기본 가치를 순식간에 반영하게 한다.

효율적 시장가설에 의한 시장예측 정보는 2가지 범주로 구분된다.

- 주가는 가치에 영향을 주는 정보에 즉시, 정확히 반응하고 반영한다.
- 주가는 가치에 영향을 주지 않는 정보에 의해서 움직이지 않는다. 가치 없는 정보(stale information)는 초과수익 달성에 도움이 되지 않는다.

시장효율성은 3종류의 정보에 따라 다음과 같이 정의된다.

- 과거 주가와 수익률은 약형 효율성(weak form efficiency)과 연관된다.
- 공시정보는 준강형 효율성(semi-strong efficiency)과 연관된다.
- 내부 정보는 강형 효율성(strong form efficiency)과 연관된다.

효율적 시장가설은 투자자 합리성 가정이 반드시 성립되지 않아도 작동된다.

비합리적 투자자들의 투자전략이 밀접하게 연관될 경우에 합리적인 투자자들의 차익거래에 의해서 효율적 시장가설이 성립하게 되어, 즉 일부 투자자가 합리적이 아니어도 시장은 효율적이 될 수 있다.

이례현상(anomaly)은 효율적 시장을 부정하는, 즉 수익률이 CAPM 등 자산가격결정모형으로 설명되지 못하는 지속적이고 체계적으로 나타나는 현상을 말한다. 그러나 이런 현상에 대한 설명이 충분하지 못해서 '이례현상' 이라 불린다. 약형 효율적 시장과 준강형 효율적 시장에서 발생하는 이례현상들에 대해서 설명해 보자.

약형 효율적 시장(weak form EMH)에서의 이례현상

주가가 과잉반응(stock prices overreaction)하는 현상을 말한다.

준강형 효율적 시장(semi-strong form EMH)에서의 이례현상

펀더멘털 이상현상이다.

주식의 성과(가격)가 기본적으로 주식의 가치를 반영하고 있다는 가정에 반해 나타나는 이상현상을 말하며 자본 프리미엄 퍼즐, 폐쇄형 뮤추얼펀드 퍼즐과 변동성 퍼즐 들이 있다.

자본 프리미엄 퍼즐(The equity premium puzzle)은 주식수익률이 장기간에 걸쳐 채권수익률보다 주식 위험성을 고려한 것 이상으로 높은 초과수익률을 보이는 현상이다.

행동재무학에서는 이런 현상을 투자자들은 손실을 매우 싫어하기 때문에 시장에서 투자자들을 주식으로 유도하기 위해서 주식 위험성을 보상하는 수익률보다 높은 수익률을 제공한다고 설명하고 있다.

폐쇄형 뮤추얼펀드 퍼즐(The Closed End Fund Puzzle)은 폐쇄형 뮤추얼펀드가 적정 가격보다 할인되어서 거래되는 현상으로 행동재무학에서는 펀드 미래에 대한 투자자 센티멘트(investor sentiment)가 변화하는 투자자의 기대를 반영한다고 설명한다.

변동성 퍼즐(volatility puzzle)은 주가 수익률과 주가-배당 비율이 매우 변동적인 현상을 말한다.

기술적인 이상현상이다.

기술적 분석이 효율적 시장가설과 일치하지 않을 때를 말하며 예측성 퍼즐과 자국편중 퍼즐 등이 있다.

예측성 퍼즐(predictability puzzle)은 주가수익률이 예측 가능한 현상을 말한다.

자국편중 퍼즐(home country bias puzzle)은 위험분산을 하려면 여러 나라에 해야 하는데 자국에 주로 투자하는 현상을 말한다.

달력 이상현상이다.

대표적으로 1월 효과와 월말 효과가 있다.

1월 효과는 중소형 주식이 1월에 이례적으로 높은 수익률을 보이는 현상이다. 이런 현상은 소규모 기업이 1월에 위험한 관계로 위험을 반영한 높은 초과수익을 얻는다는 효율적 시장가설을 부정하고 있다. 최근 미국에서 소규모 기업 효과와 1월 효과는 사라지고 있다.

월말효과는 주식이 매달 마지막 날과 4일째 되는 날에 보다 높은 수익률을 보이는 현상을 말한다.

4. 행동재무학의 이론적 배경

많은 실증연구 결과, 사람들의 행동이 전통적인 의사결정모형과 괴리가 있으며 그 괴리가 설득력이 있고 체계적인 것으로 나타나고 있다. 행동재무학은 이런 괴리를 제한적 차익거래(limit to arbitrage)와 심리적 특성(psychology)을 통해 설명하고 있다.

우선 행동편견 종류와 편견에 따른 영향들을 정리해 보자.

첫째, 판단 편견.

과신, 낙관주의, 사후 예측, 사건 선택에 대한 과민 반응을 의미한다.

둘째, 선호의 오류.

비선형 확률가중치 부여, 함수로서의 이득과 손실의 가치들을 의미한다.

셋째, 의사결정 결과에 노출되었을때 나타나는 편견.

결정에 따른 후회 감정을 의미한다.

이런 행동편견들이 나타나는 주요 분야들은 다음과 같다.

첫째, 전통 경제학 가정을 따르지 않는 위험에 대한 태도(attitude toward risk).

위험한 투자 안에 대해서 최종 부를 고려하는 대신 주관적인 기준점을 기준으로 이익과 손실을 고려한다.

둘째, 베이시안 법칙을 따르지 않는 의사결정.

휴리스틱 접근법에 의해서 형성된 믿음인 투자자 센티멘트(investment sentiment)에 의사결정을 의존하는 현상이다. 예를 들어, 최근 발생한 현상(자료)들이 우연하게 발생 될 수 있다는 가능성을 고려하지 않고 불확실한 미래를 예측하는 데 최근 자료를 사용하는 것을 말한다.

셋째, 구조화에 영향을 받는 의사결정

제한적 차익거래를 설명하자.

제한적 차익거래란 합리적 차익거래자가 차익거래를 통해 비합리적 거래자들에 의해서 왜곡된 가격을 정상 가격으로 돌릴 수 없는 것을 말한다. 합리적 거래자와 비합리적 거래자가 존재할 경우 비합리성이 지속적이고 장기간 주가에 영향을 줄 수 있는데 이런 결과는 제한적 차익거래(limits to arbitrage)에 인해서 발생한다.

효율적 시장에서는 차익거래가 유효하다고 가정하나 행동재무학에서는 차익거래가 유용하지 않고 위험하며 제한된다고 주장한다. 왜냐하면 차익거래의 유효성은 비합리적 거래(noise trading)에 의해서 가격이 영향을 받는 대체증권(substitute securities)의 활용여부에 달려 있기 때문이다.

차익거래자가 위험을 없애기 위해서는 고평가된 주식을 매도하면서 매도된 주식과 동일하거나 비슷한 저평가된 주식 혹은 파생증권을 매입해야 한다. 그러나 많은 경우 대체증권이 존재하지 않는다. 또한 개별증권이 시장 전체에 대한 대체증권보다 더 나은 대체증권을 갖고 있더라도, 기본가치 위험(funcamental risk)이 차익거래에 방해요인이 될 수 있다.

기본가치 위험(fundamental risk)이란 차익거래시 완전 대체증권이 존재하지 않을 경우 매입한 저평가된 개별주식의 기초가치가 하락하고, 반면 매도한 고평가 주식의 기초가치가 상승할 경우 발생하는 위험이다.

예를 들어, 저평가된 주식을 매입하고 적정 평가된 동종업종의 대체증권을 공매하는 차익거래의 경우 해당 업종 하락으로 인한 손실은 헤지가 되나 고평가로 판단되어 공매한 기업실적이 좋아지고 반면에 저평가되어 매입한 기업실적이 하락한 경우 차익거래자는 손실을 보게 된다.

완전 대체증권이 존재하더라도 미래 주가 예측의 불확실성(uncertainty)으로부터 발생하는 비합리적 거래자 위험(noise trader risk)도 방해요인이 된다.

비합리적 거래자위험은 가격괴리가 더욱 심화될 가능성을 말한다. 예를 들어, 기본적으로 동일한 두 주식들에서 고평가된 주식은 더욱 고평가되고, 저평가 주식은 더욱 저평가되는 경우 비합리적 거래자 위험이 발생하게 된다. 소음(noise)은 관련 없는 정보(irrelevant information)을 의미한다.

요약하면 차익거래가 위험과 비용을 수반하게 되어 차익거래가 제한되고 가격괴리는 사라지지 않게 되는 조건들은 다음과 같다.

대체증권이 존재하지 않는 경우이다.

차익거래자가 위험회피자이고 기본가치 위험이 체계적(systematic)일때 차익거래가 제한된다.

대체증권이 존재할 경우이다.

대체증권은 기본가치 위험을 면역(immunize)하므로 실행비용이 발생하지 않는다. 실행비용(implementation cost)은 수수료와 같이 가격괴리 해소를 위한 전략을 수행시 발생비용을 말한다. 비합리적 거래자 위험(noise trade risk)만 존재한다고 가정하면 차익거래자가 위험 회피적이고 단기적이며, 비합리적 거래자 위험이 체계적일 때 차익거래가 제한된다.

심리적 특성을 설명해 보자.

심리적 특성은 합리성으로부터의 괴리가 일정 패턴을 가지는 것을 말한다.

즉, 사람들이 믿음(belief)을 형성할 때 발생하는 편견과 선호도(preference)에 관해 행동경제학 이론인 전망이론을 도입해 대리인의 비합리성에 일정 형태를 부여해 그들의 행태(심리적 특성)를 예측한다.

과거에도 효율적 시장가설에 대한 비판이 제기되어 왔으나 최근에는 자료의 임위적 선택(data snooping), 거래비용, 표본선택 편견(sample selection biases), 위험 조정(risk adjustment) 문제 등에 대한 연구를 통해 효율적 시장가설에 대한 도전이 계속되고 있다. 그리고 이런 도전은 과거 60, 70년대의 도전과는 달리 효율적 시장가설에 지속적인 위협이 되고 있다.

그러나 시장효율성에 대한 논의는 가격예측력 여부가 시장효율성 존재와 동일한 의미를 가지므로 다음과 같은 가격예측력에 대한 논의를 중심으로 지속되고 있다.

첫째, 가격예측력은 통계적 신뢰구간 문제로 인해 입증되기 쉽지 않다.
분석기간에 따라 다른 결과가 발생한다.

둘째, 가격예측력이 입증되어도 자료임의선택(data-snooping) 문제가 제기되고 있다. 실제 경제현상에 의한 결과냐 단순히 우연이냐를 정확히 분석하기 힘들다.

셋째, 일부 이례현상들이 사라진다.
예를 들어, 소규모 기업 주가가 1월에 초과수익률을 보이는 1월 효과는 최근 사라지고 있다.

시장효율성 주장자들은 이런 현상을 궁극적 효율성(ultimately efficient)이라고 설명하며, 이런 현상이 효율성을 부정하지 않는다고 주장한다. 궁극적 효율성은 일정기간 동안 초과수익이 발생하나 그 이후 초과수익이 사라지는 것을 의미한다. 우리가 현 단계에서 이해하는 것은 투자자 센티멘트(investor sentiment)가 일정한 형태로 가격에 영향을 주며 특히 투자자 센티멘트가 서로 연관되어 체계적이 되면 주가에 미치는 영향이 크게 되기 때문에 차익거래자들이 경쟁적일지라도 차익거래가 자동적으로 시장효율성을 보장하지는 않게 된다는 것이다.

행동재무학의 영향으로 위험에 대한 태도(attitudes toward risk), 예측(forecasting), 정보부재 수요(uninformed demand)의 움직임 등과 같은 요인들이 가치평가에 사용되기 시작했다. 예를 들어, 1998년 말의 &P500지수의 PER가 32로 평균 15의 두배를 기록해 미국 주요 주식 평가를 과거보다 2배 높게 하고 있다는 것에 대한 설명은 효율적 시장과 행동재무학 측면에서 설명 가능하다. 효율적 시장 측면에서는 기대 미래수익이 과거보다 더욱 빠르게 증가한 것으로, 행동재무학 측면에서는 위험에 대한 인내력(tolerance)이 커진 것으로 설명한다.

5. 행동재무학의 응용

고전재무학의 대표 이론인 효율적 자본시장에서는 주가는 항상 유용한 정보를 반영한다고 설명한다. 그러나 주가에 대한 새로운 연구들은 효율적 시장가설을 지지했던 사례들과 반대되는 결과를 보이고 있다. 이에 따라 새로운 이론과 사례를 바탕으로 행동재무학은 금융시장의 새로운 대안으로 떠오르고 있다.

행동재무학은 왜 주가가 기본 가치와 괴리되는가 그리고 이것들이 차익거래에 의해서도 제거되지 않고 지속되는가에 대한 이론과 증거를 제공하고 있다. 예를 들어, closed end funds의 할인현상은 투자자의 체계적인 과잉반응(systematic investor sentiment)으로, 비효율적으로 과대평가된 주식의 경우 이익 발표는 평균적으로 투자자들은 실망시킨다고 설명한다.

행동재무학의 구체적인 적용사례들을 논의해 보자.

(1) 정부역할 측면

시장이 비효율적인 경우 정부역할에 대해서 두 가지 접근법이 있다. 정부개입이 시장실패를 수정한다는 견해와 정부개입은 사태를 악화시킨다는 견해가 있다.

정부역할에 대해서 상반되는 논란들이 있지만 행동재무학은 다음과 같은 정부정책에 적용이 될 수 있다.

- 주가 안정화를 위한 정부개입 시점 결정
- 차익거래를 줄이지 않고 noise trader를 억제하기 위한 정책
- 자산관리자(money manager)에 대한 정보공개
- 기업 파산시 구제활동 주체와 구제대상 결정
- 거시정책

최근 행동재무학자들인 George A. Akerlof와 Robert J. Shiller가 제시한 5가지 야성적 충동과 거시경제 정책에의 활용 분야들을 소개한다.

이들은 5가지 야성적 충동(Animal Spirit)으로 자신감과 상승효과(confidence and its Multipliers), 공정성(Fairness), 부패와 악의(Corruption and Bad Faith), 화폐착각(Money Illusion), 이야기(Stories)를 제시하고 있다. 그리고 정부가 해야 할 역할은 야성적 충동들이 공공선을 위해 창의적으로 발휘될 수 있도록 통제하는 환경을 조성하는 것이라고 주장하며 다음과 같은 8가지 거시경제 정책 과제에 대한 해결책을 야성적 충동을 활용해 제시하고 있다.[2]

- 왜 경제는 불황에 빠지는가?
- 왜 중앙은행이 경제에 대한 통제권을 가지는가?
- 왜 일자리를 찾을 수 없는 사람들이 생기는가?
- 왜 물가상승률과 실업률은 장기적으로 반비례하는가?
- 왜 미래를 위한 저축을 비체계적으로 운용하는가?
- 왜 금융시장과 기업투자는 변동성이 심한가?
- 왜 부동산시장은 주기적인 부침을 겪는가?
- 왜 소수계의 빈곤은 계속 되물림되는가?

---

2. Animal Spirit, George A. Akerlof and Robert J. Shiller 저, 김태훈역, 2009, 랜덤하우스.

(2) 투자자(Investors) 측면

- 투자자의 위험인식 과정
- 위험평가 과정
- 버블발생 과정
- 주식수요에 대한 주요한 심리현상
- 투자자들이 좋은 투자(good invest)에 대해서 서로 다른 모형을 가지는 이유
- 투자자 교육이 심리학적 편견 여부

(3) 시장(Markets) 측면

- 주식차입 후 공매하는 메카니즘 분석
- 차익거래에 따른 이익실현 기회가 없어지는 기간, 이례현상 지속기간들 간에 차이분석
- 투자 스타일의 생애 스타일(life style)
- 지수(indexing)의 지향목표, 지수 프리미엄 크기 결정

(4) 기업재무 활동 측면

만약 시장이 효율적이면 MM이론이 적용된다. MM이론은 "기업 시장가치는 투자정책이 일정할 경우 재무결정과 독립적이다" 고 주장한다. 그러나 비효율적인 경우 행동재무학에 근거한 재무의사결정은 기업가치에 영향을 미친다.

6. 결론

행동재무학은 1980년대 시작되어 효율적 시장가설에서 설명하지 못하는 실제로 발생되는 재무현상(시장이례현상)을 투자자 심리학적 측면에서 설명하고 있으며 아래와 같은 사항들이 최근까지 밝혀진 내용들이다.

첫째, 이례현상이 존재한다. 그러나 이례현상 존재이유는 아직도 논쟁 중이다.

둘째, 차익거래에 대한 제한이 존재한다.

셋째, 제한적 합리성(bounded rationality)에 대한 이해를 증진시켰다.

넷째, 행동재무학 이론을 정립했다.

다섯째, 투자자 행동(investor behavior)에 대한 분석이 이루어지고 있다. 개인투자자, 전문가들의 포트폴리오 선택과정에 대한 이해를 증진시켰다.

현재 · 미래 가치계산표

〈표 A-1〉 단일금액 1원의 미래가치 $FV_s(r, n) = (1+r)^n$ 기간이자율(r)

기간수 (n)	1%	2%	3%	4%	5%	6%	7%	8%	9%	10%
1	1.0100	1.0200	1.0300	1.0400	1.0500	1.0600	1.0700	1.0800	1.0900	1.1000
2	1.0201	1.0404	1.0609	1.0816	1.1025	1.1236	1.1449	1.1664	1.1881	1.2100
3	1.0303	1.0612	1.0927	1.1249	1.1576	1.1910	1.2250	1.2597	1.2950	1.3310
4	1.0406	1.0824	1.1255	1.1699	1.2155	1.2625	1.3108	1.3605	1.4116	1.4641
5	1.0510	1.1041	1.1593	1.2167	1.2763	1.3382	1.4026	1.4693	1.5386	1.6105
6	1.0615	1.1262	1.1941	1.2653	1.3401	1.4185	1.5007	1.5869	1.6771	1.7716
7	1.0721	1.1487	1.2299	1.3159	1.4071	1.5036	1.6058	1.7138	1.8280	1.9487
8	1.0829	1.1717	1.2668	1.3686	1.4775	1.5938	1.7182	1.8509	1.9926	2.1436
9	1.0937	1.1951	1.3048	1.4233	1.5513	1.6895	1.8385	1.9990	2.1719	2.3579
10	1.1046	1.2190	1.3439	1.4802	1.6289	1.7908	1.9672	2.1589	2.3674	2.5937
11	1.1157	1.2434	1.3842	1.5395	1.7103	1.8983	2.1049	2.3316	2.5804	2.8531
12	1.1268	1.2682	1.4258	1.6010	1.7959	2.0122	2.2522	2.5182	2.8127	3.1384
13	1.1381	1.2936	1.4685	1.6651	1.8856	2.1329	2.4098	2.7196	3.0658	3.4523
14	1.1495	1.3195	1.5126	1.7317	1.9799	2.2609	2.5785	2.9372	3.3417	3.7975
15	1.1610	1.3459	1.5580	1.8009	2.0789	2.3966	2.7590	3.1722	3.6425	4.1772
16	1.1726	1.3728	1.6047	1.8730	2.1829	2.5404	2.9522	3.4259	3.9703	4.5950
17	1.1843	1.4002	1.6528	1.9479	2.2920	2.6928	3.1588	3.7000	4.3276	5.0545
18	1.1961	1.4282	1.7024	2.0258	2.4066	2.8543	3.3799	3.9960	4.7171	5.5599
19	1.2081	1.4568	1.7535	2.1068	2.5270	3.0256	3.6165	4.3157	5.1417	6.1159
20	1.2202	1.4859	1.8061	2.1911	2.6533	3.2071	3.8697	4.6610	5.6044	6.7275
21	1.2324	1.5157	1.8603	2.2788	2.7860	3.3996	4.1406	5.0338	6.1088	7.4002
22	1.2447	1.5460	1.9161	2.3699	2.9253	3.6035	4.4304	5.4365	6.6586	8.1403
23	1.2572	1.5769	1.9736	2.4647	3.0715	3.8197	4.7405	5.8715	7.2579	8.9543
24	1.2697	1.6084	2.0328	2.5633	3.2251	4.0489	5.0724	6.3412	7.9111	9.8497
25	1.2824	1.6406	2.0938	2.6658	3.3864	4.2919	5.4274	6.8485	8.6231	10.835
26	1.2953	1.6734	2.1566	2.7725	3.5557	4.5494	5.8074	7.3964	9.3992	11.918
27	1.3082	1.7069	2.2213	2.8834	3.7335	4.8223	6.2139	7.9881	10.245	13.110
28	1.3213	1.7410	2.2879	2.9987	3.9201	5.1117	6.6488	8.6271	11.167	14.421
29	1.3345	1.7758	2.3566	3.1187	4.1161	5.4184	7.1143	9.3173	12.172	15.863
30	1.3478	1.8114	2.4273	3.2434	4.3219	5.7435	7.6123	10.063	13.268	17.449
35	1.4166	1.9999	2.8139	3.9461	5.5160	7.6861	10.676	14.785	20.414	28.102
40	1.4889	2.2080	3.2620	4.8010	7.0400	10.286	14.974	21.725	31.409	45.259
45	1.5648	2.4379	3.7816	5.8412	8.9850	13.765	21.002	31.920	48.327	72.891
50	1.6446	2.6916	4.3839	7.1067	11.467	18.420	29.457	46.902	74.358	117.39
60	1.8167	3.2810	5.8916	10.520	18.679	32.988	57.946	101.26	176.03	304.48

기간이자율(r)

기간수 (n)	11%	12%	13%	14%	15%	16%	17%	18%	19%	20%
1	1.1100	1.1200	1.1300	1.1400	1.1500	1.1600	1.1700	1.1800	1.1900	1.2000
2	1.2321	1.2544	1.2769	1.2996	1.3225	1.3456	1.3689	1.3924	1.4161	1.4400
3	1.3676	1.4094	1.4429	1.4815	1.5209	1.5609	1.6016	1.6430	1.6852	1.7280
4	1.5180	1.5735	1.6305	1.6890	1.7490	1.8106	1.8739	1.9388	2.0053	2.0736
5	1.6851	1.7623	1.8424	1.9254	2.0114	2.1003	2.1924	2.2878	2.3864	2.4883
6	1.8704	1.9738	2.0820	2.1950	2.3131	2.4364	2.5652	2.6996	2.8398	2.9860
7	2.0762	2.2107	2.3526	2.5023	2.6600	2.8262	3.0012	3.1855	3.3793	3.5832
8	2.3045	2.4760	2.6584	2.8526	3.0590	3.2784	3.5115	3.7589	4.0214	4.2998
9	2.5580	2.7731	3.0040	3.2519	3.5179	3.8030	4.1084	4.4355	4.7854	5.1598
10	2.8394	3.1058	3.3946	3.7072	4.0456	4.4114	4.8068	5.2338	5.6947	6.1917
11	3.1518	3.4785	3.8359	4.2262	4.6524	5.1173	5.6240	6.1759	6.7767	7.4301
12	3.4985	3.8960	4.3345	4.8179	5.3503	5.9360	6.5801	7.2876	8.0642	8.9161
13	3.8833	4.3635	4.8980	5.4924	6.1528	6.8858	7.6987	8.5994	9.5964	10.699
14	4.3104	4.8871	5.5348	6.2613	7.0757	7.9875	9.0075	10.147	11.420	12.839
15	4.7846	5.4736	6.2543	7.1379	8.1371	9.2655	10.539	11.974	13.589	15.407
16	5.3109	6.1304	7.0673	8.1372	9.3576	10.748	12.330	14.129	16.172	18.488
17	5.8951	6.8660	7.9861	9.2765	10.761	12.468	14.427	16.672	19.244	22.186
18	6.5436	7.6900	9.0243	10.575	12.375	14.463	16.879	19.673	22.901	22.623
19	7.2633	8.6128	10.197	12.056	14.232	16.777	19.748	23.214	27.252	31.948
20	8.0623	9.6463	11.523	13.743	16.367	19.461	23.106	27.393	32.429	38.338
21	8.9492	10.804	13.021	15.668	18.822	22.574	27.034	32.324	38.591	46.005
22	9.9336	12.100	14.714	17.861	21.645	26.186	31.629	38.142	45.923	55.206
23	11.026	13.552	16.626	20.362	24.891	30.376	37.006	45.008	54.648	66.247
24	12.239	15.179	18.788	23.212	28.625	35.236	43.297	53.109	65.032	79.497
25	13.586	17.000	21.231	26.462	32.919	40.874	50.658	62.669	77.388	95.396
26	15.080	19.040	23.991	30.167	37.857	47.414	59.270	73.949	92.092	114.48
27	16.738	21.325	27.109	34.390	34.535	55.000	69.345	87.260	109.56	137.37
28	18.580	23.884	30.634	39.204	50.066	63.800	81.134	102.97	130.41	164.84
29	20.624	26.750	34.617	44.693	57.575	74.009	94.927	121.50	155.19	197.81
30	22.892	29.960	39.116	50.950	66.212	85.850	111.06	143.37	184.67	237.38
35	38.575	52.800	72.068	98.100	133.18	180.31	243.56	327.99	440.70	590.67
40	65.001	93.051	132.78	188.88	267.86	378.72	533.86	750.38	1051.6	1469.8
45	109.53	163.99	244.64	363.68	538.77	795.44	1170.5	1716.7	2509.6	3657.3
50	184.56	289.00	450.74	700.23	1083.7	1670.7	2566.2	3927.4	5988.9	9100.4
60	524.06	897.60	1530.1	2595.9	4384.0	7370.2	12335.	20555.	34105.	56347.

* $F_n > 52.999$

〈표 A-2〉 단일금액 1원의 현재가치 $PV_s = \frac{1}{(1+r)^n}$ 기간이자율(r)

기간수 (n)	1%	2%	3%	4%	5%	6%	7%	8%	9%	10%
1	.9901	.9704	.9709	.9615	.9524	.9434	.9346	.9259	.9174	.9091
2	.9803	.9612	.9426	.9246	.9070	.8900	.8734	.8573	.8417	.8264
3	.9706	.9423	.9151	.8890	.8638	.8396	.8163	.7938	.7722	.7513
4	.9610	.9238	.8885	.8548	.8227	.7921	.7629	.7350	.7084	.6830
5	.9515	.9057	.8626	.8219	.7835	.7473	.7130	.6806	.6499	.6209
6	.9420	.8880	.8375	.7903	.7462	.7050	.6663	.6302	.5963	.5645
7	.9327	.8706	.8131	.7599	.7107	.6651	.6227	.5835	.5470	.5132
8	.9235	.8535	.7894	.7307	.6768	.6274	.5820	.5403	.5019	.4665
9	.9143	.8368	.7664	.7026	.6446	.5919	.5439	.5002	.4604	.4241
10	.9053	.8203	.7441	.6756	.6139	.5584	.5083	.4632	.4224	.3855
11	.8963	.8043	.7224	.6496	.5847	.5268	.4751	.4289	.3875	.3505
12	.8874	.7885	.7014	.6246	.5568	.4970	.4440	.3971	.3555	.3186
13	.8787	.7730	.6810	.6006	.5303	.4688	.4150	.3677	.3262	.2897
14	.8700	.7579	.6611	.5775	.5051	.4423	.3878	.3405	.2992	.2633
15	.8613	.7430	.6419	.5553	.4810	.4173	.3624	.3152	.2745	.2394
16	.8528	.7284	.6232	.5339	.4581	.3936	.3387	.2919	.2519	.2176
17	.8444	.7142	.6052	.5134	.4363	.3714	.3166	.2703	.2311	.1978
18	.8360	.7002	.5874	.4936	.4155	.3503	.2959	.2502	.2120	.1799
19	.8277	.6864	.5703	.4746	.3957	.3305	.2765	.2317	.1945	.1635
20	.8195	.6730	.5537	.4564	.3769	.3118	.2584	.2145	.1784	.1486
21	.8114	.6598	.5375	.4388	.3589	.2942	.2415	.1987	.1637	.1351
22	.8034	.6468	.5219	.4220	.3418	.2775	.2257	.1839	.1502	.1228
23	.7954	.6324	.5067	.4057	.3256	.2618	.2109	.1703	.1378	.1117
24	.7876	.6217	.4919	.3901	.3101	.2470	.1971	.1577	.1264	.1015
25	.7798	.6095	.4776	.3751	.2953	.2330	.1842	.1460	.1160	.0923
26	.7720	.5976	.4637	.3604	.2812	.2198	.1722	.1352	.1064	.0839
27	.7644	.5859	.4502	.3468	.2678	.2074	.1609	.1252	.0976	.0763
28	.7568	.5744	.4371	.3335	.2551	.1956	.1504	.1159	.0895	.0693
29	.7493	.5631	.4243	.3207	.2429	.1846	.1406	.1073	.0822	.0630
30	.7419	.5521	.4120	.3083	.2314	.1741	.1314	.0994	.0754	.0573
35	.7059	.5000	.3554	.2534	.1813	.1301	.0937	.0676	.0490	.0356
40	.6717	.4529	.3066	.2083	.1420	.0972	.0668	.0460	.0318	.0221
45	.6391	.4102	.2644	.1712	.1113	.0727	.0476	.0313	.0207	.0137
50	.6080	.3715	.2281	.1407	.0872	.0543	.0339	.0213	.0134	.0085
60	.5504	.3048	.1697	.0951	.0535	.0303	.0173	.0099	.0057	.0033

기간이자율(*r*)

기간수 (*n*)	11%	12%	13%	14%	15%	16%	17%	18%	19%	20%
1	.9009	.8929	.8850	.8772	.8696	.8621	.8547	.8475	.8403	.8333
2	.8116	.7972	.7831	.7695	.7561	.7432	.7305	.7182	.7062	.6944
3	.7312	.7118	.6931	.6750	.6575	.6407	.6244	.6086	.5934	.5787
4	.6587	.6355	.6133	.5921	.5718	.5523	.5337	.5158	.4987	.4323
5	.5935	.5674	.5428	.5194	.4972	.4761	.4561	.4371	.4190	.4019
6	.5346	.5066	.4803	.4556	.4323	.4104	.3898	.3704	.3521	.3349
7	.4817	.4523	.4251	.3996	.3759	.3538	.3332	.3139	.2959	.2791
8	.4339	.4039	.3762	.3506	.3269	.3050	.2848	.2660	.2487	.2326
9	.3909	.3606	.3329	.3075	.2843	.2530	.2434	.2255	.2090	.1938
10	.3522	.3220	.2946	.2697	.2472	.2267	.2080	.1911	.1756	.1615
11	.3173	.2875	.2607	.2366	.2149	.1954	.1773	.1619	.1476	.1346
12	.2858	.2567	.2307	.2076	.1869	.1685	.1520	.1372	.1240	.1122
13	.2575	.2292	.2042	.1821	.1625	.1452	.1299	.1163	.1042	.0935
14	.2320	.2046	.1807	.1597	.1413	.1252	.1110	.0985	.0876	.0779
15	.2090	.1827	.1599	.1401	.1229	.1079	.0949	.0835	.0736	.0649
16	.1883	.1631	.1415	.1229	.1069	.0930	.0811	.0708	.0618	.0541
17	.1696	.1456	.1252	.1073	.0929	.0802	.0693	.0600	.0520	.0451
18	.1523	.1300	.1103	.0946	.0803	.0691	.0592	.0508	.0437	.0376
19	.1377	.1161	.0981	.0829	.0703	.0596	.0506	.0431	.0367	.0313
20	.1240	.1037	.0863	.0723	.0611	.0514	.0433	.0365	.0303	.0261
21	.1117	.0926	.0768	.0633	.0531	.0443	.0370	.0309	.0259	.0217
22	.1007	.0326	.0680	.0560	.0462	.0382	.0316	.0262	.0218	.0181
23	.0907	.0738	.0601	.0491	.0402	.0329	.0270	.0222	.0183	.0151
24	.0817	.0659	.0532	.0431	.0349	.0284	.0231	.0188	.0154	.0126
25	.0736	.0588	.0471	.0378	.0304	.0245	.0197	.0160	.0129	.0105
26	.0663	.0525	.0417	.0331	.0264	.0211	.0169	.0135	.0109	.0087
27	.0597	.0469	.0369	.0291	.0230	.0182	.0144	.0115	.0091	.0073
28	.0538	.0419	.0325	.0255	.0200	.0157	.0123	.0097	.0077	.0061
29	.0485	.0374	.0289	.0224	.0174	.0135	.0105	.0082	.0064	.0051
30	.0437	.0334	.0256	.0196	.0151	.0116	.0090	.0070	.0054	.0042
35	.0259	.0189	.0139	.0102	.0075	.0055	.0041	.0030	.0023	.0017
40	.0154	.0107	.0075	.0053	.0037	.0026	.0019	.0013	.0010	.0007
45	.0091	.0061	.0041	.0027	.0019	.0013	.0009	.0006	.0004	.0003
50	.0054	.0035	.0022	.0014	.0009	.0006	.0004	.0003	.0002	.0001
60	.0019	.0011	.0007	.0004	.0002	.0001	.00008	.00005	.00003	.00002

〈표 A-3〉 정상연금 1원의 미래가치 $FV_A(r, n) = \left[\frac{(1+r)^n}{r} - \frac{1}{r}\right]$ 기간이자율(r)

기간수 (n)	1%	2%	3%	4%	5%	6%	7%	8%	9%	10%
1	1.0000	1.0000	1.0000	1.0000	1.0000	1.0000	1.0000	1.0000	1.0000	1.0000
2	2.0100	2.0200	2.0300	2.0400	2.0500	2.0600	2.0700	2.0800	2.0900	2.1000
3	3.0301	3.0604	3.0909	3.1216	3.1525	3.1836	3.2149	3.2464	3.2781	3.3100
4	4.0604	4.1216	4.1836	4.2465	4.3101	4.3746	4.4399	4.5061	4.5731	4.6410
5	5.1010	5.2040	5.3091	5.4163	5.5256	5.6371	5.7507	5.8666	5.9847	6.1051
6	6.1520	6.3081	6.4684	6.6330	6.8019	6.9753	7.1533	7.3359	7.5233	7.7156
7	7.2135	7.4343	7.6625	7.8983	8.1420	8.3938	8.6540	8.9228	9.2004	9.4872
8	8.2857	8.5830	8.8923	9.2142	9.5491	9.8975	10.260	10.637	11.028	11.436
9	9.3685	9.7546	10.159	10.583	11.027	11.491	11.978	12.488	13.021	13.579
10	10.462	10.950	11.464	12.006	12.578	13.181	13.816	14.487	15.193	15.937
11	11.567	12.169	12.808	13.486	14.207	14.972	15.784	16.645	17.560	18.531
12	12.683	13.412	14.192	15.026	15.917	16.870	17.888	18.977	20.141	21.384
13	13.809	14.680	15.618	16.627	17.713	18.882	20.141	21.495	22.953	24.523
14	14.947	15.974	17.086	18.292	19.599	21.015	22.550	24.215	26.019	27.975
15	16.097	17.293	18.599	20.024	21.579	23.276	25.129	27.152	29.361	31.772
16	17.258	18.639	20.157	21.825	25.657	25.673	27.888	30.324	33.003	35.950
17	18.430	20.012	21.762	23.698	25.840	28.213	30.840	33.750	36.974	40.545
18	19.615	21.412	23.414	25.645	28.132	30.906	33.999	37.450	41.301	45.599
19	20.811	22.841	25.117	27.671	30.539	33.760	37.379	41.446	46.018	51.159
20	22.019	24.297	26.870	29.778	33.066	36.786	40.995	45.762	51.160	57.275
21	23.239	25.783	28.676	31.969	35.719	39.993	44.865	50.423	56.765	64.002
22	24.472	27.299	30.537	34.248	38.505	43.392	49.006	55.457	62.873	71.403
23	25.716	28.845	32.453	36.618	41.430	46.996	53.436	60.893	69.532	79.543
24	26.973	30.422	34.426	39.083	44.502	50.816	58.177	66.765	76.790	88.497
25	28.243	32.030	36.459	41.646	47.727	54.865	63.249	73.106	84.701	98.347
26	29.526	33.671	38.553	44.312	51.113	59.156	68.676	79.954	93.324	109.18
27	30.821	35.344	40.710	47.084	54.669	63.706	74.484	87.351	102.72	121.10
28	32.129	37.051	42.931	49.968	58.403	68.528	80.698	95.339	112.97	134.21
29	33.450	38.792	45.219	52.966	62.323	73.640	87.347	103.97	124.14	148.63
30	34.785	40.568	47.575	56.085	66.439	79.058	94.461	113.28	136.31	164.49
35	41.660	49.994	60.462	73.652	90.320	111.43	138.24	172.32	215.71	271.02
40	48.886	60.402	75.401	95.026	120.80	154.76	199.64	269.06	337.88	442.59
45	56.481	71.893	92.720	121.03	159.70	212.74	285.75	386.51	525.86	718.90
50	64.463	84.579	112.80	152.67	209.35	290.34	406.53	573.77	815.08	1163.9
60	81.671	114.05	163.05	237.99	353.58	533.13	813.52	1253.2	1944.8	3034.8

기간이자율(r)

기간수 (n)	11%	12%	13%	14%	15%	16%	17%	18%	19%	20%
1	1.0000	1.0000	1.0000	1.0000	1.0000	1.0000	1.0000	1.0000	1.0000	1.0000
2	2.1100	2.1200	2.1300	2.1400	2.1500	2.1600	2.1700	2.1800	2.1900	2.2000
3	3.3421	3.3744	3.4069	3.4396	3.4725	3.5056	3.5389	3.5724	3.6061	3.6400
4	4.7097	4.7793	4.8498	4.9211	4.9934	5.0665	5.1405	5.2154	5.2913	5.3680
5	6.2278	6.3528	6.4803	6.6101	6.7424	6.8771	7.0144	7.1542	7.2966	7.4416
6	7.9130	8.1152	8.3230	8.5355	8.7537	8.9775	9.2068	9.4420	9.6830	9.9299
7	9.7830	10.089	10.405	10.730	11.067	11.414	11.772	12.142	12.523	12.916
8	11.859	12.300	12.757	13.233	13.727	14.240	14.773	15.327	15.902	16.499
9	14.163	14.776	15.416	16.085	16.786	17.519	18.285	19.086	19.923	20.799
10	16.722	17.549	18.419	19.337	20.304	21.321	22.393	23.521	24.709	25.959
11	19.561	20.655	21.814	23.045	24.349	25.733	27.199	28.755	30.404	32.150
12	22.713	24.133	25.650	27.271	29.002	30.850	32.823	34.931	37.180	39.581
13	26.211	28.029	29.984	32.089	34.352	36.786	39.404	42.219	45.244	48.497
14	30.095	32.393	34.883	37.581	40.505	43.672	47.103	50.818	54.841	59.196
15	34.405	37.280	40.418	43.842	47.580	51.660	56.110	60.965	66.261	72.035
16	39.199	42.753	46.672	50.980	55.717	60.925	66.649	72.939	79.850	87.442
17	44.501	48.884	53.739	59.118	65.075	71.673	78.979	87.068	96.022	105.93
18	50.396	55.750	61.725	68.394	75.836	84.141	93.406	103.74	115.26	128.12
19	56.939	63.440	70.749	78.969	88.212	98.603	110.29	123.41	138.16	154.74
20	64.203	70.052	80.947	91.025	102.44	115.38	130.03	146.63	165.42	186.69
21	72.265	81.699	92.469	104.77	118.81	134.84	153.14	174.02	197.85	225.03
22	81.214	92.503	105.49	120.44	137.63	157.41	180.17	206.34	236.44	271.03
23	91.148	104.60	120.20	138.30	159.28	183.60	211.80	244.49	282.36	326.24
24	102.17	118.16	136.83	158.66	184.17	213.98	248.81	289.49	337.01	392.48
25	114.41	133.33	155.62	181.87	212.79	249.21	292.10	342.60	402.04	471.98
26	127.99	150.33	176.85	208.33	245.71	290.09	342.76	405.27	497.43	567.38
27	143.08	169.37	200.84	238.50	283.57	337.50	402.03	479.22	571.52	681.85
28	159.82	190.70	227.95	272.89	327.10	392.50	471.38	566.48	681.11	819.22
29	178.39	214.58	258.58	312.09	377.17	456.30	552.51	669.45	811.52	984.07
30	199.02	241.33	293.19	356.79	434.75	530.31	647.44	790.95	966.71	1181.9
35	341.59	431.66	546.68	693.57	881.17	1120.7	1426.4	1816.7	2314.2	2948.3
40	581.83	767.09	1013.7	1342.0	1779.1	2360.8	3134.5	4163.2	5529.8	7343.9
45	986.64	1358.3	1874.2	2590.6	3585.1	4965.3	6879.2	9531.6	13203.	18281.
50	1668.7	2400.0	3459.5	4994.5	7217.7	10436.	15089.	21813.	31515.	45497.
60	4755.1	7471.6	11762.	18535.	29220.	46057.	72555.	114189.	179494.	281737.

〈표 A-4〉 정상연금 1원의 현재가치 $PV_A(r, n) = \left[\frac{1}{r} - \frac{1}{r(1+r)^n}\right]$ 기간이자율(r)

기간수 (n)	1%	2%	3%	4%	5%	6%	7%	8%	9%	10%
1	0.9901	0.9804	0.9616	0.9615	0.9524	0.9434	0.9346	0.9259	0.9174	0.9091
2	1.9704	1.9416	1.9165	1.8861	1.8594	1.8334	1.8080	1.7833	1.7591	1.7355
3	2.9410	2.8839	2.8286	2.7751	2.7232	2.6730	2.6243	2.5771	2.5313	2.4868
4	3.9020	3.8077	3.7171	3.6299	3.5460	3.4651	3.3872	3.3121	3.2397	3.1699
5	4.8534	4.7135	4.5797	4.4518	4.3295	4.2124	4.1002	3.9927	3.8897	3.7908
6	5.7955	5.6014	5.4172	5.2421	5.0757	4.9173	4.7665	4.6229	4.4859	4.3553
7	6.7282	6.4720	6.2303	6.0021	5.7864	5.5824	5.3893	5.2064	5.0330	4.8684
8	7.6517	7.3255	7.0197	6.7327	6.4632	6.2098	5.9713	5.7466	5.5348	5.3349
9	8.5660	8.1622	7.7861	7.4353	7.1078	6.8017	6.5152	6.2469	5.9952	5.7590
10	9.4713	8.9826	8.5302	8.1109	7.7217	7.3601	7.0236	6.7101	6.4177	6.1446
11	10.368	9.7868	9.2526	8.7605	8.3064	7.8869	7.4987	7.1390	6.8052	6.4951
12	11.255	10.575	9.9540	9.3851	8.8633	8.3838	7.9427	7.5361	7.1607	6.8137
13	12.134	11.348	10.635	9.9856	9.3936	8.8527	8.3577	7.9038	7.4869	7.1034
14	13.004	12.106	11.296	10.563	9.8986	9.2950	8.7455	8.2442	7.7862	7.3667
15	13.865	12.849	11.938	11.118	10.380	9.7122	9.1079	8.5595	8.0607	7.6061
16	14.718	13.578	12.561	11.652	10.838	10.106	9.4466	8.8514	8.3136	7.8237
17	15.562	14.292	13.166	12.166	11.274	10.477	9.7632	9.1216	8.5436	8.0216
18	16.398	14.992	13.756	12.659	11.690	10.828	10.059	9.3719	8.7556	8.2014
19	17.226	15.679	14.324	13.134	12.085	11.158	10.336	9.6036	8.9501	8.3649
20	18.046	16.351	14.877	13.590	12.462	11.470	10.594	9.8181	9.1285	8.5136
21	18.857	17.011	15.415	14.029	12.821	11.764	10.835	10.017	9.2922	8.6487
22	19.660	17.658	15.937	14.451	13.163	12.042	11.061	10.201	9.4424	8.7715
23	20.456	18.292	16.444	14.857	13.489	12.303	11.272	10.371	9.5802	8.8832
24	21.243	18.914	16.935	15.247	13.799	12.550	11.469	10.529	9.7066	8.9847
25	22.023	19.524	17.413	15.622	14.094	12.783	11.654	10.675	9.8266	9.0770
26	22.795	21.121	17.877	15.983	14.375	13.003	11.826	10.810	9.9290	9.1609
27	23.560	20.707	18.327	16.330	14.643	13.210	11.987	10.935	10.027	9.2372
28	24.316	21.281	18.764	16.663	14.898	13.406	12.137	11.051	10.116	9.3066
29	25.066	21.844	19.188	16.984	15.141	13.591	12.278	11.158	10.198	9.3696
30	25.808	22.397	19.600	17.292	15.373	13.765	12.409	11.258	10.274	9.4269
35	29.409	24.999	21.487	18.665	16.374	14.498	12.948	11.655	10.567	9.6442
40	32.835	27.356	23.115	19.793	17.159	15.046	13.332	11.925	10.757	9.7791
45	36.095	29.490	24.519	20.720	17.774	15.456	13.605	12.108	10.881	9.8628
50	39.196	31.424	25.730	21.482	18.256	15.762	13.801	12.233	10.962	9.9148
60	44.955	34.761	27.676	22.623	18.929	16.161	14.039	12.376	11.048	9.9671

기간이자율(r)

기간수 (n)	11%	12%	13%	14%	15%	16%	17%	18%	19%	20%
1	0.9009	0.8929	0.8850	0.8772	0.8696	0.8621	0.8547	0.8475	0.8403	0.8333
2	1.7125	1.6901	1.6681	1.6467	1.6257	1.5052	1.5852	1.5656	1.5465	1.5278
3	2.4437	2.4018	2.3612	2.3216	2.2832	2.2459	2.2096	2.1743	2.1399	2.1065
4	3.1024	3.0373	2.9745	2.9137	2.8550	2.7982	2.7432	2.6901	2.6386	2.5887
5	3.6959	3.6048	3.5172	3.4331	3.3522	3.2743	3.1993	3.1272	3.0576	2.9906
6	4.2305	4.1114	3.9975	3.8887	3.7845	3.6847	3.5892	3.4976	3.4098	3.3255
7	4.7122	4.5638	4.4226	4.2883	4.1604	4.0386	3.9224	3.8115	3.7057	3.6046
8	5.1461	4.9676	4.7988	4.6389	4.4873	4.3436	4.2072	4.0776	3.9544	3.8372
9	5.5370	5.3282	5.1317	4.9464	4.7716	4.6065	4.4506	4.3030	4.1633	4.0310
10	5.8892	5.6502	5.4262	5.2161	5.0188	4.8332	4.6586	4.4941	4.3389	4.1925
11	6.2065	5.9377	5.6869	5.4527	5.2337	5.0286	4.8364	4.6560	4.4865	4.3271
12	6.4924	6.1944	5.9176	5.6603	5.4206	5.1971	4.9884	4.7932	4.6105	4.4392
13	6.7499	6.4235	6.1218	5.8424	5.5831	5.3423	5.1183	4.9095	4.7147	4.5327
14	6.9819	6.6282	6.3025	6.0021	5.7245	5.4675	5.2293	5.0081	4.8023	4.6106
15	7.1909	6.8109	6.4624	6.1422	5.8474	5.5755	5.3242	5.0916	4.8759	4.6755
16	7.3792	6.9740	6.6039	6.2651	5.9542	5.6685	5.4053	5.1624	4.9377	4.7296
17	7.5488	7.1196	6.7291	6.3729	6.0472	5.7487	5.4746	5.2223	4.9897	4.7746
18	7.7016	7.2497	6.8399	6.4674	6.1280	5.8178	5.5339	5.2732	5.0333	4.8122
19	7.8393	7.3658	6.9380	6.5504	6.1982	5.8775	5.5845	5.3162	5.0700	4.8435
20	7.9633	7.4694	7.0248	6.6231	6.2593	5.9288	5.6278	5.3527	5.1009	4.8696
21	8.0751	7.5620	7.1015	6.6870	6.3125	5.9731	5.6648	5.3837	5.1263	4.8913
22	8.1757	7.6446	7.1695	6.7429	6.3587	6.0113	5.6964	5.4099	5.1486	4.9094
23	8.2664	7.7184	7.2297	6.7921	6.3988	6.0442	5.7234	5.4321	5.1668	4.9245
24	9.3481	7.7843	7.2829	6.8351	6.4338	0.0726	6.7465	5.4509	5.1822	4.9371
25	8.4217	7.8431	7.3300	6.8729	6.4641	6.0971	5.7662	5.4669	5.1951	4.9476
26	8.4881	7.8957	7.3717	6.9061	6.4906	6.1182	5.7831	5.4804	5.2060	4.9563
27	8.5478	7.9426	7.4086	6.9352	6.5135	6.1364	5.7975	5.4919	5.2151	4.9636
28	8.6016	7.9844	7.4412	6.9607	6.5335	6.1520	5.8099	5.5016	5.2223	4.9697
29	8.6501	8.0218	7.4701	6.9830	6.5509	6.1656	5.8024	5.5093	5.2292	4.9747
30	8.6938	8.0552	7.4957	7.0027	6.5660	6.1772	5.8294	5.5168	5.2347	4.9789
35	8.8552	8.1755	7.5856	7.0700	6.6166	6.2153	5.8582	5.5386	5.2512	4.9915
40	8.9511	8.2433	7.6344	7.1050	6.6418	6.2335	5.8713	5.5482	5.2582	4.9966
45	9.0079	8.2825	7.6609	7.1232	6.6543	6.2421	5.8773	5.5523	5.2611	4.9986
50	9.0417	8.3045	7.6572	7.1327	6.6605	6.2463	5.8801	5.5541	5.2623	4.9995
60	9.0736	8.3240	7.6873	7.1401	6.6651	6.2491	5.8819	5.5553	5.2630	4.9999

표준정규분포표

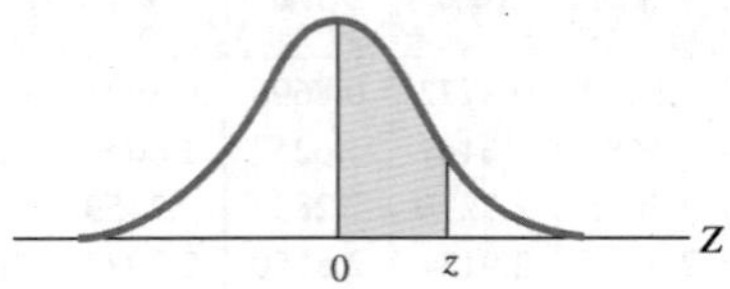

z	.00	.01	.02	.03	.04	.05	.06	.07	.08	.09
0.0	.0000	.0040	.0080	.0120	.0160	.0199	.0239	.0279	.0319	.0359
0.1	.0398	.0438	.0478	.0517	.0557	.0596	.0636	.0675	.0714	.0753
0.2	.0793	.0832	.0871	.0910	.0948	.0987	.1026	.1064	.1103	.1141
0.3	.1179	.1217	.1255	.1293	.1331	.1368	.1406	.1443	.1480	.1517
0.4	.1554	.1591	.1628	.1664	.1700	.1736	.1772	.1808	.1844	.1879
0.5	.1915	.1950	.1985	.2019	.2054	.2088	.2123	.2157	.2190	.2224
0.6	.2257	.2291	.2324	.2357	.2389	.2422	.2454	.2486	.2517	.2549
0.7	.2580	.2611	.2642	.2673	.2704	.2734	.2764	.2794	.2823	.2852
0.8	.2881	.2910	.2939	.2967	.2995	.3023	.3051	.3078	.3106	.3133
0.9	.3159	.3186	.3212	.3238	.3264	.3289	.3315	.3340	.3365	.3389
1.0	.3413	.3438	.3461	.3485	.3508	.3531	.3554	.3577	.3599	.3621
1.1	.3643	.3665	.3686	.3708	.3279	.3749	.3770	.3790	.3810	.3830
1.2	.3849	.3869	.3888	.3907	.3925	.3944	.3962	.3980	.3997	.4015
1.3	.4032	.4049	.4066	.4082	.4099	.4115	.4131	.4147	.4162	.4177
1.4	.4192	.4207	.4222	.4236	.4251	.4265	.4279	.4292	.4306	.4319
1.5	.4332	.4345	.4357	.4370	.4382	.4394	.4406	.4418	.4429	.4441
1.6	.4452	.4463	.4474	.4484	.4495	.4505	.4515	.4525	.4535	.4545
1.7	.4554	.4564	.4573	.4582	.4591	.4599	.4608	.4616	.4625	.4633
1.8	.4641	.4649	.4656	.4664	.4671	.4678	.4686	.4693	.4699	.4706
1.9	.4713	.4719	.4726	.4732	.4738	.4744	.4750	.4756	.4761	.4767
2.0	.4772	.4778	.4783	.4788	.4793	.4798	.4803	.4808	.4812	.4817
2.1	.4821	.4826	.4830	.4834	.4838	.4842	.4846	.4850	.4854	.4857
2.2	.4861	.4864	.4868	.4871	.4875	.4878	.4881	.4884	.4887	.4890
2.3	.4893	.4896	.4898	.4901	.4904	.4906	.4909	.4911	.4913	.4916
2.4	.4918	.4920	.4922	.4925	.4927	.4929	.4931	.4932	.4934	.4936
2.5	.4938	.4940	.4941	.4943	.4945	.4946	.4948	.4949	.4951	.4952
2.6	.4953	.4955	.4956	.4957	.4959	.4960	.4961	.4962	.4963	.4964
2.7	.4965	.4966	.4967	.4968	.4969	.4970	.4971	.4972	.4973	.4974
2.8	.4974	.4975	.4976	.4977	.4977	.4978	.4979	.4979	.4980	.4981
2.9	.4981	.4982	.4982	.4983	.4984	.4984	.4985	.4985	.4986	.4986
3.0	.4987	.4987	.4987	.4988	.4988	.4989	.4989	.4989	.4990	.4990

연습문제 해답

1장

09. T(True) **10.** T **11.** F(False) **12.** F

3장

11. F **12.** T **13.** F **14.** F **15.** T

16. (1) 신주수 : $\frac{450만}{15}$ = 30만, 신주 1주 인수를 위한 구주식수(N) : $\frac{60만}{30만} = 2$

신주인수권(R) = $\frac{\text{권리부 주가}(P_0) - \text{발행가}(P_s)}{N+1} = \frac{25-15}{2+1} = 3\frac{1}{3}$

(2) 권리락 주가(P_x) : $\frac{P_0 \times N + P_s}{N+1} = \frac{25 \times 2 - 15}{2+1} = 21\frac{2}{3}$

(3) 1) $10(P_x + R) = 10 \times P_0 = 10 \times 25 = \$250$

2) $15 \times P_x - 5 \times P_s = \$325 - \$75 = \$250$

3) $10 \times P_x = \$216.67$로 \$33.33 손실

(4) $P_x = \frac{P_c + P_s \times \alpha}{1 + \alpha + \beta} = \frac{25 + 15 \times \frac{1}{2}}{1 + \frac{1}{2} + \frac{1}{6}} = 19.5$

자본금 : \$1,950만

주식수 : 100만주

17. ① − ③ 12,000 150주

① − ④ 12,000 50주

② − ④ 11,000 130주

4장

09. F

10. (1) 시가총액식 주가지수

기준시점 시가총액 : 177억 5천

현재시점 시가총액 : 222억 2,500만

$$시가총액식\ 주가지수 = \left(\frac{222억\ 2,500만}{177억\ 5천}\right) \times 100 = 125.21$$

(2) 주가평균식 주가지수

기준시점 주가평균 : 8666.67

현재시점 주가평균 : 10966.67

$$주가평균식\ 주가지수 = \left(\frac{10,966.67}{8,666.67}\right) \times 100 = 126.54$$

5장

05. T **06.** T **07.** F **08.** F **09.** F

10. (1) $r_1 = \frac{500}{1,000} = 50\%,\ r_2 = \frac{-400}{1,500} = -26.7\%,$

$r_A = \frac{r_1 + r_2}{2} = 11.65\%$

(2) $r_H = (1 + r_G)^2 - 1 = 10\%$

$r_G = \sqrt{(1 + r_1)(1 + r_2)} - 1 = 4.88\%$

11. 기대수익률 $E(r) = 0.3 \times 0.05 + 0.3 \times 0.03 + 0.4 \times 0.07 = 0.052$

분산 $V(r) = 0.3 \times (0.05 - 0.052)^2 + 0.3 \times (0.03 - 0.052)^2 + 0.4 \times (0.07 - 0.052)^2$

$= 0.000276$

12. $\frac{a+b}{2} \geq \sqrt{ab}$에 $a = 1 + r_1,\ b = 1 + r_2$를 대입하면,

$\frac{a+b}{2} = \frac{(1 + r_1) + (1 + r_2)}{2} = \frac{r_1 + r_2}{2} + 1 \geq \sqrt{(1 + r_1)(1 + r_2)}$가 된다.

양변에서 1을 빼면 $r_A = \frac{r_1 + r_2}{2} \geq \sqrt{(1 + r_1)(1 + r_2)} - 1 = r_G$

13. $r_H = \frac{P_2 - P_0}{P_0} = \frac{P_2}{P_0} - 1,\ (1 + r_1)(1 + r_2) = \frac{P_2}{P_0}$

$r_G = \sqrt{(1 + r_1)(1 + r_2)} - 1$로부터 $1 + r_G = \sqrt{(1 + r_1)(1 + r_2)} = \sqrt{\frac{P_2}{P_0}}$이므로

$(1 + r_G)^2 = \frac{P_2}{P_0} = 1 + r_H$가 된다.

따라서 $r_H = (1 + r_G)^2 - 1$

6장

04. ② **05.** T **06.** F **07.** F **08.** T **09.** F **10.** F **11.** T **12.** T **13.** F **14.** F

15. (1) $A > 0$, $\frac{du}{dv(r)} = -0.005A < 0$이므로

(2) 갑, 고수익, 고위험 선호

(3) $E(r) = 0.4 \times 10 + 0.6 \times 0 = 0.04$

$V(r) = 0.4 \times (0.1 - 0.04)^2 + 0.6 \times (0 - 0.04)^2 = 0.0024$

$u = 0.04 - 0.005 \times 2 \times 0.0024 = 0.04 - 0.000024 = 0.039976$

(4) 3.9976%

7장

08. ② **09.** ② **10.** ④ **11.** F **12.** F **13.** F **14.** T **15.** T **16.** T **17.** F **18.** T

19. (1) 포트폴리오 5, $\frac{E(R_P) - R_f}{\sigma_P}$가 제일 큼

(2) $0.12 = 0.06 + 0.824 \times \sigma_P \Rightarrow \sigma_P = 7.28\%$

(3) $\sigma_P = w_A \sigma_A = w \times 0.1 = 0.0728 \Rightarrow w = 0.728$, 무위험자산 투자비율 : 0.272

20. $E(R_P) = 8 \times \frac{1}{3} + 15 \times \frac{1}{3} + 12 \times \frac{1}{3} = 11.7\%$

$\sigma_P = \sqrt{\sum_{j=1}^{m} \sum_{k=1}^{m} A_j A_k \sigma_{jk}}$

$A_j = \frac{1}{3}, j = 1, 2, 3 \quad \sigma_{jk} = r_{jk} \sigma_j \sigma_k \; m = 3$

$\sigma_D = 2\%, \quad \sigma_E = 16\%, \quad \sigma_F = 8\%$

$\sigma_{DE} = 0.4\sigma_D \sigma_E = 0.4 \times 0.02 \times 0.16 = 0.00128$

$\sigma_{DF} = 0.6\sigma_D \sigma_F = 0.6 \times 0.02 \times 0.08 = 0.00096$

$\sigma_{EF} = 0.8\sigma_E \sigma_F = 0.8 \times 0.16 \times 0.08 = 0.01024$

$\sigma_P = \sqrt{\left(\frac{1}{3}\right)^2 (0.02)^2 + \left(\frac{1}{3}\right)^2 (0.16)^2 + \left(\frac{1}{3}\right)^2 (0.08)^2 + 2\left(\frac{1}{3} \cdot \frac{1}{3} \cdot 0.00128 + \frac{1}{3} \cdot \frac{1}{3} \cdot 0.0096 + \frac{1}{3} \cdot \frac{1}{3} \cdot 0.01024\right)}$

$= 0.0798 = 8\%$

21. (1) $E(r_X) = 4.9\%$, $E(r_Y) = 3.9\%$

(2) $V(r_X) = 0.002029$, $V(r_Y) = 0.000049$

(3) $\rho_{XY} = -0.99$

22.

(1) $E(R_X) = 0.2 \times 0.09 + 0.2 \times 0.07 + 0.2 \times 0.11 + 0.2 \times (-0.02) + 0.2 \times 0.025 = 10\%$

같은 방법으로 $E(R_Y) = 8\%$

$Var(R_X) = \sigma_X^2 = E[R_X - E(R_X)]^2$

$= 0.2(0.09 - 0.1)^2 + 0.2(0.07 - 0.1)^2 + 0.2(0.11 - 0.1)^2$

$+ 0.2(-0.02 - 0.1)^2 + 0.2(0.25 - 0.1)^2 = 0.0076$ 이므로

표준편차는 $\sigma_X = 8.72\%$, 같은 방법으로 $Var(R_Y) = 0.00708$, $\sigma_Y = 0.0841$

(2) $Cov(R_X, R_Y)\sigma_{XY} = E[(R_X - E(R_X)) \cdot (R_Y - E(R_Y))]$

$= E[(R_X \cdot R_Y) - E(R_X) \cdot E(R_Y)$

$= 0.2 \times 0.09 \times 0.15 + 0.2 \times 0.07 \times 0.2 + 0.2 \times 0.11 \times (-0.03)$

$+ 0.2 \times (-0.02) \times 0.06 + 0.2 \times 0.25 \times 0.02 - 0.1 \times 0.08$

$= -0.0024$

$$\rho_{XY} = \frac{\sigma_{XY}}{\sigma_X \cdot \sigma_Y} = \frac{-0.0024}{0.872 \times 0.0841} = -0.33$$

(3) 주어진 상관계수 하에서 포트폴리오 위험을 최소로 하는 최소분산 포트폴리오의 R_X, R_Y의 투자비율은 다음과 같다.

$$w_X = \frac{\sigma_Y^2 - \sigma_{XY}}{\sigma_X^2 + \sigma_Y^2 - 2\sigma_{XY}} = \frac{0.00708 - (-0.0024)}{0.0076 + 0.00708 - 2 \times (-0.0024)} = 0.487$$

$w_Y = 1 - 0.487 = 0.513$

따라서 최소 분산포트폴리오의 기대수익률과 표준편차는 다음과 같다.

$E(R_P) = 0.487 \times 0.1 + 0.513 \times 0.08 = 0.08974$

$\sigma_P^2 = 0.487^2 \times 0.0076 + 0.513^2 \times 0.00708 + 2 \times 0.487 \times 0.513 \times (-0.0024)$

$= 0.002465$ 로부터

$\sigma_P = 0.04965$

(4) 분산투자로 인한 포트폴리오 효과는 최소분산포트폴리오의 투자비율 하에서 상관계수를 1로 놓았을 때의 포트폴리오 수익률 표준편차보다 감소되는 표준편차를 의미한다.

$\rho_{XY} = 1$일 때의 포트폴리오 수익률 표준편차는

$\sigma_P = 0.487 \times 0.0872 + 0.513 \times 0.0841 = 0.08561$

분산투자로 인한 포트폴리오 효과는 $0.08561 - 0.04965 = 0.03596$가 된다.

23. 주식 A에의 투자액 : 1,000만원

주식 B에의 투자액 : 500만원

차입금 : −500만원

최초원금 : 1,000만원

투자 비중

주식 A : $\dfrac{1,000\text{만원}}{1,000\text{만원}} = 1.0$

주식 B : $\dfrac{500\text{만원}}{1,000\text{만원}} = 0.5$

차입 : $\dfrac{-500\text{만원}}{1,000\text{만원}} = -0.5$

$E(R_P) = 1.0(0.1) + 0.5(0.16) + (-0.5)(0.05) = 0.155$

$\sigma^2(R_P) = (1.0)^2 0.25 + (0.5)^2 0.49 + 2(1.0)(0.5)(0.5)(0.7) = 0.7225$

24. [증명]

$\rho = \dfrac{Cov(X,Y)}{\sigma_X \cdot \sigma_Y} = \dfrac{E[(X-E(X))][Y-E(Y)]}{\sigma_X \cdot \sigma_Y}$

$E(Y) = a + b \cdot E(X),\ \sigma_Y = b \cdot \sigma_X$이므로

$= \dfrac{E[(X-E(X))b(X-E(X))]}{\sigma_X \cdot b \cdot \sigma_Y} = \dfrac{bE[X-E(X)]^2}{b \cdot \sigma_X^2}$

$= \dfrac{b \cdot \sigma_X^2}{b \cdot \sigma_X^2} = 1$

8장

02. F **03.** T **04.** T **05.** F **06.** F

07. (1) $\beta_i = \rho_{im} \cdot \dfrac{\sigma_i}{\sigma_m}$로부터 $\beta_A = 0,\ \beta_B = \dfrac{0.5 \times 0.2}{0.1} = 1.0$

(2) $Cov(R_A, R_B) = \beta_A \cdot \beta_B \cdot \sigma^2(R_m) = 0 \times (1.0)(0.1)^2 = 0$

(3) $Cov(R_A, R_B) = \rho_{AB} \cdot \sigma_A \cdot \sigma_B = (0.5)(0.1)(0.2) = 0.01$

(4) 1) $\beta_P = 0.4(0) + 0.6(1.0) = 0.6$

2) $\sigma^2(R_P) = (0.4)^2(0.10)^2 + (0.6)^2(0.20)^2 + 2(0.4)(0.6)(0.01) = 0.0208$

3) $Cov(R_A, R_B) = \beta_A \cdot \beta_B \cdot \sigma^2(R_m)$에서 $\beta_A = 0$이므로 $Cov(R_A, R_B) = 0$

$\sigma^2(R_P) = (0.4)^2(0.1)^2 + (0.6)^2(0.2)^2 = 0.016$

9장

04. ④ **05.** F **06.** F **07.** T **08.** F **09.** F

10. (1) SML에 의한 요구수익률

$E(R_A) = 10 + 5 \times 1.3 = 16.5\% < 17\%$ ⇨ 저평가

$E(R_B) = 10 + 5 \times 0.8 = 14\% < 14.5\%$ ⇨ 저평가

$E(R_C) = 10 + 5 \times 1.1 = 15.5\%$ ⇨ 적정평가

$E(R_D) = 10 + 5 \times 1.7 = 18.5\% > 18.0\%$ ⇨ 고평가

(2) SML에 의한 요구수익률

$E(R_A) = 12 + 4 \times 1.3 = 17.2\% > 17\%$ ⇨ 고평가

$E(R_B) = 12 + 4 \times 0.8 = 15.2\% > 14.5\%$ ⇨ 고평가

$E(R_C) = 12 + 4 \times 1.1 = 16.4\% > 15.5\%$ ⇨ 고평가

$E(R_D) = 12 + 4 \times 1.7 = 18.8\% > 18.0\%$ ⇨ 고평가

11. (1) $E(R_i) = 0.12 - 1.21[0.2 - 0.12] = 0.2168$

(2) $23\% > 21.68\%$ ⇨ 저평가

12. (1) $E(R_P) = r_f + \dfrac{E(R_m) - R_f}{\sigma_m} \cdot \sigma_P = 5 + \dfrac{10-5}{15} \cdot \sigma_P = 5 + \dfrac{1}{3} \cdot \sigma_P$

(2) $\sigma_P = w \cdot \sigma_A = 0.8 \times 15 = 12\%$

$E(R_P) = 5 + \dfrac{1}{3} \times 12 = 9\%$

(3) 효율적이다. 시장 포트폴리오가 효율적이므로

(4) 변하지 않는다.

(5) 더 위험하다. $\sigma_P = 1.5 \cdot \sigma_m = 22.5\% > \sigma_m = 15\%$

13. (1) $E(R_m) = 0.20(0.2) + 0.05(0.3) + 0.15(0.4) + (-0.15)(0.1) = 0.10$

$E(R_j) = R_f + \left[E(R_m) - R_f\right] \cdot \beta_j = 0.06 + 0.04\beta_j$

(2) $E(R_A) = 0.15$

(3) $E(R_A) = 0.15 > 0.06 + 0.04 \times 2.15 = 0.146$ ⇨ 과소평가

14. (1) $\dfrac{E(R_m) - R_f}{\sigma_m} = \dfrac{20-10}{15} = \dfrac{2}{3}$

(2) $E(R_P) = w \cdot E(R_m) + (1-w)R_f$

$\sigma_P = w \times \sigma_m$

1) $E(R_P) = 10\%, \sigma_P = 0$

2) $\sigma_P = 7.5\%, E(R_P) = 15\%$

3) $E(R_P) = 20\%,\ \sigma_P = 15\%$

4) $\sigma_P = 1.5 \times \sigma_m = 22.5\%,\ E(R_P) = 1.5 \times E(R_m) - 0.5R_f = 25\%$

15. (1) $E(R_j) = 7 + \frac{13-7}{15} \times 0.8 \times 20 = 13.4\%$

(2) $E(R_j) > 13.4\%$

(3) $E(R_j) < 13.4\%$

(4) 시장위험이 커지면 SML에 의한 요구수익률이 커진다.

16. $E(R_B) = R_f + \beta_B[E(R_m) - R_f]$에서 $E(R_m) = 0.085$

① $\beta_c = 1.0$이므로 $E(R_c) = 0.085$

② $\beta_A = \frac{E(R_A) - R_f}{E(R_m) - R_f} = 0.857$

③ $\sigma_A^2 = \beta_A^2 \sigma_m^2 + \sigma_{E_A}^2$에서 $\sigma_m^2 = 0.014$

④ $\sigma_m^2 = 0.014$이므로 $\sigma_C^2 = 0.014 \Rightarrow \sigma_C = 0.118$

⑤ ③과 동일한 방법으로 계산하면

$\sigma_B^2 = 0.546 \Rightarrow \sigma_B = 0.739$

$\sigma_D^2 = 0.36 \Rightarrow \sigma_D = 0.6$

10장

05. T **06.** F **07.** T **08.** T **09.** F **10.** T

11장

08. ② **09.** ② **10.** ④ **11.** T **12.** F **13.** T

13장

09. ④ **10.** F **11.** F **12.** F **13.** F **14.** F **15.** T

16. (1) $P_2 = \frac{D_3}{r-g} = \frac{798.6}{0.13 - 0.10} = 26,620$

$D_3 = 600(1 + 0.1)^3 = 798.6$

(2) $P_0 = \frac{P_1 + D_1}{1 + r} = \frac{916 + 5}{1.1} = 837$

$$P_1 = \frac{P_2 + D_2}{1+r} = \frac{1{,}000 + 8}{1.1} = 916$$

17. $P_3 = \frac{D_4}{r-g} = \frac{608}{0.02} = 30{,}400$

$D_4 = D_0(1+g)^4 = 500(1+0.05)^4 = 608$

18. $P_1 = \frac{D_2 + P_2}{1+r} = \frac{100 + 1{,}918}{1.1} = 1{,}835$

$P_2 = \frac{D_3 + P_3}{1+r} = \frac{110 + 2{,}000}{1.1} = 1{,}918$

19. $P_0 = \frac{D_1}{k-g} = \frac{D_0(1+g)}{k-g}$

$750 = \frac{100(1+g)}{0.17-g}$ ⇨ $g = 3.24\%$

20. 기대수익률 : $\frac{2{,}150 + (59{,}770 - 50{,}000)}{50{,}000} = 4.3\% + 19.5\% = 23.8\%$

요구수익률(k) : $6 + 1.15(14-6) = 15.2\%$

적정가치 $\hat{P}_0 = \frac{d_1 + P_1}{1+k} = 53{,}750$

$53{,}750 - 50{,}000 = 3{,}750$ 과소평가

21. 고든모형에서는 $D_t = D_0(1+g)^t$를 가정하므로 배당할인모형은

$P_0 = \frac{D_0(1+g)}{1+k} + \frac{D_0(1+g)^2}{(1+k)^2} + \cdots + \frac{D_0(1+g)^n}{(1+k)^n}$이 된다.

$a = D_0,\ r = \frac{1+g}{1+k}$로 정의하면, 위 식은

$P_0 = a \cdot r + a \cdot r^2 + \cdots + a \cdot r^n$이 된다. 이 식의 양변에 r을 곱한 후 빼면

$(1-r)P_0 = a \cdot r - a \cdot r^{n+1}$이 되므로

$P_0 = \frac{a(r - r^{n+1})}{1-r} = \frac{ar(1-r^n)}{1-r}$, $0 < r < 1$이 된다.

$n \rightarrow \infty$이면, $P_0 = \frac{a \cdot r}{1-r} = \frac{D_0\left(\frac{1+g}{1+k}\right)}{1-\left(\frac{1+g}{1+k}\right)} = \frac{D_0(1+g)}{k-g} = \frac{D_1}{k-g}$이 된다.

14장

07. ④ **08.** ②

09. 현물이자율

$900 = \frac{1{,}000}{(1+{}_0S_1)}$ ⇨ ${}_0S_1 = 11.1\%$

$820 = \frac{1{,}000}{(1+{}_0S_2)^2}$ ⇨ ${}_0S_2 = 10.4\%$

$$725 = \frac{1{,}000}{(1 + {}_0S_3)^3} \Rightarrow {}_0S_3 = 11.3\%$$

선도이자율

$${}_0f_1 = {}_0S_1 = 11.1\%$$

$${}_1f_2 = \frac{(1.104)^2}{1.111} - 1 = 9.7\%$$

$${}_2f_3 = \frac{(1.113)^3}{(1.104)^2} - 1 = 13.1\%$$

$${}_3f_4 = \frac{(1.113)^4}{(1.113)^3} - 1 = 7.4\%$$

10. ${}_0R_n = \sqrt{(1 + {}_0r_1)(1 + {}_1r_2)(1 + {}_2r_3)\cdots(1 + {}_{n-1}r_n)} - 1$로부터

$${}_0R_1 = 12\%$$

$${}_0R_2 = \sqrt{(1 + {}_0r_1)(1 + {}_1r_2)} - 1 = \sqrt{(1 + 0.12)(1 + 0.1)} - 1 = 11.00\%$$

$${}_0R_3 = \sqrt{(1 + {}_0r_1)(1 + {}_1r_2)(1 + {}_2r_3)} - 1 = \sqrt{(1 + 0.12)(1 + 0.1)(1 + 0.09)} - 1 = 10.33\%$$

15장

03. ② **04.** ③ **05.** ③ **06.** ① **07.** ② **08.** ② **09.** T

10. (1) $D = 2.7$, $dP = -(2.7)\left(\frac{1}{1.08}\right)(100\text{억}) = -2.5\text{억}$

(2) $dP = -(2.7)\left(\frac{1}{1.08}\right)(100\text{억}) = -2.5\text{억}$

채권수익률 곡선이 볼록성을 가짐에도 불구하고 듀레이션으로만 가격변동을 계산하면 수익률 상승, 하락에 관계없이 수익률 변동이 같으면 가격변화도 같게 된다.

11. (1) $D = 2.7822$

(2) $dP = -D\left(\frac{dr}{1 + r}\right)P_0 = -515.407$

따라서 $P = 9{,}484.593$

12. 볼록성 조정률만큼 항상 크다.

17장

11. 2월 28일 약정액 : $44 \times 9 \times 50$만 $= 198,000,000$원

위탁증거금 : 약정액 × 위탁증거금률 $= 29,700,000$원

3월 5일 약정액 : $55 \times 9 \times 50$만 $= 247,500,000$원

(1) 손익

$247,500,000 - 198,000,000 = 49,500,000$원

(2) 수익률

$$\frac{\text{손익}}{\text{위탁증거금}} = \frac{49,500,000}{29,700,000} = 167\% = \frac{11}{44} \times \frac{1}{0.15}$$

12. (1) 가능한 계약 수

$$\frac{\text{5억 2,500만}}{70 \times \text{50만} \times 0.15} = \text{100계약}$$

(2) 유지증거금 : 70×50만 $\times 10 = 3$억 5,000만,

현재 위탁증거금 5억 2,500만이므로 손실이 1억 7,500만이면 마진콜을 당한다.

따라서 $(70 - x) \times 100 \times 50$만 $= 1$억 7,500만

$x = 66.5$pt가 된다.

(3) 손실 $(70 - 55) \times 100 \times 50$만 $= 7$억 5,000만원 손실

13. 가능한 계약 수 : $\frac{\text{3억}}{1,000 \times \text{10만} \times 0.1} = \text{30계약}$

(1) $(1,100 - 1,000) \times 10$만 $\times 30 = 3$억 이익

(2) $(900 - 1,000) \times 10$만 $\times 30 = 3$억 손실

14. 15억원으로 선물 200계약($= \frac{\text{15억}}{100 \times \text{50만} \times 0.15}$)을 매수할 수 있으므로

(1) 5% 상승 시

현물시장 : 15억 $\times 0.05 = 0.75$억원 이익

선물시장 : 5pt $\times 50$만 $\times 200$계약 $= 5$억원 이익

(2) 5% 하락 시

현물시장 : 15억 $\times 0.05 = 0.75$억원 손실

선물시장 : 5pt $\times 50$만 $\times 200$계약 $= 5$억원 손실

15. (1) $\frac{\text{7억 5,000만}}{100 \times \text{50만} \times 15\%} = \text{100계약}$

(2) 5×50만 $\times 100$계약 $= 2$억 5,000만원

16. (1) 매도 계약수

$$\frac{100억}{100 \times 50만} = 200계약$$

(2) 주식보유로 인한 손실 : 10억

선물매도로 인한 이익 : 10 × 50만 × 200 = 10억

총손익 : 10억 − 10억 = 0

17. (1) 주가하락 시(100pt → 90pt)

	현물	선물
6월 10일	주식매도 : 9억원	선물 20계약을 90pt에 환매
손익	주식매도 손실 : 9억 − 10억 = 1억 손실 보유비용 : 10억 × (0.15 − 0.03) × $\frac{1}{12}$ = 0.1억 선물환매 이익 : 14pt × 50만원 × 20계약 = 1.4억 이익 총손익 : 1.4억 − 1억 − 0.1억 = 0.3억(이익)	

(2) 주가상승 시(100pt — 110pt)

	현물시장	선물시장
6월 10일	주식매도 : 11억원	선물 20계약을 110pt에 환매
손익	주식매도 이익 : 11억 − 10억 = 1억 보유비용 : 0.1억 선물환매 손실 : 6pt × 50만원 × 20계약 = 0.6억 손실	

총손익 : 1억 − 0.1억 − 0.6억 = 0.3억(이익)

18.

	주가지수선물 A	주가지수선물 B
9월 1일	선물 1계약 700pt에 매수	선물 1계약 350pt에 매도
10월 15일	선물 1계약 800pt에 매도	선물 1계약 380pt에 매수
손익	100pt × 5만원 × 1계약 = 500만원 이익	300pt × 10만원 × 1계약 = 300만원 손실
총손익	500만원 − 300만원 = 200만원 이익	

18장

11. 아니다. **12.** T **13.** T

14. (1) $\frac{1{,}000\text{만원}}{0.2\text{pt} \times 500{,}000} = 100\text{계약}$

(2) $(2.5 - 0.2) \times 100 \times 500{,}000 = 1\text{억 } 1{,}500\text{만원 이익}$

(3) $\frac{1\text{억 } 1{,}500\text{만}}{1{,}000\text{만원}} = 11.5\text{억} = 1{,}150\%$

15. (1) $(10 - 9) \times 10 \times 500{,}000 = 500\text{만원 이익}$

(2) $\frac{500\text{만원}}{9 \times 10 \times 500{,}000} = \frac{1}{9}$

16. (1) $C - S + \frac{E}{1+r}$

(2) $P = C - S + \frac{E}{1+r} = 50 - 25{,}000 + \frac{30{,}000}{1+0.12} = 1{,}836\text{원}$

17. (1) $S_T - S + \max[0, E - S_T] - P$

$E = 100, P = 10$

손익함수 : $S_T - S + \max[0, 100 - S_T] - 10$

(2) $2\left[\max[E - S_T, 0] - P\right] + \max[0, S_T - E] - C$

$C = 12, E = 100, P = 10$

손익함수 : $2\left[\max[100 - S_T, 0] - 10\right] + \max[0, S_T - 100] - 12$

18. (1) $C - \max[0, S_T - E_C] + P - \max[0, E_P - S_T]$

(2) $S_T < E_P : C + P - [E_P - S_T] = C + P - E_P + S_T$

$E_P \le S_T < E_C : C + P$

$S_T \ge E_C : C - (S_T - E_C) + P = C + P - S_T + E_C$

(3) $S_T < E_P : S_T = E_P - C - P$

$S_T > E_P : S_T = C + P + E_C$

19. 손익함수 : $C - \max[0, S_T - E_1] + P - \max[0, E_2 - S_T]$

(1) $S_T < E_1 : C - 0 + P - [E_2 - S_T] = 0 \Rightarrow S_T = E_2 - C - P$

$E_1 \le S_T < E_2 : C - (S_T - E_1) + P - (E_2 - S_T) = C + E_1 + P - E_2$

$S_T \ge E_2 : C - (S_T - E_1) + P = 0 \Rightarrow S_T = C + E_1 + P$

(2) $S_T = 0$일 때, $C + P - E_2$

20. 만기 시 손익함수 :

$-2\left[\max[0, S_T - E_2] - C_2\right] + \max[0, S_T - E_1] - C_1 + \max[0, S_T - E_3] - C_3$

$C_1 = 9$, $C_2 = 4$, $C_3 = 2$, $E_1 = 50$, $E_2 = 60$, $E_3 = 70$을 대입하면,

(1) 손익함수는 $-2\left[\max[0, S_T - 60] - 4\right] + \max[0, S_T - 50] - 9$
$+ \max[0, S_T - 70] - 2$가 되나 투자비 $C_1 + C_3 - 2C_2$를 제외하면 만기 시 수익은 다음과 같다.

$S_T < 50 : 0$

$50 \leq S_T < 60 : S_T - 50$

$60 \leq S_T < 70 : 70 - S_T$

$S_T \geq 70 : 0$

(2) $C_1 + C_3 - 2C_2 = 9 + 2 - 2 \times 4 = 3$

(3) (1)에 의하면, 만기 시 수익은 양(+) 혹은 0이므로 투자비용 > 0이 되어야 차익거래 기회가 발생하지 않는다. 투자비용 $= C_1 + C_3 - 2C_2 > 0$으로부터 $0 < C_2 < 5.5$가 되어야 한다.

19장

07. 생기지 않는다.

08. 변한다. 콜옵션 가격과 주가가 선형관계가 아니므로

09. 헤지비율은 일정하다. 선형관계이므로

17. T **18.** F **19.** T **20.** F **21.** T

22. (1) $\dfrac{1}{N(d_1)}$

(2) $1 - N(d_2)$

(3) 주식 : $N(d_1)$개 매수, 채권 : $E \cdot N(d_2)$개 매도

(4) 만기 시 가치 : E, 수익률 : $r \cdot (T - t)$

(5) 주식 $N(-d_1)$개 보유 + 풋옵션 1개 매수

(6) 변한다. 옵션가격변동이 주가변동에 선형으로 변하지 않기 때문

(7) $e^{-r(T-t)} \cdot E$

23.

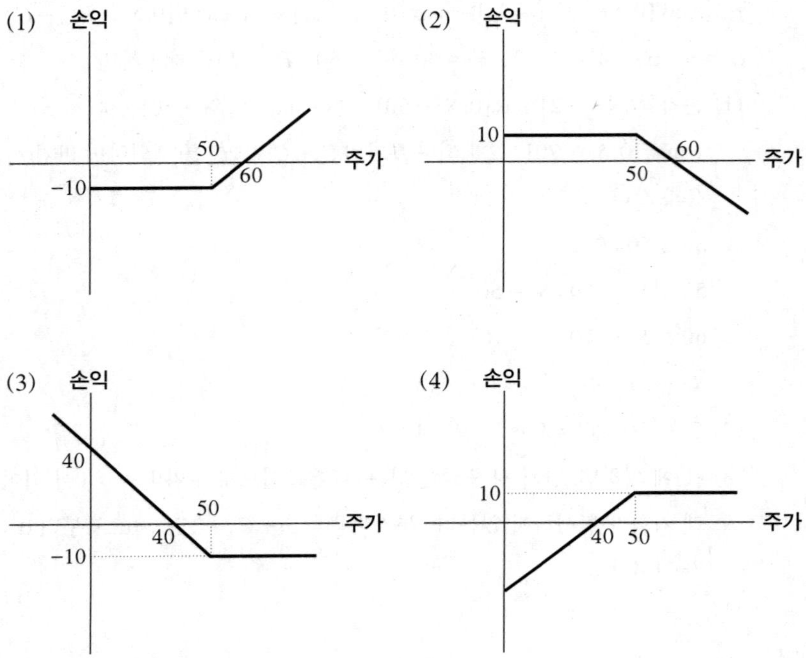

24.

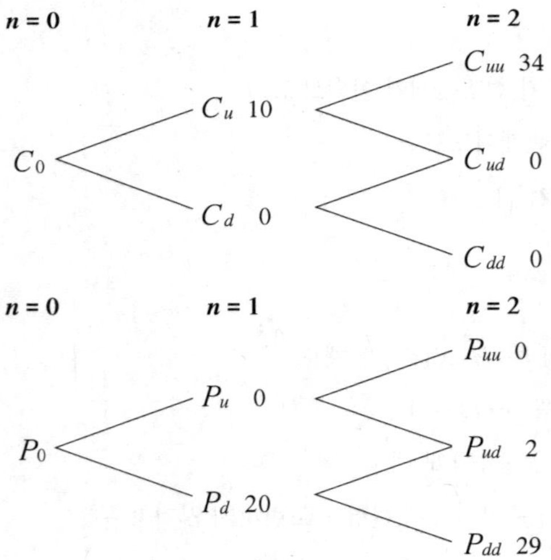

$u = 1.2$, $d = 0.9$, $P = \frac{r - d}{u - d} = \frac{1.1 - 0.9}{1.2 - 0.9} = \frac{2}{3}$

(1) $C = \dfrac{P \cdot C_u + (1-P)C_d}{r} = \dfrac{\frac{2}{3} \times 20.6 + \frac{1}{3} \times 0}{1.1} = 12.48$

$C_u = \dfrac{P \cdot C_{uu} + (1-P)C_{du}}{r} = \dfrac{\frac{2}{3} \times 34 + \frac{1}{3} \times 0}{1.1} = 20.6$

$C_d = \dfrac{P \cdot C_{ud} + (1-P)C_{dd}}{r} = \dfrac{\frac{2}{3} \times 0 + \frac{1}{2} \times 0}{1.1} = 0$

$P = \dfrac{P \cdot P_u + (1-P)P_d}{r} = \dfrac{\frac{2}{3} \times 0.6 + \frac{1}{3} \times 10}{1.1} = 3.39$

$P_u = \dfrac{P \cdot P_{uu} + (1-P)P_{ud}}{r} = \dfrac{\frac{2}{3} \times 0 + \frac{1}{3} \times 2}{1.1} = 0.6$

$P_d = \dfrac{P \cdot P_{ud} + (1-P)P_{dd}}{r} = \dfrac{\frac{2}{3} \times 2 + \frac{1}{3} \times 29}{1.1} = 10$

(2) $n = 0$, $h = \dfrac{\max[0, u \cdot S - E] - \max[0, d \cdot S - E]}{uS_0 - dS_0} = \dfrac{10 - 0}{120 - 90} = \dfrac{1}{3}$

$n = 1$, $S = 120$, $h_u = \dfrac{C_{uu} - C_{ud}}{u \cdot uS_0 - u \cdot dS_0} = \dfrac{34 - 0}{144 - 108} = 0.89$

$S = 90$, 헤지비율을 구할 수 없음.

(3) $h = \dfrac{\max[0, E - u \cdot S] - \max[0, E - d \cdot S]}{u \cdot S - d \cdot S} = \dfrac{0 - 20}{120 - 90} = -\dfrac{2}{3}$

헤지 포트폴리오 : 주식 2주 보유 + 풋옵션 3개 보유 = $2S + 3 \cdot P$

$P_0 = \dfrac{P \cdot \max[0, E - uS] + (1-P) \cdot \max[0, E - dS]}{r}$

$= \dfrac{\frac{2}{3} \times 0 + \frac{1}{3} \times 20}{1.1} = 6.06$

$t = 1$ 시점 헤지 포트폴리오가치 : ① $2 \times 120 + 3 \times 0 = 2 \times 90 + 3 \times 20 = 240$

② $(2 \times 100 + 3 \times 6.06) \times (1.1) = 240$

① = ②

25. $P = \dfrac{r - d}{u - d} = \dfrac{1.05 - 0.8}{1.2 - 0.8} = 0.625$

(1) $C = \dfrac{P \times C_u + (1-P)C_d}{r} = \dfrac{0.625 \times 50 + 0.375 \times 10}{1.05} = 33.33$

(2) 헤지 포트폴리오 $S - H \cdot C = S - C$ 주식 1주 보유 + 콜옵션 1개 매도

$H = \dfrac{C_u - C_d}{uS - dS} = \dfrac{50 - 10}{120 - 80} = 1$

(3) $r - 1 = 5\%$

26. 신주인수권 가치 : $\frac{n}{n+m}[S_T - E]^+$

r : 기존 주식수, m : 신주인수권수

(1) $S_T = \frac{100억}{100만} = 10{,}000원 > E = 8{,}000원$ 이므로 신주인수권을 행사한다.

(2) $\frac{100만}{100만 + 1만} \times (10{,}000 - 8{,}000) = 2{,}000 \times \frac{100}{101} = 1{,}980$

27. (1) $C_u = 5{,}000,\ C_d = 0$

$P = \frac{r-d}{u-d} = \frac{1.05 - 0.9}{1.1 - 0.9} = 0.75$

(2) $h = \frac{C_u - C_d}{uS - dS} = \frac{5{,}000 - 0}{33{,}000 - 27{,}000} = \frac{5}{6} = 0.83$

(3) $C = \frac{pC_u + (1-p)C_d}{r} = \frac{0.75 \times 5,000 + 0.25 \times 0}{1.05} = 3571.43$

(4) $P = C - S + \frac{E}{r} = 3{,}571.43 - 30{,}000 + \frac{28{,}000}{1.05} = 238.10$

28. (1) $h = \frac{C_u - C_d}{uS - dS} = \frac{12 - 0}{72 - 54} = \frac{2}{3} = 0.67$

주식 100주 보유 + 콜 150개 매도

(2) $C = \frac{pC_u + (1-p)C_d}{r} = \frac{\frac{2}{3} \times 12}{1.1} = 7.27$

$P = \frac{r-d}{u-d} = \frac{1.1 - 0.9}{1.2 - 0.9} = \frac{2}{3} = 0.67$

(3) $-100 \times 60 + 150 \times 7.27 =- 6{,}000 + 1{,}090.05 = 4{,}909.95$

(4) $S = 72$ 혹은 54, 모두 포트폴리오 가치가 5,400원으로 수익률 10%

29. 선순위채권(K_B) 가치 : $V_T - (V_T - K_B)^+ = V_T - (V_T - 1{,}000)^+$

후순위채권(K_J) 가치 : $(V_T - K_B)^+ - (V_T - K_B - K_J)^+ = (V_T - 1{,}000)^+ - (V_T - 1{,}500)^+$

주식 가치 : $(V_T - K_B - K_J)^+ = (V_T - 1{,}500)^+$

20장

10. A은행은 스왑중개기관(은행)으로부터 $70억와 마르크고정금리 6.5%를 받고, DM 100억과 달러고정금리 7.5%를 주는 다음과 같은 고정금리 통화스왑을 하면 환율위험이 제거되고 0.5%의 고정수익률을 얻을 수 있다.

최초의 자금흐름

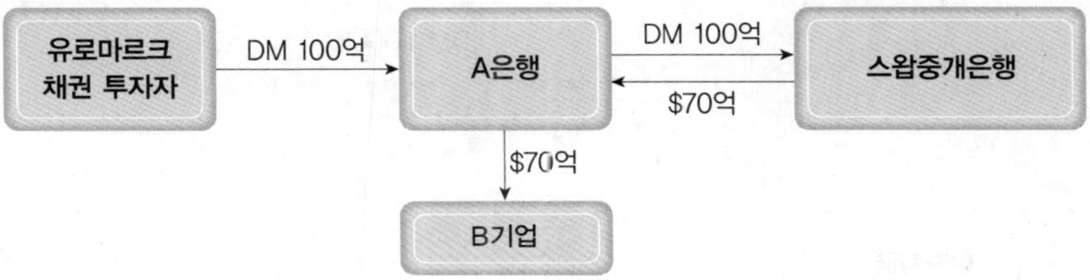

이자지급

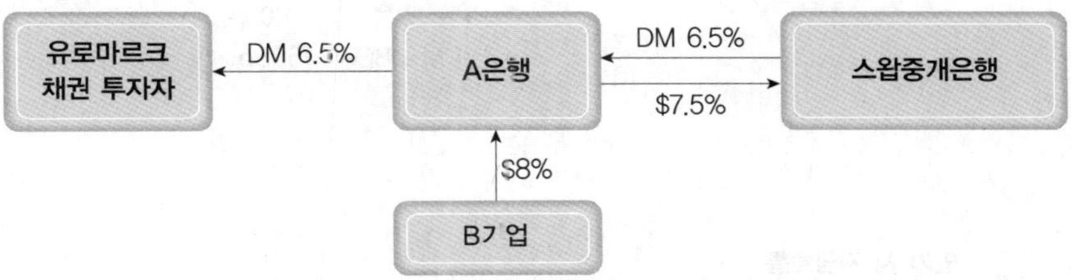

만기 시 자금흐름

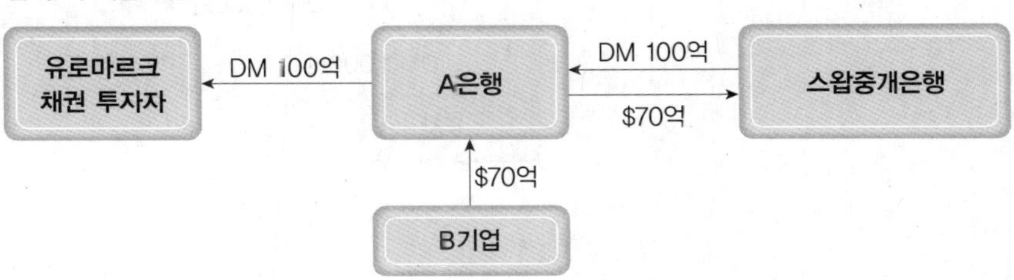

11. B기업은 스왑전문은행에 $700만와 DM LIBOR+110bp를 주고, DM 1,000만과 $LIBOR+100bp를 받는 스왑계약을 체결하면 B기업은 환율 및 금리 변동위험을 헤지하고 40bp의 안정적인 수익을 얻게 된다.

최초의 자금흐름

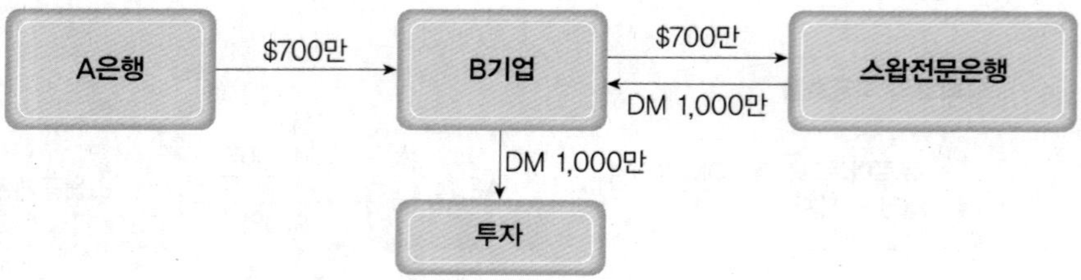

이자지급

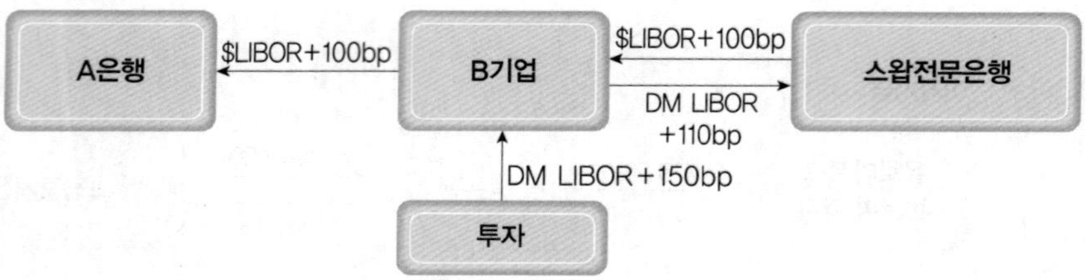

만기 시 자금흐름

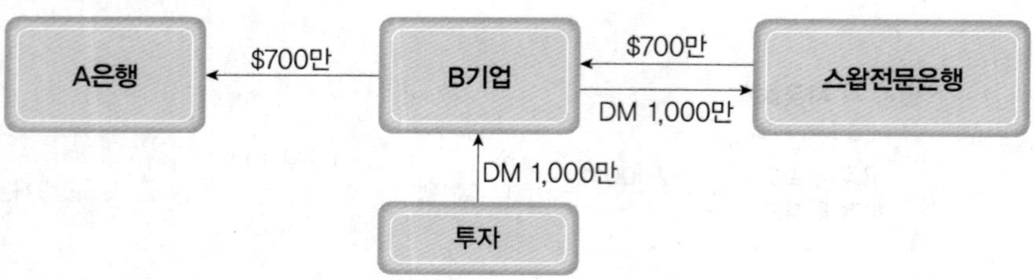

찾아보기

Investments and Financial Derivatives second edition Index

β_j 186
Buyout형 PEF 119
CMA 116
CME 그룹 376
ELD 116
ELF 116
ELS 116
ELW 66, 117, 487
EUREX 376
FTSE 106
GDP 234
GP 119
KOSDAQ Premier 지수 102
KOSDAQ 지수 101
KOSPI100 100
KOSPI50 101
KRX100 99
LP 120
Margin Call 379
MMF 116
MSCI 105
MVA(Market Value Added) 258
NYSE Euronext 376
OBV(On Balance Volume) 277
P-RAROC 540
PBR(price book-value ratio) 293
PER(price earnings ratio) 290
PER(Price/Earning) 효과 225
PSR(Price Sales Ratio) 296
S&P/KRX Asia 100지수 103
S&P/KRX Exchanges 지수 104
T기간 모형 469

ㄱ

가격위험 514
가격제한폭 74
가치가중수익률 131
간사단 45
간접금융거래 20
간접발행 48
간접증권 20
감리 90
감마(Gamma) 478
강세추세 270
강형(strong form) 효율적 시장가설 216
개별경쟁매매 방식 72
개시증거금 379, 424

거래단위 425
거래대금회전율 109
거래량 107
거래량비율(VR : Volume Ratio) 278
거래량이동평균선 276
거래량회전율 109
거래소옵션 415
결정계수 187
결제 78
결제리스크 523
결합 포지션 435
경기변동 232
경로종속 옵션 417
경상수지 237
경제적 부가가치 255
계약단위 371
고가 107
고객예탁금 109
고정금리-변동금리 통화스왑 512
고정금리 통화스왑 508
고정비율 252
골든크로스 275
공개시장조작 238
공급정책 238
공모 47
공모상장 80
공시제도 84
공정공시 88
과잉반응 효과 224
관리종목지정제도 75
교차헤지 387
교환사채 32
구주주 배정 47
국고채권 27
국민주택채권 27
국제채 33
국채 27
국채선물 399
국채전문유통시장 63
권리락 조치 76
권리락 주가 49
권리부 주가 49
규모 효과 224
그랜빌(Granville)의 법칙 274
금리스왑(IRS) 502
금리연동부채권 29
금융 20
금융감독원 36
금융(중개)기관 22
금융선물 369
금융수단 20
금융시장 20
금융시장의 기능 21
금융위원회 36
금융자산 2
금융중개기관 20
금융채 28
금융혁신 518
기간구조 317
기대가설 401
기대부 145
기대수익률 132, 326
기대이론 321
기대효용 145

기대효용 무차별곡선 149
기명주식 26
기술적 분석 268
기어링 489
기업고유위험 166
기업공개 46
기업분석 244
기업인수목적회사 67
기하브라운 운동 470
기하평균수익률 130
김치본드 33

ㄴ

나비형(butterfly) 스프레드 433
내재가치 447
네 마녀의 날(quadruple witching day) 425
네거티브 캐리 388

ㄷ

다단계 배당성장모형 285
다른 시장 간(inter-market) 스프레드 393
다른 시장 내(intra-market) 스프레드 393
다우이론 269
단기채 30
단일기간모형 459
단일지수모형(시장모형) 184
담보부채권 29
당기수익률(직접수익률, 경상수익률) 311
대각선 스프레드 433
대고객시장 21
대주잔고 110
대체거래소 92
대출 포트폴리오 174
데드크로스 275
데이 트레이더 382
데일리 타이머 모형 542
델타 477, 489
도박 2
도표분석 272
듀레이션 334
등락 107
등락선 277
디지털 옵션 416
딜러매매 방식 73

ㄹ

레버리지(유효 기어링) 489
레온티에프(W.W. Leontief) 244
로(Rho) 479
롤링헤지 387
롤링(rolling)효과 345
룩백옵션 417

ㅁ

만기보유 전략 344
만기수익률 311
만기월 425
매도차익거래(short arbitrage) 392
매도 포지션 368

매도헤징 384
매도(매수) 헤징 포트폴리오 385
매매거래중단제도 74
매매제도 68
매매증거금 379
매수차익거래(long arbitrage) 392
매수 포지션 368
매수헤징 384
매출발행 방식 55
매출액이익률 250
매출액증가율 253
매출채권평균회수기간 253
매출채권회전율 253
메자닌펀드(Mezzanine fund) 119
면역화 341
명목수익률(표면이자율, 발행이율) 312
모집주선 49
목표기간면역화 342
목표수익률 11
무보증채 29
무상증자 46
무액면주 26
무위험자산 169
무의결권주 26
무지개옵션 417
물가 234
미결제수량 428
미결제약정 372
미국형 옵션 415

ㅂ

바벨형 만기구성 전략 344
바스켓옵션 417
바이아웃펀드(Buyout fund) 119
반대매매 373, 381
발행시장 23
발행시장공시 86
발행이율 30, 56
배당락 조치 75
배당수익률 109
배당할인모형 282
백워데이션(Backwardation) 가설 401
버터플라이(butterfly) 스프레드 393
번한지표 278
법적리스크 524
베가(Vega) 479
베이시스(basis) 388
베이시스 스왑 505
베이시스 위험(basis risk) 389
벤처지수 102
벤처캐피탈펀드(Venture capital fund) 119
변경상장 80
변동금리 통화스왑 510
변동성지수 102
보상채권 27
보유기간수익률 129, 312
보유비용모형 395
보장매도자 515
보장매수자 515
보증채 29
보통주 25

복리채 28
복수자산옵션 417
볼록성 337
봉도표 272
분산 가능 위험 166
분산 불가능 위험 166
불공정거래 89
불독본드 33
불완전 분산투자 손실(IDL) 546
불임점 270
불확실성 133
브라운 운동 470
비교우위론 501
비차익거래 393
비체계적 위험 166
비통화금융기관 22
비표준옵션 416

ㅅ

사다리형 만기구성 전략 344
사모 47
사모투자전문회사 111, 118
사무라이본드 33
산술평균수익률 129
산업분석 240
삼선전환도 277
상관계수 157
상대가치평가법 288
상대매매 방식 74
상승(Bull)장세 433
상장 79
상장요건 82
상장지수펀드 66
상장폐지 83
상품선물 369, 399
상호융자 507
샤프지수 535
선도거래 354
선도계약(先渡契約) 366
선도이자율 319
선도표 272
선물가격결정이론 395
선물거래 355
선물계약(先物契約) 366
선물만기일 371
선물 스프레드 거래 393
선물옵션 357
선물 차익거래 392
선형성 검증 218
세금스왑 346
세타(Theta) 479
소극적 투자전략 340
소매시장 63
소매채권시장 63
소액국공채시장 63
손익계산서 245
손익분기점률 250, 490
쇼군본드 33
숄더(shoulder) 345
수시공시 87
수요정책 237
수익률 128
수익률곡선 타기 전략 345

수익사채 29
수익성 7
수정 듀레이션 336
수직 스프레드 433
수탁제도 68
수평 스프레드 433
순선택능력 544, 545
순수 포지션 429
순이익증가율 254
순자산면역화 342
스왑(swaps) 500
스왑거래 355
스왑션 358
스왑중개기관 503
스캘퍼 382
스타지수 102
스프레드 포지션 433
시가 107
시가총액 108
시가총액식 96
시간가중수익률 131
시간가치 447
시스템리스크 524
시장가 71
시장관리제도 68
시장리스크 523
시장분할가설 325
시장위험 166
시장이례현상 224
시장 포트폴리오 197
시장 포트폴리오의 위험 프리미엄 200
신규상장 80
신용리스크 523
신용사건 515
신용연계채권 516
신용위험 514
신용융자 110
신용파산스왑 515
신용파생상품 514
신주배정기준일 49
신주상장 80
신주인수권 가치 51
신주인수권부사채 31, 482
실물인수도 방식 381
실물자산 2
실현수익률 326
심리 90

ㅇ

아리랑본드 33
액면발행 30
액면주 26
약세추세 270
약속수익률 326
약형(weak form) 효율적 시장가설 216
양키본드 33
역시계곡선 279
역헤지 431
연평균수익률 313
옵션(options) 412
옵션가격결정 모형 458
옵션가치 446
옵션거래 355

옵션의 역사 419
완전시장 215
완전헤지 포트폴리오 460
완전헤징 384
외국채 33
외환스왑 506
외환시장 21
요구수익률 8
우선주 25
운용리스크 524
위너 프로세스 운동 470
위탁매매업무 36
위탁자미수금 110
위탁증거금 379
위험 7, 133
위험보상률 8
위험선호 144
위험중립 144
위험중립가치평가 464
위험 프리미엄 146
위험회피 144
유가증권시장 58
유동성 7, 11
유동성리스크 523
유동성비율 251
유동성선호이론 323
유럽형 옵션 415
유로채 33
유보율 252
유상증자 46
유지증거금 379, 424
유통시장 23, 58
유통시장공시 86
유통시장의 주요 기능 58
은행간 시장 21
의결권주 26
이격도 276
2기간 모형 465
이익참가부사채 29
이익평가모형 285
이자율 236
2차시장 58
이표채 28
인수단 45
인수수익률 312
인수주선업무 36
일반공모 48
1월 효과 224
일일정산제도 380
일정배당성장모형(고든모형) 283
입찰발행 방식 56

ㅈ

자금시장(화폐시장) 21
자기매매업무 36
자기자본의 평가 480
자기자본이익률 250
자본구성비율 252
자본배분 결정 11
자본배분선 170
자본변동표 245, 246
자본수지 237
자본시장선 198

자본시장통합법 37
자본자산가격결정모형 196
자본자산가격결정모형의 가정 196
자본지지율 490
자산배분 결정 12
자산부채 종합관리 금리스왑 503
자산유동화채권 33
잔액인수 48
장기금융시장 21
장기대출시장 21
장기채 30
장애물 옵션 417
장외옵션 415
재고자산회전율 253
재무상태표 2, 245
재상장 80
재정증권 27
재할인율 조정 238
저가 107
저축 2
적극적 채권투자 전략 344
적정가격 9
전략리스크 524
전매 381
전통적 금융시장 21
전환가격 485
전환가치 484
전환비율 485
전환사채 31
전환사채 평가 484
전환 프리미엄 484
점두시장 62
점수도표 272
정기공시 86
정크본드 33
제3자 배정 48
제품수명주기 이론 242
젠센지수 538
조건부 면역 전략 346
조건부지정가 71
종가 107
종합주가지수 99
주가수익비율(PER) 109
주가이동평균선 274
주가지수 96
주가평균식 96
주권 25
주당순이익 250
주말 효과 224
주식관련 사채시장 63
주식관련 채권 31
주주우선공모 47
주추세 270
준강형(semi-strong form) 효율적 시장가설 216
중기채 30
중도상환채권 31
증거금 378
증권선물위원회 36
증권선택 12
증권시장 21, 23
증권시장선 200
증권시장의 기능 24
증권투자 과정 10

증권특성선 185
증권회사 36
지방채 27
지불준비금 조정 238
지정가 71
지표분석 274
직상장 80
직접금융거래 20
직접발행 48
직접증권 20
집합투자기구 111

ㅊ

차익거래 8
차익거래자 382
차입 포트폴리오 174
채권 26
채권가격 308
채권가격정리 314
채권교체 전략 346
채권등급 평가 328
채권수익률의 위험구조 326
채권지수 110
채권지수펀드 341
청산기관 77
체계적 위험 166
총선택능력 544
총수익률스왑 516
총자본이익률 249
총자산증가율 253
총자산회전율 253
총초과수익률 544
최고가 107
최소가격 변동단위 425
최소분산 포트폴리오 162
최우선지정가 71
최유리지정가 71
최저가 107
최적 포트폴리오 172
최적 포트폴리오 선택 12
최종거래일 371
추가증거금 379
추세분석 274
침체기 232

ㅋ

칼라 358
캡 357
코스닥시장 58
코스콤 35
콘탱고(Contango) 가설 402
콜옵션 413
콴토옵션 417

ㅌ

토빈의 분리정의 199
통화금융기관 22
통화량 236
통화선물 398
통화스왑(CRS) 506
통화스왑가격 513

투기 2
투기자 382
투자 2
투자경고(위험)종목 75
투자기간 11
투자보상 대 변동성 비율 171
투자성과 평가 534
투자성과 평가 분해 543
투자신탁 113
투자심리선 277
투자은행 121
투자의 3요소 7
투자전술 12
투자회사 113
투하자본 256, 259
트레이너-마주이 모형 541
트레이너지수 536
특수목적회사 120
특수채 28

ㅍ

파동이론 271
파생금융상품시장 21
패턴분석 274
펀드 111
편익수익 400
평가비율 539
평균-분산모형 149
평균옵션 417
평판리스크 524
포지션 트레이더 382
포지티브 캐리 388
포트폴리오 기대수익률 158
포트폴리오 리밸런싱 13
포트폴리오 보험 480
포트폴리오 수학 156
포트폴리오 업그레이딩 13
포트폴리오 위험 158
포트폴리오 효과 160
표준옵션 416
풋옵션 414
풋-콜 패리티 437
프로그램 매매 393
프로그램매매 호가관리제도 74
프리보드시장 61
플로어 357

ㅎ

하락(Bear)장세 433
한국거래소 34
한국금융투자협회 35
한국예탁결제원 35
한국주가지수200 100
한국증권금융 35
할인발행 31, 56
할인채 28, 309
할증발행 31, 56
합성 CDO 517
합성선물 394
합성옵션 436
행사가격 424
허용위험 11

헤지거래 383
헤지비율 460, 461, 463, 467
헤지펀드 122
헤지 포지션 431
헨릭슨-머튼 모형 541
현금결제방식 381
현금흐름표 245, 246
현금흐름할인(DCF : Discounted Cash Flow)법 282
현물이자율 317
호가 가격단위 70
호가단위 372
확률지배이론 175
확실성등가 143
확실성등가부 145
확정금리부채권 28
환매 381
환매조건부 채권시장 63
환율 235
활황기 232
회복기 232
회사채 27
효용함수 143
효율적 자본시장 214
효율적 포트폴리오 168
후순위채권 487
후퇴기 232

주상룡

경기고등학교(1970 ~ 1973)

서울대학교 공과대학 산업공학과(1973 ~ 1977) : 학사

KAIST 산업공학과(1977 ~ 1979) : 공학석사

인디애나 주립대 경영대학원(1982 ~ 1984) : 경영학석사(MBA)

New York University 경영대학원(1985 ~ 1990) : 경영학박사(Finance)

(현) 홍익대 금융보험학과 교수

대외활동 (현) (주)현대인베스트먼트 자산운용 사외이사, 우체국예금 자산운영 위원장, 대외경제협력기금 · 남북협력기금 · 국가보훈기금 자산운용위원 외 다수

(역임) 한국거래소 사외이사, 한국증권학회장, 금융발전심의위원, 금융위원회 · 시장효율화위원회 위원장, 사학연금자산운용 위원, 고용산재보험위험관리 위원, 믿음자산운용 사외이사, 쌍용양회 공업주식회사 사외이사 외 다수

저서 『이자율 위험관리』(1998. 3, 법경사)

『투자은행업과 한국 자본시장』(2011. 2, 신론사)

『투자론과 파생금융상품』(2012. 2, 율곡출판사)

『금융학원론』(2015. 2, 신론사)

역서 『옵션 · 금융선물』(1999. 3, 시그마프레스)

『금융공학 · 금융혁신』(1999. 9, 삼성경제연구소)

논문 「ELW LP 평가제도에 변동성 활용방안」, 증권학회지, 제41권 1호 (2012. 2)

「연결재무보고 환경에서의 기업위험 판단」, 『회계와 감사 연구』, 제52호(2010. 12)

"Avoidance Powers and Incentives to File For Bankruptcy," *Asia–Pacific Journal of Financial Studies* v.39 (2010. 8)

"The persistence of Earnings and Market Reaction on the Components of Earnings under Firms' large Deferred Tax Liabilities and Assets," *Asia–pacific Journal of Financial Studies* v.36 n 5 (2007. 10)

"Corporate Bond Ratings Changes and Economic Instability : Evidence from the Korean Financial Crisis," Vol. 90, Issue 1, *Economics Letters* (2006. January) 외 다수

제2판 투자론과 파생금융상품

초　판　1쇄 2012년　2월 24일
제2판　1쇄 2016년　2월 25일

지은이 주상룡
펴낸이 박기남
펴낸곳 **율곡출판사**
08590 서울시 금천구 가산디지털1로 84, 803호
전화 (代) 02) 718-9872/3
팩스 02) 718-9874
home-page www.yulgokbooks.co.kr
e-mail yulgokbook@naver.com
등록 1989.11.10. 제2014-000031호(윤)
ISBN 978-89-97428-77-9　93320

정가 30,000원